U0153676

臺灣客家研究論文選輯 4

客家族群關係

謝世忠——主編

張維安——總主編

編者及作者介紹

主編

謝世忠

臺北市人，6月7日生。美國西雅圖華盛頓大學人類學博士（1989），曾任國立臺灣大學人類學系教授兼主任（1999-2002 ／ 2005-2008）、美國哈佛燕京學社訪問學者（1997/8-1998/7）、美國西雅圖華盛頓大學傅爾布萊特訪問學者（2003/9-2004/7）、馬來西亞馬來亞大學訪問學者（2009/11-12）、德國漢堡大學交換教授（2010/5-6）、德國海德堡大學交換教授（2013/8-9）、俄國聖彼得堡國立大學交換教授（2014/9-10）、美國奧瑞岡大學傅爾布萊特禮訪教授（2016/9-2017/7）。

現任國立臺灣大學人類學系教授（1995-）、臺大行為與社會科學研究倫理委員會主任委員（2011-）、臺灣人類學與民族學學會理事長（2015-2017）、高等教育評鑑中心人文相關學門召集人（2016-）。著有《認同的污名：臺灣原住民的族群變遷》（1987）、《經濟轉化與傳統再造：竹苗臺三線客家鄉鎮文化產業》（2004，與張維安合著）、《餵雞屋人類學：迷妳論述 101》（2011）、《客家地方典慶和文化觀光產業：中心與邊陲的形質建構》（2012），與劉瑞超合著）、《後「認同的污名」的喜淚時代：臺灣原住民前後臺三十年 1987-2017》（2017）、其他尚有 200 種著作。

作者群

洪麗完　國立臺灣大學歷史所博士，現任職於中央研究院臺灣史研究所、國立暨南大學歷史系（兼任）。研究領域為清代臺灣史、臺灣南島社會與歷史、族群關係及區域研究等；主要作品包括《清代熟番社會網絡與集體意識：臺灣中部平埔族群歷史變遷之考察（1700-1900）》等專書、研究論文與編著百來篇（種）。

邱顯明　國立中央大學歷史研究所碩士，曾任教新竹縣峨眉鄉富興國民小學教師，現職為新竹市頂埔國小教師。專注興趣為臺灣茶業史、臺灣史、臺灣客家研究等議題。

大俠・道卡斯（薛雲峰）　臺大哲學系畢，臺大新聞所碩士，臺大國發所博士。曾任自由時報新竹特派員、國立臺灣大學國家發展研究所兼任助理教授、中央研究院社會學研究所博士後研究，現任文史工作者。著作有：《椪風茶》、《快讀臺灣客家》。

傅寶玉　香港中文大學歷史學博士，現任國立中央大學客家學院助理研究員暨通識教育中心兼任助理教授。曾任職於國立僑生大學講師，元智大學通識教育中心兼任助理教授，長期致力於臺灣地方歷史與社會文化研究，特別關注水利空間文化及臺灣客家社會建構的議題。

林淑鈴　國立清華大學人類學研究所哲學博士，現任國立高雄師範大學客家文化研究所教授。專長領域為文化人類學、醫學人類學、客家飲食文化、質性研究、田野調查等。關注六堆客家與周邊社會文化變遷，出版專書並發表學術論文。

林正慧　1971 年生，屏東內埔人。國立臺灣大學歷史學博士，曾任國史館修纂處協修，現任中央研究院臺灣史研究所助研究員。研究領域為清代臺灣史、戰後臺灣史、臺灣客家史。著有《六堆客家與清代屏東平原》、《臺灣客家的形塑歷程：清代至戰後的追索》等書。

謝若蘭　臺南西拉雅族。美國亞歷桑納州立大學司法正義學哲學博士，現任國立東華大學族群關係與文化學系教授兼原住民族國際事務中心主任。專長領域為司法正義學、人權、性別／族群／階級、世界原住民族議題、社會運動、認同政治、環境正義、原住民族教育、研究倫理。

彭尉榕　桃園客家人。國立東華大學中國語言與文化學系學士、國立東華大學族群關係與文化研究所碩士，曾任教於臺東縣立蘭嶼中學，現任職於花蓮縣立宜昌國中教師，從事國文科教育工作，課餘致力實踐半農半x之田園生活。

藍清水　國立政治大學民族學博士、（廣州）中山大學歷史學博士。曾任加拿大商 Pureco Lab. 臺灣分公司總經理、太平洋集團實聯科技（股）公司執行副總經理、太平洋集團生活事業（股）公司副總經理、健行科技大學講師、明新科技大學講師、中壢社區大學校長。現任桃園市社會企業促進會理事長。專長領域為華人移民史、族群研究、危機管理、經營策略、行銷管理。

學術研究與客家發展：

《臺灣客家研究論文選輯》主題叢書序

張維安

　　客家族群的發展，打從其浮現初期就和客家族群的論述有密切的關係。特別是從「自在的客家」發展到「自為的客家」過程中，客家族群意識的凝聚與確定，顯示出客家族群相關論述扮演了重要的角色，尤其是立足於客家研究而來的客家族群論述所帶來的影響。有客語語言家族的「客觀」存在（自在的客家），還不能說客家族群已經誕生，也就是說客家族群還未主觀的、有意識的存在（自為的客家）。兩者之間的差異與轉換，主要是族群意識與族群論述。

　　族群意識的誕生，可能來自客語語言家族經過與他族的接觸經驗、人群界線的劃分，以及漫長的族群形塑過程。不過人群分類的「科學」根據和「歷史」解釋，卻需要綿密的客家族群論述為基礎。從客家族群形成的過程來看，客家研究扮演了非常關鍵的角色，甚至可以說「沒有客家研究就沒有客家族群」。

　　歷史上，羅香林的《客家源流考》（1950）、《客家研究導論》（1933）和《客家史料彙編》（1965）為客家選定作為中原漢族的身分，提供了安身立命的論述基礎。更早的時期，徐旭曾的〈豐湖雜記〉（1808）、林達泉的〈客說〉（1866）、賴際熙的《[民國]赤溪縣志》（1867）、溫仲和所纂的《廣東省嘉應州志》（1868），以及黃釗的《石窟一徵》（1870）等，提供了羅香林論述的基礎觀察。當然還有一些外國傳教士之論述也發揮很大的作用，例如

Ernest John Eitel（1873）的 *An Outline History of the Hakkas*。關於西方傳教士的客家論述與華南客家族群的浮現方面，施添福與林正慧等已有精彩的研究。客家研究奠定了客家族群存在的樣貌。

客家研究與客家族群的浮現與發展關係，是多層次的。從民間學者到學院教授，從族譜記載到生物基因，從文化圖騰到語言發音，豐富了客家族群文化的內涵，增進了客家族群的意識與認同。其中語言學家對南方漢語中客語分類的認定與命名，使得客語人群的身影逐漸清晰。近年來臺灣客家研究的興起對臺灣、東南亞或中國客家文化的發展與認同都有清楚的影響。

基於客家相關的學術研究對客家發展的重要性，客家委員會從設立以來便相當重視客家知識體系的發展，設立客家學術發展委員會指導推動客家學術研究與發展之業務，厚植客家研究的基礎。客家研究如果要成為一門學問，不只是要有研究計畫，必需有課程規劃、教科書、專業期刊、客家研究學會、學術研討會、嚴格審查的專書、有主題的叢書與論文集彙編。《臺灣客家研究論文選輯》主題叢書的出版計畫，具有此一脈絡的意義。

《臺灣客家研究論文選輯》主題叢書的出版構想，源於客家委員會的客家學術發展委員會，目標是將分散於各學術期刊的優質論文，依主題性質加以挑選、整理、編輯，重新編印出版，嘉惠對客家議題有興趣的讀者，深化客家議題的討論，增益客家社會建構的能量。論文來源以學術期刊論文為主，作者無限制，中英文皆可，主要是論文議題要與「臺灣客家」相關，跨區域比較也可。以主題或次領域為臺灣客家研究系列叢書編輯的原則，能讓國內外客家研究學者乃至一般讀者，迅速掌握過去學術界對該主題的研究累積，通過認識臺灣「客家研究」的各種面向，理解臺灣客家社會文化的諸多特質，作為國家與客家族群發展知識基礎。叢書，除了彙整臺灣客家研究的各主題（特色），也望能促進學、政雙方，乃至臺灣民間社會共同省思臺灣客家的未來。

　　由於各篇論文原來所刊登的期刊，各有其所要求的格式。為了尊重原期刊的特性，本叢書各輯的論文仍保留原有的格式性質，例如註解的方式各篇並未一致，又因版面重新編輯，原有的頁數已經有所改變，這是需要跟讀者特別說明的。

　　《臺灣客家研究論文選輯》主題叢書之問世，特別要感謝客家委員會李永得主任委員的支持，客家學術發展委員會召集人蕭新煌教授的指導，各分冊主編的教授師長，一次又一次的來交通大學開會，從書本的命名到封面的討論，看見大家的投入和付出，非常感激。交通大學國際客家研究中心博士後研究員劉瑞超博士、交通大學出版社程惠芳小姐和專任助理陳韻婷協助規劃與執行，克服重重困難，誠摯表示感謝。

張維安

于國立交通學客家文化學院人文社會學系

2018-6-7

目錄

《客家族群關係》導論：
彰顯現代性課題——客家族群關係研究的新進程

謝世忠

一、前言

　　客家是否為一個族群（ethnic group）的命題，未經嚴謹界定之前，似乎就被自然地認定使用。被自然認定的結果，即馬上會出現客家族群與非客家族群互動關係的研究課題，畢竟，有這個客家，就應有其他的非客家，而雙方的遭逢，即是關係建立的開端。大家都知道，臺灣不只有客家，統計學上早就很清楚指出尚有其他更多人口且極具政經實質力量的族群存在。於是，族群關係（ethnic relationships）作為一個探索範疇，也就得以理解了。

　　但是，應如何進行族群關係的研究？這是難題。因為從如何產生族群的定義，如何在田野裡研究情境中觀察族群，如何確認代表族群的一言一行，如何體認族群的一個特定範圍，如何掌握族群組織形成過程，及至如何透析族群與文化的千絲萬縷掛連又斷裂經驗等等，在臺灣都缺乏基本學理的教學歷程，也少有人可被公認已然自積累半世紀以上之相關國際學術論著取得足夠的養分。因此，基於「客家作為族群，其他非客家群體也是族群」的默契共識上，大量探討各群往來之「族群關係」研究文獻接續出現。然而，它們卻被前述學理方法論的貧弱要因強力制肘，使得該等寫作出版的品質，想來就令人擔憂。

　　筆者的憂心不是沒有根據。臺灣的確有少數幾種學術暢銷書，裡面介紹了

部分經典的國際學者如 Frederik Barth 和 Charles F. keyes 等的族群研究論點，但，講論不多也不全然真確，卻也翻譯出了幾個族群定義理論如原生論、工具論及建構論等。然後，學子們就開始大量沿用，尤其是 Barth 1969 年編輯的小書 *Ethnic Groups and Boundaries* 導言。只要觸及族群議題，幾乎篤定會見到前述那三論的排比，以及 Barth 的名字。學子們研究主題無論是否需要用到族群定義，搬出三論放著就對了。問題是，一方面 Barth 該書距今整整半世紀，後續何止千種討論，臺灣研究者卻多不知，另一方面三論也不是套用者所想像好似為一直線演進的出現過程，先原生，再工具，最後建構。建構最新，所以就支持它。過去 20 年臺灣族群研究的理論闡述部分，主要就是如此，客家當然也不例外。

本書是客家委員會期刊論文彙集計畫之一，主題是族群關係。筆者受邀擔任是書編者。也就是說，編者必須過濾所有於各類期刊雜誌出版的客家族群關係論文（在論文集等非期刊類出版者不在收錄之內），然後在全書大約 20 萬餘字範圍約制之下，選出適量之文章收集成冊，以作為期刊雜誌刊登過之族群關係論文的代表。前段所述筆者發現原生、工具、建構等三論無意義地被錄引一事，正是廣閱稍有涉及族群理論各文之後的基本心得。惟本書收錄文章，僅為出版於各處之族群關係相關論文總量的十分之一弱，所占比重不足，因此，在這裡暫且不擬就三論的刻板套用問題予以多論。而事實上，也勿須多論，因為那就只是套用，只見文字堆疊，學術貢獻卻極其有限。

本書共選了 8 篇文章。為何選這些？咸信一定不少人好奇。筆者考慮的重點包括：臺灣南北東各地的平衡、兼顧各文探討的時期、不同主題的凸顯、研究者所屬學科代表、期刊多樣性、以及文章的基本品質。理論上，此等選文標準似乎相當完備，但，實際操作起來，仍有許多困難。檢視大量文章的過程中，常常出現有各項標準彼此衝突情況，筆者也隨之焦慮，呆坐遲滯許久之經驗不

在少。不過，總算 8 文確定。惟筆者必須強調，獲選的文章，並不宜就視為最佼佼者，它們多數就是合於前述選錄考慮的重點。依本套書（除了族群關係之外，還有 11 個課題分別各出專書）編輯共識，對於所收各文，均須有一基本介紹。

二、清治至日治時的閩客

　　收錄探討清治與日治時代的福佬人／閩籍和客家人／粵或廣籍關係者有二文。洪麗完 1990 年出版的〈清代臺中地方福客關係初探——兼以清水平原三山國王之興衰為例〉一文，刊於《臺灣文獻》。該文是篇佳作，對於客家與福佬關係史的探討具突破性觀點。作者的立意在打破一般所認知的閩人先來臺，佔據平原，而粵人晚到，只好住山區之說法。她以文獻資料為證指出，早期粵籍／客家人士和閩人曾一起開發臺中平原，直至後者人口不斷增多，資源競爭日益激烈，開始出現分類械鬥，客家人口較少，屬於勢弱一方，才考慮遷移到東勢近山處。此時中土原鄉山居的經驗，對於新適應過程，多少有所助益。而今日海邊城鎮清水和沙鹿各有一客家典型信仰三山國王廟，惟當地絕對多數為福佬人，這應如何解釋？作者考據結果發現，二廟一香火黯淡，另一則相當鼎盛，理由係前者原來客家居民同樣因人口勢弱而搬遷，但，該廟始終維持客家主神，因此，居人口多數的福佬不來參拜，才會日顯沒落衰敗。至於後者廟宇則歡迎福佬迎入其他諸多神祉同時供奉，多族群信眾自此絡繹不絕，寺廟香火隨之興盛。此一景況同時顯示，客家先民曾很早就住在海岸平原形成大聚落，他們不比閩籍晚到，也未一下子就直接往山裡去。本文作者人類學與史學修養兼俱，其論點值得推廣重視。

　　另一篇論文係林正慧 2017 年寫就的〈日治臺灣的福客關係〉，出版於《民族學界》。該文篇幅很長，主要在說明，日本人統治臺灣之前，福佬與粵籍或

客家的大規模衝突仍不斷發生，直至殖民政府的強力禁止才告終。但是，兩邊的族群邊界繼續以言語嘲諷或戲謔刻板印象存在於社會生活裡。甚至，政府的強力島內移民政策，也未能消弭隔閡。北部客家人遷移到南部，並未被南客接納，反而自成一北客社群。而同族人群聚的社區，較難產生跨族婚姻，族群界線就始終存在。為了生活之需，多數客家操用福佬語，反之也有，但比例不高。有的地區如彰化的客家就完全福佬化，甚至否認自己先祖過去的粵籍身分。總之，直到日本人離去之際，閩客和諧之路雖有進展，但無形界線仍存在。本文資料豐富，作者詮釋能力不弱，是一篇水準頗佳的社會史著作。

三、清治時期的原客關係

該主題收錄三文。首先是傅寶玉 2017 年的文章〈跨越與邊界：桃園霄裡及銅鑼圈為中心的地域社會與族群關係〉，發表於《民族學界》。該文也是一篇長文，探討桃園霄裡和銅鑼圈的平埔族與客家人關係史，主要時間點為自 18 世紀著名通事知母六（蕭那英）起始及至日治時期。霄裡社平埔族一分為二，留在原地者不是被客家和漳州籍移入者於共同宗教信仰圈所排除於外，就是勉強在共享水利方面被接納，但卻位居祭祀活動的最邊陲位置。而遷移至今龍潭銅鑼圈者，則始終保持番租高位，在祭祀宮廟中心裡，更是一直標示著蕭家的尊貴地位。今天雖然二地蕭姓後人多半認同自己為福佬臺灣人或客家人，但，不少街坊鄰居私底下仍可認知到他們的「番」祖背景。本文的歷史資料分析能力強，對於族群關係過程的細緻要項也大致能掌握得宜，基本上是一篇不錯的文章。

邱顯明 2013 年的〈清代峨嵋地區的原住民——以賽夏客家關係為中心〉，發表於《新竹文獻》。本文敘述自清季中葉大約 1834 至 1954 年，新竹縣峨眉地區賽夏族人從繁盛聚落到全面消失的歷程。其間的關鍵互動群體即是客家

人。換句話說，作者經由文獻資料爬梳，整理出客家人的墾殖移民，造成原本居處於峨嵋的賽夏族人承受壓迫，先是極力戰鬥，再來只剩零星反抗，之後和解緩事，賽夏人甚至當起墾戶的隘丁，共同防患泰雅族。20 世紀中葉峨嵋該地仍有少數族人居住紀錄，但，最後還是從峨眉地理舞台失去蹤影。

最後是薛雲峰 2011 年的〈風月產業的文化意涵：平埔、漢移民與客家〉，同樣刊登於《新竹文獻》。這是一篇結構鬆散，主題又無法有效掌握的文章。但是，題目卻頗為吸引人，閱覽者多以為作者是要探討不同族群與風月產業的關係，或者各族群對風月產業之文化行為。但是，文章提到平埔，卻未論及其與風月產業之關係，只見到漢人如何宰制番人，強拉民婦等的敘述。而題目所標示的漢移民與客家，到底是同一批人，還是指二個不同群體，文中也未明示。我們只讀到現在流行使用之「契兄」與「客兄」說法的婚姻外遇說明，而它與族群和風月產業的關係是什麼，也不見詳述。總之，全文課題跳躍而難以銜接，更無法達到有效詮釋吸引人之題目論述目標的效果，殊甚可惜。

四、日治以降的原客關係

林淑玲 2012 年的〈異族通婚與跨族收養：日治時期前、中、後、先鋒堆客家與其他族群互動的軌跡〉一文，發表於《高雄師大學報》。本文是一有趣的社會學論文，也頗具說服力。作者分析日治時期高屏典型客家六堆地區的同族與跨族通婚，以及同族與跨族收養情形。研究的主要發現在於，客家人比起閩南與平埔熟番有更高比例的同族婚與同族收養率。換句話說，客家習慣於以自家人再造出下一個家庭，所以，總設法不讓外族人進入客家。如此一來，客家的確更形團結，血液或許維持純正，惟也因此失去擴大族群影響範圍的機會。客家人不喜娶進或收養外族人，但卻會因環境關係而出養小孩給外族。這些出養之小孩，無論是進入閩南或甚至高山原住民養父母家，都很容易就忘卻

或忽略自己的客家身分，客語更是早忘光。反之，以婚姻或收養進入閩南人家
庭的非閩南裔者，到後來都以閩南認同自居，直接增添了閩南人口的數量。平
埔族是婚配與收養都最不介意本族人與否者，作者認為該族最具包容力。他們
收養閩客小孩，但，由於總族群人數太少，屈居劣勢，婚生後代也多認同閩客
為多。不過，不少例子顯示，這些後代成員縱使起先認同為客，最後也多會轉
至認同為閩。平埔在對客觀環境的適應過程中，形成了多以閩為最終認同的慣
習，所以，縱使客家與平埔成家，還是會繼續轉往閩族認同之路邁進。

五、今日客家情境的個例

有關今日客家族群關係的課題，頗費了一番功夫終於收得二文。謝若蘭與
彭尉榕合著 2007 年出版的〈族群通婚的身分認定與認同問題之研究——以花
蓮地區原客通婚為例〉，刊於《思與言》。本文探討花蓮地區原住民與客家人
通婚之後的個人認同情況。一般而言，嫁給客家人的原民婦女多從夫而不彰顯
自我原屬認同，但近年則有重回原住民身分的趨勢，其中可獲年金補助一事是
一大吸引力。他們的下一代，也就是理論上血統原客各半者，主張自己為原住
民者眾。有的雖仍認同自己客家，卻被外人認為原住民，因此，本身也常藉此
自我解嘲。另也有一些就是不願承認自己的原民血統。不過，無論怎麼變遷，
政策上都是只認定一個族裔身分，致使原客後代常會於二個身分擇選間徘徊掙
扎，作者們主張政府應對此一認同困境問題多作檢討。

第二篇文章為藍清水 2012 年的〈生活情境、歷史記憶與族群認同：臺灣
河婆客家移民的遊移身分〉，發表於《歷史人類學刊》。本文敘述上個世紀前
半葉自廣東揭陽縣河婆墟因尋求家人生活改善而遷來臺灣之客家人的身分認同
情況。河婆客家來臺理由與軍公教背景的逃難型外省人不同，但，在臺灣他們
還是被歸類為外省人，雖然總是被典型外省社群邊緣化。不過，在社會動盪之

際，河婆客家有機會避難於臺灣客家聚落，則享受到了被同族對待的禮遇。這
一群人在部分本土客家集中區，有語言被同化的情形出現。而近年返回廣東探
親，則又被視為是臺灣人，而非河婆在地客家。也就是說，居臺河婆人曾經四
處碰壁，游移各方而未被認同接納。作者刻板地套用所謂的三個族群意識定義
予以解釋河婆人的認同狀態，反而是文章的缺點之處，不僅沒有必要，只見硬
搬套用，對於理解河婆人尋求安居的過程，也無有助益。

六、選文之評介與再檢討

　　對筆者而言，一個最鮮明的印象就是，客家族群關係研究幾乎全都在談歷
史。清治和日治是二大熱點時間斷代，文獻大致豐富，只要肯認真閱讀，再加
上稍具史學方法或基礎統計訓練，就可以有機會在客家與他族關係課題上，找
到些許可供解釋的要素。在幾位研究者的努力下，清治至日治的二百年間閩／
福佬與粵／廣／客家如何實質（如通婚或收養或風月尋歡或械鬥）或抽象（如
刻板印象形成或負面事件的記憶）往來，大致已能勾勒出一清楚圖像。而與原
住民包括平埔和高山類屬各群的關係，也或多或少看出了常見定模。凡此，均
是足可稱道的貢獻。

　　但是，族群關係的研究卻有越接近當代，就越見陌生的跡象。也就是說，
多數研究偏向歷史旨趣，對於現代則興趣缺缺。給人的印象即是，日治時期之
後的現在客家與其他族群的互動關係，似乎沒有研究價值。然而，事實上當然
不應是如此。筆者之見，主要係因在土地上感受不到客家，連客家有識者也常
批評客家隱形人特性，以致縱使有人想有所了解，根本也無從發揮起。土地上
無人，就不可能引來社會科學家的注意，自然也就不會有學術研究的產出。原
住民場域方面就不會這樣。一直以來，在臺灣土地上均可清楚深刻地感受到原
住民的所在所為與所言所行，所以，原住民研究的熱潮百年來始終未減，其中

族群關係是為亮點之一。至於客家則仍於自我漠然之中,被外界陌生看待。

日治結束到下回客家再現於論述場域,已經是 1989 年的還我母語運動了。然後,自此全數都是社會運動相關的發展。其中最典型者,就是客家委員會加上三大客家學院的設立。它們是當代客家社會運動成效之明證。客委會有許多活動,去了,就看到客家,三大學院有會議有出版,聆聽閱讀了,就知道客家。終於有了「看到」和「知道」客家,因此,相較於過往,似乎邁進了大步。但是,客委會和學院都是客家人自我的有形資源收穫,它無關乎族群關係的正面成長或族群關係研究的顯耀成就。換句話說,有多少非客家人士認肯並積極參與客委會事務和三學院的客家研究學術活動?這是一個提問,也是族群關係現代性應該思索的要項。另一要項則是,超乎歷史的現代族群關係研究,可有因客委會資源下放和三學院所屬學者增多而突現光彩?答案應是否定的,否則就不會整理了大量相關論著,卻極少見高度現代性意義的作品。

客家多自我標明為族群,但,二十年來的客家研究,卻明顯缺乏以當代客家為出發點的族群研究。或許,對國內學界而言,這是敏感議題,以至於阻卻了探討的動力。但是,就如歷史學者得以完成精彩的族群關係史研究一斑,當下的此等課題,必也有非常值得深究者。然而,為何就等不到人選和著作?難道要等待未來某個時間點,來了一位感興趣的國外學者,才有可能?總之,國內自家人要研究自家族群關係,其間可能涉及政治經濟或集團資源激烈競爭,甚至還包括個人間恩怨情仇事物的剖析等等,高敏感度的壓力下,不易出現願意接受挑戰的研究者。

誠如前節所言,客家族群關係領域正陷入困境,也就是只能研究歷史問題,而無法進到社會科學的當代課題。歷史已成過去,不會有當下敏感的壓力,當然可以放心闡述下筆。但是,若只能做歷史研究,一旦成果積累多了,它會被認定為就是族群關係研究的全部。更糟的景況就是,族群關係被無形中限縮

至只存在於過去，做做歷史考據即可，於是久之，該項研究範疇也就被拉進了創意失色之絕境。當下沒有族群關係課題，會造成所有客家社會運動成就如客委會成立和三大學院的設立，都成了僅是形式作為。也就是有客家，卻沒關係。客家的那些形式讓客家人自己享有，大社會則與之無感。事情當然不應如此演進。大社會積極與客委會和三大學院以及其他客家要素互動往來，才是健康之途。而有互動往來也才有族群關係學術研究的需求與價值。基於此一認知，筆者提出一些相關課題發展方向的建議，以供參考。

七、現代性研究策略之一：基礎學理

首先，我們必須鼓勵研究者重新認識族群與族群意識／族群性（ethnic group and ethnicity）的內涵。族群關係有協調折衝之處，也有衝突機會和創造的潛力。但是，在此之前，仍應自被研究者社會文化角度出發，了解該群體對於人之結群成隊需求的看法，以及包括族群在內之各個聚結類型出現的理由。鬆散籠統而不具行動力的族類（ethnic category）與界限緊密且具組織動員力的族群（ethnic group）之分別，亦應受到重視。相關研究可以參閱 George A. De Vos 1995 Ethnic Pluralism: Conflict and Accommodation、Charles F. Keyes 1976 Toward a New Formulation of the Concept of Ethnic Group，以及 McKay, James McKay 與 Frank Lewins 合寫之 1978 Ethnicity and the Ethnic Group: A Conceptual Analysis and Reformulation 等論著。在客家議題上，我們應細細思索客家是否為單一族群的問題，甚至問到，在嚴謹定義下，客家是否可稱作族群？族群理論可藉此改寫，抑或客家事例正可印證理論的說法？

與此連上者，即是族群識別的學術難題（the problematics of ethnic identification）。有的族群廣收異族為子，收進之前他們是外族，收來之後也還沒變成我族，而是經過正式莊嚴之儀式後，才為全族包括祖先所接納。而有

些人在面對相異他人的各個情境下，會說出或認為自己是屬誰族的不同答案，也就是認同標示常常在變。另有的卻是 2 或 3 個族裔稱名輪番使用。凡此種種都造成識別一個族群的困難，過去總是定義出一個人類群體共享某某文化語言或體質特徵的說法，已然無法滿足解釋該等變化無端的認己現象。相關研究可以參閱 Peter K. Kandre 1976 Yao （Iu Mien） Supernaturalism, Language, and Ethnicity、Michael Moerman 1965 Ethnic Identification in a Complex Civilization: Who are the Lue? 以及 Aiden Southall 1976 Nuer and Dinka are People: Ecology, Ethnicity, and Logical Possibility 等論著。在客家議題上，我們可以仔細分析，有哪些人會表明自己是客家人，而在另外場合上，此一表態動機卻又打了折扣，甚至完全隱逸。或者，研究者亦能探討有無數個認同標誌自在轉換的情形，並解釋它的道理。又，被外界認定為客家，而當事人卻未主動清楚表態者，是否可以將之納入客家族群範疇？這些都等待著進一步的闡釋。

其次，每一個重要理論，都應要有系統性的理解，而不能再像前節所提之原生、工具及建構等刻板三論的任意套用。認同的根本賦與基礎（primordial basis of identity），是最早被學界認知之人類群體組成的關鍵依據。根本賦與的意思是，人打自出生就被自然給予的一個身分。二次戰後東南亞紛紛建立新國家，但，各國內部卻紛擾不斷，主要就是根本賦與身分各有不同的地域人群，不願接受另一人群的統治。各個屬於同一根本賦與者只效忠同族。根本賦與要素可能是語言、身體、名號、宗教或政治等等，各群情況有別。社會生物學理論則認為這就是依照血緣而出現的護親主義使然。相關研究可以參考 Clifford Geertz 1973[1963] The Integrative Revolution: Primordial Sentiments and Civil Politics in the New States、Harold R. Issacs 1974 Basic Group Identity: The Idols of the Tribe，以及 Pierre L. Van Den Berghe 1978 Race and Ethnicity: A Sociobiological Perspective 等論著。在客家議題上，我們可以多討論客家是否

存在著明顯的根本賦與要素？它們是什麼，為何是它們？不同客家社群之隨生俱來的根本賦與要素會有差距嗎？如何解釋之？ 又，客家人與他群往來互動時，是否曾有高舉根本賦與要素的紀錄或經驗？那是什麼？又為何需要特別凸顯之？對此等問題的解決，進行細緻而系統性的探索，當是第一要務。

根本賦與的關鍵要素，往往需要族群本身的文化建構（the cultural construal of ethnicity），才能使該等要素產生力量。換句話說，文化的操作，使得語言、稱名、身體特徵、神話傳說、宗教信仰或物質文化項目等等，成了群體認知自我共祖傳承的依據。文化項目既然作為根本賦與的象徵代表，自此，族群也成了極力保護該等文化象徵的生力軍。相關研究可參考 George De Vos 與 Lola Romanucci-Ross 1982[1975] Ethnicity: Vessel of Meaning and Emblem of Contrast、Judith Nagata 1981 In Defense of Ethnic Boundaries: The Changing Myths and Charters of Malay Identity， 以 及 Theodore Schwartz 1995 Cultural Totemism: Ethnic Identity Primitive and Modern 等論著。在客家議題上，我們應去尋找出作為族群代表的文化要項是什麼，為何是它或它們？形成象徵代表的過程為何，族群成員又如何維護之？作為象徵代表的文化項目可曾經過替換改變，或者不同社群的擇選對象有異？田野中才能獲知訊息，也唯有如此細膩蹲點，客家族群課題的研究，方得以精進。

一般來說，主張族群行為的情境基礎（the contextual or situational basis for ethnic action）足以發揮到關鍵角色的論點，係和根本賦與論者持相反的立場。情境論者宣稱，政治經濟是人類的基礎生活面向，因此人們會隨著利益所向而轉變認同，也就是跟著政經利益一方的身分而變。簡單的說，就是 A 強大，B 就學著 A 的生活樣態，甚至認同自己就是 A，用以取得有利位置。B 最終表現出 A 的文化生活。外人見到原是 B 的人群正行 A 的文化生活，很可能在不知情之下，就認定那是 B 原本就黏於身的文化。論者以為，文化就是跟著人

的利益所需而被挪用或占為己有。不過，主張至少必有一最具代表性之文化要因作為認同象徵的進階版根本賦與論者，對此提出了他們的挑戰：若照情境論說法，所有文化不就都變成虛假或只是工具而已了嗎？他們不相信人類創造文化是如此膚淺不堪。相關研究可參考 Fredrik Barth 1969 Pathan Identity and its Maintenance. In Ethnic Groups and Boundaries、Gerald D. Berreman 1982[1975] Bazar Behavior: Social Identity and Social Interaction in Urban India、以及 Judith A. Nagata 1974 What is a Malay? Situational Selection of Ethnic Identity in a Plural Society。在客家議題上，吾人或可仔細端倪所稱客家文化內涵的存在場景，其中是否有正與另一政經強大的群體交鋒，而必須隨附後者以求得生存之機？或者，客家隱形人的幾十年間，為何難以發現客家的存在？是客家文化被強力隱匿，還是當時表現出的「客家文化」事實上無異於大社會主體文化？為何會如此？與情境式的認同轉換過程有關嗎？凡此，都是值得進一步思索的問題。

或許有人會問，認同的根本賦與基礎、族群本身的文化建構、以及族群行為的情境要素等，不就是前述筆者所批判的原生、工具及建構三論嗎？表面上看是如此，但是，筆者擬欲強調的是，在臺灣，不少人將其視為三段演化的謬誤，從而以訛傳訛，最終勢必只能選擇被認為最新版的建構論。事實上，各個論點均長期並存且時時刻刻處於對話或自我補充修潤之中，它們從未傳達要求學子只能從中擇一的壓力訊息。最重要的是，所有踏入相關領域之研究者，對每一觀點背後的民族誌都應有細緻性的閱讀消化理解過程，否則硬是只抓三論名詞來套用，根本難以有效說明族群關係出現的道理。

八、現代性研究策略之二：國族角色

除了前述幾項族群研究的基礎學理探索之外，還有不少重要的課題可以發揮。當代「國族－國家中的族群」（ethnic people in nation-state）是其一。

當代國家對族群的認定與態度,包括實質政策的推動等,自二次大戰結束以降,是為族群與國家關係的重要研究問題。尤其國族–國家強調一個國族的建構,族群身在內部,可能是建造國族者,也或許是少數被要求涵化者。當然,也有可能因各種特地因素而成了不准同化的少數群體(non-assimilating minority)。不准同化之意可能就是被國家忽略,不願吸收其族群文化內涵以進入國族。相關研究可參考 Abner Cohen 1981 Variables in Ethnicity、Charles F. Keyes 1973 Ethnic Identity and Loyalty of Villagers in Northeastern Thailand,以及 Mark A. Tessler 1981 Ethnic Change and Nonassimilating Minority Status: Jews in Tunisia and Morocco and Arabs in Israel 等論著。在客家議題上,我們可以分析國族–國家在臺灣建置過程中,國家所看到的客家地位,以及客家又如何領受自己與國家之關係。當然,近 30 年臺灣的民主化,驅使客家自隱形狀態突現出於公共場域,她所扮演的角色,到底是一主動參與民主化了的國族,還是被冷放一旁的無足輕重成員?這些都需進一步釐清,而那也是族群關係另向研究發展的可能性。

族群意識與國族文化(ethnicity and national culture)是緊隨著前一主題而來的研究範疇。國族–國家不僅建置一個國族存在的政治理論,亦會推動國族專屬之文化要項,而這些項目如宗教信仰、語言獨尊、儀式慶典、物質文化、神話傳說以及流行文化等等,都可能和族群文化生活或代表性象徵要項重疊或隔閡,情況變得相當複雜。其間可能造成彼此衝突,或者引起不同族群間的猜忌。相關研究可參考 Cornelia Ann Kammerer 1988 Territorial Imperatives: Akha Ethnic Identity and Thailand's National Integration、Charles F. Keyes 1995 Who Are the Tai? Reflections on the Invention of Identities,以及 Gananath Obeyesekere 1995 On Buddhist Identity in Sri Lanka。在客家議題上,我們可以追蹤臺灣國家文化於專制獨裁與民主化演變過程中,客家文化的位置所在,其間的最顯明變

化為何？國家文化的內涵有多少客家要素？為何會如此？客家文化在國家文化
建構過程中，和其他族群文化相較，孰一取得哪方面的重要地位？不同族群有
無出現角力競爭？此等課題對探索客家的當代處境，均相當重要。

九、現代性研究策略之三：面對他者

　　污名化的認同與異族認定（stigmatized identity and ethnic aliens）的研究，
對於非主體族群面對大社會時的情境，尤其重要。但是，認同的污名到底所指
為何，所有因非主體角色而演變成弱勢或少數群體者，其自我認同都會變成
一種污名嗎？污名（stigma）是一種終身屬性，它去不掉，如影隨形，造成承
載者永續的深度壓力。另外，有的族群因現代化太過快速，以至於對傳統文
化生活的一夕間失去深感痛苦，因此起而發起文化復興運動。這種文化失去
感和文化污名感不同，卻都深刻傷害著族群成員。相關研究可參考 George A.
De Vos 與 Hiroshi Wagatsuma 合著的 1995 Cultural Identity and Minority Status in
Japan、Harald Eidheim 1969 When Ethnic Identity is a Social Stigma、以及 Emiko
Ohnuki-Tierney 1998 A Conceptual Model for the Historical Relationship between
the Self and the Internal and External Others: The Agrarian Japanese, the Ainu, and
the Special-Status People。在客家的議題上，首先應予以釐清的是，客家係因
認同的污名而長期隱形嗎？污名感在客家成員日常生活裡如何呈現？而若客家
認同並不具污名，那為何又有隱形之論？還有，客家有文化生活流失的困境
嗎？他們發起的社會運動與此相關嗎？獲得的成效如何？顯然未來亟須探討研
究之課題還真不少。

　　多數的建構（constructing majority）是另一個較少被注意到的課題。理論
上，有少數就應有多數，它是相對的概念。但是，多數如何被建構被認知，
則學界多半就是以普通常識視之。多數的成立及其連帶被承認的資源擁有

權，在在都牽動到少數的存在意義，因此，認識或理解多數的本質，無疑是相當重要的一環，畢竟，少數與多數正是族群關係最常被討論的權力對峙架構。相關研究可參考 Anthony Milner 1998 Ideological Work in Constructing the Malay Majority、Jonathan Y. Okamura 1998 The Illusion of Paradise: Privileging Multiculturalism in Hawaii、 以 及 Kosaku Yoshino 1998 Culturalism, Racialism, and Internationalism in the Discourse on Japanese Identity。在客家的議題上，最應被釐清者，即是客家是否和原住民一樣，就是一少數族群？而它的相對多數一方，指的又是誰？多數與少數關係之族群理論，可否被用來解釋臺灣客家與非客家間的互動位置？在臺灣，多數的概念有很顯明嗎？它出現於那些場合？誰在使用它？客家人對之有感否？凡此問題，均相當值得推敲。

十、現代性研究策略之四：跨境在地

在國家內部面對的是與多數一方的關係，那也是族群／國族競爭（ethnic/national competition）的一環，另外，當代跨國經驗引來的困境（transnational dilemma），也是一項觀察焦點。也就是說，作為少數族群的一員，他可能需應對於代表國家的多數族群，也必會在跨國情境中，費心處理自己與他國的文化距離問題，而遇上之挫折，更可能倍於一般多數族群所承受者。因為，遇到困難的少數一方成員，往往不易在自己國家的多數方尋求到撫慰，畢竟很可能那邊也早早隔了防阻牆，明顯缺乏主動接納少數文化的機制。相關研究可參考 Frank Bechhofer 與 David McCrone 合著 2014 Changing Claims in Context: National Identity Revisited、Christina Boswell 與 Oana Ciobanu 合著 2009 Culture, Utility or Social Systems? Explaining the Cross-National Ties of Emigrants from Bors, , Romania、以及 Janine Dahinden 2009 Are We All Transnationals Now? Network Transnationalism and Transnational Subjectivity: the Differing Impacts of

Globalization on the Inhabitants of a Small Swiss City。在客家的議題上,我們應先認知到,客家是一廣泛遷徙的群體,他的成員跨國經歷豐富,但是,「母國」對其而言到底如何定義,恐怕是一複雜問題,以至於遇上問題而思尋求國家協助的動機可能不高。畢竟,母國何在,對很多人來說,就是問號。這些課題都需要田野資料的收集,才能獲取較可靠的研究分析結論。

最後要建議的研究方向是全球化論與在地化論(On Globalization and Localization)。全球化與在地化的相對性和互融性,在學界已不是陌生的議題。尤其在族群議題上,面臨全球化強大衝擊下,族群本身如何吸取有利要素,以期使自己得以於在地生活領域上獲益,始終是一大考驗。這其間牽涉到與其他族群在同一地域內的競爭關係和文化變遷方向,也就是不同族群的全球在地化景況有異,其緣由背景尚須獲更細緻的解釋。相關研究可參考 Jonathan Friedman 2002 Globalization and Localization、Calvin Goldscheider 2002 Ethnic Categorizations in Censuses: Comparative Observations from Israel, Canada, and the United States、以及 Georg Elwert 2002 Switching Identity Discourses: Primordial Emotions and the Social Construction of We-groups。在客家的議題上,我們應多關注客家社區或客庄的全球化要素進入情況,並觀察在地生活因此而起的變化,尤其須分析在與其他族群往來過程中,所涉及的資源競爭關係,以及地方文化代表性的問題。

十一、結語

以上從族群界定之學理開始,及至國族–國家要素的影響,再到族群本身認同的質變問題,最後則舉出跨國和全球風潮的重要性,這等等都是可能的族群關係現代性研究的課題方向。我們不是否定目前以歷史取向研究的成績,但,那當然不是全部。也就是說,客家族群關係研究不應永遠只在歷史資料為

據的論述。都是歷史，就表示已經全然消去，在當代不再具有意義。從國際學界紀錄來看，前文所列之自上一世紀後 30 年及至 21 世紀初期的民族誌研究證實，世界各地均有充沛現代性內涵的族群關係人類活動事實，臺灣景況當然不會例外。吾人應多加關注，投入學術資源，讓客家族群關係的研究可以脫離窠臼，繼而創造出新的一頁。

參考文獻

林正慧，2017，〈日治臺灣的福客關係〉。《民族學界》39：7-73。

林淑玲，2012，〈異族通婚與跨族收養：日治時期前、中、後、先鋒堆客家與其他族群互動的軌跡〉。《高雄師大學報》33：161-190。

邱顯明，2013，〈清代峨嵋地區的原住民：以賽夏客家關係為中心〉。《新竹文獻》56：79-103。

洪麗完，1990，〈清代臺中地方福客關係初探：兼以清水平原三山國王之興衰為例〉。《臺灣文獻》41（2）：63-93。

傅寶玉，2017，〈跨越與邊界：桃園霄裡及銅鑼圈為中心的地域社會與族群關係〉。《民族學界》39：121-170。

謝若蘭、彭尉榕，2007，〈族群通婚的身分認定與認同問題之研究：以花蓮地區原客通婚為例〉。《思與言》45（1）：157-196。

薛雲峰，2011，〈風月產業的文化意涵：平埔、漢移民與客家〉。《新竹文獻》45：16-34。

藍清水，2012，〈生活情境、歷史記憶與族群認同：臺灣河婆客家移民的遊移身分〉。《歷史人類學刊》10（2）：129-158。

Barth, Fredrik, 1969, Pathan Identity and its Maintenance. In *Ethnic Groups and Boundaries*. Fredrik Barth ed., pp: 117-134. Boston: Little, Brown, and Company.

Bechhofer, Frank and David McCrone, 2014, Changing claims in context: national identity Revisited. *Ethnic and Racial Studies* 37（8）:1350-1370.

Berreman, Gerald D., 1982[1975] Bazar Behavior: Social Identity and Social Interaction in Urban India.In *Ethnic Identity: Cultural Continuities and Change*. George De Vos and Lola Romanucci-Ross eds.,pp: 71-105. Chicago: University of Chicago Press.

Boswell,Christina and Oana Ciobanu, 2009, Culture, Utility or Social systems? Explaining the Cross-National Ties of Emigrants from Bors,a, Romania. *Ethnic and Racial Studies* 2（8）:1346-1364.

Cohen, Abner, 1981, Variables in Ethnicity. In *Ethnic Change*. Charles F. Keyes ed., pp: 306-331. Seattle: University of Washington Press.

Dahinden, Janine, 2009, Are We All Transnationals Now? Network Transnationalism and Transnational Subjectivity: the Differing Impacts of Globalization on the Inhabitants of a Small Swiss City. *Ethnic and Racial Studies* 32（8）:1365-1386

De Vos, George A., 1995, Ethnic Pluralism: Conflict and Accommodation. In *Ethnic Identity: Creation, Conflict, and Accommodation*. Lola Romanucci-Ross and George De Vos eds., pp: 15-47. Walnut Creek, CA: Altamira Press.

De Vos, George A. and Hiroshi Wagatsuma, 1995, Cultural Identity and Minority Status in Japan. In *Ethnic Identity: Creation, Conflict, and Accommodation*. Lola Romanucci-Ross and George De Vos eds., pp: 264-297. Walnut Creek, CA: Altamira Press.

De Vos, George and Lola Romanucci-Ross, 1982[1975], Ethnicity: Vessel of Meaning and Emblem of Contrast. In *Ethnic Identity: Cultural Continuities and Change*. George De Vos and Lola Romanucci-Ross eds., pp: 363-390. Chicago: University of Chicago Press.

Eidheim, Harald, 1969, When Ethnic Identity is a Social Stigma. In *Ethnic Groups and Boundaries*. Fredrik Barth ed., pp: 39-57. Boston: Little, Brown and Company.

Elwert, Georg, 2002, Switching Identity Discourses: Primordial Emotions and the Social Construction of We-groups. In *Imagined Differences: Hatred and the Construction of Identity*. Günther Schlee ed., pp: 33-54. Hamburg: LIT.

Friedman, Jonathan, 2002, Globalization and Localization. In *The Anthropology of Globalization: A Reader*. Jonathan Xavier Inda and Renato Rosaldo eds., pp: 233-246. Malden, MA: Blackwell Publishers.

Geertz, Clifford, 1973[1963], The Integrative Revolution: Primordial Sentiments and Civil Politics in the New States. In *The Interpretation of Cultures*. pp: 255-310. New York: Basic Books.

Goldscheider, Calvin, 2002, Ethnic Categorizations in Censuses: Comparative Observations from Israel, Canada, and the United States. In *Census and Identity: The Politics of Race, Ethnicity, and Language in National Censuses*. David I. Kertzer and Dominique Arel eds., pp: 71-91. Cambridge: Cambridge University Press.

Isaacs, Harold R., 1974, Basic Group Identity: The Idols of the Tribe. *Ethnicity* 1:15-41.

Kammerer, Cornelia Ann, 1988, Territorial Imperatives: Akha Ethnic Identity and Thailand's National Integration. In *Ethnicities and Nations: Processes of Interethnic Relations in Latin America, Southeast Asia, and the Pacific*. Remo Guidieri, Francesco Pellizzi and Stanley J. Tambiah eds., pp: 259-292. Austin: University of Texas Press.

Kandre, Peter K., 1976, Yao（Iu Mien）Supernaturalism, Language, and Ethnicity. In *Changing Identities in Modern Southeast Asia*. David J. Banks ed., pp: 171-197. Paris and The Hague: Mouton Publishers.

Keyes, Charles F., 1973, Ethnic Identity and Loyalty of Villagers in Northeastern Thailand.In *Southeast Asia: The Politics of National Integration*. John T. McAlister, Jr. ed., pp: 355-365. New York: Random House.

_____, 1976, Toward a New Formulation of the Concept of Ethnic Group. *Ethnicity* 3:202-213.

_____, 1995, Who Are the Tai? Reflections on the Invention of Identities. In *Ethnic Identity: Creation, Conflict, and Accommodation*. Lola Romanucci-Ross and George De Vos eds., pp: 136-160. Walnut Creek, CA: Altamira Press.

McKay, James and Frank Lewins, 1978, Ethnicity and the Ethnic Group: A Conceptual Analysis and Reformulation. *Ethnic and Racial Studies* 1（4）:412-427.

Milner, Anthony, 1998, Ideological Work in Constructing the Malay Majority. In *Making Majorities: Constituting the Nation in Japan, Fiji, Turkey, and the United States*. Dru C. Gladney ed., pp: 151-169. Stanford: Stanford University Press.

Moerman, Michael, 1965, Ethnic Identification in a Complex Civilization: Who are the Lue?. *American Anthropologist* 67:1215-1230.

Nagata, Judith A., 1974, What is a Malay？Situational Selection of Ethnic Identity in a Plural Society. *American Ethnologist* 1（2）:331-350.

_____, 1981, In Defense of Ethnic Boundaries: The Changing Myths and Charters of Malay Identity. In *Ethnic Change*. Charles F. Keyes ed., pp. 87-116. Seattle: University of Washington Press.

Obeyesekere, Gananath, 1995, On Buddhist Identity in Sri Lanka. In *Ethnic Identity: Creation, Conflict, and Accommodation*. Lola Romanucci-Ross and George De Vos eds., pp. 222-247. Walnut Creek, CA: Altamira Press.

Ohnuki-Tierney, Emiko, 1998, A Conceptual Model for the Historical Relationship between the Self and the Internal and External Others: The Agrarian Japanese, the Ainu, and the special-status People. In *Making Majorities: Constituting the Nation in Japan, Fiji, Turkey, and the United States*. Dru C. Gladney ed., pp: 31-51. Stanford: Stanford University Press.

Okamura, Jonathan Y., 1998, The Illusion of Paradise: Privileging Multiculturalism in Hawaii. In *Making Majorities: Constituting the Nation in Japan, Fiji, Turkey, and the United States*. Dru C. Gladney ed., pp: 264-284. Stanford: Stanford University Press.

Schwartz, Theodore, 1995, Cultural Totemism: Ethnic Identity Primitive and Modern. In *Ethnic Identity:Creation, Conflict, and Accommodation*.Lola Romanucci-Ross and George De Vos eds., pp. 48-72. Walnut Creek, CA: Altamira Press.

Southall, Aiden, 1976, Nuer and Dinka are People: Ecology, Ethnicity, and Logical Possibility. *Man* 11:463-491.

Tessler, Mark A.,1981, Ethnic Change and Nonassimilating Minority Status: Jews in Tunisia and Morocco and Arabs in Israel. In *Ethnic Change*. Charles F. Keyes ed., pp: 155-197. Seattle: University of Washington Press.

Van Den Berghe, Pierre L., 1978, Race and Ethnicity: A Sociobiological Perspective. *Ethnic and Racial Studies* 1（4）:401-411.

Yoshino, Kosaku, 1998, Culturalism, Racialism, and Internationalism in the Discourse on Japanese Identity. In *Making Majorities: Constituting the Nation in Japan, Fiji, Turkey, and the United States*. Dru C. Gladney ed., pp. 13-30. Stanford: Stanford University Press.

清代臺中地方福客關係初探：
兼以清水平原三山國王廟之興衰為例[*]

洪麗完

一、前言

　　有關清治臺灣時，漢人移民祖籍「閩海、粵山」分布特徵形成的因素，歷來解釋，約可分為二大類：

　　其一，閩人先來，佔據平原沃地；粵人較遲抵臺，故聚居山區。

　　其二，廣東原鄉生活方式，影響粵籍人士擇居山區的選擇。[1]

　　以原居生活方式，影響居住地的選擇，解釋粵人聚居山區，閩則多往海邊發展，主要立論於地理環境與生活技能的關係。[2]而所謂閩人較粵人先抵臺墾荒，因而得以優先選擇平原沃地聚居，應有時空限制。此外，平原是否必然較近山丘陵區肥饒，亦值得檢討。

---

* 本文原刊於中華民國臺灣史蹟研究中心編，《臺灣史研究論文集》，臺中：臺灣史蹟源流研究會，1988，頁 133-173。之後轉刊《臺灣文獻》41：2（1990），頁 63-93。作者洪麗完現任中央研究院臺灣史研究所副研究員。

1 關於清代臺灣閩粵移民祖籍分布特徵形成因素的看法，尹章義首先提出不同看法，以為泉海、漳中、粵山的現象，乃 18 世紀末期以來，兩籍人士長期械鬥所導致的臺灣社會整合結果。參見尹章義，〈閩粵移民的協和與對立：以客屬潮州人開發臺北以及新莊三山國王廟的興衰史〉，收於尹章義，《臺灣開發史研究》，臺灣研究叢刊 13，臺北：聯經，1989，頁 372-379。有關移民分布問題，另詳見本文第二節。

2 施添福，《清代在臺漢人的祖籍分布和原鄉生活方式》，地理研究叢書 15 號，臺北：國立師範大學地理學系，1987。

就大安溪以南，大肚溪以北（以下以「臺中地方」稱之）而言，清康熙中葉以來的全面拓墾，合閩粵之力而成，移民分布並未明顯形成分區而居現象。然而曾幾何時，隨社會經濟的發展，閩粵兩籍人士，糾紛時起，長期械鬥導致人群遷居互動，遂成為清中葉以來之一重要社會現象。另方面，即使整合後未遷居的閩區粵人，或粵區閩人，因受多數人語群團體所同化，久之，反不知原籍所屬。凡此皆與漢人移民祖籍「閩海、粵山」的形成有關。

以臺中盆地為例，盆地以西的閩區粵人多數已遠離最初聚落，少數則為閩人所同化，移墾初期的粵籍聚落，已渺不可知。然而清初臺灣移墾社會，特殊的移墾環境，形成特殊的宗教信仰，尤其粵東獨有的三山國王信仰，多未因粵籍人士離去而消失，三山國王廟因而足為粵籍人士原居聚落之標示。「三山國王」指廣東潮州府揭陽縣阿婆墟之獨山、明山、巾山等三山神的總稱，是粵東潮州府轄下九縣人民的福神，當粵人渡臺，多奉其香火前來，祈祐平安，以為守護之神。三山國王的信仰，因而隨潮屬九縣人的足跡，散布臺灣各地，三山國王廟亦多在粵莊。[3] 由於興建或維持一座三山國王廟，必須相當數量的潮州九縣移民支持，故任一地區三山國王廟的出現，亦足以表示當地曾有某種數量的粵籍人士聚居。依據日治時期的調查資料，[4] 今清水、沙鹿海岸平原一帶，居民幾乎全屬閩籍（其中清水佔 99.2%；沙鹿 100%），然而廟宇可作為最初聚落發展的標示，牛罵頭（今臺中市清水區）與沙轆（今臺中市沙鹿區）各有

---

3 增田福太郎，《臺灣宗教》，臺北：古亭書屋，1975，頁 32-33；《臺灣南部碑文集成》，臺灣文獻叢刊 218 種，臺北：臺灣銀行經濟研究室（以下簡稱臺文叢），1966，頁 34-37 載：「三山國王者，吾潮合郡之福神也。自親友佩爐香過臺，而赫聲濯靈遂顯於東土。蒙神庥，咸欣欣建立廟宇，……。」至於以三山國王廟為主神的宗教信仰在臺灣的傳播情形，參見尹章義，〈閩粵移民的協和與對立：以客屬潮州人開發臺北以及新莊三山國王廟的興衰史〉，收於尹章義，《臺灣開發史研究》，頁 353-358。

4 臺灣總督官府調查課編，《臺灣在籍漢民族鄉貫別調查》，臺北：小塚本店印刷工場，1928，頁 16。

一座三山國山廟，其間所具歷史意義，值得注意。

　　牛罵頭三山國王廟又名調元宮（俗稱王爺宮）；沙轆保安宮原以三山國王神祇為主神（亦屬三山國山廟），兩者之興衰變遷，極其不同。今日所見保安宮廟貌富麗而堂皇，所不同於牛罵頭三山國山廟者，尤以信仰結構的改變為特色，是否因此影響其廟務的發展？值得進一步追究。1980 年代學界普遍相信三山國王屬於客家信仰，此與清代前半期粵東來臺移民大多為客家人有關。[5]依據清帝國的人群分類，稱來自中國東南福建、廣東兩省的漢移民為閩、粵人，其中閩人又分漳、泉。從語言及認同來分，漢移民則包括說閩南語及客家方言的福佬／鶴佬、客家人；其中客家人包括粵東、閩西移民（漳州紹安、汀州及部分南靖等），一般視潮洲話更近於閩南語。光緒元年（1875）臺灣建省以前，由福建省轄理，故稱來自福建省以外的廣東移民為「客」，與從語言、認同區分的客家人有所出入。[6]

　　筆者因收集臺灣中部宗教資料，發現清水隆起海岸平原閩人聚集區的兩座三山國王廟，即牛罵頭三山國王廟與沙轆保安宮，是否屬於客家信仰遺留？人群關係有何變遷？本文分析臺中地區福客人群關係的演變經過，並以此兩座三山國王廟的成立、發展暨其興衰變遷為個案，一方面釐清兩廟的興衰與人群關係發展等歷史脈絡，從而勾勒清代中葉以來，臺中地方因人群長期互動所造成的社會整合現象，及其對漢人移民籍貫分布的影響；一方面檢視日治時期所作漢移民籍貫調查資料的適用性，並檢討所謂「閩人先至，佔據沿岸肥沃地區；粵人後來，故只能聚居山區貧瘠之地」主張的普遍性。所謂福客關係的產生，

---

5 陳春聲，〈三山國王信仰與臺灣移民社會〉，《中央研究院民族學研究所集刊》80（1995），頁 62。

6 李文良，〈清初臺灣方志的「客家」書寫與社會相〉，《臺大歷史學報》31（2003），頁 141-168。

始自移民拓墾之初，因此本文討論時間起自移民入墾之始；既以清水平原三山國王廟的興衰為福客關係演進說明之例，論述斷限乃延及戰後以來的現狀。所用資料，除相關文獻紀錄，並輔以訪談所得資料。全文除對臺中地方閩粵人士的移墾活動及閩粵兩籍人群關係的變化進行討論外，由於閩粵關係與平埔原住民（清代稱熟番）[7]，息息相關，故亦需論及熟番、閩粵間的關係演變。

二、移民與土地拓墾之推進

臺灣中部地區漢人社會的形成與發展，肇基於清代。尤其大肚溪以北，大安溪以南（約為今臺中市轄區）的範圍，雖然明鄭時代已見漢移民足跡，大規模的墾拓工作，則始於清康熙中葉以後。[8]

清及清以前臺灣各地墾務的推展，多與水陸交通息息相關。蓋臺灣與大陸遠隔重洋，移民來臺需由港口登陸，臺中地方由於位居臺灣西部中央地帶，背山面海，東方受阻於大山（指中央山脈），山以西寬約32-40公里的平坦地帶，

---

7 清代對生、熟番的界定，在政治意涵上主要著眼於政府的統轄關係（接受統治）與賦稅概念；隨著他們與官方的關係演變，生、熟番的邊界也有所更動。而在文化意涵上，則存在視未歸順的生番為「非我族類」的看法，他們不但體質與漢人不同，而且經常被比喻成不具人理的野獸。值得注意的是，所謂「生、熟番」並非固定的兩群人，如清末瑯嶠地區收入帝國版圖後，「熟番」指接近平地、受漢文化影響較深的瑯嶠下十八社生番而言，原鳳山縣熟番移民大部分從此失去熟番身分，而逐漸隱形於臺灣社會。參見洪麗完，《清代熟番社會網絡與集體意識：臺灣中部平埔族群之歷史變遷（1700-1900）》，臺北：聯經出版事業公司，2009，頁41-66；洪麗完，〈帝國邊緣人群交流與社會關係：以清代臺灣恆春半島社寮土生囝為中心〉，陝西師範大學、中國社會科學院民族所與人類學研究所、中國民族學學會漢民族分會主辦「2017年漢民族學會暨漢民族與陝西文化兩岸學術研討會」，西安：陝西師範大學中國西部邊疆研究院，2017年9月14-17日。

8 有關清代臺中地方的開墾，尤其清康熙22至同治13年間的開拓工作，請參見洪麗完，〈大安大肚溪間墾拓史研究（1683-1874）〉，《臺灣文獻》43：3（1992），頁165-260。所謂「臺中地方」的範圍，南起大肚溪，北抵大安溪，東至今東勢觀音山，西為臺灣海峽。

雖僅大肚山脈突起其間，因陸路交通不便，清以前移民又多先落足南部地方。因此，移民活動區域多局限於今臺南附近，本區罕見漢人足跡。入清後，移民潮陸續抵臺，尤其康熙40年（1701）以後，漢人不斷進入中部拓墾。[9]隨拓墾工作的進展，臺中地方水陸交通狀況，皆較往昔發達，移民墾殖活動亦日趨繁盛。倘以全臺開拓過程言，臺中地方的墾殖較內山、後山（指中央山脈以東地區）地帶，如埔里盆地、蘭陽平原甚至花東一帶早，較水路便捷的臺南、基隆等地晚。

　　臺中地方位居臺灣中部，南北兩方分別以大肚、大安兩溪與彰化八卦臺地及苗栗臺地為界，自成一自然地理區域。地形上由於深受臺灣脊梁山脈的影響，由西向東，依次分為海岸平原區（包括大甲扇狀平原及清水隆起海岸平原）、臺地區（包括后里與大肚臺地）、盆地區（指臺中盆地），以及丘陵山地區。質言之，本區地勢東高西低，東臨山區，西瀕臺灣海峽。由於大陸遠隔海洋，移民或由西岸港口登陸，或越大肚溪自彰化平原入墾。大致言，西海岸平原以地利之便，得風氣之先，移民較早登陸，其中河口港及沿河易於取水的濱河（溪）地帶，每為移民首拓之地。大肚臺地西側，由於斷層崖地形的影響，順此斷層線湧出豐富泉水，亦為移民首先選擇建立聚落之處。然而同為臺地區，后里臺地缺乏水源，多旱田，開墾稍晚。臺中盆地雖受阻於大肚山以東，由於土壤肥沃，易於開墾成良田，早在康熙年間即有移民入墾，尤其雍正年間以來，移民或越大肚溪北上，或溯大甲溪南進，在大墾戶有計畫且大規模的開渠灌田，開墾範圍廣大且墾成迅速。乾隆年間，盆地、海岸及臺地區，大抵完成開墾工作。至於近山丘陵地帶，因受地形限制，且地處內山邊區，備受鄰接山區原住民（清代稱生番）「侵擾」，開墾活動較上述地區困難，多為平原、

---

9 周鍾瑄，《諸羅縣志》，臺文叢141種，1962；原刊於1717，卷七兵防志，總論，頁110。

盆地拓墾之緒餘，或分類械鬥所促成，墾成年代最晚。惟大肚溪上游，由於地理位置緊臨彰化平原，雖逼處界外[10]內山，雍正初年已有移民入墾。值得注意者，海岸、盆地與山區，由於各地自然與人文景觀的不同，移民為適應當地環境的個別差異性，墾殖型態有所不同。大致言，若以大肚丘陵一線為分水嶺，以西海岸平原屬於零星而較無組織的個別墾殖；以東臺中盆地及山區地帶，開墾較具規模，山區地帶並需具備防衛力量，因而多有「隘制」組織，以保護移民安全。[11]

　　上述臺中地方的移墾，起自海岸平原，而止於淺山地帶。[12]（圖1）然就本區整體區域開墾言，墾殖帶的延伸並無一定次序。移墾工作的展開不見得由南向北，或由西向東推進。各地開墾活動的展開先後，深受自然與人文條件的影響，此所以臺中盆地不見得較海岸地帶晚拓墾的原因。亦是大肚溪上游雖逼處內山，而不必然較位處大安、大甲兩溪流域，卻多旱田的后里臺地；或位於沿海交通便利，但多砂汕之地的五叉港（今梧棲）地帶晚開墾理由所在。然則清代移墾社會一地開墾完成的先後，有時尚需依賴「通番」人才之有無而定。

---

10 18世紀初（康熙末年），朱一貴事件爆發後，基於治安考慮，清帝國在山腳地帶立石為界，嚴禁界內漢人、熟番越入邊界外。18世紀60年代確立的土牛界，則是自南往北陸續劃定的人文界線，理論上也是清帝國版圖的邊界；界外指土牛界以東地帶。從西部熟番駐防清帝國的邊境，可說明土牛界的邊界性質。雖然柯志明認為官設隘番制始於乾隆25年；陳宗仁主張在乾隆22年的彰化縣隘制已相當完備。筆者從羅漢門的隘番分析，發現開始的時間更早。參見柯志明，《番頭家：清代臺灣族群政治與熟番地權》，臺北：中央研究院社會學研究所籌備處，2001，頁190；陳宗仁，〈十八世紀清朝臺灣邊防政策的演變：以隘制的形成為例〉，《臺灣史研究》32：2（2015），頁27-30；Li-wan Hung, "Reconsidering Border Defense, Boundary Crossing and Changing History of Shufan in Qing Taiwan", Paper Presented at *2017 AAS Annual Conference*, Association for Asian Studies, USA, March 16-19, 2017. pp.1-37.

11 洪麗完，〈大安大肚溪間墾拓史研究（1683-1874）〉，頁54-94。

12 此處所謂移墾的起迄與完成，只是針對於移民入墾時間而言，並非指一地完成拓墾，始至另一地展開開墾工作。

蓋移墾初期，移民選擇墾地條件常是優先考慮「勢高而近溪潤淡水」之地，而具備「天泉水掘」的「易開平原」，或山腳地帶則往往為原住民聚落所在。能否與原住民和睦相處，乃成為土地可否順利墾成極重要的因素。凡此既需瞭解「番情」的人提供資訊，亦需依賴合適的媒介進行「通番」工作。[13] 臺中地方以說客家方言的人士張達京為首，組成「六館業戶」、開墾臺中平原為最好說明。（詳見下節）通事或「番割」在移墾中所扮演的角色，在山區時進時退的墾務推展過程中，尤見功能。蓋山區的開墾常需藉「番割」致力和番，奠定開拓基礎，才能順利進行，一旦和番中止，荒地雖已墾成，開墾事業仍可能突告中止，此現象在東勢角（今臺中市東勢區）一帶的開墾最明顯。（參見附錄一）

　　總之，一個地方開墾的先後及是否順利完成，與當地自然環境、地理景觀（如地形、土壤、交通、水源等）及人文條件（如與原住民關係），息息相關。

　　或謂「閩族先來，佔沿岸一帶平地，粵族稍為後來，佔中央山脈附近。粵族佔居山地，因為彼等天性耐勞動，適合開墾事業；一方面彼等進入中部臺灣時，閩族已先佔有平地之故。」[14] 此一主張，不僅未考慮清代臺灣移墾社會，初至的拓墾者擇居耕墾的先決條件，多以交通便利而近水源的沃土為最優先考

13 尹章義，〈臺灣開發史的階段論和類型論〉，收於尹章義，《臺灣開發史研究》，頁11。此外，關於通事在早期臺灣（尤其大肚溪以北）開墾活動所扮演的角色與功能，請參見尹章義，〈臺灣北部拓墾初期「通事」之角色與功能〉，收於尹章義，《臺灣開發史研究》，頁173-278。

14 小川尚義，〈漢民移住の沿革〉，收於臺灣總督府官房調查課編，《臺灣在籍漢民族鄉貫別調查》，頁1-2。此外，關於清代臺灣漢人祖籍的分布情形，一般多持「泉海、漳中、粵山」的看法，並認為「泉籍居民來臺最早，得以優先佔領濱海平原一帶；漳籍居民來臺稍遲，只能佔居平原內緣；而粵籍居民來臺最晚，故多墾耕丘陵各地區。」如陳正祥，《臺灣地誌》，臺北：敷明產業地理研究所，1959、1960，上册，頁227；宋家泰，《臺灣地理》，臺北：正中書局，1956，頁136-137；陳紹馨，《臺灣的人口變遷與社會變遷》，臺北：聯經出版事業公司，1979，頁498；戴炎輝，《清代臺灣之鄉治》，臺北：聯經出版事業公司，1979，頁296；許嘉明，〈彰化平原福佬客的地域組織〉，《中央研究院民族學研究所集刊》37（1973），頁168。有關「泉海、漳中、粵山」分布特徵，尚有兩種看法：其一「閩莊多在沿海地區，粵莊則近

慮,亦未思慮沿海平地是否一定較近山地區肥沃的事實。同時,也忽視清朝中葉以來,本區閩粵人群長久的互動現象(即閩區粵人、粵區閩人更趨明顯分區而住)。而所謂中部臺灣各地理區的開墾,是否皆漳、泉人較粵人先入墾?是否皆由海岸向內陸逐步進墾的歷史事實,皆值得再釐清。

清領臺灣之前,臺灣移民以漳、泉為多。[15] 康熙中葉以前,東渡移民亦以閩人為主。郁永河《裨海紀遊》載:「臺民皆漳、泉寄籍人」[16] 惟是時漢人拓墾區雖已向中部拓展,大抵仍侷限於今臺南附近。康熙40年(1701)以後,流移開墾之眾,才過半線(今彰化市)大肚溪之北。[17] 值得注意者,康熙中葉以來,臺灣移民已不限於閩之漳泉,惠潮粵籍人士亦已逐漸東移。此與清廷嚴禁客民渡臺之令漸弛,不無關係。黃叔璥《臺海使槎錄》言:「終將軍施琅之世,嚴禁粵中惠、潮之民,不許渡臺。蓋惡惠、潮之地素為淵藪,而積習未忘也。琅歿,漸弛其禁,惠、潮民乃得越渡。」[18] 又言:「羅漢內門、外門田,皆大傑巔社地也。康熙42年(1703),臺、諸民人招汀州屬縣民墾治,自後往來漸眾。」[19] 汀州屬縣民即所謂「汀州客」(閩籍客家人)。[20] 惠、潮與汀州客家人士,均於此時東渡。[21] 足見臺中地方移民潮湧入之際,所謂移墾者,

---

山較貧困。由於閩籍多般富紳士,粵人即使開拓沿海地帶,後亦多售予泉富人家。」如關口隆正,〈臺中地方移住民史〉,《臺灣慣習記事》一卷(上)6(1901),頁7-8;其二,施添福,《清代在臺漢人的祖籍分布和原鄉生活方式》,則以原鄉生活方式影響粵籍人士居住地的選擇解釋粵人聚居山區,閩則往海邊發展。

15 此與荷鄭統治有關。參見陳漢光,〈日據時期臺灣漢族祖籍調查〉,《臺灣文獻》23:1(1972),頁85。

16 郁永河,《裨海紀遊》,臺文叢44種,1959;原刊於1697,卷下,頁32。

17 周鍾瑄,《諸羅縣志》,臺文叢141種,1962;原刊於1717,卷七兵防志,總論,頁110。

18 黃叔璥,《臺海使槎錄》,臺文叢4種,1957;原刊於1724,卷四赤嵌筆談,朱逆附略,頁92。

19 黃叔璥,《臺海使槎錄》,卷五番俗六考,北路諸羅番四附載,頁112。

20 小川尚義,〈漢民移住の沿革〉,頁2。

包括閩粵兩籍無疑，其中粵籍人士，似已不在少數。[22]

　　如附錄1所示，臺中地方閩粵移墾者，入墾時間既無閩先粵後的區別，尤無閩人一定聚居平原、粵人聚居山區的情形。惜傳統中國方志有關人口統計數字，向來以稅收為主要目的，缺乏精確統計資料。其次，由於行政區劃變遷（清代臺中地方初隸諸羅縣，繼而分屬彰化、淡水兩縣廳所轄），有關閩粵人口分布與數目，皆難以進一步說明。然而就全臺總人數言，無論清初、清末，閩人皆較粵人為多的事實，則不乏文獻記載。[23] 清末以來所謂「閩莊多依海堰，粵莊多近山而貧」、[24]「閩人佔居瀕海平廣地，粵居近山，誘得番人地闢之。」[25] 乃至20世紀初日人所作調查報告「泉海、漳中、粵山」的分布狀況，[26] 應與粵籍人少（就漢人團體言），常被人多勢眾的閩人所同化；或兩造有所衝突時，居於弱勢的一方（如閩區粵人、粵區閩人）不得不遷離原住地，尤其粵人往往進而選擇人口密度較低，卻較受原住民（指生番）威脅的近山丘陵區為新生活空間，息息相關。有關本區漢人間的矛盾與遷徙現象，茲於下節進一步詳論。

　　綜上所述，就臺中地方的全面開墾而言，始於康熙中葉以後，完成於嘉道

---

21 周元文，《重修臺灣府志》，臺文叢66種，1960；原刊於約1758，卷十藝文志，「申請嚴禁偷販米穀詳稿」載：「閩、廣之梯航日眾，綜稽簿籍，每歲以十數萬計。」頁122。

22 周鍾瑄，《諸羅縣志》，卷八風俗志，漢俗，頁136-137載：「諸羅自急水溪以下，距郡治不遠，俗與臺灣同。自下加冬至斗六門，客庄、漳泉人相半，……斗六門以北客庄愈多，……。」

23 黃叔璥，《臺海使槎錄》，卷四赤嵌筆談，頁92-93；《安平縣雜記》，臺文叢52種，1959；原刊於約1895，住民生活，頁23。關於閩人多於粵人的記載尚多，以上以《臺海使槎錄》，成於康熙末年；《安平縣雜記》作於光緒年間，分別代表清初、清末看法，餘著不贅舉。

24 吳子光，《臺灣紀事》，臺文叢36種，1959；原刊於光緒初年，附錄二，呈諸當事書，頁79。

25 丁曰健，《治臺必告錄》，臺文叢17種，1959，卷二內自訟齋文集，周凱「記臺灣張丙之亂」，頁123-124。

26 臺灣總督府官房調查課編，《臺灣在籍漢民族鄉貫別調查》。

年間。移墾方向,起自海岸,止於山區;墾殖帶的沿伸,並無一定次序可言。墾殖先後與自然地理、人文條件,息息相關。墾荒者,無論閩粵,皆以「勢高而近溪澗淡水」之地為優先考慮條件,兩者的入墾時間,無明顯先後之分。其中閩人不必一定選擇平原定居,粵人亦不見得非聚居山地不可。所謂「泉海、漳中、粵山」的明顯分布特徵,似後期現象,而非自移民入墾之始已然。

三、平埔原住民暨閩、粵人群雜處共墾關係之演變

前述清治之前,臺中地方因地理與交通因素,致移民罕至。然則漢人入墾以前,本區已有原住民分布其間,各平埔族群(熟番)分布於西部平原、盆地區,生番則散居丘陵山地區。[27]

依據 17 世紀荷治時期所作的原住民相關調查資料,明永曆 4 年(1650)臺中地方之原住民共分七村落,259 戶,1,524 人。惟當時荷人對臺灣的統治尚未普遍,教化工作僅及今二林、鹿港地方,調查範圍並未囊括本區所有村落。然而是時本區平埔族人口分布密度極低的現象,似可肯定。清康熙 40 年(1701)以後,官方影響力漸及大肚溪以北地帶。而半線之北「無稠密之人屋,有生番之異類。徑道蜿蜒,必至窮月之力,始通於雞籠、淡水。」[28] 足見清初本區可耕可墾荒地尚多。相對於原住民總人數而言,康熙中葉以來,閩粵移民入墾本區初期,漢人仍為少數民族。[29] 在移墾社會中,漢人因而形成一種凝聚

---

27 有關臺中地方的村社分布情形,請參見洪麗完,〈清代臺中移墾社會中「番社」之處境〉,《東海大學歷史學報》7(1985),頁 243-274。以下相關論述茲不再一一引證史料。

28 周元文,《重修臺灣府志》,形勢總論,頁 22。

29 郁永河,《裨海紀遊》,卷中,頁 16 載:「郡治臺灣縣城是漢番雜處,諸羅、鳳山二縣則漢移民少,乃至連兩縣衙署及學宮均在臺灣縣內。」;依周鍾瑄,《諸羅縣志》,卷十一藝文志,「題報歸化生番疏」,頁 252 指出岸裡五社共 422 戶,338 名;又同書卷六賦役志,戶口土田,頁 86,諸羅通縣漢人只 2438 戶,4459 口,足見一般。

力。《諸羅縣志》載：「凡祭於大宗，於春分，於冬至；……臺無聚族者，同姓皆與焉。」[30] 又言：「失路之夫，不知何許人，纔一借寓，同姓則為弟姪，異姓則為中表、為妻族，如至親者。然此種草地最多；亦有利其強力，輒招來家，作息與共；……。」[31] 可見拓墾初期，漢人移民因利害關係的考慮，在地廣而勞力不足的情形下，不論閩粵漳泉各籍人士，同姓與否，皆能協力合作開墾事業。質言之，拋開利益分配不均，或生存競爭的問題，漢移民意識可以高於地緣及血緣關係。惟當利益衝突引發後，同鄉與同姓的凝聚力則又高於漢移民意識。[32]

　　關於各籍拓墾者間的合作，臺中地方以客屬潮州移民張達京聯合不同籍貫、不同姓氏人士，共同開墾大臺中平原為有名例子。[33] 張達京為廣東潮州府大埔縣人，來臺初期落足今彰化員林、埔心、社頭一帶拓墾，後與岸裏（裡）生番交易，康熙 50 年（1711）並為突遭瘟疫侵襲的社人醫病，因而成為「番駙馬」。由於張氏精通「番語」、熟諳「番情」，且有「撫綏招徠」之功，康熙54 年（1715）岸裡生番內附時，成為第一任漢通事。依據族譜資料，康熙 50

---

30 周鍾瑄，《諸羅縣志》，卷八風俗志，婚姻喪祭，頁 144；又見余文儀，《續修臺灣府志》，臺文叢 121 種，1962；原刊於 1784，卷十三風俗一，習尚附考，頁 498 載：「臺鮮聚族，鳩金建祠宗，凡同姓者皆與，不必其同枝共派也。」足見乾隆 29 年余志作成時，仍如此。

31 周鍾瑄，《諸羅縣志》，卷八風俗志，雜俗，頁 184；又陳文達，《臺灣縣志》，臺文叢 103 種，1961；原刊於 1720，卷一輿地，雜俗，頁 58-59 載：「臺鮮聚族，集異姓之人，結拜為兄弟，推一人為大哥，不論年齡也，餘各以行次相呼，勝於同胞；妻女不相避，以伯叔相稱之。」可見不只諸羅縣境如此，南部亦出現相同情形。

32 周鍾瑄，《諸羅縣志》，卷八風俗志，雜俗，頁 145 載：「土著既鮮，流寓著無期功強近之親，同鄉井如骨肉」，又云：「凡流寓，客庄最多，漳泉次之，興化、福州又次之。初闢時，風最近古；其本郡後至以之不必齎糧也。厥後乃有緣事波累，或久而反噬，以德報怨，於是有閉門相距者。」

33 關於張達京與岸裡社關係，及其組「六館業戶」開墾大臺中平原之事，請參見洪麗完，〈大安大肚溪間墾拓史研究（1683-1874）〉，頁 184-189。

年（1711）張氏便已著手拓墾今臺中市神岡區，並集資鑿圳（指張圳）。[34] 張氏任「通事」後，不僅負起教導岸裡社人「飲食起居，習尚禮義倫理」的責任，並以其特殊身分為己廣置田產，招佃開墾。雍正 10 年（1732）因其力不足（指張圳水源不足）開墾廣大的臺中平原，乃與岸社眾社人商議「割地換水」，以「張振萬」業戶為首，組「六館業戶」，共同出資開圳，並分水與岸裡社換地，大事開墾「東南勢」（今臺中市北屯、潭子、南屯）的旱埔地。次年，張氏又以「張承祖」的身分，再度開圳灌田，並換取平埔族「西南勢」阿河巴（今大雅區）廣大旱埔。由於地廣無法自墾，張氏乃返鄉邀其兄弟鄉人前來開墾。[35] 大致言，貓霧捒圳（即張氏等人所開水圳，今葫蘆墩圳）所屬中、下游地區，今臺中市潭子、神岡、大雅及北屯一帶，皆為閩粵漢人耕墾區域；上游地區，如豐原、潭子及神岡等區境部分地區，仍為岸裡部落所有。惟平埔族人不熟悉漢式水稻種植，社地多讓與漢人耕種，乾隆初年，漳州詔安人廖舟首先招佃入墾葫蘆墩（今臺中市豐原區）一帶。由於葫蘆墩前臨大甲溪支流，東控東勢角街（今臺中市東勢區），嘉慶年間已形成街市並成為中部臺灣北邊最大米產集散中心，與內山樟腦集散地。[36]

上述足見清代本區的開墾，基於耕技與勞動力的需求，無論平埔族與漢人，或漢人之閩粵，皆可共墾並共處。[37] 以上現象不只出現於臺中盆地，海岸地帶牛罵頭地方，雍正 11 年（1733）閩粵漢人請墾秀水十三庄（今清水區），亦是彼此共墾共處之例（詳見下節）。[38]

---

34 張承敦編撰，《臺灣張氏族譜考》，臺中：欣林出版社，1983，頁 86。

35 張承敦編撰，《臺灣張氏族譜考》。雍正 12 年張達朝、張達標兄弟入墾今潭子。

36 伊能嘉矩，《大日本地名辭書續編》，第三臺灣，東京：富山房會社，1910，頁 65。

37 此處所謂共墾並共處，指閩粵村莊錯處而言，相對於 20 世紀初的「閩外、粵內」顯著分居狀況。

　　隨社會經濟的發展，人際關係愈益複雜，漢人與平埔族，或閩粵漳泉客之間關係（指合作或衝突），因地區、時間之不同，出現各種不同變化。就漢番關係而言，移民入墾本區，因不斷拓墾土地，開發資源，與原住民（尤其平埔族群）的接觸，日形頻繁，特別是18世紀以來，隨墾務的推進，生存競爭益烈，衝突時起。在面對漢人強大拓墾壓力，原住民所作反應約有二類：其一，積極地武裝抵抗，以雍正9年（1731）大甲西社事件規模最大；或殺人馘首，以乾隆16年（1751）熟番北投社聯手生番戕殺內凹莊與柳樹湳莊（以上兩莊皆在今臺中市霧峰區境）兵民事件最為有名。其二，消極地四散流離，舉族他遷，以嘉道年間，平埔族群聯合他遷噶瑪蘭地方（今宜蘭縣）及埔里盆地（今南投縣埔里鎮）最具規模，亦有少數遷居鯉魚潭地方（今苗栗縣三義鄉鯉魚村）。惟原住民與漢人雙方不斷接觸結果，雖然在土地競爭或商業交易，較居劣勢，面對漢文化的侵襲，有不少原住民接受漢文化洗禮，學習漢生活方式，成為漢人社會的一分子，亦有將傳統文化疊加於外來文化之上的情形，以岸裏諸社最為典型。[39]

　　就漢人閩粵關係言，大致上本區墾殖活動，乾隆年間已完成大半。而閩粵移民的拓墾活動，並未停止；隨可耕地的減少，人群關係因生活所繫，愈益複雜化，原就區分氣類的閩粵人士，不同語族人群間的我群意識，日益突顯。《東槎紀略》載：「臺之民，不以族分，而府為氣類；漳人黨漳，泉人黨泉，

---

38 臺灣銀行經濟研究室編，《清代臺灣大租調查書》，臺文叢152種，1963，頁601-603；又見《臺灣中部碑文集成》，臺文叢151種，1962，頁75-77。至於「感恩社民番業佃諭示碑」，今仍存在清水區大街路紫雲巖中。

39 參見洪麗完，〈清代臺中移墾社會中「番社」之處境〉；洪麗完，〈19世紀臺灣岸裡熟番建醮意義考察：兼論內部關係與社會階層化現象〉，《歷史人類學刊》15：1（2017），頁83-125。

粵人黨粵，潮雖粵而亦黨漳，眾則數十萬計。」[40]臺中地方所謂分類事件乃於乾隆 47 年（1782）首度出現，此後並愈演愈烈。（表 1）乾隆 47 年的首次械鬥，不僅出現閩（漳）粵分類事件，亦產生漳泉對立情形。此後，如乾隆 51年（1786）、嘉慶 14 年（1809）、同治元年（1862）並先後出現漳與泉粵鬥的情形，蓋利之所在，閩與粵不必然對立，閩人可與粵人聯合對抗所敵一方，閩之漳泉，亦難以避免互鬥情況發生。若就事件發生地點言，乾嘉以前，多在平原、盆地區；嘉道以後，山區地帶的衝突則有增多的趨勢，此與土地開墾先後及社會發展，息息相關。從漢人移民間的關係來看，隨漢人社會發展而不再像最初面對強勢的部落社會，較能凝聚共識、共同面對生存威脅壓力，閩粵漳泉或客之間的關係，因而出現各種不同的變化。因此分類械鬥某種意義上，可視為移民不再受原住民威脅，乃從一致對外轉成內部的對立。[41]

　　當閩粵人在平原、盆地的開墾工作日漸完成，可耕地日益減少情形下，新的入墾者，或因械鬥造成弱勢的一方，必須再度尋找新的生活天地，人口較少的近山丘陵區，乃成為人們遷徙的新目標。因而乾嘉以來，尤其嘉慶年間，今豐原區以東大甲溪流域近山地區，乃成為墾荒者的新天地。隨近山地帶墾荒的

---

40 姚瑩，《東槎紀略》，臺文叢 7 種，1957；原刊於 1832，卷四答李信齋論臺灣事宜，頁 111。關於閩粵人聚墾一處，而形成分類狀況，似乎康熙年間已出現，如作於康熙 56 年的《諸羅縣志》，頁 136 載：「佃人者，多內地依山之獷悍無賴下貧觸法亡命，潮人尤多，厥名曰客，多者千人，少者數百，號曰客庄。」此外，作於康熙 59年的《臺灣縣志》，卷一輿地志，頁 57；作於康熙 61 年的《東征集》，臺文叢 12 種，1958；原刊於 1732，卷五諭閩粵民人，1962，頁 362 則指出：「乾隆四十五年壬寅（十二）月，泉、漳民分類械鬥，……邑之有分類自此始。」至於分類械鬥原因，有人提出「為清廷分化」的看法，即清廷分化閩粵始於朱一貴之亂；分化漳泉始於林爽文案，如張菼，〈清代臺灣分類械鬥頻繁之因〉，《臺灣風物》24：4（1974），頁 75；黃秀政，〈清代臺灣分類械鬥事件〉，《臺北文獻》直字 49、50 合刊（1979），頁 344。
41 洪麗完，《清代熟番社會網絡與集體意識：臺灣中部平埔族群之歷史變遷（1700-1900）》，頁 32-136。

完成，利之所在，衝突依然難免（指移民與生番的衝突）[42]。值得注意者，無論平原、盆地或近山地區的分類事件，似有閩人由內往外，粵則向山區遷移的傾向。乾隆 47 年（1782）貓羅溪以東柳樹湳、登臺一帶（今霧峰區）漳泉械鬥，曾促使粵人離開原居地，遷徙葫蘆墩及東勢角一帶地方。此後，乾隆 51 年（1786）、道光 6 年（1826）、12 年（1833）及 24 年（1844）皆引起類似反應，其間閩人則向西移出。依據相關研究所示，[43] 有關臺中地區因衝突事件造成閩粵人的遷居情形，包括：

（1）雍正年間，東螺西堡（今彰化縣境）粵籍居民無法抵抗漳泉人聲勢，乃變賣田產，移往臺中盆地及其他地區。

（2）乾隆 51 年（1786）因林爽文事件而引起的閩粵械鬥，促使牛罵頭一帶少數人群的粵籍居民，遷往南坑（今豐原）、葫蘆墩、東勢角一帶。

（3）乾隆 47 年（1782）漳泉械鬥，使粵籍居民離開霧峰、丁臺一帶，遷往葫蘆墩、東勢角地方。

（4）道光初年以後的閩粵械鬥，大墩（今臺中市區）一帶粵籍居民遷往臺中盆地北部東勢角、葫蘆墩地方。

（5）道光 6 年（1826）閩粵械鬥，武西堡（今彰化縣境）粵人向

---

42 本區生番，清代文獻記載，統稱額刺「王」字生番，即王字番，屬臺灣獵首民族之一。王字番認為土地的出租與轉讓，將造成異族前來移住，有危害族眾和平之虞。故私有地租借或讓與異族，須經族眾同意；不屬於個人所有的土地，均屬於公有地。同族間的土地侵奪雖屬不法（被禁止），對敵番或異族進行土地侵奪，卻絲毫不受責難（受鼓勵），不僅視其為取得土地的正當手段，仇敵部族之間可能因爭地訴諸「出草（獵首）」。參見柯培元，《噶瑪蘭志略》，南投：臺灣省文獻委員會，1993，原刊於 1837，頁 13；臺灣總督府臨時臺灣舊慣調查會原著、中央研究院民族學研究所編譯（黃智慧主編），《番族慣習調查報告書》，第一卷：泰雅族，臺北：中央研究院民族學研究所，1996；原刊於 1915，頁 201-204。

43 吉田東著、伊能嘉矩編，《大日本地名辭書續編》，第三臺灣，頁 85；及本文表 1。

大埔心（今彰化縣埔心鄉）、關帝廳（今彰化縣永靖鄉）遷移、集中，
其中部分粵籍居民則遷往葫蘆墩、東勢角與苗栗一帶。

（6）道光 6 年（1826）以後至咸豐 3 年（1853）的閩粵械鬥，以及道光
24 年（1844）漳泉械鬥，不僅促使粵人自北庄（今神岡區）、神岡
東遷葫蘆墩、東勢角；亦迫使泉人遷出南坑、葫蘆墩、東勢角、茄
荎角（今臺中市潭子區）、軍功寮（今臺中市北屯）等地，移往北庄、
神岡地方。

以上移動，足見移居葫蘆墩、東勢角地帶近山丘陵區的粵籍人士，除臺中
地方原散居各地粵人，並包括大肚溪以南，今彰化縣境粵籍居民。雖然以上閩
粵人遷徙規模，目前已無法加以具體說明，然則各籍居民的長期互動，對於閩
粵兩籍形成明顯地分區集居現象，應有某種程度的影響。依據日治時期漢人鄉
貫別調查資料，臺中地區若以大肚臺地、臺中盆地邊緣為分界線，則海岸平原
與大肚臺地泉人居多，尤其以三邑人居多數；臺中盆地以漳籍為多；粵籍（以
說客家方言的人群為主），則主要分布於臺中盆地以東丘陵地帶，明顯形成「泉
人近海，漳人居中，客人居內」的分布狀況。（圖 2）可見清中葉以來，因分
類械鬥事件促使漢人閩粵兩籍居民的遷徙，確是造成各籍居民呈現更明顯地分
區聚居的重要因素之一。

值得討論者，粵人何以選擇葫蘆墩以東一帶近山丘陵區為移居地？依附錄
1 所示，清代閩粵移民入墾臺中地區，並無明顯「閩海、粵山」地域之分，乾
嘉以來，新墾地多偏在東方山區，移墾者固不乏閩籍人士，粵人尤其居多數。
粵人往墾山區，除當地地廣多未闢，吸引後期移墾者外，械鬥應是促使他們不
得不往墾的重要因素之一。或言：客家人士聚居山區與其原居生活有關。[44] 就

---

44 施添福，《清代在臺漢人的祖籍分布和原鄉生活方式》。

臺中地區言，葫蘆墩以東一帶，逼處山區，在原住民（今泛泰雅族）威脅下，直到乾隆末年，往墾者不多，未墾荒地為數不少，而移民踴躍往墾乃嘉慶年間以來之事，顯然山區地帶的移墾與社經發展，不無關係。由於葫蘆墩、東勢角等地緣上為客家人優勢區，經分類械鬥的人群移出、移入後，更強化不同人群聚集的現象。基於以上事實，與其說客家人聚居本區近山丘陵區，乃因原居生活影響其擇居地點使然，毋寧說：居於漢人團體弱勢一方的客家居民，面對生存之爭，選擇閩人少而多荒埔的山區地帶定居，仍能藉助其廣東山間原居生活經驗，在大甲溪流域近山地方，發展新的生活天地。

　　綜上所論，人群間的合作關係往往視利害與否而定，因利益的競爭，人與人間的衝突日益尖銳，我群意識隨而高漲。閩粵籍人士可以共同抵抗原住民，亦可演變成對立的集團，而即使同籍人士，如閩之泉漳，依然可因利益之爭導致彼此關係惡化。其間，弱勢團體如原住民之於漢人，粵人之於閩人，往往得遷而避之，即使未離開原居地，亦難以保持原有生活方式，而有被多數人語群同化的現象，原住民的「漢化」，粵人之「福佬化」皆如此。[45]

表 1：清代臺中地方分類械鬥表

案次	年代	發生地區	種類	所在地（今地名）	備註
一	乾隆 47 年（1782）	貓羅溪以東柳樹湳庄、登台庄一帶	漳粵	臺中市霧峰區（以下省略臺中市）	粵人遷徙葫蘆墩、東勢角一帶。
		三塊厝	漳泉	南屯區	
		大肚		大肚區	
		大里杙		大里區	

―――――――――

45 所謂「福佬」乃指方言以閩南語為主的人群，故福佬化指凡居於閩南人多的地區，日久因受福佬習俗影響，福佬話也成為其方言語言，乃至不懂客語者，並不依其本身原籍所屬而言。

表 1：清代臺中地方分類械鬥表（續）

案次	年代	發生地區	種類	所在地 （今地名）	備註
二	乾隆 51 年 （1786）	大里杙	漳與泉粵	大里區	林爽文案演變為械鬥，牛罵頭粵人移居南坑、葫蘆墩、東勢角。
三	嘉慶 11 年 （1806）	沙轆	漳泉	沙鹿區	
		大甲		大甲區	
四	嘉慶 14 年 （1809）	翁仔社	漳與泉粵	豐原區	
		沙轆		沙鹿區	
		石岡仔		石岡區	
		東勢角		東勢區	
		牛罵頭		清水區	
		大甲	漳泉	大甲區	
		大肚		大肚區	
五	道光 6 年 （1826）	牛罵頭	泉粵	清水區	粵人向葫蘆墩、東勢角、苗栗一帶集中。
		翁仔社		豐原區	
		六張		大雅區	
六	道光 10 年 （1830）	東勢角	閩粵	東勢區	
七	道光 12 年 （1833）	葫蘆墩	閩粵	豐原區	大墩粵人移居東勢角、葫蘆墩。
		舊社		后里區	
		北庄		神岡區	
		大甲		大甲區	
八	道光 24 年 （1844）	葫蘆墩	漳泉	豐原區	1. 波及嘉義地區。 2. 泉人自南坑、葫蘆墩、東勢角、茄莖角、軍功寮，遷居北庄、神岡；神岡、北庄粵人則遷居東勢角、葫蘆墩。
		水裡港		龍井區	
		六張犁		大雅區	
		頂圳寮		豐原區	
		茄投		龍井區	
		牛埔仔		大安區	
九	咸豐元年 （1851）	葫蘆墩	漳泉	豐原區	
		大甲		大甲區	

表1：清代臺中地方分類械鬥表（續）

案次	年代	發生地區	種類	所在地（今地名）	備註
十	同治元年（1862）	阿罩霧	漳與泉粵	霧峰區	民變戴潮春案引起分類械鬥。
		四張		北屯區	
		四塊厝		大雅區	

資料來源：伊能嘉矩，《大日本地名辭書續編》，第三臺灣，頁103；林偉盛，〈清代臺灣分類
　　　　　械鬥之研究〉，臺北：政治大學歷史研究所碩士論文，1988，頁32-62；施添福，《清
　　　　　代在臺漢人的祖籍分布和原居生活方式》，頁81-82，表6-1、6-2。

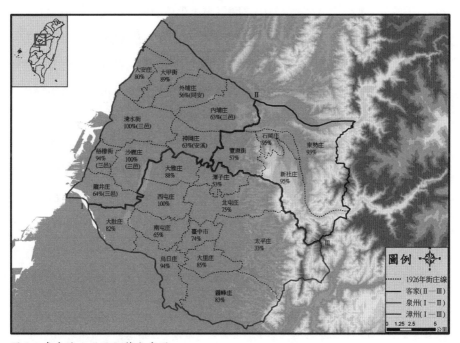

圖1：臺中地方居民祖籍分布圖
資料來源：灣總督官府調查課編，《臺灣在籍民族鄉貫別調查》，頁6、14-17；蕭晏翔先生協
　　　　　助繪製。
說明：臺中地方各籍移民籍貫百分比四捨五入後，並以泉州、漳州、客為單位，將百分比最高
　　　者標示於圖上。其中「三」表示三邑人，本圖為20世紀初之街庄行政區劃。

四、清水平原三山國王廟之興衰與福客關係

關於臺中地方福客人群關係的變化，以下以清水平原三山國王廟的興建與
變遷為例，討論今清水、沙鹿一帶移民、信仰與人群間關係演變情形。

（一）聚落與民間信仰

清水舊名牛罵頭；舊街市名牛罵街，又名寓鰲頭街，最早見於乾隆29年
（1764）余文儀所修《續修臺灣府志》。[46]沙鹿原稱沙轆，與牛罵頭之得名，
皆起自平埔族（沙轆社、牛罵〔頭〕社）原居地；乾隆初年形成「沙轆新庄」，
29年出現「沙轆街」之名。[47]乾隆年間以來，牛罵街與沙轆街乃臺中地方沿海
地帶主要商貿中心（清水大街路與沙鹿四平街皆往昔海岸線舊街幹道所經）。
尤其牛罵街為當年梧棲、葫蘆墩、東勢角間的仲繼市場，各地商人經營的林產
與米產，皆以此為集中地，因而街市十分發達，前已述及。由大街路南行（轉
今中清路、經清水公園），沿山麓爬上大肚臺地，可通壩仔、埧雅街（今臺中
市大雅區）、北庄及葫蘆墩。從牛罵頭往北可通大甲，直抵淡水；往南則可往
沙轆，抵半線（今彰化市），赴府城（今臺南）。《諸羅縣志》封域志載：「逾
大肚溪與寮望相對峙者，曰大肚山。北而沙轆山、牛罵山、崩山……鐵砧山……
宛裏山（沙轆以下五山，皆大路所必經）。」[48]丁紹儀《東瀛識略》則指：「臺
灣初附時，南至鳳山縣屬坊寮止，北則諸羅縣屬虎溪外，僅沿海一線地可達雞
籠，餘皆荒服。」[49]足見清代牛罵頭與沙轆一帶的繁榮，與交通因素息息相關。

---

46 該書實際出版年為乾隆39年。參見余文儀，《續修臺灣府志》，鐘序。
47 余文儀，《續修臺灣府志》，卷二規制，街市，頁88；又周璽，《彰化縣志》，臺
　　文叢156種，1962；原刊於1832，卷二規制志，保，頁48「牛罵街」作「寓鰲頭街」。
48 周鍾瑄，《諸羅縣志》，卷一封域志，山川，頁9。
49 丁紹儀，《東瀛識略》，臺文叢2種，1957；原刊於1873，卷一建置，形勢，頁5；
　　又《臺灣府輿圖纂要》，臺文叢181種，1963；原刊於同治初年，「彰化縣輿圖冊」，
　　頁249-250進一步指出其里程言：「以上係城（指彰化）南往來通衢，計六十里。」

　　此外，牛罵頭、沙轆二地的發展，與其地形上「勢高臨流」，具備人群聚居的要素亦不無關係。臺中盆地西北側的大肚臺地，南起大肚溪北岸，北迄大甲溪南岸，東坡平緩，西坡多陡，乃地塊向東傾斜所致，其西麓有斷層線，沿此斷層線出現豐富而良好的水泉，如埤仔口泉（在今清水區清水街）、番婆井泉（在今沙鹿區文昌街）、番公井泉（在今沙鹿區四平街）及龍目井泉（在今龍井區）等，皆為主要飲用與灌溉水泉。[50]大肚臺地早期崖谷叢雜，林莽深密，近海地區地低易於積水；沿大肚山麓一帶不僅地勢高，較海岸平原高亢，並有湧泉，取水方便，正是建立墾殖中心的理想地點。最初墾殖中心為農村（集村），由此再分向坡地及海岸進墾。[51]斷層線之西海岸平原，平均寬約4.5公里，地勢平坦，田疇棋布，縱列於山麓線一帶的街市，如清水、沙鹿、龍井及大肚，皆由墾殖發展而成。總之，清水平原山麓斷層線一帶之成為漢人聚落最早形成區，有其優良的自然條件。由於地理條件佳，早為平埔族人所居；由北而南包括牛罵〔頭〕社、沙轆社、水裡社及大肚社。漢人移民無論閩粵，入墾海岸平原，皆先進入開墾，而與平埔原住民形成雜居現象。[52]

　　清代臺灣為漢人移墾社會，人群和祖籍乃移民結合的基礎，亦是地緣組織的依據，而作為人群和祖籍具體的表徵，除語言外，即不同人群奉祀的主祀神。蓋大陸移民來臺，需冒險橫渡重洋，為求平安抵達，大體上，不同人群在渡海

縣城出北門至大肚街十里，大肚街至龍目井十里，龍目井至沙轆五里，沙轆至牛罵頭五里，牛罵頭至青莆八里，青莆至大甲溪南岸（淡、彰交界）止二里，以上係城北往來通衢，計程四十里。」按大肚街即今臺中市大肚區；龍目井即今臺中市龍井區；青莆在今臺中市清水區境內北方。

50 陳正祥，《臺灣地誌》，中冊，頁820；周璽，《彰化縣志》，卷二規制志，水利，頁56、58。按埤仔口泉俗稱靈泉，水源已枯竭；番公井泉亦已消失。至於番婆井泉現尚存一小口泉。

51 李鹿苹，《臺灣小區域地理研究集》，臺北：國立編譯館，1984，頁401-413。

52 洪麗完，《清代熟番社會網絡與集體意識：臺灣中部平埔族群之歷史變遷（1700-1900）》，頁103-132。

時多隨身攜來不同故土的保護神，諸如：開漳聖王為漳州人主神，亦為派下陳氏祖先神；三山國王為粵籍潮州九縣人主神；保生大帝是泉州同安人主神；廣澤尊王為泉州南安人主神；清水祖師則為泉州安溪人主神。此外，泉州人尚普遍供奉觀音，惟其屬佛教系統，常供奉於佛教正統的寺庵中，或成為寺廟後殿的副神，並且因其普遍成為民間廳堂所奉祀的神明，較難明顯表現其人群和地方屬性，而為另一女神媽祖所取代。[53] 依據以往學者的研究，臺灣民間宗教信仰的建立，約可分成幾期：[54]

（1）首期是渡臺移民三五成群居住，僅有私人攜帶的香火或神像供祈安卜吉凶之用。倘開墾無甚阻礙，而有初步收穫，始有釀資粗造小祠，以答神恩。

（2）農村構成期：村莊基礎初奠，普建土地廟，以祈五穀豐登，合境平安。爾後並有村落守護神出現及興建廟宇之舉。

（3）聚落發展時期：聚落基礎安定，集鎮街市開始形成，隨生產力的提高，擁有財富巨資者，乃號召鳩資興建宏敞廟宇，而人際關係趨於複雜，團結同鄉之誼的鄉土守護神、同姓家廟宗祠暨因職業分化而出現行神。祭神種類增加，乃社會發展、生活多岐的現象。

依此，社區廟宇的出現，不僅是聚落發展的象徵，同時亦表示漢人社會在當地已有相當鞏固的勢力及社會基礎。一般而言，從村落到社區，粵籍的神明供奉，甚為一致，均奉祭三山國王為守護神。因此，三山國王廟的興築足為粵籍聚落的標示，其興建年代先後，亦可為粵人開墾早晚的說明。依據民國

---

53 施振民，〈祭祀圈與社會組織：彰化平原聚落發展模式的探討〉，《中央研究院民族所集刊》36（1973），頁 198。

54 劉枝萬，〈臺灣之瘟神廟〉，《中央研究院民族研究所集刊》22（1966），頁 87-88；增田福太郎，〈清代臺灣村落發展：寺廟土地契約發展關連〉，《福岡大學法學論叢》12：4（1968），頁 392-394。

48、49（1959、1960）年劉枝萬對全臺寺廟教堂分布的調查結果，[55] 本島三山
國王廟共 124 座，其中主要分布於今宜蘭、屏東、彰化、新竹四縣，其次在今
臺中、嘉義、高雄、雲林等地。屏、高、彰、嘉多三山國王廟，並且成立年代
相當早，顯然與各地較早開墾有關。[56] 宜、新三山國王廟成立時間，多半在咸
同年間，似與粵籍人士的再移民有關。[57] 臺中地方的三山國王廟多集中於今東
勢區，成立時間多在咸同年間。依據《臺灣在籍漢民族鄉貫別調查》報告，[58]
臺中州（即今臺中市）潮州府屬粵籍人士約 52% 集中於東勢郡（今東勢、石
岡、新社等區）。雖然劉氏調查結果與日治時期的報告大體一致，劉氏指出，
今沙鹿區也有一座三山國王廟（保安宮），日治時期的報告卻顯示當地居民絕
大多數為泉籍（其中 0.76% 為漳籍）。此外，清水平原尚有一座三山國王廟，
位於清水區大街路，[59] 日治時期的調查指其居民 100% 為福建人。以上矛盾現
象的產生，究屬調查上的遺誤，或另有其他因素使然？值得進一步追蹤。

（二）牛罵頭三山國王廟之興建與變遷

　　今清水區大街路為當年海岸地區舊街幹道所經，街上同時屹立二座相距不
過十餘步的閩粵籍鄉土信仰主神廟宇。首先是建於乾隆 11 年（1746）以祭祀
三山國王為主神的三山國王廟（位於今清水區大街路 186 號）。其次為建於乾

---

55 劉枝萬，〈臺灣省寺廟教堂名稱主神地址調查表〉，《臺灣文獻》11：2（1960），
　　頁 52。
56 周鍾瑄，《諸羅縣志》，卷八風俗志，漢俗，頁 136-137；尹章義，〈閩粵移民的協
　　和與對立：以客屬潮州人開發臺北以及新莊三山國王廟的興衰史〉，收於尹章義，《臺
　　灣開發史研究》，頁 356-357。
57 仇德哉，《臺灣之寺廟與神明（四）》，臺中：臺灣省文獻委員會，1983，頁 27-
　　43。
58 臺灣總督府官房調查課編，《臺灣在籍漢民族鄉貫別調查》，頁 6-7。
59 按劉氏調查報告有所遺漏，依據《臺中州大甲郡寺廟臺帳》、《臺中州豐原郡寺廟
　　臺帳》，舊臺中縣政府提供，臺中市尚有兩座三山國王廟，即創於同治元年的廣和
　　宮（在今臺中市豐原區）與創於乾隆 11 年的三山國王廟（在今臺中市清水區）。

隆 15 年（1750）以奉祀觀音佛祖為主神的紫雲巖（俗稱觀音亭）。[60] 三山國
王為粵籍人士家鄉信仰，觀音佛祖則為泉州晉江、南安及惠安三邑人所奉祀。
清代牛罵頭地區的開墾，合閩粵籍之力而成，雍正年間，漢人先後入墾秀水
十三庄（牛罵街北）、牛罵新庄及公館庄（牛罵街東北），爾後並穿山鑿圳，
灌溉田園，因而墾地日擴，居民益稠。[61] 所謂庄即聚落，就民間信仰而言，即
「一個共同祭祀單位的聚落」，通常每庄有一居民共有的村廟，作為聚落活動
的中心。然而聚落中又可分成幾個更小的「角頭」地域單位，每一角頭各有共
同主神。就非港市地帶而言，由村落形成到村落守護神廟宇的建立，人群間並
不盡然已形成自立自足的社會單位，為滿足人們各種日常所需，因而於某一適
當地點，逐漸形成墟市，並進而發展為城鎮。[62] 清代牛罵新庄舊街道上代表不
同角頭人群的共同主神信仰——三山國王廟與紫雲巖的建立，一方面表示乾隆
年間牛罵新庄各籍人士的人群社會已漸形成，而廟宇附近（即今大街路一帶）
出現繁榮市集，乃至牛罵街的出現；牛罵新庄進而成為附近居民街市中心，則
表示海岸平原的經濟發展已日趨穩定。惜目前有關牛罵頭三山國王廟的出現與
建立，由於相關資料闕如，[63] 無法詳論。

　　以下僅就日治時期所作宗教調查資料（大正年間）略作說明：[64]

　　（1）創立年月：乾隆 11 年（1746）10 月。

　　（2）主祭神：三山國王。

---

60 參見《臺中州大甲郡寺廟臺帳》。
61 洪麗完，〈大安大肚溪間墾拓史研究（1683-1874）〉，頁 208-216。
62 施振民，〈祭祀圈與社會組織：彰化平原聚落發展模式的探討〉，頁 198-200；許嘉明，
　　〈祭祀圈之於居臺漢人社會的獨特性〉，《中華文化復興月刊》11：16（1978），
　　頁 66。
63 地方志缺乏相關紀錄，田野調查亦未獲具體資料，而三山國王廟本身經昭和 10 年大
　　震災傾毀重建，該廟亦無保存任何相關資料，足供參考。
64 《臺中州大甲郡寺廟臺帳》。

（3）信仰人數及區域：信徒百人，包括清水街（今清水區）一部分（三
　　　塊厝）、豐原街（今豐原）下南坑一部分。

（4）創立緣起及沿革：廣東人所建，原為小廟，道光 9 年（1829）改修
　　　成大廟。光緒 11 年（1885）牛罵頭秀水庄秀才蔡時晞發起捐獻活動，
　　　與牛罵頭區、公館區、葫蘆墩區居民共同捐獻二千餘元修廟，12 年
　　　（1886）竣工。

（5）變遷：建立之初因主神靈驗，往拜者多以廣東人為主，後來移居他處，
　　　信者減少，以至頹廢。目前僅擲筊者往拜而已。

（6）管理方式：由豐原下南坑張文普任管理人，另僱蔡福樹為住持，負
　　　責處理日常廟務。

（7）所屬財產：廟產除廟宇建物（120.86 坪）外，包括三塊厝地號 306（建
　　　物地基；0.1200 甲）、303（田；3.5305 甲）及清水街地號 19（祠
　　　廟地基；0.2508 甲）。其中地號 306 為佃人居住處所，303 田園業
　　　主為三山國王，由管理人收取佃金（贌耕於人）作為三山國王廟所
　　　需經費。大正年間三山國王廟廂房並租人供居住或作為工廠，租金
　　　亦歸廟務應用。依據民國 72 年（1983）寺廟調查書所載資料，三山
　　　國王廟仍維持三山國王的主神信仰，管理人則由今清水鎮蔡姓人士
　　　擔任。[65] 其間最引入注意者，該廟廟產除建物外，已別無所有！管
　　　理人的轉換與廟產的出讓關係該廟發展，值得進一步分析。

　　按三山國王廟信徒包括清水街部分地區（即三塊厝）與豐原街下南坑地方
居民。三塊厝地方，位於清水隆起海岸平原上，指今清水區國姓、菁莆、頂南
三里，在舊大甲溪河口段主流的南岸，海拔約 20 公尺，是清水街北方約 2.3

---

65 《臺灣省臺中縣寺廟調查書》，臺中：臺灣省文獻委員會，1983。

公里處的大集村，清代稱「三座莊」，即三座屋的簡稱。由於移民建莊之初只有三座宅屋而得名，由粵籍移民所建，後因閩南化而變成三塊厝之稱。[66] 雍正11年（1733）當閩粵籍漢人向平埔族感恩社（原稱牛罵〔頭〕社，雍正9年大甲西社事件後被改名）承墾秀水等十三庄地時，即開始拓墾，足見三塊厝一帶粵籍居民與三山國王廟的關係，由來已久。三塊厝一帶（包括客庄、水碓）及其南方公館庄（包括吳厝）附近皆客家村落，牛罵街三山國王廟不僅是牛罵新庄粵籍庄民的村落守護神，爾後並且發展成附近秀水十三庄（如水碓、三座莊等）、公館庄客家人士的社區廟宇主祭神。[67]

表2：牛罵頭三山國王廟廟產轉移情形

土名	地號	地目	甲數	沿革	年代	業主		資料來源	備註
						姓名	住所		
牛罵頭	19	祠廟基地	0.2508		明治13年（1880）	三山國王		土地臺帳	
			0.2458	分割、地目變更	昭和12年（1937）	三山國王		土地臺帳	參見地號19-1
			0.2435	管理變更	昭和16年（1941）	李換彩	豐原街	土地臺帳	參見地號19-6
			0.2362		民國36年（1947）				

---

66 洪敏麟，《臺灣舊地名之沿革》，臺中：臺灣省文獻委員會，1984，二冊（下），頁150；又頁151言：「屬菁埔里的『水碓』及頂南里的『客莊』亦為客籍人士居住地。『客庄』位於大肚臺地北麓，大甲溪南岸的小集村，在清水街東北方四‧四公里，地名由來於客籍墾戶所建。水碓在客庄西方約600公尺處，地名由來於往昔移民設有『石碓』之處，故得稱。水碓精米器具，多見於客籍聚落。」

67 今日清水區已無以客語為方言的居民，除部分已移居他處，未遷居者（表1備註）顯然已為當地多數居民福佬人所同化。

表 2：牛罵頭三山國王廟廟產轉移情形（續）

土名	地號	地目	甲數	沿革	年代	業主 姓名	業主 住所	資料來源	備註
牛罵頭	19	祠廟基地	0.1686	分割	民國 56 年（1967）	李換彩	豐原街	土地登記總簿	分割情形不詳
			0.0016	公共設施預定地	民國 63 年（1974）	李換彩	豐原街	土地登記總簿	參見地號 19-14
			0.0016		民國 74 年（1985）			臺灣省臺中縣土地登記簿	
	19-1	道路	0.0050	地目變更	大正 3 年（1924）	共同管理		土地臺帳	
			0.0048		民國 36 年（1947）				
	19-6	道路	0.0023	地目變更	昭和 12 年（1937）	國有		同右	
			0.0022		民國 36 年（1947）				
	19-14	祠廟基地	0.1669		民國 63 年（1974）	李換彩	豐原街	土地登記總簿	
			0.1669		民國 74 年（1985）			臺灣省臺中縣土地登記簿	
三塊厝	203	田	0.3520		明治 28 年（1895）	蔡源益		土地臺帳	
			0.3520		明治？年	蔡時晞	牛罵頭街	土地臺帳	
			0.3520		明治 28 年（1895）	共業		土地臺帳	
			0.3520	交換	明治 44 年（1911）	蔡碩如	牛罵頭街	土地臺帳	
			0.3520	業主權轉移	大正 7 年（1928）	蔡黃富	牛罵頭街	土地臺帳	
			0.3411		民國 36 年（1947）				

表 2：牛罵頭三山國王廟廟產轉移情形（續）

土名	地號	地目	甲數	沿革	年代	業主		資料來源	備註
						姓名	住所		
三塊厝	306	田	0.4710	荒地墾成	同治 2 年（1869）	共業	牛罵頭街	土地臺帳	明治 5 年（872）開始徵稅
			0.4710	買得	大正 2 年（1913）	王識丁		土地臺帳	

資料來源：《土地臺帳》、《土地登記總簿》，清水地政事務所提供。
說明：表中公共設施指臺中港特定區公共設施預定地而言，此依「臺中縣政府六三、二、十府函地價字第一五八六七號遲為分割」；又民國 36 年的丈量數字皆略較原數字為少，或為丈量標準不同所致，不得而知。

　　豐原下南坑位於豐原市街東南東 1.3 公里處，南坑溪岸，與上南坑對稱，故名。包括今豐原區北陽、南陽、中陽、東陽、陽名等里。依據洪敏麟的調查，此地為張達京墾號開墾地，居民多張姓，說客家方言的人群佔 74.4%。而上南坑（包括南村、南田、南嵩等里）的南田里，亦於雍乾年間，由墾首張達京所闢，居民 69.7% 屬客家人，境內水源路八號，創於同治 11 年（1872）（一說明治 33 年）的南興宮，即奉祀粵籍移民守護神三山國王。[68] 三山國王乃粵東人士福神，下南坑南興宮興建前，當地粵籍居民常往拜牛罵頭三山國王廟。綜觀大甲溪流域三山國王廟的分布，成立年代較南興宮為早者，除牛罵頭三山國王廟外，包括沙轆保安宮（位於今沙鹿區四平街 181 號）、東勢角恭興宮（位於今東勢區慶東街 1 號）、葫蘆墩萬順宮（位於今豐原區朴子里豐勢路 298 號）等。保安宮及恭興宮分別建於乾隆 10、13 年（1745、1748）；萬順宮建於乾隆 52 年（1787）並由牛罵頭分香而來。[69] 就地理位置言，下南坑居民捨東方

---

68 洪敏麟，《臺灣舊地名之沿革》，頁 73-74。
69 參見《臺中州大甲郡寺廟臺帳》、《臺中州豐原郡寺廟臺帳》、《臺中州東勢郡寺

近鄰恭興宮，越大肚臺地，往拜牛罵頭三山國王廟，應即《寺廟臺帳》資料所記牛罵街三山國王廟「往拜者多廣東人，後移居他處」的移民，即下南坑居民可能來自牛罵頭地區。

其次，萬順宮分香自牛罵頭，廟成後，下南坑居民並未因此不再往拜牛罵頭三山國王廟，雖然人們在新建廟宇後，往往仍維持早先的祭祀對象，並不足為奇。然則文獻資料指出：乾隆51年（1876）林爽文事件提升為各籍人士分類械鬥後，致牛罵頭地方粵籍人士遷居葫蘆墩。萬順宮是否即此番新移居者另建的三山國王廟？以上疑問，由於相關資料缺乏，目前已無法進一步證明。然而如表2所示，除了乾隆51年的械鬥外，嘉慶14年（1809）、道光6年（1826）牛罵頭均曾發生漳與泉粵、泉粵械鬥事件。其中道光6年的械鬥導致粵人遷徙葫蘆墩、東勢及苗栗一帶，下南坑部分居民或許是此次事件以後遷入者？

依據筆者田野調查所得，三山國王廟前庭石桌，留存「昭和七年派下人張相超」、「豐原下南坑管理人張文普」等字樣。前舉大正年間的宗教調查資料，當時由張文普擔任管理人。依據《張氏族譜》所載，乾隆初年廣東潮州府潮陽縣張氏十六世開臺祖張元香曾抵清水墾荒，後移居下南坑，[70] 創於嘉慶初年的張合和公業，即張元香派下祭祀公業。大正13年（1924）日政府進行公業調查時，所登記的管理人為下南坑張相煌，[71] 應是張元香派下「相」字輩子孫。牛罵頭三山國王廟刻石上「張文普」、「張相超」是否為張元香派下人？與張相煌同輩？有待釐清。但他們同為客家人士張達京族人，則可肯定。[72]

廟臺帳》及《臺中州大屯郡寺廟臺帳》，舊臺中縣政府提供。

70 張承敦編撰，《臺灣張氏族譜考》，頁89。

71 《豐原郡公業調查》，1924，舊臺中縣政府提供。

72 依據《赤山張氏族譜張達京昆仲渡臺二七四週年》載：「昭穆十六朝陽來臺張元香公派世法『殷元亨啟，藏經文相同紅』」。

　　上述牛罵頭三山國王廟，與下南坑客家人的關係密切。該廟雖非私人所有，卻似張氏宗族眾人所共管（推一人為管理人）。值得進一步探究者，客家人士張氏家族何時開始已不再預聞廟務（指管理人更換）？前舉石桌刻文顯示，至少昭和 7 年（1931）下南坑張氏仍為三山國王廟管理人。而道光 9 年（1829）原為小廟的三山國王廟改修成大廟，如表 1 所示，道光 6 年（1826）發生泉粵械鬥，粵人遠離，故改建可能不是由張家人主導？從光緒 11 年（1885）三山國王廟修廟事宜，由牛罵頭秀水庄秀才蔡時暎負責，無論蔡姓士紳是否為粵籍人士，顯然下南坑管理人只是形勢上「不在地」管理人（居下南坑），真正負責廟產廟務等相關事宜者為牛罵頭地方人士。其次，依據《土地臺帳》，昭和 16 年（1941）三山國王廟因管理變更，改由閩人李氏負責，所登記的廟產除廟宇本身基地縮小外，相關田園並已出售殆盡，三山國王廟現況之不如往昔，與此變遷有關，由表 2 所列資料，足為說明。

　　關於三山國王廟廟產的轉移情形，可分二方面說明：

　　（1）祠廟部分：清水街三山國王廟原為張姓人士，即客家人張達京族人所有，前已述及。依據訪談調查所得，當內山（指下南坑）客家人張氏出售田地予豐原李換彩，同時賣出廟地。[73] 按李氏泉人，居橫街（即今豐原區），祖籍隴西，原居圳堵（今神岡區），後至葫蘆墩從商，經營老成發行致富。[74] 李氏後人表示，李換彩向下南坑張氏購地，原拒絕收購廟地；事後，為保障三山國王廟廟務發展，三山國王廟部分信徒提議組管理委員會，為李所拒。[75] 由於李氏本人與其他參與廟務的相關人士皆已去世，有關委員會籌組情況及組織時間，不

---

73 清水蔡敏字提供（1988 年夏天，洪麗完訪問）。

74 隴西李氏分澗窩派，來臺開基祖為德萬公；仙景派，始祖為火德公。前者粵籍；後者泉人。參見李淡、江萬哲主編，《李氏族譜》，臺中：新遠東出版社，1759，頁 C50。

75 李換彩子李青潭提供。

得而知。然而如表 2 所示，李氏自昭和 16 年接管廟務後，民國 56 年（1967）不知何故，進行地號 19 的「祠廟基地」分割後，三山國王廟廟地大幅縮小（僅餘 0.1686 甲）。民國 63 年（1974）由於公共設施預定地的劃定，李氏管理名下所有地分成地號 19 之公共設施預定地（0.0016 甲，合 4.83 坪）與 19-4 祠廟基地（0.1669 甲，合 489.74 坪）。另有 19-1、19-6 分割為道路而變更地目。此後，一直到民國 74 年（1985），登記資料不變。惟依據民國 72 年寺廟登記所載，三山國王廟管理人為今清水區居民蔡六，廟產則僅餘祠廟基地 0.26 公頃（76.28 坪）與李換彩名下所擁有面積數（489.74 坪），出入頗大。[76] 以上矛盾何以產生？依據李氏後人表示，李未去世前，有人借住廟中，進而侵佔土地，引起產權糾紛問題，至李去世，一直未獲解決。目前由於李氏子嗣不願繳納巨額賦金，廟產可能充公，現並由大街路蔡姓里長（即蔡六）擔任管理人。[77]

　　（2）田地部分：依據表 2，三塊厝地號 303 與 306 的所有權，皆因業主權轉移而消失，時間則在日治初期。目前雖無法確定各蔡姓業主為何籍人士，田園畝數亦與《土地臺帳》所記略有出入，然則作為三山國王廟主要費用支持來源的田園既已出讓殆盡，其於三山國王廟廟務發展的影響，可想而知！

　　上述，三山國王廟最初建立情形，因相關資料闕如，已無法具體說明，然則由其廟產減少，廟地縮小，足以說明該廟由盛而衰的事實。而其衰微，與粵籍客家人遠離或福佬化，不無關係。

（三）沙轆保安宮之福佬化過程

　　沙轆街的出現與發展，就地理環境與開墾過程言，與牛罵頭街並無多大差

---

76 《臺灣省臺中縣寺廟調查書》。

77 李青潭提供。關於三山國王廟廟產糾紛，一者李已去世，二者地政資料登記不全，三者李家曾將地契送往代書事務所，請求處理所有權，今已不知所終，目前無法進一步追究。

異。然而沙轆街保安宮三山國王廟的發展，與牛罵頭街三山國王廟之今昔變遷，極為不同。

依據保安宮相關文獻所載，位於今沙鹿區四平街 181 號的保安宮，原址在今中正街（與四平街垂直）福利宮（即土地公廟）。由於土地公擋不住水神，土地公廟舊址廟前，每每水滿為患，三山國王乃託夢扶身乩童，願與土地公互換廟址。移址後的三山國王顯靈，果然廟前不再水滿成災，閩人感其恩德，意欲往拜三山國王，不料為粵人所拒，福佬人憤而於隔鄰另建玉皇殿（俗稱天公廟，在四平街 123 號，位居今福利宮與保安宮之間）相抗。此期間，王爺公井時常水濁，引起粵籍人士不安，紛紛遷往東勢。[78] 就今沙鹿區言，四平街、和平街以北一帶，鄰近沙轆山，乃大肚傾動地塊之延展，自然泉源多，地勢較高，早為原住民沙轆社所聚居。[79] 居仁里（俗稱番社埔）南側沙鹿里四平街保安宮、玉皇殿一帶，為沙轆街舊街地段所在，是閩粵人聚居與市集中心，隨社經發展，人群衝突，在所難免。依常理論，上述閩粵不和傳言，極可能出自閩人說法，惜粵籍人士已遠離，且年代久遠，難以從閩人的對立面人群進行考證。惟以上傳說仍可作為影射史實的依據，足以進一步分析。

按四平街附近，今沙鹿居仁、洛泉、沙鹿及美仁等里，乃沙鹿區最繁榮之區。沿四平街南北延展，除和平街社口朝興宮（即媽祖廟）外，往南分別為保安宮、玉皇殿及福利宮諸廟宇所在。其中，保安宮成立時間最早，朝興宮次之，皆乾隆年間所建。其次玉皇殿建於嘉慶年間；福利宮創於道光 16 年（1836），時間最晚。[80] 福德正神俗稱土地公、福德爺、伯公（客語），或簡

---

78 按所謂「水滿為患」的水神，應指番公井湧泉不斷而言。番公井與其正對面文昌街（與四平街平行）番婆井，皆大肚傾動地塊所造成自然出泉地方。參見陳正祥，《臺灣地誌》，中冊，頁 820；周璽，《彰化縣志》，卷二規制志，水利，頁 56、58。

79 參見洪麗完，〈臺中沙轆社平埔族遺跡〉，《中央研究院臺灣史田野研究通訊》8（1988），頁 24-25。

稱土地；意即土地之神，雖然神格不高，然與農村社會的發展，息息相關。清
代臺灣為移墾社會，農經乃民生之所繫，故當開墾就緒之後，人民漸次定居下
來，村落漸成，由於五穀生產關係居民飲食所需，村民乃有共建土地祠，供奉
專司土地與五穀的社神土地公之舉，土地祠因而遍及全臺，民間因有「田頭
田尾土地公」之俗諺。[81] 依據福利宮的石碑刻文，該廟原在天公廟之北，後遷
於現址。[82] 乾隆 10 年（1745）保安宮與福利宮換址而始建之初，係以「土牆
茅屋安位奉祀」，[83] 足見福利宮建立年代，早於與保安宮換址以前。《臺中州
大甲郡寺廟臺帳》所指福利宮建於道光 16 年（1836）應指換址後重修年代而
言。無論如何，福利宮與保安宮之始建，應是沙轆新庄初成之時。[84]

　　如附錄 1 所示，沙轆新庄形成於乾隆初年，其北鹿寮庄及附近五叉港的開
墾最晚亦不遲於乾隆末年。隨各村落的形成及社經次第發展結果，乾隆 30 年

---

80 依據《臺中州大甲郡寺廟臺帳》，朝興宮建於乾隆 30 年；保安宮與玉皇殿分別為乾
　　隆 10 年、嘉慶 10 年所建；至於福利宮年代為道光 16 年，似為重建之年。參見保安
　　宮慶成祈安三朝清醮建醮委員編，《沙鹿保安宮三山國王建醮紀念特刊》，臺中：
　　該委員會，1984，頁 5 及本文分析。

81 此由漢人角度而論。若由生、熟番狩獵需祭拜山神看，漢移民進入原住民生活空間
　　後，往往在原有山神信仰遺留的石頭之上，疊加了固有土地公信仰。如今高雄金興
　　社區（舊名枋寮）環山地帶出現十餘座土地祠，以及埔里鎮刣牛坑一地有十餘座土
　　地公廟的現象。參見洪麗完，〈19 世紀臺灣岸裡熟番建醮意義考察：兼論內部關係
　　與社會階層化現〉，《歷史人類學刊》15：1（2017），頁 103 及該文註 81。

82 筆者採集。

83 保安宮慶成祈安三朝清醮建醮委員會編，《沙鹿保安宮三山國王建醮紀念特刊》，
　　頁 20。《臺中州大甲郡寺廟臺帳》指：「沙轆庄以前為廣東人部落，乾隆十年（1745）
　　自廣東割香、建廟。」

84 依《臺中州大甲郡寺廟臺帳》，福利宮建於道光 16 年。蓋地方望族陳廷劍為祈地方
　　住民五穀豐收，增進福利，而募款捐建。依福利宮廟中碑文，其廟原在天公廟（玉
　　皇殿）北，天公廟建於嘉慶 10 年，福利宮原址始建必早於嘉慶 10 年。又沙轆街北，
　　今鹿寮里地方乃較沙轆街晚開墾之地，依《大甲郡寺廟臺帳》所載，鹿寮里福德祠
　　為沙轆鎮最早成立的土地公廟（嘉慶 13 年），福利宮之建成必不晚於此。足見道光
　　16 年為福利宮遷址後重修年代。

（1765）首次出現超村際的社區廟宇；朝興宮的創建，即沙轆街閩人村落發展
之說明（晚於粵人廟宇保安宮 20 年）。嘉慶 10 年（1805）沙轆街玉皇殿的建
立，傳言起自閩人為了抗爭粵人拒其往拜保安宮三山國王廟而建立，然則玉皇
大帝俗信為至高無上之神，神格較其他地方守護神為高，或因而成為沙轆附近
大肚、龍目井（今龍井）、梧棲等五十三庄閩籍庄民超村際的主祭神似較合常
情。另方面乾隆末年以來，海岸地帶的開墾工作，漸次完成（附錄 1），社經
發展亦應為五十三庄善男信女超村際集體供奉玉皇大帝的重要因素。以往農業
社會，人們多以務農為業，沙轆附近村落位處大肚臺地西側，降雨量次第向海
岸遞減，旱田分布極廣，倘風調雨順，餬口尚可，若逢旱年，則生計維艱困難，
因而水渠於農經發展，益顯重要。海岸地帶五十三庄自雍正 11 年（1733）建
築五福圳後，大肚圳、中渡頭圳及王田圳也先後完成，灌溉區域涵括今清水、
沙鹿、梧棲、龍井、大肚等地區田園。[85] 足見玉皇殿的興建，與乾隆末年以
來，五十三庄開墾工作的完成，尤其嘉慶年間海岸地帶水田化運動先後完成，
關係密切。質言之，玉皇殿的興建，一方固足以表示閩籍人士集體之意識的高
漲，與粵籍人士我群意識的升高（拒絕閩人往拜）；另方面則說明沙轆街成為
五十三庄庄民經濟與信仰中心標示的事實。[86] 此一發展，顯示沙轆地方社經發
展不同於往。

　　整體而言，嘉道以來，沙轆海岸地區，村落發展已漸臻飽和狀態。[87] 隨人

---

85 洪麗完，〈大安大肚溪間墾拓史研究（1683-1874）〉，頁 208-213。

86 保安宮慶成祈安三朝清醮建醮委員會編，《沙鹿保安宮三山國王建醮紀念特刊》，
頁 5 載：「嘉慶八年何聲良始自泉州之同安縣恭請來臺，……嘉慶十年，適逢旱魃
生民罹災，因是大肚中堡五十三庄人士有感於此，共議興建，以為祈安之所。」按
五十三庄包括今沙鹿區（居仁等二十一里）、梧棲區（頂寮等十五里）及龍井區（中
和等八里）、大肚區（瑞井、蔗部兩里）。

87 如附錄 1 所示，海岸地帶的開墾始於康熙、雍正年間，下迄道光年間，連同梧棲近
海地帶，如漁寮、草湳不易墾成之地，亦已開拓，足見土地開墾已達飽和狀態。

口壓力的升高，人際關係愈見複雜，嘉慶 11 年、14 年（1806、1809）乃先後爆發兩次漳泉及泉粵械鬥事件。（表 1）人群的衝突，往往導致居於少數人的弱勢團體遷居他處，粵籍人士離開沙轆原居地應在此時。依《保安宮沿革誌》載：

> 客人遷徙東勢同時，三山國王亦託夢廟祝，欲遷往東勢興香，經眾信士行香懇求，始留下保祐。……客人遷走後，廟宇業已久經風霜而破爛，眾信士鑑及三山國王神靈顯赫，……乃各自踴躍樂捐，改建木造小廟宇。[88]

《寺廟臺帳》則載：

> 沙轆庄以前爲廣東人部落，乾隆十年自廣東割香、建廟。後福建人漸次渡臺，廣東人移住他地後，福建人代爲祭祀，明治三一年沙轆庄信徒與梧棲港街地區居民志願捐款六百圓改築。[89]

足見「客人（廣東人）」遠離沙轆的年代，應在明治 31 年（1898）以前，而不早於嘉慶 10 年（1805）創建玉皇殿之時，極可能在嘉慶年間械鬥發生之際。其次，「客人」離去的真正原因，似由於閩粵衝突，而非傳言所謂「王爺公井時常水濁，引起『客人』不安，紛紛遷往東勢。」前舉東勢為客家人聚集地，選擇遷往東勢的粵籍「客人」，可能也是說客家方言的人群。

---

88 保安宮慶成祈安三朝清醮建醮委員會編印，《沙鹿保安宮三山國王建醮紀念特刊》，頁 20-21。

89 《臺中州大甲郡寺廟臺帳》。

雖然客家人已遠離,其地方守護神廟宇保安宮並未因此頹廢,反而更加發展。[90] 此與三山國王「靈驗」有關;三山國王雖為粵人福神,就沙轆地方閩人而言,「靈驗」的宗教信仰意念,顯然較所謂「非我族類」的意識更為重要。因而當三山國王顯靈震住水神後,即有往拜需求;當客家人遠離沙轆,本欲攜其鄉土守護神前往新地方,惟在閩人懇求下,三山國王神祇乃接受挽留。閩籍眾信士眼見福神所居廟宇頹敗,豈有不管之理?因而踴躍樂捐,改建廟堂。有趣的是,三山國王廟改建以來,尤其清末乃至日治時期,顯靈神通,神蹟屢現,保祐福佬人外,且不斷與日人周旋,三山國王的民族意識並不低於一般信士哩![91]

以上有關三山國王顯靈震住水神及與日人周旋等傳言,固不足為信,然則由於福佬人的堅信,保安宮三山國王廟不僅未因客家人離去,而日益衰頹,由於福佬眾神祇的引入,廟務反而較往昔發展。依據《寺廟臺帳》所載:「保安宮主神三山國王,另從祀馬將軍、註生娘娘、配祀土地公、五穀先帝、李王爺、董公、亳王爺、虎仔爺、觀音媽、媽祖婆。」[92] 福佬眾神,如觀音媽、媽祖婆等進駐三山國王廟的時間,應不晚於日治之初。而保安宮的福佬化傾向,無疑應是今沙鹿保安宮三山國王愈加發展之一原因。

上述保安宮三山國廟的變遷,恰與牛罵頭三山國王廟成對比。保安宮始建之初,僅以土牆茅屋奉祀,清末以後,由於福佬人接管祭祀事宜,並進駐福佬眾神,致保安宮信仰結構改變。雖然福佬人之接管保安宮,主要基於三山國王

---

90 依據《臺中州大甲郡寺廟臺帳》所載,保安宮信徒千人,建物 17.4 坪,地基 85 坪。民國 72 年《臺中縣寺廟調查書》資料,則為建物 90 坪,地基 42 坪(疑有誤),總財產共 3,920,000 元。

91 保安宮慶成祈安三朝清醮建醮委員會編印,《沙鹿保安宮三山國王廟建醮紀念特刊》,頁 21 載:「大王以藥湯救人,二王指示兵馬巡邏驅邪,三王懲罰日人於夜間。」

92 《臺中州大甲郡寺廟臺帳》。

廟靈驗，功利式的宗教信仰確亦促使信者願意並熱心關切三山國王神的香火接續問題，因而趁昭和 10 年（1935）大震災之後，實行市區改正，議決將保安宮部分廟地劃入公共設施範圍（指道路），一度引起信徒們的議論，昭和 15 年（1940）乃由信徒王金獻出沙轆地號 170-1 土地（0.0013 甲）作為廟地之用。[93] 此與牛罵頭三山國王廟廟地受人侵佔的情況，實不可同日而語！

　　總之，保安宮的盛況發展，除與其本身靈驗有關，尤與信仰的福佬化傾向，密切關連。反觀牛罵頭三山國王廟，由於保持原主神信仰，隨客家人離去暨部分原居者為多數福佬語群人士所同化，廟務發展深受影響，廟產減少，乃至產權糾紛不清，而有充公之虞！二者之盛衰，與信仰結構是否改變，息息相關。然則清水平原三山國王廟之興衰，所呈現的複雜歷史意義，更重要者，在於反映閩粵移墾活動及福客人群關係的變化。清水隆起海岸平原的粵人（以客家人為主），最初的擇居考慮與閩人並無不同，然而客家人在全臺總人口數比例上居於漢人少數人團體，無論遷居他處或就地同化（指閩區粵人的福佬化）而言，多居於劣勢，此一情勢由清水平原三山國王廟之興衰，尤可具體說明。

五、結論

　　清代臺中地區漢移民的移墾活動，始於康熙中葉，合閩粵兩籍之力而成。各地開墾活動的先後推進，端視自然與人文條件而定。移民入墾地點的選擇，皆以「勢高臨流」，易於開墾之地為優先考慮，墾拓區域並無「泉海、粵山」之分，所謂「泉海、漳中、粵山」的分布狀況，乃清代中葉以來閩粵兩籍移民長期互動的結果。

---

93 《土地臺帳》。

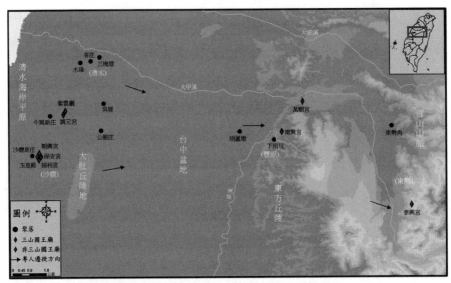

圖2：清代清水平原各籍移民鄉土信仰分布暨清中葉粵人遷徙情形
資料來源：依據本文第四節製成；蕭晏翔先生協助繪製。

　　清初臺中地方漢人移墾社會，雖然不乏漢人與原住民的衝突，由於人稀地廣，閩粵漢人之間，多有合作之例，亦可共墾並共處。然則隨社會經濟的發展，閩粵人士原本區分氣類的人群關係愈益複雜化，「我群意識」高漲，以至衝突屢起，居於少數人的弱勢團體，往往遷而避之，另謀發展。臺中地方的粵人之於閩人，屬少數人群體，當械鬥或生活壓力形成後，常有遷而避居之例；往葫蘆墩一帶以東大甲溪上游東勢角附近山區集中（粵區閩人則往臺中盆地以西地區遷徙），閩區未曾移居的粵人，久之，往往為居於多數人的福佬語群所同化，以致多不知原籍所屬。

　　以上皆與閩籍集居傾向海岸線，粵籍人士聚居近山丘陵區現象的形成有關。而今日所見粵籍中的客家人多聚居豐原以東、東勢一帶的現象，並非自始已然。20世紀初日治時期的調查資料，顯示今臺中市客家人以東勢區附近為

其聚落大本營，乃社會整合結果。所謂閩人先來，佔平原沃地，客人後至，乃聚居山區，或強調原居生活影響客家居住環境的選擇，於臺中地方移民分布特徵的解釋，仍有進一步考慮餘地。

　　有關粵籍移民開墾資料，由於年代久遠，且「客人」皆已遠離最初聚落（或福佬化），當年情形乃渺不可知。然而清代臺灣為移墾社會，特殊的移墾環境促成民間宗教信仰獨有的發展，各籍移民渡臺多各自攜來鄉土守護神，尤其粵東的三山國王信仰多隨「客人」的足跡散布臺灣各地，三山國王廟或可作為「客人」聚落之一說明。雖則也出現閩籍移民信仰三山國王的現象，如本文所論。日治時期所作調查資料顯示，清水平原居民祖籍幾乎全屬閩籍，但位於牛罵頭、沙轆兩地，分別成立於乾隆 10、11 年的三山國王廟，乃臺中地方最早建立的粵籍廟宇，不僅表示曾有粵人駐足此間，聚居年代亦早。隨清水平原粵人移居今客家人聚集地東勢、豐原（部分已福佬化）一帶地方，足以說明粵人移居前，兩座三山國王廟的信徒以客家人為主。隨他們遷離清水平原，兩座三山國王廟因而產生興衰變遷；無論沙轆保安宮因福佬化傾向，而益見發展，或牛罵頭三山國王廟因保持原主神三山國王的祭祀，以致反不如保安宮的發展，其實質意義在於反映三山國王廟的興衰與福客人群關係的變化，息息相關。而區域間的人口移動暨少數人群的被同化，乃造成日後所見漢人閩之漳泉及客家人明顯分區而居之一重要變數。經由清水平原人群關係的舉證分析，有助於明瞭臺中地方閩粵移墾活動暨長期以來全臺福客人際關係變遷所造成的影響。

　　以上大致討論了臺中地方閩粵移墾活動及福佬關係的演進，並對客家人聚居近山丘陵區的現象提出一些解釋。至於福客間矛盾的深度與廣度，以及福客人群移居規模大小，乃至居於粵區的少數閩人，是否亦有被同化（如客家化）傾向，皆有待進一步探討。其次，本文所呈現的解析，有關日治以來漢人移民籍貫分布及其形成分布特徵的說法，或有區域差異，不足全盤否定。然則亦可

提供另一思考空間。所謂「弱勢團體」，如清中葉以來的平埔原住民之於漢人，客家人之於漢人福佬團體，皆為相對比較而言，強弱之分往往因時空與相較對象的不同，有所轉換。

　　附帶一提，本文完成於 1980 年代末，學界普遍接受三山國王屬客家信仰。1990 年代初，邱彥貴首先提出「三山國王是臺灣客屬特有信仰？」的質疑（1991），指粵東三山國王不只是客屬的信仰，且潮州府移民比率高如新竹橫山、彰化員林及竹塘等地區，固然有三山國王廟，但潮籍佔 3/1 的竹北卻未見該類廟宇，而粵籍移民偏低的宜蘭東山確有 7 座之多，即客家人不一定信仰三山國王，非客家也會接受該信仰。[94] 兩年後（1993），他進一步指 18-19 世紀，三山國王為潮州府全境及惠州府、嘉應州部分地區的地域性信仰，信徒包括福佬與客家，似乎並無方言群／族群的區隔；並以宜蘭溪北地區為例（1996），分析該信仰的人群組成雖然最早可能由粵東移民攜入，今日信眾不分族群共同祭祀，而以 19 世紀移入的漳州移民為主。[95] 陳春聲深入而精彩的研究（1993），指出清前期粵東移民以客家人為主的現象，已可解答以上諸多三山國王信仰的疑問，茲不贅述。[96]

　　本文得以完成，感謝舊臺中縣政府、清水地政事務所與沙鹿保安宮提供相

94 邱彥貴，〈三山國王是臺灣客屬特有信仰？——粵東移民原居地文獻考察的檢討——〉，《中央研究院臺灣史田野研究通訊》23（1992），頁 66-70。

95 邱彥貴，〈粵東三山國王信仰的分布與信仰的族群：從三山國王是臺灣客屬的特有信仰論起——〉，收於吳武夫、林美容主編，《東方宗教研究》新 3（總號第 5 期，1993），頁 66-70；邱彥貴，〈宜蘭溪北地區的三山國王信仰：自傳說看歷史性的族群關係論述〉，收於李素月編輯，《「宜蘭研究」第二屆國際學術研討會論文集》（宜蘭：宜蘭縣立文化中心，1997），頁 266-303。

96 陳春聲，〈地方神明正統性的創造與認知：三山國王來歷故事分析〉，收於鄭良樹主編，《朝州學國際研討會論文集》，廣州：暨南大學出版社，1994，頁 145-160；陳春聲，〈三山國王信仰與臺灣移民社會〉，《中央研究院民族學研究所集刊》80（1995），頁 61-114。

關資料；報導人清水蔡敏字、蔡六夫婦，潭子李青潭夫婦，沙鹿陳五常、蕭振河，東勢賴枝泉等先生女士接受訪談，以及大學同學曾叡瓊女士陪同訪問潭子李家。撰文期間承蒙王世慶（已歿）、尹章義與同仁翁佳音等教授的指正，特此致謝。本文初稿完成於 1980 年代末，今日再版僅作文字修飾及若干觀點補充。筆者之接受邀請，將舊作收入客家研究成果中，主要基於這類基礎研究，既可提供三山國王信仰的區域、族群傳布的討論基礎，也可作為移民與民間宗教發展的個案經驗。本文既是筆者早年之作，誤謬在所難免，敬請方家不吝指正。

附錄 1：清代臺中地方漢人墾拓的聚落

聚落	拓墾年代	拓墾人	拓墾人祖籍	所在地（今地名）	備註
大安庄、三十甲庄	康熙 40 年（1701）	林、張姓	閩	臺中市（以下均省略）大安區	大甲庄由於受雍正 9 年大甲事件影響，乾隆 35 年始形成「大甲街」。
大甲庄、九張犁庄				大甲區	
鐵砧山腳庄		邱姓	粵	外埔區	
大肚庄	康熙 41 年（1702）		閩（漳）	大肚區	
土城庄	康熙 45 年（1706）		閩粵	外埔區	
張鎮庄*	康熙 49 年（1710）	張國	閩	南屯區	
北庄*	康熙 50 年（1711）	張達京	粵	神岡區	
犁頭店	康熙年間			南屯區	
水裡港	康熙末年	陳姓	閩	龍井區	為沿海沿溪沙地，難以墾成，嘉慶年間始見隆盛。後因械鬥及大風雨之害，墾地皆荒廢。
藍興庄	康雍之際	藍廷珍	閩	臺中市區	官田
賴厝部	康雍之際	賴姓		北區	
潭仔墘	雍正元年（1723）	張振萬	粵	潭子區	即張達京墾號
南簡庄	雍正初年	嚴玉漳		梧棲區	
同安厝	雍正初年		閩	烏日區	
田中央、龍目井、茄投	雍正年間	林、戴、石三姓	閩	龍井區	
柳樹湳、登台（一名丁台）	雍正年間	曾、何、巫三姓	粵	霧峰區	逼近山區，原住民侵擾、妨害墾務。乾隆 7 年柳樹湳附近盡成園；乾隆 30 年柳樹湳庄、丁臺庄形成。

聚落	拓墾年代	拓墾人	拓墾人祖籍	所在地（今地名）	備註
藍張興庄	雍正年間	藍天秀、張嗣微	閩	大里區 太平區 烏日區（包括九張、五張、阿密哩、頭前厝、濯竹湳）及舊臺中市	藍、張疑與藍廷珍、張國同族。
大安港	雍正 9 年（1731）			大安區	
四張犁、上七張、二份埔	雍正 10 年（1732）	六館業戶（張振萬、秦廷鑑、姚德心、廖朝孔、江又金、陳周文）	閩粵	北屯區	即所謂「東南勢」埔地。
東員寶庄、頭家厝庄、甘蔗崙庄、茄苳角庄				潭子區	
壩仔、垻雅、新庄（包括上下橫山、頂下員林、頂楓樹腳、六張、埔仔墘、十三寮、四塊厝、大田心、馬岡厝、西員寶庄、花眉）	雍正 11 年（1733）	張承祖	粵	大雅區	即所謂「西南勢」埔地。
勝胙庄	雍正 11 年（1733）	楊秦盛	閩	烏日區	
秀水十三庄（包括秀水庄、三座庄、客庄、橋頭庄、田寮庄、後庄、社口庄、上湳庄、青埔庄、碑頭庄、山下庄、水碓庄）	雍正 11 年（1733）		閩粵	清水區	明鄭時代已見漢人足跡。
牛罵新庄	雍正末年		閩粵	清水區	康熙中葉，漢人移入。
公館庄	乾隆元年（1736）	吳瓊華	粵	清水區	

聚落	拓墾年代	拓墾人	拓墾人祖籍	所在地（今地名）	備註
王田庄	乾隆初年	董顯謨	閩（漳）	大肚區	
汴子頭	乾隆初年		閩	大肚區	
沙轆新庄	乾隆初年		閩粵	沙鹿區	明鄭時，已見漢人足跡。
岸裏新庄	乾隆初年	廖舟	閩（漳）	豐原區	
大榔槺庄	乾隆初年	盧姓		清水區	
蔴茲埔、鎮平、水碓、劉厝、新庄仔、三塊厝、永定厝	乾隆初年		閩粵	南屯區	官田
馬龍潭、潮洋、西大墩				西屯區	
拾貳甲庄、海口庄、牛埔庄	乾隆4年（1737）	楊、蕭、趙、王四姓		大安區	
高美庄	乾隆10年（1741）	同上		清水區	
丁台	乾隆15年（1750）	吳洛	閩	霧峰區	吳洛即「吳伯榮」。
墩仔腳、月眉△	乾隆20年（1755）	張姓	閩	后里區	
后里△	乾隆中葉	張姓	閩	后里區	
		黃、蘇二姓	粵		
石岡仔、土牛庄	乾隆中葉		閩粵	石岡區	民番交界，閩先至，粵後進入，建土牛、築土堆。
五叉港	乾隆35年（1770）			梧棲區	街肆形成。
慶西庄	乾隆37年（1772）	林潘磊	閩（漳）	新社區	率眾佃百人入墾。
匠寮	乾隆40年（1775）	劉啟東、曾安榮、何福興、巫良基	粵	東勢區	築銃櫃24所，配壯丁60名防原住民侵擾。

聚落	拓墾年代	拓墾人	拓墾人祖籍	所在地（今地名）	備註
番仔寮、塗城	乾隆 51 年（1786）		粵	太平區	
車籠埔	乾隆 55 年（1790）	林佃龍		太平區	
中和△	乾隆年間	陳中和	閩	后里區	
塗葛崛港	乾隆年間	張姓	閩（漳）	龍井區	
鹿寮庄	乾隆末年			沙鹿區	
四塊厝、大突寮庄、楊厝寮庄	乾隆末年	楊、蕭、趙、王四姓		清水區	
東大墩	乾隆末年			臺中市區	
阿罩霧、北溝、萬斗六	乾隆末年	林姓	閩（漳）	霧峰區	余文儀《續修臺灣府志》稱「貓羅新庄」。
石圍牆	嘉慶 7 年（1802）	林時猷	粵	東勢區	乾隆 57 年粵人王振榮、陳亮入墾，因「番害」中止。林氏入墾，乃建石圍與防牆防原住民。
新伯公庄	嘉慶 13 年（1808）	劉河滿	粵	東勢區	乾隆 40 年粵人入墾以來，漢人移殖益盛，粵人劉中立藉「番割」（通事）身分，致力和番，「番害」減少。嘉慶 13 年劉河滿乃募二百餘位熟番人入墾。
水底寮	嘉慶 20 年（1815）	劉中立	粵	新社區	乾隆中葉，閩人林潘磊一度率百餘民壯入墾，受林爽文事件影響，民避亂他遷，墾地荒蕪。嘉慶 20 年劉氏復組二十二股開墾。
石壁坑	嘉慶 24 年（1844）	劉秉項	粵	東勢區	組三十六股。

聚落	拓墾年代	拓墾人	拓墾人祖籍	所在地（今地名）	備註
大茅埔	嘉慶年間	張寧壽	粵	東勢區	組二十八股佃人。
漁寮、草湳	道光 5 年（1825）	紀于振		梧棲區	
七塊厝	道光年間	張姓	粵	后里區	

資料來源：依據洪麗完，〈大安、大肚溪間墾拓史研究（1683-1874）〉，頁 184-197 製成。除增補資料外，茲不詳列出處。

說明：1. 表中「＊」，出自莊吉發，〈故宮博物院現藏臺灣開闢檔案簡介〉，聯合報文化基金會國學文獻館主辦「臺灣地區開闢史料學術座談會」，1985（8 月 14-15 日），頁 18；「△」出自洪敏麟，《臺灣舊地名之沿革》第二冊（下），頁 164；「×」出自張承敦編撰，《臺灣張氏族譜考》。

　　　2. 表中粵人紀多數為說客家方言的人群；部分閩（漳）也是客家人。

參考文獻

丁曰健，1959[1867]，《治臺必告錄》，臺文叢第 17 種。臺北：臺灣銀行經
　　濟研究室。

丁紹儀，1957[1873]，《東瀛識略》，臺文叢第 2 種。臺北：臺灣銀行經濟研
　　究室。

仇德哉，1983，《臺灣之寺廟與神明（四）》。臺中：臺灣省文獻委員會。

尹章義，1989，《臺灣開發史研究》。臺北：聯經。

臺灣銀行經濟研究室編，1959[1895]，《安平縣雜記》，臺文叢第 52 種。臺北：
　　臺灣銀行經濟研究室。

　　　　　，1962，《臺灣中部碑文集成》，臺文叢第 151 種。臺北：臺灣銀行經
　　濟研究室。

　　　　　，1963，《清代臺灣大租調查書》，臺文叢第 152 種。臺北：臺灣銀行
　　經濟研究室。

　　　　　，1963[1871]，《臺灣府輿圖纂要》，臺文叢第 181 種。臺北：臺灣銀
　　行經濟研究室。

　　　　　，1966，《臺灣南部碑文集成》，臺文叢第 218 種。臺北：臺灣銀行經
　　濟研究室。

未著撰人，《土地臺帳》。舊臺中縣政府提供。

　　　　　，《臺中州大屯郡寺廟臺帳》。舊臺中縣政府提供。

　　　　　，《臺中州大甲郡寺廟臺帳》。舊臺中縣政府提供。

　　　　　，《臺中州東勢郡寺廟臺帳》。舊臺中縣政府提供。

　　　　　，《臺中州豐原郡寺廟臺帳》。舊臺中縣政府提供。

　　　　　，《豐原郡公業調查》。舊臺中縣政府提供。

　　　　　，《臺灣省臺中縣寺廟調查書》。臺中：臺灣省文獻委員會。

吉田東著、伊能嘉矩編，1906，《大日本地名辭書續編》，第三臺灣。東京：
　　冨山房。

余文儀，1962[1784]，《續修臺灣府志》，臺文叢第 121 種。臺北：臺灣銀行
　　經濟研究室。

吳子光，1959[光緒初年]，《臺灣紀事》，臺文叢第 36 種。臺北：臺灣銀行
　　經濟研究室。

宋家泰，1956，《臺灣地理》。臺北：正中書局。

李文良，2003，〈清初臺灣方志的「客家」書寫與社會相〉，《臺大歷史學報》
　　31：141-168。

李炎、江萬哲主編，1959，《李氏族譜》。臺中：新遠東。

李鹿苹，1984，《臺灣小區域地理研究集》。臺北：國立編譯館。

保安宮慶成祈安三朝清醮建醮管理委員會編，1984，《沙鹿保安宮三山國王建
　　醮紀念特刊》。臺中：該委員會。

周元文，1960[約 1758]，《重修臺灣府志》，臺文叢第 66 種。臺北：臺灣銀
　　行經濟研究室。

周鍾瑄，1962[1717]，《諸羅縣志》，臺文叢第 141 種。臺北：臺灣銀行經濟
　　研究室。

周璽，1962[1832]，《彰化縣志》，臺文叢第 156 種。臺北：臺灣銀行經濟研
　　究室。

林偉盛，1988，〈清代臺灣分類械鬥之研究〉。臺北：政治大學歷史研究所碩
　　士論文。

邱彥貴，1992，〈三山國王是臺灣客屬特有信仰？——粵東移民原居地文獻考
　　察的檢討——〉，《中央研究院臺灣史田野研究通訊》23：66-70。

＿＿＿＿＿，1993，〈粵東三山國王信仰的分布與信仰的族群——從三山國王是臺
　　灣客屬的特有信仰論起——〉，《東方宗教研究》新 3（總號第 5 期）：
　　66-70。

＿＿＿＿＿，1997，〈宜蘭溪北地區的三山國王信仰：自傳說看歷史性的族群關係
　　論述〉，收於李素月編輯，《「宜蘭研究」第二屆國際學術研討會論文集》，
　　頁 266-303。宜蘭：宜蘭縣立文化中心。

姚瑩，1957[1832]，《東槎紀略》，臺文叢第 7 種。臺北：臺灣銀行經濟研究室。

施振民，1973，〈祭祀圈與社會組織：彰化平原聚落發展模式的探討〉，《中
　　央研究院民族所集刊》36：191-208。

施添福，1987，《清代在臺漢人的祖籍分布和原鄉生活方式》。臺北：國立臺
　　北師範大學地理學系。

柯志明，2001，《番頭家：清代臺灣族群政治與熟番地權》。臺北：中央研究院社會學研究所籌備處。

柯培元，1993[1837]，《噶瑪蘭志略》，臺文叢第 92 種。南投：臺灣省文獻委員會。

洪敏麟，1984，《臺灣舊地名之沿革 II（下）》。臺中：臺灣省文獻委員會。

洪麗完，1985，〈清代臺中移墾社會中「番社」之處境〉，《東海大學歷史學報》7：243-274。

＿＿＿＿，1988，〈臺中沙轆社平埔族遺跡〉，《中央研究院臺灣史田野研究通訊》8：24-25。

＿＿＿＿，1992，〈大安大肚溪間墾拓史研究（1683-1874）〉，《臺灣文獻》43（3）：165-260。

＿＿＿＿，2009，《清代熟番社會網絡與集體意識：臺灣中部平埔族群之歷史變遷（1700-1900）》。臺北：聯經。

＿＿＿＿，2017，〈19 世紀臺灣岸裡熟番建醮意義考察：兼論內部關係與社會階層化現象〉，《歷史人類學刊》15（1）：83-125。

＿＿＿＿，2017，〈帝國邊緣人群交流與社會關係：以清代臺灣恆春半島社寮土生囝為中心〉，陝西師範大學、中國社會科學院民族所與人類學研究所、中國民族學學會漢民族分會主辦「2017 年漢民族學會暨漢民族與陝西文化兩岸學術研討會」，西安：陝西師範大學中國西部邊疆研究院，2017 年 9 月 14-17 日。

郁永河，1959[1697]，《裨海紀遊》，臺文叢第 44 種。臺北：臺灣銀行經濟研究室。

張承敦編撰，1983，《臺灣張氏族譜考》。臺中：欣林出版社。

張菼，1974，〈清代臺灣分類械鬥頻繁之因〉，《臺灣風物》24（4）：75-85。

莊吉發，1985，〈故宮博物院現藏臺灣開闢檔案簡介〉，聯合報文化基金會國學文獻館主辦「臺灣地區開闢史料學術座談會」，8 月 14-15 日。

許嘉明，1978，〈祭祀圈之於居臺漢人社會的獨特性〉，《中華文化復興月刊》11（6）：59-68。

＿＿＿＿，1973，〈彰化平原福佬客的地域組織〉，《中央研究院民族學研究所集刊》36：165-190。

陳文達，1961[1720]，《臺灣縣志》，臺文叢第 103 種。臺北：臺灣銀行經濟研究室。

陳正祥，1960，《臺灣地誌》。臺北：敷明產業地理研究所。

陳宗仁，2015，〈十八世紀清朝臺灣邊防政策的演變：以隘制的形成為例〉，《臺灣史研究》32（2）：1-44。

陳春聲，1994，〈地方神明正統性的創造與認知：三山國王來歷故事分析〉，收於鄭良樹主編，《潮州學國際研討會論文集》，頁 145-160。廣州：暨南大學出版社。

_____，1995，〈三山國王信仰與臺灣移民社會〉，《中央研究院民族學研究所集刊》80：61-114。

陳紹馨，1979，《臺灣的人口變遷與社會變遷》。臺北：聯經。

陳漢光，1972，〈日據時期臺灣漢族祖籍調查〉，《臺灣文獻》23（1）：85-104。

黃秀政，1979，〈清代臺灣分類械鬥事件〉，《臺北文獻（直字）》49／50：339-414。

黃叔璥，1957[1724]，《臺海使槎錄》，臺文叢第 4 種。臺北：臺灣銀行經濟研究室。

臺灣總督官房調查課編，1928，《臺灣在籍漢民族鄉貫別調查》。臺北：臺灣總督官房調查課編。

臺灣總督府臨時臺灣舊慣調查會原著、中央研究院民族學研究所編譯（黃智慧主編），1996[1915]，《番族慣習調查報告書 1：泰雅族》。臺北：中央研究院民族學研究所。

劉枝萬，1960，〈臺灣省寺廟教堂名稱主神地址調查表〉，《臺灣文獻》11（2）：37-236。

_____，1966，〈臺灣之瘟神廟〉，《中央研究院民族研究所集刊》22：53-96。

增田福太郎，1968，〈清代臺灣村落發展：寺廟土地契約發展關連〉，《福岡大學法學論叢》12（4）：392-394。

_____，1975，《臺灣宗教》。臺北：古亭書屋。

清代峨眉地區的原住民：
以賽夏客家關係為中心 *

邱顯明

一、前言

　　歷史學者周婉窈在一個演講中提到：「臺灣歷史過程中的三個元素：山、海、平原。海洋史的研究處理的是臺灣這個島嶼透過『海』和外界連結的這個面向。在此之前，多數的研究處理居住於『平原』的漢人及其與平地原住民的關係。我們可以看到一個趨勢，也就是由『平原』往『海』移動，那麼，接下來是否也應該往『山』移動，研究居住於臺灣山地的原住民？原住民的研究，人類學做得很多，但從歷史入手的研究卻不是很多。」[1]本文的第一個出發點是希望從歷史學的視野往山的方面移動，探究原住民的歷史。第二個出發點是從臺灣土地開發史來看，新竹東南丘陵區是漢人開發較晚的地區，直到道光14年淡水同知李嗣鄴諭令姜秀鑾到北埔地區築隘防番，隔年組織金廣福墾號

---

* 本文原刊登於《新竹文獻》，2013，56 期，頁 79-103。因收錄於本專書，略做增刪，謹此說明。作者邱顯明現任新竹市頂埔國民小學教師。

1 周婉窈，〈山、海、平原：臺灣島史的成立與展望〉，這是一篇發表於「臺灣海洋文化的吸取、轉承與發展國際研討會」的演講稿，國立交通大學人文與社會科學研究中心，2011.05.27-28。本文引自臺灣與海洋亞洲網站：http://tw.myblog.yahoo.com/jw!uduCo2SGHRYWIzLEAu0T/article?mid=960&prev=983&next=956&l=f&fid=15

才開始進行大規模的武裝土地拓墾，形成今日包含北埔、峨眉、寶山三鄉鎮的
大隘地區。大隘地區就漢人土地開發史觀點是屬於開發較晚的邊陲地區，然而
更不幸的是峨眉雖同屬於大隘地區，但大家把關注的焦點集中於北埔時，峨眉
更是屬於邊陲中的邊陲地區。如果我們把峨眉地區當做一個歷史舞台，我們也
同樣投注較多的眼光在漢人（客家人）的拓墾身上，而對於原本存在這一個舞
台上的原住民──賽夏族極度的忽略。基於以上理由，本文的目的是試圖把焦
點投射在峨眉地區的原住民身上，爬梳目前有限的文獻史料，企圖稍稍復原清
代峨眉地區原住民的面貌。

　　有關峨眉地區的歷史研究其實非常匱乏，最重要者當首推吳學明的碩士論
文〈金廣福墾隘與新竹東南山區的開發〉，其論文後來由新竹縣文化中心出版
《金廣福墾隘研究（上）》。[2] 此書雖然主要探討金廣福墾隘，但對於峨眉地
區的漢人開發歷史有詳盡的介紹。其次，吳憶雯的〈新竹峨眉地區的拓墾與社
會發展（1834-1911）〉[3] 是第一本以峨眉地區開發史為主要探討對象的論著，
對於峨眉地區的文獻蒐集、開發史、家族史的歷程都有非常詳盡的討論。

　　相對於峨眉地區歷史研究的貧乏，有關賽夏族的研究則呈現百花繽紛的現
象。謝世忠在《臺灣原住民影像民族史：賽夏族》的第二章〈賽夏世界的文本
生產〉[4] 已對 2000 年以前出版有關賽夏族的文獻做一番精闢的介紹。2000 年
以後有關賽夏族歷史研究以林修澈的研究成果最為豐富；[5]2015 年胡家瑜出版

2 吳學明，《金廣福墾隘研究（上）》（新竹：新竹縣文化中心，2000）。

3 吳憶雯，〈新竹峨眉地區的拓墾與社會發展（1834-1911）〉（逢甲大學歷史與文物
　管理研究所碩士論文，2008）。

4 謝世忠編著，《臺灣原住民影像民族史：賽夏族》（臺北：南天，2002），頁 5-16。

5 計有：《臺灣原住民史‧賽夏族史篇》（南投：臺灣省文獻委員會，2000）、《南
　庄事件與日阿拐：透過文獻與追憶的認識》（苗栗：苗栗縣政府文化局）、《原住民
　重大歷史事件：南庄事件──根據《臺灣總督府檔案》的理解》（南投：國史館臺

《賽夏族》一書綜合不同層次資料，以「流動」的概念檢視賽夏人的生活世界、社會運作，以及其文化傳承的模式，是一本認識賽夏族的入門好書。[6]另外其他研究者發表的論文有胡家瑜、林欣宜的〈南庄地區開發與賽夏族群邊界問題的再檢視〉[7]、詹素娟的〈「傳統領域」與「番社空間」的建構初探：以賽夏族為例〉[8]與廖彥琦的〈賽夏族的社〉[9]對於本文有關族群與土地拓墾關係、族群遷徙、番社體制與運作的理解，提供很好的概念啟發。

直接與本文最有關係的論著是王瑋筑的〈十九世紀北臺灣大坪溪與上坪溪流域之族群社會與國家〉[10]此文探討 19 世紀生活於北臺灣大坪溪與上坪溪流域中的客家人、賽夏族與泰雅族為何並如何共存於此地，清楚描繪三者之間的互動關係。本文的討論地區亦屬於王偉筑的論文討論範圍之內，唯王文大多聚焦在北埔南部丘陵山區上坪溪流域與五指山大坪溪流域之間各族群的互動與國家力量進入後的影響。因此，本文再將範圍縮小至以峨眉地區的賽夏族為主體，探討清代峨眉地區賽夏族與客家人的關係演變。

灣文獻館，2007）。另外主編《論文選集：賽夏學概論》（苗栗：苗栗縣文化局，2006》

6 胡家瑜，《賽夏族》（臺北：三民書局，2015》

7 胡家瑜、林欣宜，〈南庄地區開發與賽夏族群邊界問題的再檢視〉，《臺大文史哲學報》第 59 期，2003.11，頁 177-214。

8 詹素娟，〈「傳統領域」與「番社空間」的建構初探：以賽夏族為例〉，發表於東華大學原住民民族學院主辦「楊南郡先生及其同世代臺灣原住民研究與臺灣登山史國際研討會」。花蓮：東華大學原住民民族學院，2010 年 11 月 6-7 日。

9 廖彥琦，〈賽夏族的社〉（國立政治大學民族學系碩士論文，2009）。

10 王瑋筑，〈十九世紀北臺灣大坪溪與上坪溪流域之族群社會與國家〉（國立臺灣大學歷史學系碩士論文，2012）。

二、峨眉地區賽夏族的來源

　　關於峨眉地區的原住民是屬於何人？在文獻上大都指向是賽夏族，然而有關賽夏族的起源，卻是眾說紛紜，難以論斷。根據日本學者在日治時期對賽夏族的研究與調查，將賽夏族的起源定位為雙重源起傳說，如圖 1。其中一說為發源自大壩尖山，大抵形成南賽夏族；另一說為與平埔族道卡斯族有密切的關係，大抵構成從竹南東移入山，構成北賽夏族。[11] 其中後說是與峨眉地區原住民起源歷史有較大的關係。

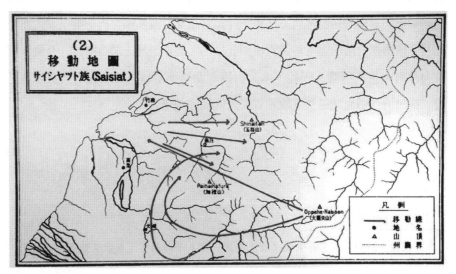

圖 1：賽夏族遷移地圖
資料來源：謝世忠編著，《臺灣原住民影像民族史：賽夏族》

---

11 謝世忠編著，《臺灣原住民影像民族史：賽夏族》，頁 35。

江日昇在《臺灣外記》中提及康熙 21 年時，由於平日明鄭軍隊虐待平埔族，引起各社族人的反抗，其中竹塹社、新港社亦響應反抗。隨後鄭軍撫剿並用，大部分遁入山區的反抗者不敵，由各社通事帶領重回原社。[12] 然而尚有頑強不肯歸降回社，終自割據山谷之間以獨立一小部族者，即臺灣北部山中之賽夏族是也。[13] 陳朝龍在新竹縣采訪冊中亦指出：「五指山一帶合番子，係竹塹社熟番亡入內山，復為生番者，今尚沿舊俗，每年田祭二次，祭之儀與今竹塹社熟番亦大略相同。」[14] 此外，陳朝龍更詳細指出合番子分布的地點與其姓氏，與今日賽夏族的分布大致相同：「合番子者，在縣東南一路竹塹堡五指山一帶各社，延及竹南堡獅裏興一帶各社，番共有十餘姓，曰錢、曰豆、曰朱、曰夏、曰高、曰蟬、曰日、曰洪、曰絲、曰蛇、曰樟等姓，皆同一種類，俗皆統名謂之合番子。」[15]

無論賽夏族的起源為何？大致上我們可以確定的是在漢人尚未至峨眉地區拓墾之前，生活在這一片土地上的居民是賽夏族，是可以認可的。

三、清代峨眉地區的賽客關係

依據吳學明有關金廣福墾隘研究中對金廣福拓墾進程大致分為三個階段，第一階段係道光 14 年到道光末年，是與當地賽夏族血戰與拓墾時期；第二階段係咸豐初年至同治末年的進墾，這一段期間賽夏族戰力大減，金廣福隘務壓力大減後，主要透過利用抱隘方式，向社寮坑至石硬子一帶進墾；第三階段係

---

12 江日昇，《臺灣外記》（南投：臺灣省文獻委員會，1995），頁 398-399。
13 溫吉編譯，《臺灣番政志（一）》（臺北：臺灣省文獻委員會，1957），頁 56。
14 陳朝龍，《合校足本新竹縣采訪冊》（南投：臺灣省文獻委員會，1999），頁 400。
15 陳朝龍，《合校足本新竹縣采訪冊》，頁 402。

光緒年間的拓墾，受到開山撫番政策以及樟腦抽藤之利的影響，金廣福的墾務又活躍起來，向內層山區——五指山、獅頭山等一帶山區進墾。[16] 由於金廣福墾隘拓墾進程與當地賽夏族的抵抗是互為連動的，所以本文參考金廣福墾隘的拓墾進程，將峨眉地區的賽客關係史，分為以下四個時期來討論：

第一期：道光 14 年以前：賽夏族強盛期

無疑地，在金廣福墾隘未以大規模武裝力量方式進入本區之前，本區是屬於賽夏族人的天地，是他們活動生息繁衍的場所，即使有零星的漢人拓墾行為，也隨即被他們的武力驅逐出去。本區賽夏族人在漢人進來開墾之前的活動狀況，相關文獻的記載非常有限。最早明確指出當時賽夏族分布狀況的文獻，卻是遲至 1907 年出版的《新竹廳志》一書。

書中指出：「永曆36年大甲等七社的「平埔番」運送鄭氏軍隊兵餉到雞籠，但其中竹塹社番不堪督運將士之鞭撻虐待，起而反抗。但受到鄭克塽的討伐，相繼逃入內山躲藏，後來鄭克塽派人招撫，其中一部分人不願歸降，就在三叉凸、十圍、寶斗仁一帶山中藏匿，不久之後這些人就在北埔、月眉等地散布繁衍。道光初年這一地帶的「生番」中有錢、朱、夏等三姓，其中錢姓分布在中興庄一帶，朱姓分布在北埔一帶，夏姓分布在社寮坑一帶。又南埔有豆姓，番婆坑亦有夏姓，陂頭面有姓不詳之合番，福興庄有錢打撈番，麻布樹排有大撈社番等，計共有三十餘小社，番丁二百餘人。」[17]

根據現有的文獻可知在道光 14 年以前，新竹東南丘陵地區的賽夏族是處於相對優勢的地位，漢人的拓墾活動都遭受到強烈的抵抗，而最終導致失敗的下場。例如位於新竹廳城東南一帶的金山面、大崎、雙溪等地區，雖然距離

---

16 吳學明，《金廣福墾隘研究（上）》，頁 173-175、186-188。
17 波越重之，《新竹廳志》（新竹：新竹廳總務課，1907），頁 133、162。

廳城很近，但因為當地賽夏族經常四出侵擾，故漢人不敢前往開墾。直到嘉慶
20 年才有漢人組織墾號設隘抵禦，才稍有成就，不過墾號內部卻發生爭控案
導致隘務廢弛，賽夏族又藉機侵擾，奪回優勢地位。[18] 甚至在道光初年棲息在
龜拙地方的錢姓族人名宛孔，率眾到新竹巡司埔出草，將巡撿以下七人馘首而
去。[19] 道光 7 年漢人彭乾和由樹杞林進墾北埔山，受到當地賽夏族力抗，雙方
力戰於面盆寮（北埔鄉水際村），最後賽夏族獲勝，彭乾和戰死，導致漢人在
大隘地區的開墾無任何進展。[20]

　　除漢人經常越界開墾土地，侵犯賽夏族的土地，賽夏族也經常有出草的舉
動並到漢民村落牽走耕牛之情事。例如道光 14 年 11 月淡水同知李嗣鄴給林秋
華與姜秀鑾的曉諭中提到：「華等貧居村落迫近山林，情因道光 7 年正月間，
蔡林二家慘遭生番黑夜焚殺，……不料此（道光 12 年）7 月 15 日突出兇番侵
擾，趕去群佃耕牛，……。」[21] 道光 14 年又發生賽夏族戕殺南門外巡司埔居
民陳姓九名，被殺害家屬奔赴淡水同知呈控。[22]

　　由此可知，此期的賽夏族勢力是很強大的，普通漢人想要入墾此區幾乎是
不可能的，會遭受到賽夏族的強力抵抗，而導致拓墾失敗。甚至賽夏族還主動
出擊，到竹塹城近郊出草，帶給竹塹城治安莫大的威脅。

第二期：道光 15 年至道光 29 年：賽客血戰衝突期

　　淡水同知李嗣鄴有鑑於竹塹東南廂地區賽夏族勢力強大，其分布位置又非

---

18 吳學明，《金廣福墾隘研究（上）》，頁 37-38。
19 波越重之，《新竹廳志》，頁 161-162。郭芝亭，〈紀金廣福大隘：興墾竹塹東南廂〉，
　　《新竹文獻會通訊》（臺北：成文，1983），頁 159。
20 吳學明，《金廣福墾隘研究（上）》，頁 38。
21 引自吳學明，《金廣福墾隘研究（上）》，頁 41-43。
22 吳學明，《金廣福墾隘研究（上）》，頁 43。

常靠近竹塹城，嚴重威脅到竹塹城的安危。為一勞永逸解決竹塹東南廂地區的安全威脅，唯有組織武裝力量強大的墾隘組織來抵禦賽夏族，否則不足以解決問題。所以，李嗣鄴在道光 14 年 12 月示諭姜秀鑾在塹南橫崗頂建隘募丁防番，遂有金廣福墾隘的組成。[23] 從道光 15 年姜秀鑾率眾進入北埔到道光 29 年中興庄戰役止，這一段期間是賽夏族為保衛家園與入侵的客家人血戰衝突期，雙方人員死傷慘重，犧牲慘烈。

道光 15 年姜秀鑾率領數百人之眾由樹杞林之三角城（今竹東鎮三重里東南），沿著賽夏族人出草劫掠大批耕牛之牛行蹄跡（俗稱牛路），突入北埔，擊退當地之賽夏族，據此以為根據地。之後以北埔為中繼站兵分二路前進，一路進入南埔，越過山區，由河背、社寮港（應為社寮坑）出。另一路從埔尾沿山經過中興庄到月眉，於山上設置隘寮防禦賽夏族的突襲。此外，置百餘名隘丁分布於今赤柯坪近山建置的六座隘寮，與南埔方面的隘寮相互聯絡，因此取得大部分的土地。[24]

面對姜秀鑾率領強大武力的進逼，賽夏族人當然是奮力抵抗以保衛家園，這一段期間與金廣福墾隘大小戰役共有十餘回。其中有文獻記載者道光 15 年 7 月 14 日賽夏族人在麻布樹排（打捞社的聚居地）襲擊金廣福墾民隘丁，造成其死傷達 8、90 名之多，溪水為之變紅，可知當時戰鬥之慘烈，犧牲之大，可惜這場戰役賽夏以失敗收場。道光 17 年 6 月賽夏族人「烏振」偷襲姜秀鑾，姜受到輕傷。同年 10 月大捞社糾集社眾大舉回擊麻布樹排，馘首金廣福隘丁墾民 40 餘人，當時在北埔的姜秀鑾聞訊隨即率領壯丁馳援，將大捞社擊退。其後，賽夏族人又在番婆坑、中興庄等發起大小數次的戰鬥，其中道光 29 年

---

23 吳學明，《金廣福墾隘研究（上）》，頁 43-44。
24 吳學明，《金廣福墾隘研究（上）》，頁 111。

中興庄戰役馘首中興庄徐姓墾民二人，後遭受到金廣福墾隘大力追擊，被殺害九名之多。至此，位於本區的賽夏族勢力已元氣大傷，無力再進行反抗活動，漸向內層山區退居。[25]

有關道光 29 年中興庄戰役之後，賽夏族勢力大弱的情形，也可以從一個有關中盛村龜山的傳說窺探可知。新竹縣采訪冊記載龜山之形勢說：

> 龜山在縣東南三十六里中興庄東北隅。其山自東方大橫山脫下，似斷而續，平地突起，高一丈餘。四面平廣，恰肖元龜。相傳金廣福開墾之初，生番數十社皆逸；獨此社低凹在溪埔之中，四面受敵，尚抗據多年。最後溪反東流，龍脈沖斷，乃遁去。說者謂前脈未斷、番未遁時，溪流漲溢而水不能淹。此山之麓，遠望之若龜浮水面。今履其地觀之，猶儼然有生氣。[26]

結合這一個傳說與上段中興庄戰役情形可知，位於中興庄東北方的龜山擁有獨特的地形優勢，易守難攻，讓據守此地的賽夏族（應屬於錢姓族人）可以對抗金廣福墾隘多年。然而某年的大水讓橫隔在中興庄與龜山之間的峨眉溪改道東流，整個地形形勢因此改變，讓金廣福墾隘可以比較容易出擊攻打，所以據守在龜山的賽夏族也只好向內層山區退守。

金廣福墾隘歷經十數次的戰鬥最終取得慘澹勝利，穩固北埔、峨眉之間的防線，並且控制竹塹淡水廳城對向之大崎、水仙崙、雙坑、崎林、水尾溝等一

---

25 吳學明，《金廣福墾隘研究（上）》，頁 112。郭芝亭，〈紀金廣大隘：興墾竹塹東南廂〉，頁 160。波越重之，《新竹廳志》，頁 163-164。島袋完義，《鄉土誌》（新竹北埔：北埔公學校，1933），頁 147-148。
26 陳朝龍，《合校足本新竹縣采訪冊》，頁 22。

帶區域。原本位於寶山地區的賽夏族陷入內外夾擊腹背受敵之危境，勢力嚴重受挫，幾如土崩瓦解。從而其他如苎蕉、阿三鹿、馬福、鱸墾、麻貉、吧哩歧、豆馬矮、阿陂裡、西鵝鶴等各姓氏賽夏族人亦相繼退入內山。[27]

第三期：道光29年至光緒6年：賽客零星衝突期

經過前期賽夏族與金廣福墾隘雙方慘烈的戰鬥衝突，金廣福墾隘取得重大的勝利，在道光年間北埔峨眉兩區的中心區域如北埔、南埔、中興、峨眉、赤柯坪、富興、轉溝水等地已經都被拓墾殆盡。而此期退居內山的賽夏族分布情形又如何呢？錢姓氏族退入草寮、朱姓氏族退入外大坪、其他姓氏未詳的賽夏族分布在陂頭面、九份仔、小南坑、草寮仔、外大坪、尖隘仔、新老四寮、下大湖等地、社寮坑至石硬仔一帶有坪潭番、十寮坑新公館一帶則有馮祿番，分布在這些地點的賽夏族人都是道光年間受到金廣福墾隘打擊之後，遷徙到以上各地聚居。[28]

由於賽夏族人逐漸向內山退卻，無力再向金廣福墾隘回擊，加上金廣福墾隘取得北埔峨眉地區大部分容易開墾的土地之後，其隘防壓力大幅減輕，不願意再進行大規模的武裝拓墾活動，其拓墾活動漸進入半停頓狀態。這一時期金廣福墾隘主要透過移防抱隘的作法擴大其隘防線，咸豐年間主要抱隘移墾在社寮坑至獅頭山、北埔角，即自樹杞林之花草林至大份林，以及番婆坑至社寮坑一帶地區。同治年間則在大小南坑、茅坪、石硬仔一帶。[29]

例如咸豐4年黃振財、胡東海與其他同夥等人共湊得12.5股，組成金聯成向金廣福自行募丁建隘，抱隘移墾社寮坑，並在咸豐9年拓墾成功。[30]此外，

---

27 波越重之，《新竹廳志》，頁164。
28 波越重之，《新竹廳志》，頁165。
29 吳學明，《金廣福墾隘研究（上）》，頁186。

金廣福墾隘還是陸續給出附近埔地，供人承墾。例如同治 8 年張如意承墾社寮坑、同治 9 年黃廷康承墾茅坪、同治 11 年周國山承墾石硬子、光緒元年蔡炳文承墾十二份等。[31]

由上述金廣福墾隘拓墾過程可知，原本退卻到社寮坑、石硬子一帶的賽夏族又被迫再次遷徙，雖然無文獻記錄他們遷徙至何處，但是根據淡新檔案以及後來日本人的調查報告可推測知，他們往獅頭山方向遷移，定居於藤坪、新藤坪一帶。

咸豐同治這段期間賽夏族與客家人的關係，比起前段期間關係是比較緩和的。雖然兩者關係較平和，但也不是沒有衝突的。從上述內容可知，金廣福墾隘利用抱隘移墾方式或是自身的隘寮武力，朝著石子溪中上游進墾，將已遷居至社寮坑石硬子一帶的賽夏族，又再一次逼迫他們遷移。相信在這一段客家人進墾過程中，賽夏族人或多或少都會有抵抗活動，只是不似前期那麼激烈而已。而且透過賽夏族妖蛇 karang 的傳說故事，或許透露出在這一段期間賽夏族與客家人之間似乎還存在著某種平和關係狀態。

在臺灣總督府臨時臺灣舊慣調查會 1917 年出版之《番族慣習調查報告書第三卷賽夏族》收錄妖蛇 karang 的傳說故事如下：

> 有關從前某處的石洞有一條蛇。這條蛇有毒，看見牠的人都會死亡，大家因此害怕不敢接近牠。然而，有一位夏姓老太婆去看牠時，蛇嘶嘶地鳴叫。老太婆毫不畏其毒，把牠捉到籠裡帶回家飼養。這條蛇有四隻腳，能像狗一樣行走。老太婆常帶著蛇去耕地。有一天從

---

30 臺灣史料集成編輯委員會編輯，《臺灣總督府檔案抄錄契約文書（第一輯第六冊）》（臺北：遠流，2005），頁 272。

31 吳學明，《金廣福墾隘研究（上）》，頁 181-182。

耕地回來的途中，在涉溪時，蛇被水淹死了。當老太婆回到家後發覺蛇不見了，也不知牠的去向。而蛇的屍體流到月眉庄（客家庄落）時，該庄有一個常攜帶籠子到溪裡捕蟹的庄民，他一看蛇屍即突然死亡，而其他看見的人，也都中毒氣而亡。庄民間有人聽說本族有養妖蛇者，認爲這蛇屍可能就是妖蛇，於是通知本族。夏姓老太婆到月眉一看，果然是自己飼養的蛇，於是就把骨頭帶回家祭祀。這蛇骨很靈驗，久雨不停時向牠祈禱，天就會放晴。後來夏姓家失火房子被燒掉時，蛇的骨頭也燒成了灰，他們拾起該骨灰，把它用布包好，放進籠子裡祭祀。後來骨灰分給該姓的分支蟹姓，從此以後，這兩姓就成爲本族掌管祈求天晴的祭司。[32]

從這一個傳說故事透露出幾項訊息，首先是夏姓老太婆、夏姓氏族的聚居地就在社寮坑，所以故事發生的地點可能就是在社寮坑。其次，故事中說蛇的屍體流到月眉庄（客家庄落），說明蛇的屍體是沿著石子溪流到月眉庄，而當時月眉已經成為一個庄落。當月眉庄民得知蛇屍是夏姓老太婆的，並前去通知老太婆領回，表示兩者之間的對峙氣氛已經不復存在，相對是處於和平共處的氛圍。

另外，根據 Yawi Sayun（雅衛依 · 撒韻）對卡蘭（baki'Soro:）的骨灰祭祀傳承記錄如表 1，也可以發現夏姓賽夏族確實曾經居住在峨眉藤坪地區一段很長的時間，並且是卡蘭祭的地點所在。

32 臺灣總督府臨時臺灣舊慣調查會原著，中央研究院民族學研究所編譯，《番族慣習調查報告書（第三卷賽夏族）》（臺北：中研院民族所，1998），頁 11。

表1：「*baki' Soro:*」骨灰祭祀傳承紀錄表

次序	賽夏（氏）族名	漢式姓名	地點	備註
0	*Sa:wan*	潘（錢）	龍門口	Sa:wan 家族在照顧
1	*baki' kalih*	不詳	北埔	80 多歲去世前才傳，當初分 Soro: 頭尾兄弟之堂兄弟。
2	*payan a itih*	帕揚 · 赫提	峨眉藤坪	後來移居關山。
3	*bo:ng a obay*	夏阿榮	峨眉藤坪	
4	*obay a aro'*	夏達欽	藤坪→五峰	奉兩年多。適逢基督教進入，皈依後而放棄。
5	*ataw a tao'*	夏傳宗	五峰	因兄弟爭執孰可奉祀，遂比賽跳高實力，取勝而奉之。
※5	*okih*	夏勇進	五峰	此說法是原住民電視台作五福宮專題節目時提到的。
6	*tain a taboeh*	夏遠麟	五峰	接續父親傳承，與父親共同奉祀 40 多年。民國 86 年矮靈祭 10 年大祭背負祭旗。
7	*itih a taheS*	夏茂隆	五峰→頭份	民國 79 年由南北群分別竹占獲選。

資料來源：Yawi Sayun（雅衛依 · 撒韻），〈賽夏五福宮：一個合成文化的研究〉（輔仁大學宗教學系碩士論文，2008），頁 100。

第四期：光緒 7 年以後：賽客和平共存期

　　同治 13 年牡丹社事件後，清廷改變原本對內山原住民消極政策，改採積極的開山撫番政策。從沈葆楨、岑毓英到劉銘傳等省級官員都非常重視臺灣的

山地開墾，希冀採取開山撫番政策以期開發臺灣山地資源。由於這一些省級官員的重視，使得在隘墾區的內山拓墾速度更形快速。[33] 其中沈葆楨在臺時間較短，對本區的墾務較無影響，岑毓英的招撫歸化事件以及劉銘傳裁隘與開山撫番事業則對本區的賽夏族與客家關係產生重大改變。以下透過幾個事件的討論，說明本區賽夏族與客家人不再透過戰鬥，而是改以控告於官府的和平方式解決衝突與紛爭。

（一）歸化事件

光緒 7 年 11 月福建巡撫岑毓英來臺，上一次岑毓英來臺時，曾查探臺灣前、後山番社，得知中、北兩路尚多梗化，即派墾戶黃南球、姜紹基，分別到尚未就撫的番社招撫。當這一次岑來臺時，黃、姜二人帶來 26 社番目禾乃阿鹿等，共 217 戶，具願薙髮歸順。[34] 這一次 26 番社歸化，其中也包括金廣福墾隘周邊的賽夏族，從淡新檔案中得知至少有大坪社、五指山頭、分水社、橫龍社、新藤坪社等。[35] 此次歸化事件對賽夏族最重大的意義在於納入國家體制之中，其土地權益受到國家體制的保護。當時總土目朱打馬（即謝寶順）向岑毓英稟明番界位置，隨後金廣福給出大南坑、柏色林、新藤坪、十四份、分水等一帶地方墾批給各社，並立下界石由各社經理。[36]

---

33 林文凱，〈土地契約秩序與地方治理：十九世紀臺灣淡新地區土地開墾與土地訴訟的歷史制度分析〉（國立臺灣大學社會學研究所博士論文，2006），頁 247-252。

34 岑毓英，〈為奏明開山撫番情形並清查各番社約束番民以求相安事（附片）〉，臺灣史料集成編輯委員會編輯，《明清臺灣檔案彙編，第四輯第八十三冊》（臺北：遠流，2008），頁 157。另外《淡新檔案》編號 17330-1 番民總土目朱打馬則稱是在光緒 8 年歸化。

35 《淡新檔案》，編號 17330-1、17330-3。

36 《淡新檔案》，編號 17330-1、17330-3。吳學明，《金廣福墾隘研究（上）》，頁 182。在日治時期日本學者在大河底之樹叢間發現此界石，石上刻有「經理謝打馬眾番界止」等字，愛蕃，〈金廣福大隘〉《臺灣慣習記事》第五卷第七號，（1905.07），頁 51。王瑋筑也認為在這個時間點上，金廣福以劃界立石，給予墾批的方式，承認

其中新藤坪社正土目夏流明不久便反悔，不願歸化。原因是金廣福隘首何陳完私出洋銀 20 元，唆使夏流明出草渡歷口一帶殺人一命，以致造成山區秩序混亂。[37] 另外，岑毓英在光緒 8 年 5 月轉調雲貴總督，金廣福趁機繼續以各種手段侵入番界拓墾，以致於眾社賽夏族人仍無寸土耕種，又變回生番。[38]

由上段可知，因為岑毓英的積極態度得到黃南球、姜紹基的支持，黃姜二人也希望與岑毓英建立良好的關係，以提升個人的聲望，所以積極協助岑的撫番政策執行。從黃、姜二人的拓墾勢力範圍來看，光緒 7 年二十六社歸化番社應該都是以賽夏族為主。然而隨著岑毓英的離去，人亡政息，缺乏官方強力的支持，以及隨著內山地區樟腦事業的興盛，擁有可觀的經濟利益，讓原本已漸停頓的金廣福墾隘土地拓墾事業，又開始向內山地區進展。所以，金廣福墾隘食言而肥，入侵原本給予賽夏族的土地。

（二）歸還土地事件

光緒 12 年臺灣巡撫劉銘傳設立撫墾局，開始其開山撫番事業。為籌湊開山撫番事業的經費，同時間下令山區民間隘寮一律裁撤，以隘勇取代隘丁，以及隘糧歸公，充作撫番經費。[39] 劉銘傳的裁隘舉動嚴重衝擊當時墾隘區社會，墾隘區內的墾戶與隘首首當其衝，其權益嚴重受損，紛紛透過各種手段或明或暗地極力阻擋裁隘的實施。[40] 同時間，原本土地受到金廣福墾隘入侵的賽夏族

賽夏族人在此地的事實，各社所居之地被劃成「保留地」。王瑋筑，〈十九世紀北臺灣大坪溪與上坪溪流域之族群社會與國家〉，頁 16-18。

37 《淡新檔案》，編號 17330-3。

38 《淡新檔案》，編號 17330-1。

39 許世賢，〈劉銘傳裁隘之研究：以竹苗地區的墾隘社會為中心〉（國立中央大學歷史研究所碩士論文，2009），頁 1-2。

40 隘墾區內墾戶的反抗情形，可參見許世賢，〈劉銘傳裁隘之研究：以竹苗地區的墾隘社會為中心〉第三章部分的討論。

卻看到一線曙光，利用劉銘傳實施開山撫番的時機，向劉銘傳控告金廣福墾隘
強佔土地，請求歸還。其稟帖內容如下：

> 具稟。番民總土目朱打馬即謝寶順、大坪社正土目豆流明、五指山
> 頭土目豆馬丹、分水社土目朱佳利、橫龍社正土目錢大撈、副土目
> 朱馬矮暨眾番民等叩首叩為強霸番地，乞天追還業界，以安生命事。
> 竊于光緒八年間岑宮保撫番歸化等因，順等稟明番界在案。嗣後金
> 廣福分界大南坑、柏色林一帶地面，立石歸番順等經理外，給墾批
> 壹紙。不料大人去後，連年私擾，眾番等無有寸土耕種，所以仍變
> 生番。茲今鄭大人等到來撫番，仍舊歸化，求究辦還番地耕種等情，
> 詎金廣福不願歸還地界，並其界址分明，昧良圖縮，無法無天。欣
> 逢宮保大帥駕臨，叩求分界耕種，以安生命，則眾番等世代向上，
> 公侯萬代，陰騭齊天。沾叩。
> 計粘：墾批壹紙
> 呈驗。
> 光緒十二年丙戌歲九月　日具稟土目朱打馬、豆馬丹、朱佳利、豆
> 流明、錢大撈、朱馬矮[41]

金廣福墾隘聞訊後，與佃戶徐賡聯合上稟稱：「鄭有勤誣控金廣福等沿山
一帶居民疊索番界仇殺不休，則未開闢以前台地皆番地，後全台所闢之地可謂
系界。」然而劉銘傳基於撫番政策考量，批示新竹縣派典史傅若金會同都司鄭
有勤、墾戶黃南球等切實清查，如係民佔番地，縱不照數歸還，亦須按年照給

---

41 《淡新檔案》，編號 17330-1。

番租，憑官定數，以後劃清界限，不得絲毫再佔。[42]

　　隨後，新藤坪社副土目夏矮續、正土目夏流明也向劉銘傳控告金廣福墾隘強佔土地，其稟帖內容如下：

> 具稟。新藤坪番社副土目夏矮續、正土目夏流明暨眾番等叩首叩爲
> 強佔盜賣番地，乞天提訊追還業界，以安生命事。緣于光緒八年，
> 岑宮保撫番歸化，續等遵諭歸順，而總土目謝打馬稟請分界查隘，
> 辦理山面等情在案。嗣後金廣福將新藤坪、十四份、分水一帶地方
> 給出墾批付番炳據，棲止耕管以爲己業，獨正土目夏流明之社不允
> 歸化，查實係金廣福隘首何陳完私出洋銀二十元，唆他出草渡壢口
> 一帶殺人一命，以致而山面擾亂。現在鄭大人等到來勸撫眾番，續
> 等同夏流明一併歸化，眾番所說地界肯還方允歸化、稟究追還番地
> 分界在案。數月以來，未蒙追回。幸逢宮保大帥駕臨，恩准追還業
> 界耕管，俾續眾番等不致凍餒，家人離散，萬代公侯。
> 切叩。
> 光緒十二年月　日稟土目夏流明、番民夏矮續[43]

　　由於劉銘傳之前批示要求切實清查，所以金廣福墾隘再找來大隘地區有功名的紳耆監生陳汝湘、姜榮楨、彭國芳、彭汝章、彭炳文、黃廷光、田國生、邱雲麒、朱維清、貢生何廷輝、曾雲龍等 11 名聯合上稟稱：「雖然光緒 8 年有給賽夏族位在南坑尾的青山埔地一所，如朱打馬、夏矮續所言的大坪、長坪

42 《淡新檔案》，編號 17330-2。
43 《淡新檔案》，編號 17330-3。

子、六股、九芎坪、十分坪、新藤坪等處是位於番界之外，但是已將埔地給出予各佃戶墾闢，如劃歸於番，則群情洶洶，幾於彈壓不住。」[44] 試圖給劉銘傳壓力，但劉不受脅迫，依舊要求傅若金會同鄭有勤與黃南球切實清查辦理，毋稍偏袒。

　　12月典史傅若金等會同鄭有勤、黃南球、徐賡、朱打馬等堪驗後回覆，其覆文內容：

> 適鄭都戎赴五指山一帶分布防勇，至本月初六日回防，卑職當邀墾戶黃南球前往會同，並傳集墾佃徐賡等、番目朱打馬等，於初七、八、九等日引導入山，循途履勘化番朱打馬等地段，東達內山，南抵黃龍章墾地，西聯民墾十四份、新藤坪，北至民墾十份坪等處為界。其西邊交界之所，均於峰頭立有界石，上刊「朱打馬眾番界址」等字。山下概循往來大路，民番剖分，路內向係番目夏矮續管理，外即新藤坪、十四份，現為民人周國山等結庄墾耕。當勘該墾民所闢圍土內，有侵越路內番地者四處，數尚無多，合計不滿一甲。山高土瘠，收穫甚微，姑念耕種有年，且與眾番尚相親睦，免予歸還，即遵　帥批酌給番租由官定數之諭，著周國山等年納番租四石，歸番目夏矮續領收。北邊亦經立有界石，甫入番界，即該民番等稟爭之九芎坪，再入七、八里許，即該番等稟爭之大坪、長坪，惟大坪已為金廣福紮隘，其間並有墾佃八家開種田土，細詢其故，緣大坪為後山生番出草必經之路，化番朱打馬等丁單莫敵，因請金廣福隘丁移入該處以壯聲援，厥後守禦漸堅，生番漸與通好，應用犒番牛、

---

44 《淡新檔案》，編號 17330-4。

酒無處取資，遂將大坪、長坪、九芎坪等處賣歸金廣福招墾爲業，
藉得地價，以充犒賞之需，此番地之所由變歸民墾也。卑職擬仍遵
照　帥批酌抽番租，無如眾番交相索地，嘖嘖不休，若令退地還番，
非特金廣福地價無歸，各墾佃生業頓失，悵悵何之。[45]

　　由以上覆文可分兩部分來看，第一在新藤坪部分番界內土地確實是屬於夏
矮績的新藤坪社所管理，在番界外有周國山等人已經開墾結庄了，而且與夏矮
績所處的社地很接近，並與當地賽夏族相處融洽，所以當周國山侵墾新藤坪社
的土地，傅若金判周國山只要年納番租四石，不必歸還時，夏矮績也同意這
項判決。但是第二部分有關大坪、長坪與九芎坪部分，則出現爭議。雖然這些
地方在光緒 8 年時位於番界內是屬於朱打馬等所管轄的，但是朱打馬為防禦後
山泰雅族的出草，請金廣福墾隘設隘幫忙防守。後來朱打馬等賽夏族與後山泰
雅族漸與通好，為犒賞泰雅族牛、酒等物，卻苦無經費，所以只好將大坪、長
坪與九芎坪等地賣給金廣福，取得經費以充犒賞所需，這也是為什麼由番地變
民地的緣故。故當傅若金欲依照劉銘傳的指示判金廣福墾隘繳交番租即可時，
朱打馬等抓住劉銘傳以撫番為重的心態，不同意這一項判決，執意要求歸還土
地。就在傅若金兩相為難之際，金廣福姜家經過一番政治計算之後，深知劉銘
傳一定會壓迫金廣福交還土地，姜家又不願意得罪當權的劉銘傳，則由金廣福
姜榮華妻胡氏出面購買這些土地歸還朱打馬等賽夏族。姜家這一項舉動不僅意
圖獲取劉銘傳的好感，最後也獲得劉銘傳給予「尚義可風」匾額，以示獎勵，
為自己增加不少的社會聲望。[46]

---

45 《淡新檔案》，編號 17330-7。
46 《淡新檔案》，編號 17330-7、17330-9。林文凱，〈土地契約秩序與地方治理：
　　十九世紀臺灣淡新地區土地開墾與土地訴訟的歷史制度分析〉，頁 306。

（三）擔任金廣福墾隘隘丁

雖然有以上的爭議，此期賽夏族與金廣福墾隘的關係尚稱和睦，除上述朱打馬等請金廣福墾隘幫忙防禦後山泰雅族外，同樣地，金廣福墾隘也請許多賽夏族人擔任隘丁。光緒 12 年姜紹祖呈送給新竹縣一份金廣福隘丁清冊，清冊內容如下：[47]

生興蓁隘丁四名，彭叫古、彭傳興、彭阿云、賴阿福。

萬興蓁隘丁四名，邱苟、邱阿水、邱德、邱旺。

煙興蓁番隘丁參名，帶英、薯員、流明。

眞興蓁番隘丁參名，馬丹、阿斗、矮底。

銀興蓁隘丁四名，巫水、徐統、湯沐、湯傳宗。

和興蓁隘丁四名，葉賢、湯添、楊阿山、詹阿珠。

瑞興蓁隘丁四名，黃興、湯琳德、楊標、沈志業。

鳳興蓁番隘丁四名，阿斗、帶英、薯員、打鹿。

樹興蓁隘丁四名，邱添、彭阿業、葉阿全、羅阿德。

開興蓁隘丁參名，謝華山、謝水、邱福。

成興蓁隘丁參名，湯福、何興、何湧。

谷興蓁番隘丁四名，斗馬、保順、油歪、佳喇。

就興蓁番隘丁四名，如完、打勞、盧萬、也扁。

山興蓁番隘丁貳名，油歪、佳利。

獻興蓁番隘丁貳名，右毛、打鹿。

錢興蓁隘丁參名，謝義、彭阿業、謝苟。

---

47 《淡新檔案》，編號 17329-42。

建興蔡番隘丁參名，細打、撈卯、乃阿斗。

潭興蔡隘丁貳名，莊夭、莊秀。

粵興蔡番隘丁四名，打勞、吓底、阿斗、帶英。

指興蔡隘丁四名，曾福、曾坤、曾保、曾亮。

頃興蔡番隘丁，華光、由茅、加喇、尤歪。

同興蔡隘丁參名，劉古、姜興、何沐。

聯興蔡番隘丁參名，友毛、打或、箸員。

閩興蔡隘丁四名，王興、徐三、蔡輝、何龍。

名興蔡隘丁四，王湧、凃昂、凃賢、王生。

龍興蔡番隘丁，歪賜、打或、箸員、打勞。

海興蔡番隘丁貳名，哇成、油卯。

牵興蔡隘丁參名，高槐、高古、徐清。

翠興蔡隘丁參名，王立福、徐阿漢、徐苟。

碧興蔡隘丁參名，蘇山、蘇包、蘇來。

金興蔡隘丁參名，王發、林義、王元。

翔興蔡番隘丁貳名，吓底、元古。

田興蔡隘丁三名，王秋福、何壽、何發。

廣興蔡隘丁三名，湯苟、徐妹、彭城。

平興蔡番隘丁貳名，紅目、阿斗。

福興蔡隘丁參名，高龍、魏丁、蕭福。

麗興蔡隘丁四名，王天水、姜勝、姜添、陳枝。

　　根據吳學明的統計，金廣福墾隘呈報計隘寮 37 座，隘丁 121 名，其中漢隘丁 75 名，佔 62%，分屬 22 座隘寮；番隘丁 46 名，佔 38%，分屬 15 座隘

寮。[48] 很可惜此項清冊中隘寮的名稱是金廣福墾隘自己所命名的，番隘丁也只稱名而無列姓，所以無法判斷哪些隘寮位於峨眉地區。幸好同年鄭有勤實地調查金廣福界內的隘寮與隘丁數目，內容如下：

　　金廣福大隘墾戶姜紹基紮隘項下：

　　鳳尾頭一號碉樓一座、豆馬丹等二名。

　　又二號碉樓一座、豆打勞等四名。

　　六股三號碉樓一座。

　　又四號碉樓一座、豆流明等六名。

　　又五號碉樓一座、豆又卯長坪六號碉樓一座。

　　煉蔾坪十一號碉樓一座、朱加利

　　又十二號碉樓一座、朱又淮等六名。

　　又十三號碉樓一座、朱淮集大坪十四號碉樓一座、錢打勞等五名。

　　又十五號碉樓二座、錢細打勞等五名。

　　又十六號碉樓一座、錢細打勞等四名。

　　新藤坪二十二號碉樓一座、夏矮磧等陸名。

　　五分八二十號碉樓一座、朱斗馬等四名。

　　以上碉樓十五座，均坐落各化番社左右，共用番丁四十二名；每樓

　　名數不定。理合聲明。

　　南坑十七號碉樓一座。

　　又十八號碉樓二座。

　　又十九號碉樓三座。

---

48 吳學明，《金廣福墾隘研究（上）》，頁 116。

南坑尾二十一號碉樓四座。

以上碉樓十座，均坐落各化番社外口，本設守隘民丁八十餘名自固，前項番丁之後，即稱安靖，從此有糧無丁捏造報銷，瓜分朋夥。理合登明。[49]

　　根據鄭有勤的調查可知，金廣福墾隘計有25座隘寮，全由賽夏族擔任隘丁，因為擔任隘丁的姓氏有豆、朱、錢、夏等，都是賽夏族傳統姓氏，所以可以論定是賽夏族。而且其中有15座隘寮坐落各社附近，[50] 由賽夏族隘丁防守，另外10座隘寮位在各社外口，自雇用前項賽夏族隘丁後，即稱安靖，有糧無丁。其中位在峨眉地區的隘寮就是新藤坪並由夏矮磧等六名賽夏族人擔任隘丁，夏矮磧應與前述新藤坪社副土目夏矮續是同一人。

　　賽夏族人擔任金廣福墾號的隘丁以及金廣福墾號協助賽夏族防禦泰雅族，雙方在此時已經達成某種程度的合作關係模式，雙方各取所需。金廣福墾號聘任賽夏族人擔任隘丁，一方面透過給予「薪工」取得賽夏族的合作，所謂「薪工」在鄭有勤的報告中是指：「金廣福墾號對守隘番丁每名每月給米五斗、豬肉四斤、旱煙四包，年、午、中秋三節犒賞豬肉二、三斤不等，七月半普度賞宴一日，以此即為薪工，並無錢數可計；其勇力過人之番，亦有一丁兼食數丁之糧，而同社番丁平日間游至村，墾戶亦必供以酒食。」[51] 透過薪工的給予，維持雙方的和平關係，以獲取墾隘邊區的安定秩序；另外一方面，金廣福墾號

---

49 《淡新檔案》，編號 17329-14。

50 王瑋筑認為到光緒年間賽夏族與客家人已是和平共處的合作關係，金廣福讓賽夏族協助防禦東南山區五指山一帶的泰雅族，所以隘寮就直接設在社之內，由社內賽夏族隘丁守隘。參見王瑋筑，〈十九世紀北臺灣大坪溪與上坪溪流域之族群社會與國家〉，頁23。

51 《淡新檔案》，編號 17329-13。

在隘防壓力減輕之時,也可以藉機多收取隘糧,如同鄭有勤所言「有糧無丁捏造報銷,瓜分朋夥」。就賽夏族而言,除有薪工的收取外,更重要的是開放漢人到山區伐樟製腦的權利金「山工銀」的收取,這一點後面會討論到。因此,賽夏族擔任金廣福墾號的隘丁,是雙方就經濟利益的考量下,一個非常好的合作關係模式。

（四）最後的據點──新藤坪社

讓我們把焦點投注到峨眉新藤坪社的身上。傳統賽夏族的部落並非多數住家集合在一處,而都是二、三戶至五、六戶少數住戶散居各處,這種數家鄰接的狀態較接近漢語的部落。而社是清朝政府為方便管理原住民把一至數個部落編整成一個番社,劃分一定土地做為該社的領域,把住在該地域內的人叫做社番,並且從社番中選出最有勢力的人當土目（後來改為頭目）管理其社。社和民庄一樣,是番界最基層的行政區域。[52] 所以社是一種人為的透過國家力量所組織成的,並非賽夏族傳統立基於血緣,屬於同姓氏下的宗族社會體制。而且社的成立以後,由頭目治理社務,則嚴重衝擊到傳統宗族的社會性團體效力,讓宗族只剩下親屬關係的效力而已。[53]

那峨眉地區的賽夏族社有哪些?在哪裡?根據一份清末繪製的「臺灣番地圖」[54] 圖中有一個地名「夏矮磺」,圖中凡是屬於原住民社的都有標示出「社」字,如大隘社、橫龍社、日阿拐社;沒有標示出社字大都是地名或是漢人村莊,

---

52 臺灣總督府臨時臺灣舊慣調查會原著,中央研究院民族學研究所編譯,《番族慣習調查報告書第三卷賽夏族》,頁 130。

53 臺灣總督府臨時臺灣舊慣調查會原著,中央研究院民族學研究所編譯,《番族慣習調查報告書第三卷賽夏族》,頁 129-130。

54 此圖為魏德文先生收藏,是臺灣清代所製臺灣地圖中,完整標示出原住民各社分布地點的詳圖之一,此圖應是劉銘傳開山撫番之後上報的番社地圖。其中新竹苗栗部分區域圖已經出版,請參見謝世忠編著,《臺灣原住民影像民族史:賽夏族》,頁 30。

如大坪、三灣、田尾庄等。而圖中夏矮磧三個字下沒有社字，似乎不是原住民社，但又不是地名或是漢人村莊名命名方式，所以產生一個問題，到底夏矮磧是不是原住民社？是不是賽夏族的社？根據圖中相對位置，由四周地名及社的分佈，被都瀝口、猴子山、庚寮社、大隘社等環繞，可知夏矮磧是位於現今峨眉藤坪一帶，另外根據上述淡新檔案中光緒 12 年新藤坪社副土目夏矮續、正土目夏流明控告金廣福墾隘強佔土地案，副土目夏矮續與夏矮磧二者音似，可推知夏矮磧就是夏矮續，圖中屬於賽夏族社有一部分習慣以頭目名命名，如日阿拐社、高打祿社、樟加利社等，所以夏矮磧應該是一個賽夏族社，就是在淡新檔案中所稱的新藤坪社。

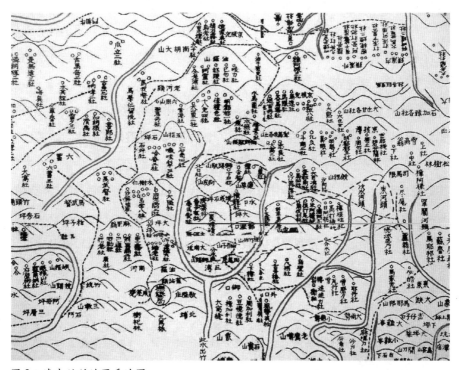

圖 2：清末竹苗地區番地圖

資料來源：謝世忠編著，《臺灣原住民影像民族史：賽夏族》，頁 30。

　　光緒 13 年新藤坪發生一件命案，從這一件命案可讓我們了解當時位於新藤坪的賽夏族情況。案由經過簡述如下：光緒 13 年 5 月 26 日住在南埔的徐丙旺向新竹縣呈狀，喊稱 5 月 21 日其弟徐苟在新藤坪庄耕種為活，突然出現 7、8 名生番將徐苟殺斃，割去頭顱，又將其姪徐乞食銃傷，生死未卜。現在新藤坪尚無兵勇派守，呈請新竹縣派撥兵勇駐防堵禦。墾戶金廣福也具稟指稱金廣福界內新藤坪並無兵勇駐紮，以致生番猖獗，近山居民人心惶惶。新竹知縣方祖蔭除請金廣福查明何社兇番所為外，並為此向劉銘傳稟報。當時負責當地隘勇事務的統領鄭有勤立即移文辯稱徐苟不是在界內被殺，而是徐苟等深入界外作料才被殺害。[55] 之後此案重點放在事發地點是位於界內或是界外爭論不休，這是因為關係到劉銘傳裁隘後，墾戶金廣福與新負責隘勇事務統領鄭有勤之間的權力糾葛，不在本文討論範圍內。[56] 弔詭的是本案不是追究真兇是誰，到最後也不知道誰是真兇，應該是當時清政府官方勢力尚未能有力深入控制當地，以致難以追緝真兇到案。

　　到底夏矮磧是什麼？統領鄭有勤認為是「化番夏矮磧社」；[57] 金廣福姜紹基認為只是「化番姓名，並非社名」。[58] 讓我們回到臺灣總督府臨時臺灣舊慣調查會的調查報告書中所指出的，賽夏族傳統聚落分布是二、三戶至五、六戶少數住戶散居各處，而非多數住家集合在一處。由此可知，當時金廣福認識的夏矮磧是比較符合實際狀況，只是賽夏族人的姓名，並非社名。然而就官方鄭有勤而言，將新藤坪一帶賽夏族人散居的區域整編為一社，以夏矮磧為頭目，

---

55 《淡新檔案》，編號 17110 案

56 裁隘後相關議題討論可參見林文凱，〈土地契約秩序與地方治理：十九世紀臺灣淡新地區土地開墾與土地訴訟的歷史制度分析〉、許世賢，〈劉銘傳裁隘之研究：以竹苗地區的墾隘社會為中心〉。

57 《淡新檔案》，編號 17110-6。

58 《淡新檔案》，編號 17110-11。

統稱夏矮磺社，則是官方認知的觀點。所以臺灣番地圖中的夏矮磺就官方而言就是一個賽夏族社，一個經過國家官方整編的人為性的社，也就是淡新檔案中所稱的新藤坪社。

接者，讓我們根據文獻資料，探究一下新藤坪社的實際情況。清末新藤坪社的土目以夏矮績（又稱夏矮磺、夏矮底）最為重要。雖然光緒 12 年時新藤坪社的土目是夏流明，副土目是夏矮績，但隨後的文獻中都不見夏流明之名，都是以夏矮績為新藤坪社的代表。或許是因為不久之後夏流明因故去世，而由夏矮績繼任新藤坪社的土目。新藤坪社是由夏姓與錢姓所組成的。根據日本學者 1915 年的調查藤坪部落有夏姓三戶、錢姓二戶，合計五戶。[59] 另外從日治初期土地買賣資料中亦可得知新藤坪社由夏、錢兩姓組成。明治 33 年夏矮底父子杜賣 2 筆土地、[60] 明治 37 年錢幼毛、錢媽都杜賣 1 筆土地。[61] 所以可以確定的是新藤坪社是由夏姓與錢姓組成的。

那賽夏族人為什麼要出草？根據小島由道的調查，賽夏族出草的原因主要有四點：一、決定爭議的是非，二、報宗族之仇，三、強制不履行義務的異族，四、男子為了得到勇武的表彰。而本次徐苟被殺事件就是屬於第三項原因，小島由道的調查又說：

> 這是本族屢次出草平地庄落的原因。平地人借本族的土地耕作或設腦寮時，約定每年或是每月繳納租穀或山工銀，但是經過數年之後，

---

59 臺灣總督府臨時臺灣舊慣調查會原著，中央研究院民族學研究所編譯，《番族慣習調查報告書（第三卷賽夏族）》，頁 135。

60 臺灣史料集成編輯委員會編輯，《臺灣總督府檔案抄錄契約文書（第一輯第六冊）》，頁 329-331、333-334。

61 臺灣史料集成編輯委員會編輯，《臺灣總督府檔案抄錄契約文書（第一輯第六冊）》，頁 343-344。

即拖延支付或完全不繳納。因此本族去交涉說:「你要馬上繳納契約所規定的租穀、山工銀,不然就得把土地歸還我。」但是當平地人不答應,依舊不履行義務留佔其地時,本族不能寬恕,即使用武力掃蕩他們。因此本族被官方冠上兇番的惡名,而遭致討伐。[62]

那徐苟為什麼要被殺呢?雖然其胞兄徐丙旺在呈狀上聲稱徐苟是在界內新藤坪庄的埔園鏟草,突被生番殺斃。然而根據都司鄭有勤的調查卻是:

> 該民人徐丙旺等今夏深入內山,向化番買樹砍伐,標下屢禁不止,徐阿狗被戕之時,……帶回該民人徐丙旺等潛往做料數人,詢問被害情形,面加申斥,據稱與化番鬥換,往伐樹木,嗣後不敢再往。[63]

顯然鄭有勤的調查比較符合當時開發六寮、藤坪的情況,徐苟是因為砍伐樟樹熬製樟腦而與當地的賽夏族產生衝突而被殺。根據《新竹廳志》的記載峨眉地區的樟腦熬製始於道光年間,漸進往內山方向前進。咸豐時期前進至社寮坑、茅坪、十二份、石硬子等處。同治年間在十寮、十二寮、十四寮、十五寮與轉溝水等地熬製樟腦。[64] 雖然新竹廳志沒有特別記載在光緒年間峨眉地區部分,但指出金廣福的民人常常進入番地從事製腦、製材與抽藤等事或是與原住民交換貨物,後來金廣福每年向大隘五社繳納 300 元的工料銀,甚至從光緒13 年以來大隘社土目朱斗馬直接招請漢人來熬製樟腦。[65] 由此可知,在藤坪

---

62 臺灣總督府臨時臺灣舊慣調查會原著,中央研究院民族學研究所編譯,《番族慣習調查報告書第三卷賽夏族》,頁 141-142。

63 《淡新檔案》,編號 17110-1、17110-13。

64 波越重之,《新竹廳志》,499-501 頁。

65 波越重之,《新竹廳志》,506-508 頁

地區雖然山多田少，卻能吸引許多漢人到此開墾，主要就是被樟腦的利益所引誘的。當時熬製樟腦是一件具有高經濟價值的產業，所以徐丙旺向賽夏族買樹砍伐，就是要砍伐樟樹熬製樟腦，以賺取高額的利益。而徐苟應該就是不繳納山工銀給賽夏族人而導致賽夏族人出草殺斃。

　　所謂山工銀就是漢人到原住民的土地上經營事業時，為求其保護而繳納的租金。通常製腦業者和原住民訂定的契約內容包括以下幾項：1. 承認從某山至某山界內的樟樹伐採。2. 決定每年給予多少租金。3. 不殺害在界內從事製腦的腦丁。4. 不燒毀腦寮。[66] 當時的新藤坪社到底向製腦業者收取多少山工銀並無文獻記載，但從後來明治 30 年南庄撫墾署的調查報告可知，南庄撫墾署核准新藤坪社頭目夏矮底可擁有製腦鍋數 93 個。這一個數目與當時同時被核准許可的賽夏族日阿拐有 1380 個、絲大尾有 487 個、張有淮有 302 個、豆流名有 236 個、樟阿斗有 150 個相比是最少的。[67] 從這一個數目可以推測當時的新藤坪社應該是屬於一個小社。

　　而新藤坪社與當地漢人的關係應屬相當和睦，如上所述光緒 12 年新藤坪社控告金廣福強佔社地時，經新竹縣典史傅若金調查發現新藤坪社與當地墾民周國山尚相親睦。除此之外，新藤坪社土目夏矮底甚至願意與當地漢佃人合作，反控業主強佔番地，顯示出與當地漢人關係密切。光緒 19 年周國山的母親周李氏將位於新藤坪的水田、埔園與山場壹所買給彭先和，但該地有佃人二十餘人因為贌耕年限未到，所以轉向彭先和承贌。但到光緒 20 年時有佃人莊水生、陳阿祿、溫永來、林萬發等抗納租銀，彭先和只好向新竹縣具狀呈

---

66 林欣宜，〈樟腦產業下的地方社會與國家：以南庄地區為例〉（國立臺灣大學歷史學研究所碩士論文，2000），頁 21-22。

67 王學新編譯，《日據時期竹苗地區原住民史料彙編與研究（中）》（南投：國史館臺灣文獻館，2003），頁 714-715。

告，要求新竹知縣范克承嚴拘訊辦。新竹知縣范克承派差役查明事實，原來此
田業是劉裕源集成號向周李氏承贌耕作，後集成號退耕交由曾元秀，[68] 由曾元
秀為總贌耕再分耕給其他人。光緒 19 年周李氏將此田業賣給彭先和，所以曾
元秀夥同莊水生等人抗租。在彭先和提出呈狀之後，曾元秀與莊水生等人反而
邀夏矮底赴撫墾局，由夏矮底控告彭先和霸佔其田埔。[69] 其實這片田業即是光
緒 12 年新竹縣典史傅若金判周國山需向夏矮底繳納番租四石的土地，也許是
受到曾元秀等人的誤導，以為會收不到番租或是以其他利益引誘，才會做出與
莊水生等人同赴撫墾局控告的情事。

雖然檔案文件在案情進展一半時中斷，不知最後新竹知縣處理的結果。[70]
但是由這起案件可知，新藤坪社的賽夏族與當地的客家人相處非常融洽，才會
願意幫助曾元秀一同赴撫墾局控告彭先和。因為莊水生等人是實際在地耕作的
佃人，而彭先和則是屬於不在地的地主，自然與夏矮底的關係不如莊水生等密
切。

四、新藤坪社的消失

大正 4 年（1915）小島由道、安原信三調查賽夏族慣習，並於大正 6 年
（1917）出版其調查報告《番族慣習調查報告書第三卷》。在這份報告書中的

---

68 曾元秀峨眉富興庄曾氏家族人，是祖籍福建汀州武平縣客家人。其叔父曾雲獅在光
  緒 9 年向金廣福承墾獅頭山附近的八寮。曾元秀與叔父曾雲獅共同經營家族事業，
  成績斐然。參見吳憶雯，〈新竹峨眉地區的拓墾與社會發展（1834-1911）〉，頁
  85-88。

69 《淡新檔案》，編號 22227-1、22227-3、22227-5。

70 根據後來的土地契約文書記載，這項訴訟應由彭先和勝訴，因為明治 30 年時彭先和
  將這片田埔杜賣給彭家傳、彭永欽，並於明治 31 年與夏矮底踏明界址。參見臺灣史
  料集成編輯委員會編輯，《臺灣總督府檔案抄錄契約文書第一輯第六冊》，頁 340-
  342。

賽夏族領域圖（圖3），已經不包含峨眉地區，甚至圖中明顯標示出藤坪已經
位在其領域範圍之外。從此以後在有關賽夏族分布情形的調查報告或是研究，
幾乎都是以小島由道的慣習調查報告書中的領域圖為基礎，述說賽夏族的分
布。雖然峨眉藤坪地區已經不再是賽夏族的傳統領域了，但是並不代表峨眉藤
坪地區沒有賽夏族人居住。

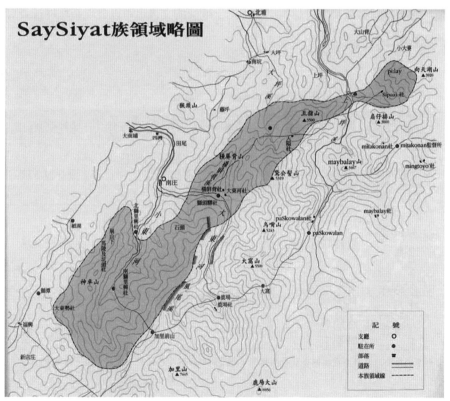

圖3：1915 年賽夏族領域圖
資料來源：臺灣總督府臨時臺灣舊慣調查會原著，中央研究院民族學研究所編譯，《番族慣習調
　　　　查報告書第三卷賽夏族》。

　　因為在日治初期的日本人調查報告中，仍然可以看見新藤坪社以及夏矮底他們的蹤跡。根據林修澈的統計，在總督府檔案中，有關夏矮底的事蹟共有 6件，主要集中在明治 30 年與明治 33 年。其中新藤坪社的戶數根據明治 30 年的南庄撫墾署記載有 11 戶，男 34 人，女 29 人，合計 63 人；同年另一位柳本技師的記錄是社內人口有 63 人外，還有腦寮守備壯丁數 5 人，且受總頭目五份八後豆流明所統轄。明治 33 年新竹辨物署調查有戶數 10 戶，男 29 人，女23 人，共 52 人。[71]

　　另外根據臺灣總督府檔案中留存的土地契約文書也可以發現新藤坪社賽夏族人杜賣土地的紀錄，如下表 2：

表 2：日治初期藤坪地區賽夏族杜賣土地表

時間	賣人	買人	價金	契約文書中其他賽夏族人名	資料來源頁數
明治 33 年3 月	夏矮底	徐阿秀	400 大員	其子：夏巴烟伭：夏加利禪祿	頁 329-331
明治 33 年12 月	夏矮底	莊鳳生劉日新李觀生	400 大員	其子：夏包烟其伭夏加利其妻：夏門張氏禪阿祿	頁 333-334
明治 43 年11 月	夏矮底	莊水生	400 円	夏包烟	頁 336-337
先年（不詳）	錢幼毛媽都本	王其品			頁 343-344

資料來源：臺灣史料集成編輯委員會編輯，《臺灣總督府檔案抄錄契約文書（第一輯第六冊）》。

---

71 林修澈，《原住民重大歷史事件：南庄事件：根據《臺灣總督府檔案》的理解》（南投：臺灣文獻館，2007），頁 39-41。

　　即使是前述為後人所遵循賽夏族傳統領域範圍的小島由道的調查報告也指出在明治 4 年時住在藤坪有夏姓 3 戶、錢姓 2 戶，小計 5 戶。[72] 此外，昭和 14 年古野清人來臺調查賽夏族的祭祀組織時，發現居住在藤坪的夏姓帕揚・赫提家仍然保有舉行卡蘭祭時妖蛇卡蘭的遺物。[73] 直到戰後民國 43 年新竹縣文獻委員會的採訪錄上仍然指出當時還有 40 名賽夏族人居住在新藤坪。[74]

　　由以上的紀錄可知，在新藤坪地區直到戰後仍有賽夏族人居住，但是他們的新藤坪社之名，卻在明治 33 年以後便不再出現在官方記錄中。小島由道的調查報告則將其歸於大隘社下 5 個部落中的一個。如同詹素娟所指出的漢人在嘉慶道光年間入墾南庄大隘地區，即已將「番社」稱呼及概念帶入，以社指稱此區的原住民村落。[75] 例如淡新檔案中提到的大坪社、分水社、橫龍社、新藤坪社，又如清末劉銘傳開山撫番後留下的臺灣番地圖如圖 2，都是民間漢人或是官方政府以既有的番社概念與稱呼來指稱他們，而非他們原有社會體制中氏族、共同流域、攻守同盟的概念。因此，新藤坪社是漢人對生活於峨眉藤坪地區賽夏族的稱呼，而新藤坪社的賽夏族聚落比較像賽夏語所稱的 'asang，漢語稱之「部落」；其空間範圍則稱為 kinaS 'asangan，漢語可稱之「生活場所」。[76]

　　雖然日治初期延續清代的番社概念稱呼生活在藤坪地區的賽夏族為新藤坪社，但之後隨著對賽夏族的認識漸增，日本政府才將其歸於大隘社下的組成部

---

72 臺灣總督府臨時臺灣舊慣調查會原著，中央研究院民族學研究所編譯，《番族慣習調查報告書（第三卷賽夏族）》，頁 135。

73 古野清人著，葉婉奇譯，《臺灣原住民的祭儀生活》（臺北：原民文化，2000），頁 295。

74 烈，〈峨眉鄉文獻採訪錄〉，《新竹文獻會通訊》（臺北：成文，1983），頁 179。

75 詹素娟，〈「傳統領域」與「番社空間」的建構初探：以賽夏族為例〉，頁 4。

76 詹素娟，〈「傳統領域」與「番社空間」的建構初探：以賽夏族為例〉，頁 3。

落之一，新藤坪社之名也就消失了。雖然新藤坪社之名消失，但生活在藤坪地區的賽夏族一直到戰後還存在，但後來他們不知何種緣故，又從藤坪地區搬遷出去，[77] 以致現在峨眉地區已經沒有賽夏族人的部落。日治以後峨眉地區賽夏族的歷史則有待從更深入的戶口資料、田野調查著手。

五、結論

　　回顧峨眉地區賽夏族與客家人的族群關係變化，其中最具關鍵性的重要因素是道光15年由姜秀鑾領導的金廣福墾隘有組織大規模地武裝拓墾大隘地區，雙方分別為爭奪或保衛「生存空間」展開十餘年的激烈爭戰，彼此都付出慘烈的死傷代價。此後，峨眉溪河谷平原與台階地盡為客家人拓墾完畢，陸續形成客家庄；賽夏族人慘敗之後，則往峨眉溪上游石子溪山區一帶聚居。

　　咸豐、同治與光緒初年這一段期間，雙方衝突漸趨和緩，只有零星衝突發生，主要是金廣福將墾務藉由他人抱隘移墾與給出埔地的方式，對石子溪流域進行小規模拓墾。而這一段時間拓墾的主要目的不再是耕地的取得，而是針對此地豐富的樟腦資源進行開發，當時熬製樟腦是屬於高經濟價值的產業，吸引許多漢人深入山區。當時峨眉地區包括社寮坑、茅坪、十二份、石硬子、十寮、十二寮、十四寮、十五寮、轉溝水並進至南庄地界等，都有客家人入山砍樟製腦。[78]

　　光緒7年福建巡撫岑毓英來臺進行開山撫番，將新竹苗栗內山一帶的招撫番社的工作交給黃南球、姜紹基進行。黃、姜二人也順利交出撫番成果，而這

---

77 如表1「*baki' Soro:*」骨灰祭祀傳承紀錄表中夏達欽從藤坪遷移到五峰，或許是可追蹤的線索之一。

78 吳學明，《金廣福墾隘研究（上）》，頁186-188。

一次的開山撫番王瑋筑認為對地方的族群關係而言是影響深遠的。光緒 8 年金廣福以給予墾批的方式承認大南坑、柏色林、新藤坪、十四份、分水等一帶為賽夏族人的保留地。其意義不僅是雙方從早期的血戰衝突關係走向和解，也確立了雙方合作關係的新模式。金廣福透過賽夏族人擔任金廣福墾隘隘丁，除了確保賽夏族人不再對其產生敵意，更進一步使雙方合作共同防衛後山泰雅族人的威脅，並且確實發揮的功效。[79] 當時位於峨眉地區的新藤坪社就有夏矮績等 6 名賽夏族人擔任金廣福的隘丁。此外，光緒年間的新藤坪社就位於樟樹資源豐富的獅頭山一帶，新藤坪社土目夏矮績透過收取到此地砍樟製腦的客家人的山工銀制度，雙方合作共同開發此地的樟腦利益，直至日治初期夏矮績仍擁有南庄墾撫署核准 93 個製腦鍋數，藉由樟腦林的砍伐，客家人熬製樟腦，賽夏族收取山工銀，雙方因有著互蒙其利的共同利益，也助長彼此間的合作關係。

　　對清代北臺內山開墾史研究著力甚深的黃卓權認為：「土地開墾是臺灣史研究的主要課題，尤其是漢民在土地開墾過程中，所涉及的族群互動關係，對臺灣社會結構的變動，更有明顯的影響……漢民和原住民之間的衝突，也因生存空間的需求張力與土地持有觀念的差異而與日俱增。」[80] 胡家瑜認為 18 世紀以後，漢民墾殖勢力沿著兩條路線快速推移侵入賽夏居住區域，一路沿著中港溪從竹南、頭份，經斗煥坪和三灣往南庄推進，之後再往上游的獅頭山、獅里興一帶推進；另一路沿著上坪溪往新竹五指山方向推進的勢力，主要與「金

---

79 王瑋筑，〈十九世紀北臺灣大坪溪與上坪溪流域之族群社會與國家〉，頁 16-20。

78 黃卓權，〈從版圖之外到納入版圖：清代臺灣北部內山開墾史的族群關係〉，《臺灣原住民研究學報》第 3 卷第 3 期，2013／秋季號，頁 158。

79 胡家瑜，《賽夏族》，頁 21。胡家瑜認為第二條路是漢民沿著上坪溪往上五指山推進。其實金廣福墾隘的大隘地區是中港溪的另一條支流峨眉溪流域，其中峨眉溪的主要支流又包括北埔地區的大坪溪流域與峨眉地區的石子溪流域。

80 黃卓權，《跨時代的臺灣貨殖家：黃南球先生年譜（1840-1919）》，（中和：國立中央圖書館臺灣分館，2004）。頁 102-104。

廣福」的設立與擴張有關。[81] 其實胡家瑜忽略了還有一條路即是後龍溪上游獅
潭溪，黃南球承包「陸成安」隘務，溯獅潭溪上游入墾獅潭。[82] 目前賽夏族分
布的地區主要可分為北賽夏群的新竹縣五峰鄉與南賽夏群的苗栗縣南庄鄉與獅
潭鄉，而他們現今聚落分布的原因與遷移歷史都與客家人的拓墾行動有直接而
密切的關係。透過峨眉地區賽夏客家關係的歷史過程，只是讓我們清楚了解到
過去賽夏族與客家人之間關係演變史中的一個片段而已。比較目前南、北賽夏
族的差異，有所謂北賽夏族「泰雅化」、南賽夏「客家化」的討論，為何會有
如此現象的產生？原生活於大隘地區的賽夏族全退居於五指山大坪溪上游的五
峰鄉；而生活於南庄與獅潭地區的賽夏族卻能與入墾的客家人後來共同生活在
同一個區域，這其中區域間賽客關係差異的不同，或許我們可以從客家人拓墾
組織的差異與變遷、各個領導人物性格與際遇的差異、賽夏族文化的區域差
異、賽夏族的傳說與神話、不同時期國家力量的進入與治理的差異、自然地理
環境的差異等等因素，值得再從過去歷史發展中去做深入而細緻的比較探討。

---

81 胡家瑜，《賽夏族》，頁 21。胡家瑜認為第二條路是漢民沿著上坪溪往上五指山推
　進。其實金廣福墾隘的大隘地區是中港溪的另一條支流峨眉溪流域，其中峨眉溪的
　主要支流又包括北埔地區的大坪溪流域與峨眉地區的石子溪流域。
82 黃卓權，《跨時代的臺灣貨殖家：黃南球先生年譜（1840-1919）》，（中和：國立
　中央圖書館臺灣分館，2004）。頁 102-104。

參考文獻

《淡新檔案》

Yawi Sayun（雅衛依・撒韻），2008，〈賽夏五福宮：一個合成文化的研究〉，輔仁大學宗教學系碩士論文。

王學新編譯，2003，《日據時期竹苗地區原住民史料彙編與研究（中）》，南投：國史館臺灣文獻館。

王瑋筑，2012，〈十九世紀北臺灣大坪溪與上坪溪流域之族群社會與國家〉，國立臺灣大學歷史學系碩士論文。

古野清人著，葉婉奇譯，2000，《臺灣原住民的祭儀生活》，臺北：原民文化。

江日昇，《臺灣外記》，1995，南投，臺灣省文獻委員會。

吳學明，2000，《金廣福墾隘研究（上）》，新竹：新竹縣文化中心。

吳憶雯，2008，〈新竹峨眉地區的拓墾與社會發展（1834-1911）〉，逢甲大學歷史與文物管理研究所碩士論文。

岑毓英，2008，〈為奏明開山撫番情形並清查各番社約束番民以求相安事（附片）〉，臺灣史料集成編輯委員會編輯，《明清臺灣檔案彙編，第四輯第八十三冊》，臺北：遠流。

周婉窈，〈山、海、平原：臺灣島史的成立與展望〉演講稿，「臺灣海洋文化的吸取、轉承與發展國際研討會」，新竹：國立交通大學人文與社會科學研究中心，2011 年 5 月 27-28 日。

波越重之，1907，《新竹廳志》，新竹：新竹廳總務課。

林欣宜，2000，〈樟腦產業下的地方社會與國家：以南庄地區為例〉，國立臺灣大學歷史學研究所碩士論文。

林文凱，2006，〈土地契約秩序與地方治理：十九世紀臺灣淡新地區土地開墾與土地訴訟的歷史制度分析〉，國立臺灣大學社會學研究所博士論文。

林修澈，2007，《原住民重大歷史事件：南庄事件：根據《臺灣總督府檔案》的理解》，南投：臺灣文獻館。

胡家瑜、林欣宜，〈南庄地區開發與賽夏族群邊界問題的再檢視〉，《臺大文史哲學報》第 59 期，2003 年 11 月，頁 177-214。

胡家瑜，2015，《賽夏族》，臺北：三民書局。

島袋完義，1933，《鄉土誌》，新竹北埔：北埔公學校。

烈，1983，〈峨眉鄉文獻採訪錄〉，《新竹文獻會通訊》，臺北：成文。

陳朝龍，1999，《合校足本新竹縣采訪冊》，南投：臺灣省文獻委員會。

郭芝亭，1983，〈紀金廣福大隘：興墾竹塹東南廂〉，《新竹文獻會通訊》，
　　臺北：成文。

許世賢，2009，〈劉銘傳裁隘之研究：以竹苗地區的墾隘社會為中心〉，國立
　　中央大學歷史研究所碩士論文。

黃卓權，2004，《跨時代的臺灣貨殖家：黃南球先生年譜（1840-1919）》，中和：
　　國立中央圖書館臺灣分館。

_____，〈從版圖之外到納入版圖：清代臺灣北部內山開墾史的族群關係〉，
　　《臺灣原住民研究學報》第 3 卷第 3 期，2013／秋季號，頁 157-187。

溫吉編譯，1957，《臺灣番政志（一）》，臺北，臺灣省文獻委員會。

愛蕃，〈金廣福大隘〉，《臺灣慣習記事》第五卷第七號，1905 年 7 月，頁
　　51。

詹素娟，〈「傳統領域」與「番社空間」的建構初探：以賽夏族為例〉，東華
　　大學原住民民族學院主辦「楊南郡先生及其同世代臺灣原住民研究與臺灣
　　登山史國際研討會」。花蓮：東華大學原住民民族學院，2010 年 11 月 6-7
　　日。

臺灣史料集成編輯委員會編輯，2005，《臺灣總督府檔案抄錄契約文書第一輯
　　第六冊》，臺北：遠流。

臺灣總督府臨時臺灣舊慣調查會原著，中央研究院民族學研究所編譯，1998，
　　《番族慣習調查報告書第三卷賽夏族》，臺北：中研院民族所。

廖彥琦，2009，〈賽夏族的社〉，國立政治大學民族學系碩士論文。

謝世忠編著，2002，《臺灣原住民影像民族史：賽夏族》，臺北：南天。

風月產業的文化意涵：
平埔、漢移民與客家[*]

大俠‧道卡斯（薛雲峰）

一、前言

臺灣的風月行業由來已久，[1] 爭議也久，歷年來政府的政策更一直擺盪在「廢娼」或「性工作除罪化」之間，且各自都有不同的婦運團體支持；「法律」、「道德」、「人權」、「社會秩序」和「家庭倫理」等不同面向的主張，都不時向「風月」這個場域裡，交織出充滿弔詭且極富爭議的圖像。

「風月」，可說是數百年來臺灣社會中「剪不斷、理還亂」的灰色地帶，以近例來說，1997 年時任臺北市長的陳水扁下令廢公娼，但卻引發了持續至今的「妓權運動」；[2] 到了 2011 年，馬英九政府打算把性工作者除罪化，卻又引來部分婦運團體的強烈反彈。[3] 政府對待「風月」一事，若套句廣告詞，可

本文原刊登於《新竹文獻》，2011，45 期，頁 16-34。因收錄於本專書，略做增刪，謹此說明。作者大俠‧道卡斯（薛雲峰）現任文史工作者。

1 「風月」一詞在本文的用法乃指與性愛而言，「風月產業」指的是與性交易或娼妓相關之行業；參照教育部編，〈重編國語辭典修訂本〉，2011/4/10，取自網址：http://dict.revised.moe.edu.tw/。

2 何春蕤，〈為何有人要掃黃廢娼：從研究倡妓至研究反娼〉，收於氏編，《性工作研究》（桃園：中央大學，2003），頁 iii-xiii

3 〈反性交易產業化 婦團拒設專區〉，中央社即時新聞，2011/04/08，取自網址：

說是「吃這個也癢、吃那個也癢」，長期以來都是左右為難。

　　因此，本文也無意涉入「道德」或「妓權」領域的爭辨。看待「風月」，本文擬從社會發展史的途徑，尤其是產業的文化面向做近距離觀察，畢竟這是一個存在已久的行業。但本文也必須強調，「風月」在臺灣之所以會變成「產業」，是漢人移民帶來的產物；相對於早期、道地的臺灣先住民而言，幾乎沒有記錄顯示他們會拿「性」當作交易的標的。

二、平埔族的風俗和性觀念

　　新竹地區古稱「竹塹」，早在康熙 25 年（1686）由臺灣知府蔣毓英主修的《臺灣府志》（以下簡稱《蔣志》）裡即有記載，可惜只有地名沒有記錄當地的民風習俗，至於原住民的婚嫁民俗，《蔣志》大致有如下的記載：

> 　　土番之俗，與吾人異者，重生女而不重生男。男則出贅於人，女則娶婿於家也……男女應婚娶之時，女集廟中，諸男吹口琴于外，意之所欲，女出與野合，擇其當意者，始告於父母，置酒張綵，邀同社之人聚飲於家，即成配偶，無納幣送粧之禮。女有夫，去其一齒，及後夫婦不和，不論有無生育，各相離異，再自擇配，不復顧戀，甚有互相更易者……至于男女聚處，暑熱之時，男皆赤身，女皆裸體，相對飲食，淫慾之事，略不羞避。[4]

---

http://www.cna.com.tw/ShowNews/WebNews_Detail.aspx ？ Type=Firstnews&ID=201104080017。

4 蔣毓英，《臺灣府志》（南投：國史館臺灣文獻館，1686/2002），頁 97-102。

　　這段記載說明了臺灣原住民社會是母系社會，他們對男女婚配的態度非常的自由，只要兩廂情願，不管是要合還是要離，甚至要相互換夫（妻），男女雙方都有相當的自主性。但看在蔣毓英的眼中，全臺灣的原住民似乎都是一個樣子。與此同時，他也是語帶責難的譴責臺灣漢人聚落「廉恥既喪，倫常漸乖」，他說：

> 又其俗之不善者，婚姻論財，不擇婿，不計門戶，夫死則再醮，或一而再而三，白首婺婦，猶字老夫，柏舟之誓，蓋亦鮮矣。佞佛諂鬼，各尚茹素，或八、九齋、朔望齋，或長齋。無論男女老幼，常相率入禮拜堂誦經聽講，僧俗罔辨，男女混淆，廉恥既喪，倫常漸乖。[5]

　　10年後（1695），由臺灣最高行政長官、分巡臺灣廈門兵備道高拱乾主編的《臺灣府志》（以下簡稱《高志》），對所謂的「番俗」也有類似的記載：

> 番之性，與我人異者，無姓字、不知曆日；父母而外，無叔伯、甥舅，無祖先祭祀，亦不自知其庚甲。男女皆跣足裸體，上衣短衫，以幅布圍其下體；番婦則用青布裹脛，頭上多帶花草。男女約十四、五歲時，編藤圍腰，束之使小；故射飛逐走，疾於奔馬，髮稍長，即斷去其半，以草縛之，齒用生芻染黑。各穿耳孔，其大可容象子，以木環貫其中，身多刺記，或臂、或背；好事者竟至遍體皆文，其所刺，則紅毛字也。手帶鐲，或銅或鐵所鑄，多者至數十雙；且有

---

5 蔣毓英，《臺灣府志》，頁93。

以鳥翅垂於肩、以貝懸於項而相誇爲美觀者。俗重生女，不重生男。男則出贅於人，女則納婿於家。婚嫁時，女入公廨中，男在外吹口琴，女出與合；當意者，始告於父母，置酒席邀飲同社之人，即成配偶。凡耕作，皆婦人；夫反在家待哺。夫婦不合，不論有無生育，往往互相交易。炎暑時，男女皆裸體對坐；淫慾之事，長則避幼。[6]

由於高拱乾所描述情狀與蔣毓英相去不遠，但特別說明了這些原住民的刺青圖案是「紅毛字」，因此吾人大致上可以判斷蔣、高兩人所描寫的「番俗」，應是臺灣府（現今臺南）一帶的西拉雅族原住民。至於平埔族道卡斯族領地的竹塹地區的民情紀錄，恐怕要等到很久以後才有人注意到，例如康熙39年（1700）郁永河從陸路北上經過竹塹時，沿途竟未見一人一屋，誠如他說：

自竹塹迄南崁八九十里，不見一人一屋，求一樹就蔭不得；掘土窟，置瓦釜爲炊，就烈日下，以澗水沃之，各飽一餐。途中遇麋、鹿、麏逐隊行，甚夥，驅獫猲獢，獲三鹿。既至南崁，入深箐中，披荊度莽，冠履俱敗：直狐貉之窟，非人類所宜至也。[7]

整個地區從新竹到南崁都看不到人煙，確實是非常奇怪，目前能找到的原因大概也和漢人有關，據說是東寧時代的鄭克塽曾無情的役使當地的原住民做苦力，不少道卡斯人因此逃往山區，寫成於康熙43年（1704）的《臺灣外記》有如此的記載：

---

6 高拱乾，《臺灣府志》（南投：國史館臺灣文獻館 1696/2002），頁 187-188。
7 郁永河，《裨海紀遊》（南投：臺灣省文獻委員會，1700/199），頁 22。

雞籠山因有重兵鎮守，故起沿途土番搬送糧食。土番素不能挑，悉是背負頭頂。軍需繁雜，不論老幼男婦，咸出供役，以致失時。況土番計口耕種，家無餘蓄，而枵腹趨公，情已不堪；又遭督運鞭撻，遂相率殺各社通事，搶奪糧餉。竹塹、新港等社皆應之。塽聞報，詢錫范。范舉其左協理陳鋒督率將士，與宣毅前鎮葉明、右武衛左協廖進等督兵征勦。但土番性情輕佻，男婦成群，所用鏢鎗竹弓而已；各社各黨，無專主約束之人，故不敢大敵，只於夜間如蛇行偷營沖突。一聞進勦，各挈家遁入深山……克塽……遣各社通事往招並令葉明等進兵谷口，撫勦並用。通事雖奉令入山說之，奈土番各樹黨羽，俱不信其說，每突出谷口剽掠。明於各隘口樹柵，日則帶銃手巡哨攻打，設備困之。土番伏則無糧可食，出則咸被截殺，計窮乞降。明轉啟克塽，塽允之。再令通事入山，領其眾仍回原社耕種，然後班師。[8]

依此記載，當地原住民恐怕被鄭克塽的部隊殺了不少，剩下的人若當時真的回到原社耕種，他們或其後人再看到漢人時，恐怕也要躲起來了。

但從這裡也可以看出，康熙末葉之前，漢人對原住民的看法應是相當的籠統，大抵只粗分成住在深山的野番、生番或住在平地的土番、熟番，據他們觀察結果，大致也認為平埔族的衣著或婚嫁習俗都差不多，例如郁永河形容平埔族的男女關係即有如下的記載：

婚姻無媒妁，女已長，父母使居別室中，少年求偶者皆來，吹鼻簫，

---

8 江日昇，《臺灣外記》（南投：臺灣省文獻委員會，1704/1995），頁 398-399。

彈口琴,得女子和之,即入與亂,亂畢自去;久之,女擇所愛者乃
與挽手。挽手者,以明私許之意也。明日,女告其父母,召挽手少
年至,鑿上齶門牙旁二齒授女,女亦鑿二齒付男,期某日就婦室婚,
終身依婦以處。蓋皆以門楣紹瓜瓞,父母不得有其子,故一再世而
孫且不識其祖矣;番人皆無姓氏,有以也……客至,番婦傾筒中酒
先嘗,然後進客,客飲盡則喜,否則慍;慍客或憎之也,又呼其鄰婦,
各衣毯衣,為聯袂之歌以侑觴,客或狎之,亦不怒。其夫見婦為客
狎,喜甚,謂己妻實都,故唐人悅之(海外皆稱中國為大唐,稱中
國人為唐人)。若其同類為奸,則挾弓矢偵奸人射殺之,而不懟其
婦。[9]

　　康熙56年(1717)的《諸羅縣志》,雖然已依地區把各地的習俗稍作整理,
但對平埔族的男女關係看法仍是一體看待:

女將及笄,父母任其婆娑無拘束;番雛雜遝相要,彈嘴琴挑之,唯
意所適。男親送檳榔,女受之,即私焉,謂之「牽手」。自相配,
乃聞於父母,置酒飲同社之人,自稱其妻曰「牽手」,漢人對其夫
而稱其妻亦曰「牽手」。已娶者曰「纖」,班白者曰「老纖」,女
有所私,父母以為人憐之也,兄弟則羞之,兄但呵斥而已,弟乃加
之箠楚。故女畏弟如虎。[10]

---

9 郁永河,《裨海紀遊》,頁 34-35。
10 周鍾瑄、陳夢林,《諸羅縣志》(南投:臺灣省文獻委員會,1717/1999),頁
　169。

　　竹塹地區的民情風俗，一直要到清廷首任巡臺御使黃叔璥所寫的《臺海使槎錄》中，才有了比較清楚的紀載。從臺灣尾到臺灣頭，黃叔璥分別以居處、飲食、衣飾、婚嫁、喪葬、器用六個面向，分別記錄各社原住民的日常生活和特殊習俗，他稱作「番俗六考」，其中，他在〈北路諸羅番九〉中，對竹塹道卡斯族的婚嫁關係有如下的記錄：

嫁娶曰謌貓麻哈呢。娶婦先以海蛤數升爲聘；竹塹間用生鹿肉爲定。蛤大如拇指，殼有青文，生海邊石壁間，盡力採取，日不過數升，甚珍之；及嫁娶時用海蛤一搭紀（搭紀用竹篾編成，大口小腰，高尺餘，可容數斗），殺牛飲酒，歡會竟日。父母娶婦，或一、二年三、五年分居，視其婦孝與否耳；無一世同居者。一女則贅，一男則娶婦。男多則聽人招贅，惟幼男則娶婦終養；女多者聽人聘娶，惟幼女則贅婿爲嗣。夫婦服，必逾年而後嫁娶。不和或因姦則離；夫未娶，婦不敢先嫁，嫁則罰婦及後夫並婦之父母各瑪瑙珠一串或牛一隻以歸；後夫不受罰，則糾集親眾，負弓矢、持鏢刀至後夫之家，拆毀房屋倉囷，土官通事不能禁。私通亦然，強者將其婦及姦夫立殺死；或與麻達通，衹罰婦酒一甕，麻達不問。女與麻達通，亦不問。[11]

　　這篇紀錄所描述的道卡斯族聯姻習慣非常特殊，有明顯的母系社會特徵，也有父系傳承的遺緒。對於男女關係的描述也與其它族群大同小異，亦即，平埔族人的通姦行為可能並不少見，婦人通姦的對象有些是有夫之婦，也有些是未婚的單身男子（麻達），但被發現後的處置方式一般都只是罰酒、罰牲畜或

---

11 黃叔璥，《臺海使槎錄》（南投：臺灣省文獻會，1722/1999），頁 131。

珍貴物品了事，只是若有人醋勁大發者，其實也有傷及人命的可能。不過，無論如何，仍沒有紀錄顯示平埔族人有「性交易」的現象。

清季中葉的道光年間，平埔族的這些習俗仍沒有太大的改變，據丁紹儀成書於道光 28 年（1848）的《東瀛識略》中所載：

> 番俗皆先通後娶，不納聘，無媒妁。男女及歲，意相悅，遂野合焉；然後各告其親，因訂爲婚，名曰牽手，以海蛤、青紅布、銅鐵手鐲等爲幣。屆期，男婦兩家各以牲醴相貽，引男至女家婚配，通社飲酒稱慶；亦有娶婦入室者，邀眾會飲，與贅婿同。近日番女與漢人牽手，媒聘禮文略如漢制。瑯嶠、卑南覓各番目，獨互相嫁娶，不與眾番爲婚。番多以女承家，甥即爲孫，以衍後嗣。無姓氏。伯叔之子自相匹偶。夫婦不合即離，曰放手；男未娶，女不敢嫁，先嫁者罰酒或牛豕。通姦被獲，鳴眾聲罪，罰如之，未嫁娶者勿論。惟北路南崁以上番，雖反目脫輹，白首不離異。夫死一月、或三月、期年，婦告父母，別擇牽手；各社皆然。[12]

這裡描述的情況和前述差不多，但特別點出了瑯嶠、卑南兩族不喜與外族通婚；至於南崁以北的平埔族則有白首到老的習俗，縱有夫妻不合的情事也不輕言離異。而所有的平埔族都沒有守寡的慣例，夫死再嫁是很自然的事。

至於到了清末時，漢原通婚的情況已漸次增多，但對於部落所在的番社，男女關係並沒有太大變化，例如日本領臺前 4 年（1891）時，由臺南知府唐贊袞所撰的《臺陽見聞錄》即載有：

---

12 丁紹儀，《東瀛識略》（南投：臺灣省文獻委員會，1848/1999），頁 76-77。

熟番初歸化時，不擇婚，不倩媒妁。男皆出贅；生女則喜，以男出贅、女招夫也。女及笄，構屋獨居，番童有意者，彈嘴琴挑之。嘴琴削竹如弓，長尺餘或七、八寸，以絲線為弦，一頭以薄篾折而環其端，承於近弰弦下，末疊繫於弓面，扣於齒爪，其弦以成音，名曰「突肉」。意合，女出而招之同居，曰「牽手」。逾月各告於父母，以紗帕、青紅布為聘。女父母各具牲醪，會親友以贅焉。既婚，女赴男家，灑掃屋舍三日，名曰「烏合」。

此後，男歸女家，同耕並作以諧終身。夫妻反目，夫出其婦，婦離其夫，不論有無生育，均分舍內什物；再「牽手」出贅。週日番社亦知議婚，令媒通好，以布帛酒果或生牛二，先行定聘禮；亦有學漢人娶女，不以男出贅者。至漢人牽番女，儀節較繁；近奉嚴禁，其風稍息。生番婚嫁與熟番初歸化時相類。[13]

　　從這些文獻方志的紀錄上看來，臺灣原住民的婚姻關係其實是相當開放，「合則牽手，不合則放手」的民情，顯示男女雙方大致都有相對等的性自主權。但無論如何的開放，本文還是要再次強調，並無任何跡象顯示在原住民的傳統部落裡，有人會把「性」當作交易的標的。

　　因此，「性」作為一種產業，無疑都來自漢人渡臺時一併帶來的特殊文化產業。同時無可否認的，由於漢文化的強勢入侵，「性產業」雖然沒有蔓延到番社部落，但已導致平埔族人的加速漢化，不少族人離開部落之後，也很難不受到漢人「風月文化」的影響。

---

13 唐贊袞，《臺陽見聞錄》（南投：臺灣省文獻會 1891/1999），頁 187-188。

三、漢人的性文化：風花雪月

漢人經營風月產業的歷史由來已久，由官方經營官技或軍妓的產業型態，甚至還可以追溯到春秋時代。據《戰國策》載：「齊桓公宮中七市，女閭七百」，[14] 也就是說，中國至少自兩千七百多年前開始，就已經有國王在專營官妓了，此後歷代不衰，接著如漢武帝首開營妓、蓄官婢，魏晉南北朝官紳富戶盛養「家妓」，自此歷經唐、宋、元、明，花樣更是不斷翻新，不但設有教坊、樂戶，還有宮妓、官妓、營妓和私妓等等的分類階級，更令人叫絕的是，歷朝歷代都有最有名的才子在寫最艷麗的情詩，更代代流傳著絕代艷妓的浪漫傳奇。[15]

唐代，如白居易的〈琵琶行〉：「十三學得琵琶成、名屬教坊第一部」，〈長恨歌〉：「天長地久有時盡，此恨綿綿無絕期」；元稹的〈離思〉：「曾經滄海難為水，除卻巫山不是雲」；李白的〈秋風詞〉：「相思相見知何日，此時此夜難為情」，李商隱〈夜雨寄北〉：「何當共剪西窗燭，卻說巴山夜雨時」，〈錦瑟〉：「此情可待成追憶，只是當時已惘然」；杜牧〈贈別〉：「春風十里揚州路，卷上珠簾總不知」。

宋代，如范仲淹的〈蘇幕遮〉：「夜夜除非好夢留人睡，明月高樓休獨倚，酒入愁腸，化作相思淚」；秦觀的〈鵲橋仙〉：「柔情似水，佳期如夢，忍顧鵲橋歸路。兩情若是久長時，又豈在朝朝暮暮」；柳永〈鳳棲梧〉：「衣帶漸寬終不悔，為伊消得人憔悴」，〈雨霖鈴〉：「多情自古傷離，今宵酒醒何處？楊柳岸、曉風殘月」；蘇東坡〈永遇樂〉：「燕子樓空，佳人何在？空鎖樓中燕，古今如夢，何曾夢覺，但有舊歡新怨」。[16]

---

14 參閱，〈中央研究院漢文電子文獻資料庫〉，2011/4/10，取自網址：http://hanji.sinica.edu.tw/。

15 王書奴，《中國娼妓史》（臺北：仙人掌出版社，2004），頁 10-75。

　　至於名妓，中國歷朝歷代不勝枚舉，最早像田倩與管仲，再來有西施對范蠡、貂禪對呂布、趙飛燕與漢成帝、綠珠與石崇、花蕊夫人對後蜀孟昶、李師師與周邦彥、梁紅玉對韓世忠、蘇軾與朝雲……數都數不清。[17] 一直到清兵入關，也正值漢人開始大量移往臺灣之際，當時最有名的浪漫故事當屬「衝冠一怒為紅顏」的名將吳三桂與名妓陳圓圓。

　　由上所述，因為有艷妓與將相鴻儒的纏綿緋側，更有傳奇與名詩絕句的集體想像，「風月」（或性交易）因此在漢人社會中早已發展出一項特殊而重要的產業。儘管，在封建與父權雙重宰制結構之下，「娼妓」本身並未因此提高其地位。但兩相折衝後，吾人必須承認，「風月」早已是漢文化中相當重要的內容與特徵，否則，我們就必須把文學巨擘如李白、李商隱甚至才宦兼備的范仲淹、蘇東坡等人，全部都視作是登徒子之流，或者，要把他們令人驚艷的千古詩作，全都視作下九流的作品？

　　有趣的是，統治中國的歷代封建王國之中，惟有最後一個大清帝國是一開國就嚴格禁娼，順治入關後即兩度頒行禁娼令，鼓勵條件之一是讓娼優之屬的賤民變成良民，康熙 12 年（1673）更廢止京師及各省市已行之千年的教坊制度。[18]

　　不過清廷這種舉動，就彷彿臺北市在 1997 年的廢公娼行動一般，娼妓並沒有消失，反而全數轉入地下。漢人幾千年的「風月」文化與產業，豈是說禁就能禁的。

　　至於在臺灣，因為天高皇帝遠，不但清廷的禁娼令形同虛設，更有不少官

---

16 參閱〈中央研究院漢文電子文獻資料庫〉，2011/4/10，取自網址：http://hanji.sinica.edu.tw/。

17 王書奴，《中國娼妓史》，頁 70-125。

18 單光鼐，《中國娼妓過去和現在》（北京：法律出版社，1995），頁 88-89。

員公然包娼包賭，例如乾隆年間平定林爽文事件有功的臺灣總兵柴大紀，平亂期間因死守諸羅（嘉義）不退，被乾隆拔擢至一等義勇伯，結果乾隆派親信福康安解了嘉義之圍後，柴大紀見到了福康安竟「自以參贊伯爵，不執囊鞬之儀」，[19] 就是自認為爵位夠高而不向指揮官福康安行軍禮；福康安暗自不爽，事後把柴大紀參劾到「斬決」，命都沒有，家人還被發配伊犁，福康安彈劾他的理由之一就是：

> 柴大紀於臺灣逆匪滋擾之時，在鹽埕橋打仗尚為出力，在嘉義守禦亦有微勞，但係專閫大員，身當海疆重任，平時不思實力整頓，又敢縱容兵丁出錢替役，離伍貿易，包娼庇賭。[20]

其實漢人在臺灣從事買賣婦女行當，早在荷蘭、東寧時代就是常見的事，例如一名後來投靠鄭成功部隊的客家大海盜叫邱輝，《臺灣外記》裡說他：「時（筆者按：康熙 8 年，1669）邱輝自踞達濠有年，橫行無忌，官軍無奈之何。所有擄掠婦女，悉係臺灣船隻販買」。[21]

至少從這個時候起，臺灣的「風月」產業就沒有間斷過，不管是明的還是暗的。

四、臺灣的風月：不戀親夫戀契兄

漢人移民到臺灣來，可說是「人」也要、「地」也要，對平埔族來說簡直

---

19 丁曰健，《治臺必告錄》（南投：國史館臺灣文獻館，1997），頁 89。

20 丁曰健，《治臺必告錄》，頁 91。

21 江日昇，《臺灣外記》，頁 258。

就是一場不可逆轉的「末代浩劫」，日治初期來臺考察的學者伊能嘉矩，曾歸納出漢人奪取平埔族土地的四大方法，一是用廉價的酒或布交換；二是利用平埔族不識字在契約上動手腳，用騙的；三是找平埔族人結拜再設法霸佔其土地；四是利用平埔族的母系社會，娶番女以繼承土地。[22]

康熙末年的巡臺御使黃叔璥，即紀錄了漢人同時用前述兩種手法搶人又搶地，令人髮指：

> 半線社多與漢人結爲副遘。副遘者盟兄弟也。漢人利其所有，托番婦爲媒，先與本婦議明，以布數匹送婦父母，與其夫結爲副遘，出入無忌，貓兒干、東西螺大武郡等社，亦踵此惡習。[23]

「副遘」表面意義雖是「結拜兄弟」，但其實就是與盟兄弟「共妻」的意思，漢人為了奪取土地，拿禮物給番婦的父母，以同意他與番婦的丈夫共有其女兒，最後再設法繼承番社土地。由於這類搶佔番地、強娶番婦的事件層出不窮，官方因此在乾隆 2 年頒訂禁令，如下：

> 巡臺御史白起圖等奏准：嗣後漢民不得擅娶番婦，番婦亦不得牽手漢民，違者，即行離異。漢民照民苗結親例，杖一百離異；土官、通事照民苗結親媒人減一等例，各杖九十；地方官照失察民苗結親例，降一級調用。其從前已娶、生有子嗣者，即行安置爲民，不許往來番社，以杜煽惑生事之端。[24]

22　伊能嘉矩，《臺灣番政志（一）》（南投：臺灣省文獻委員會，1957/1999），頁299-302。

23　黃叔璥，《臺海使槎錄》（南投：臺灣省文獻委員會，1999），頁 116。

天高皇帝遠，這類禁令當然不會有成效，由於情況一直未改善，所以嘉慶年間，閩浙總督方維甸再下了一道禁令，儘管歷史證明，這次禁令仍形同具文，但值得注意的是他所描述的平埔族慘狀：

一、各社番婦各有本夫，或夫故孀守，乃有奸惡社丁恃強姦佔，尤為可惡。查姦佔良家妻女為妻妾者，律應問絞。茲本部堂申明定例嚴禁，並飭地方官嚴密查拏外，嗣後再敢有姦佔番婦情事，立即嚴拏照律治罪。

二、番俗最為淳樸，乃有無籍游民竄匿番社，包娼開賭，實為人心之害。除飭地方官嚴密查拏外，嗣後如再有前項游民竄匿番社，包娼開賭，許屯弁、屯丁立即擒拏送官究治；倘敢容留，並將該屯弁、屯丁治罪……

三、番愚不諳生理，每值缺用之時，向民人告貸，奸民即乘機盤剝，以致番黎典賣田園，準折租餉，受累無窮。嗣後如有借貸，概行定例每月百錢給利三文；倘民人仍有違例盤剝，欺弄番黎者，照例治罪，追本利入官。[25]

平埔族各番社也因此逐漸變成漢人聚落，若鄰近客家庄者就被漢化成客家人，若處在福佬街庄附近者就變成福佬人，[26] 漢化就是全盤接受漢文化，如今平埔族雖已在臺灣消失，但「風月文化」至今仍然歷久不衰。

---

24 六十七、范咸，《重修臺灣府志》（南投：臺灣省文獻委員會，1999），頁 483。

25 不著撰人，《臺灣私法物權編》（南投：國史館臺灣文獻館，1994），頁 441。

26 薛雲峰，〈臺灣客家史觀：以義民與 1895 乙未抗日戰爭為例〉（臺北：國立臺灣大學博士論文 2009），頁 151。

　　不過也誠如前清客家舉人吳子光所說：「閩、粵各有土俗，自寓臺後又別成異俗」，[27] 意思是說，雖然臺灣的漢人來自中國，但來臺之後的民情風俗，仍會因社會結構的變遷變得和原鄉不一樣。例如在中國原鄉，婦女的地位向來不高，更別說是「性自主權」，但在臺灣民間就未必是如此。清領時期臺灣婦女的「性自主權」，恐怕高得出乎人意料之外。

　　依竹東的客家耆老黃榮洛蒐集到一本前清留下的戲曲〈渡臺悲歌〉，歌中記載有男女共洗鴛鴦浴的情況，看在初到臺灣的漢人眼中，甚覺不可思議，因之作者以不屑的口吻說：「哪有男人併婦女，相共水桶洗身焉，又愛擔水煮飯食，食了都會衰三年」，是說，同一個水桶又要用來洗澡又要用來擔水煮食，吃了都會倒楣 3 年，此外，歌裡所描述的男女婚姻關係也非常奇特：

> 所見祀神紅龜粄，所見有妻烏龜般，大聲不敢罵妻子，隨其意下任交歡，拾個丈夫九個係，只有一個不其然，野夫入屋丈夫接，甜言好語侍茶煙，范丹婦人殺九夫，臺灣婦人九夫全，出門三步跟隨等，結髮夫婦無幹（較）賢，總愛有錢就親熱，聲聲句句阿哥前，臺灣婦人有目水，看你長（藏）有幾多錢，交得一年和半載，錢銀幹（再）多也會完。[28]

　　此處描述，歌謠的作者不解為何臺灣人要把拜神用的糕點，作成紅色的烏龜模樣？但他發現臺灣的女人最愛錢，讓作丈夫的都像縮頭烏龜一樣，只要有人到家裡和他老婆「性交易」，他都笑著又說好話又侍候著香煙。而傳說中原

27 吳子光，《臺灣紀事》（南投：臺灣省文獻委員會，1996），頁 98。
28 黃榮洛，《渡臺悲歌》（臺北：臺原出版社，1989），頁 37-38

鄉有個叫范丹的人,他妻子在嫁他之前已殺了9個新婿,[29]但臺灣的婦人好像都有九個老公一樣,只要你有錢就和你親熱。如此一來,辛苦做工所存藏的再多錢,一年半載也花光光。沒錢的時候會怎樣呢?歌中說:「一到無錢就各樣,路上相逢目不看,行前去問都不應,皆因錢了斷情緣,開聲就罵契弟子」,還會罵人哩。

這種情況與內政部在 2010 年要實施「性交易除罪化」時,初擬訂的「一樓一鳳」作法彷彿相去不遠,但內政部「性產業個人工作室」一提出即遭到許多衛道人士的非議。[30]事實上,「一樓一鳳」有可能只是反映「返古現象」,因為早在前清時期的臺灣就是這樣了。

我國內政部是因為大法官會議第 666 號釋憲認為,《社會秩序維護法》中有關「罰娼不罰嫖」的規定違憲而擬實施「性工作除罪化」。但前清時期若按照大清律例,縱容或強迫(抑勒)自己或子孫的妻妾與他人通姦者,是要處以杖刑。[31]只不過臺灣「別成異俗」,幾乎是沒有人理會官府的規定,而且不單是客家庄如此,全臺灣的漢人都這樣。

首先就客家庄來說,光緒 14 年(1888)時新竹有位客家裔童生(秀才)名叫鄧錫雲,他向當時的臺灣巡撫劉銘傳提稟了三件事,其中第一件事就是:

---

29 筆者按:傳統廟宇裡一般都備有六十甲子籤筒,其中第十九首丁丑籤,有籤題云:「紅孩兒擋路頭,范丹妻未出身殺九夫」,依籤題意思看來,范丹的妻子可能命中帶殺(剎),連嫁九個剎(殺)死九個,直到嫁給范丹才相安無事。惟依〈渡臺悲歌〉的文脈看來,應是說范妻若遇不到「對」的人,是寧可殺夫也不嫁,因此連殺了九個。不過流傳在福佬庄的傳統歌謠裡有:「一女九夫范丹妻,忘恩背義百里奚」之句,這樣看來,范丹妻又和臺灣婦女差不多了。關於范丹婦人,說法不一。

30 〈性工作者可「一樓一鳳」經營 不設「紅燈區」〉,華視新聞網,2010/10/14,取自網站:http://news.cts.com.tw/nownews/society/201010/201010140585161.html。

31 伊能嘉矩,《臺灣文化志(中卷)》(南投:臺灣省文獻委員會,1991),頁179。

一則，民俗之淫蕩也。蔓草采蘭之習，他處固多，而臺地為甚。無論鄉村城市，隨地皆民家，即隨地皆娼家。娼家與民家往來而不恥，民家與娼家婚媾亦無嫌；群居自處，習慣自然：遂至淫蕩而不可救藥。且無男亦能娶媳，俗名為「摘花」；推原其故，無非為後日□樹子計。為女父母當為婚而不賤，即親戚宗族亦無諫阻。實由良賤不分，自少至長習以為常。淫蕩之根，皆由於此；將欲禁絕，勢所不能。昔管仲設女閭三百，越王設縫衣女八十，皆有苦心作用；是有妓女而良賤分，猶之有洗濯而庖廚潔：此我乾河泊所之所由議也。[32]

「無論鄉村城市，隨地皆民家，即隨地皆娼家」這幾個字，看在現代客家人的眼中，可能會覺得相當不可思議，怎麼可能這種事會發生在客家庄？但鄧秀才言之鑿鑿，能奈他何？若按他的說法，臺灣人是淫蕩到不可救藥，而且娼家、民家不分，看來就像是「一樓一鳳」的先驅了。

其次，除了客家庄之外，全臺灣各地也都是這樣。例如光緒 18 年（1892）也就是日本領臺前 3 年，時任臺灣巡撫的邵友濂特別發出一份勸告臺灣婦人不要賣淫的諭示，這是一份接近口語白話的文告，用意在「苦苦相勸」，不在「威嚇示禁」，文告中說：

福建臺灣巡撫部院兼管海關學政邵，為勸諭臺地婦女事。本部院素聞人說臺地婦女多半仍不知閨教，貪愛錢財，與男子往來，以倚門接客為常事，人人傳為笑談，謂天下無恥之人莫如臺地婦女之甚。本部院渡臺以來，細察情形，深為爾等婦女叫屈。蓋爾等非真無恥

---

32 不著撰人，《劉銘傳撫臺前後檔案》（南投：國史館臺灣文獻館，1984），頁 14。

也，所以甘爲無恥之事者，其故約有三端：一則習俗已久，年幼無知之女，習見其姑若母之所爲，不復知爲可恥之事；一則明知其非，見逼於大姆，不從則詬罵毒打，故含羞忍辱而爲之；一則年少無遠慮，但知暮舞朝歌之樂，不暇計失身之害……臺地後山生番雖冥不知法，然男女之範甚嚴，爾等均係清白良民，乃甘爲娼妓無恥之事，反不如粗野之番人。[33]

　　邵友濂的這篇告示，等於明白證實了臺灣婦人「多半」貪愛錢財且艷名遠播，其行徑連「冥不知法」的後山生番還不如，但爲什麼會這樣呢？經他審查民情之後，發現原因除了逼良爲娼之外，少女愛慕虛榮以及「習俗已久」更是主因。意思是說，長久以來，臺灣的少女們看到姑姑或母親都在做這樣的事，早已變成一種「習俗」，也就不以爲恥了。

　　道、咸年間來臺擔任府學訓導的劉家謀著有〈海音詩〉一百首，他對臺灣婦女的這種「習俗」也有過類似的深刻描述，茲節錄四首以及他自己寫的詩註如下：

其一、愛戀曾無出里閭，同行更喜賦同車；手牽何事輕相放，黑齒雕題恐不如！「諸羅志」番俗考：「夫婦自相親暱，雖富無婢妾、僮僕。終身不出里門，行攜手、坐同車，不知有生人離別之苦。」臺俗：夫婦雖相得極歡，鮮不廣置妾媵，甚且出爲冶遊；反目，輒輕棄之。婦被棄於夫，亦無顧戀；馬頭覆水，視爲故常。何乃少結

---

33 邵友濂，〈取締臺灣婦女弊風之告示〉，收於《臺灣私法人事編》（南投：國史館臺灣文獻館，1994），頁 188-189。

髮情耶？內地來臺者，每娶臺婦，久亦忘歸；及歸，則未作飛蓬之
嗟，已違就木之誓！地氣之薄也，抑人心之澆漓？番俗可以風矣。
俗娶妻，曰「牽手」；棄妻，曰「放手」。

其二、黑齒偏云助艷姿，狉犀應廢國風詩；俗情顛倒君休笑，梨芨
登盤厭荔支。婦女以黑齒為妍，多取檳榔和孩兒茶嚼之。按「彰化
縣志」番俗考：「男女以沁澀或芭蕉花擦齒，令黑」；蓋本番俗也。
梨仔芨，即番石榴。味臭，番酷嗜之；見鮮荔支，反以為惡。

其三、何必明珠十斛償，一家八口託檀郎；唐山縱有西歸日，不肯
雙飛過墨洋。內地人多娶臺女，以索聘廉也。然娶後，而父母兄弟
咸仰食焉。久羈海外，欲挈以歸，不可；或舍之自歸，隔數年則琵
琶別抱矣。謂內地人曰「唐山客」。「墨洋」，即黑水洋。

其四、誓海盟山意正長，纏頭百萬亦尋常；三家村裏盲兒鼓，猶唱
當年黃錦娘。永春人賈於臺者，眷一婦黃錦娘，傾其貲。既歸復來，
錦娘拒而不納；流落失所。臺人哀之，為俚曲紀其事。[34]

　　前兩首的大意是反諷漢番俗情顛倒，漢文化按理說是傳承數千年的文明產
物，但怎會是番社夫妻恩愛如膠，出入同車，反倒是漢人男女說離就離，夫妻
情義遠不如原住民？後兩首大意是指臺灣婦人不但愛錢且薄情寡義，一家老小
都靠男人供養，一旦男人回內地去，也就毫不客氣的「琵琶別抱」。第四首的
詩註裡，那位到臺灣作生意的永春人更是可憐，傾所有家當娶了一名叫黃錦娘
的女人，但當他再從內地回臺後卻被拒斥於門外，惟流離失所的他，仍是念念
不忘他的黃錦娘。

---

34 劉家謀，〈海音詩〉，收於《臺灣雜詠合刻》（臺北：臺灣銀行經濟研究室，
　　1958），頁 13-16。

　　此外，日治初期（1898）有一位從澳門來的詩人徐莘田，他在定居基隆後寫了不少首竹枝詞，其中有詩句描寫臺灣的婦人「不戀親夫戀契兄」，茲節錄數首他的竹枝詞及自註如下，以再次說明臺灣的這種「風月文化」，果真歷久不衰：

> 入門便把蘿礴輕，不戀親夫戀契兄；莫怪紅顏多薄倖，楊花水性本生成。臺妓呼所歡曰「契兄」。
> 但求生女莫生兒，生女可爲錢樹枝；歌舞教成能接客，全家活計靠蛾眉。
> 情郎夜出打茶圍，腳曳拖鞋膊搭衣；無奈睡魔迷倦眼，雙門虛掩待他歸。
> 夫婿偏將野鶩憐，閨中少婦等飽懸；青春那肯甘岑寂，又抱琵琶過別船。[35]

五、日治以降的風月產業

　　臺灣在 1895 年因清、日的馬關條約割讓歸日本統治，不過當年日本人佔領臺灣之初卻意外遇到以客家人爲主的義民軍頑強的抵抗，島內激烈的戰事更持續到 1896 年，[36] 因此，雖說日本人在 1895 年 6 月初即正式取得對臺統治權，但實際上要到隔年 3 月分戰事稍息且公布法律六三號之後，日本對臺的統治才由軍政統治轉爲民政治理，同時把全臺畫分爲臺北縣、臺中縣、臺南縣和澎湖廳等四個行政區。[37]

---

35 徐莘田，〈基隆竹枝詞〉，收於《臺灣詩鈔》（南投：國史館臺灣文獻館，1997），頁 234。
36 薛雲峰，《快讀臺灣客家》（臺北：南天書局，2008），頁 42-50。

　　不過在作戰期間，由於有大量日本軍人駐紮臺灣作戰或衛戍，所以1896年初已有日本商人在臺北艋舺（萬華）開設娼館（貸座敷），起初因作戰期間禁止日本女人來臺的軍令，在六三法公布之後也隨即解禁，這也是全臺灣最早設有公娼的地區。[38]

　　由此看來，日本政府對待「風月」產業的作法可說是相當的務實，它不像清政府三令五申的公告禁娼，實務上不但無法執行反而衍生出一堆弊端。相反的，日本人是直接正視這項古老的行業，並把內地的公娼制度引進臺灣，其方法就是設立專區管理，雖然法令上的管理也未必能完全有效防止私娼流竄，但至少它使「風月」變成了一種特殊的產業，而不讓「多半」的臺灣婦女都在從事這種行業。

　　日本的「風月產業」可說是花樣繁多，大部分都是介於淫欲與享樂之間的營業型態，不過，日本殖民政府還是比照內地的管理辦法，把這些「花柳業」的女性從業人員劃分成兩大類，第一類就是完全以賣淫為主的行業，稱為「貸座敷」；第二類屬於娛樂行業，初期大致有「料理屋」、「飲食店」，後來還出現「咖啡店」、「酒吧」、「劇場」、「寄席」等行業，各有各的「取締規則」（管理辦法）。[39]

　　依據各「規締規則」，從事這些行業女性工作者也各有各的名稱，其中，在「貸座敷」工作者稱作「娼妓」，在「料理屋」工作者稱為「藝妓」，「飲食店」的則稱作「酌婦」，至於在後期出現在各娛樂場所服務的女侍則泛稱「女給」，按照日本政府的規定，除了「娼妓」之外，其它的「藝妓」、「酌婦」

---

37 山崎繁樹、野上矯介，《臺灣史》（臺北：武陵出版社，1998），頁223。

38 柯瑞明，《臺灣風月》（臺北：自立晚報，1991），頁132-141。

39 梁秋虹，〈社會的下半身：試論日本殖民時期的性治理〉（新竹：國立清華大學社會學研究所碩士論文），頁26。

或「女給」全部都不可以賣淫。[40]

　　「藝妓」的主要工作是表演歌舞，受過專業歌舞訓練並享有一定的評價，通常出場的價碼相當高，「酌婦」則以應侍陪酒為主，至於後期的「女給」依規定只能倒茶、倒酒或引導。當然在現實世界中還是有落差，以「藝妓」來說，只要價錢談得攏還是可以陪宿，這種兼賣藝又賣身的藝妓俗稱「二枚」，後來因陸續出現「咖啡店」、「酒吧」或「演藝場」之類的娛樂型態，「藝妓」、「酌婦」或「女給」到處跑場的情況也不少見。[41]

　　若用臺灣慣用語來說，「貸座敷」就是妓女戶，「料理屋」指的是高級酒館或酒樓，例如臺北最有名的江山樓、臺中的臺灣大酒家（醉月樓），「飲食店」一般稱作酒家或酒場，而日本人為方便管理這些行業，通常會劃定特定區域讓風月行業進駐，日本稱之為「遊廓」。不過「遊廓」主要是規範「貸座敷」，不包括「料理屋」和「飲食店」在內，但通常都因人潮集中或原本就位在鬧區的緣故，多半也都呈現群聚性。

　　日本人擇定的「遊廓」位置，有些是遷就前清時期的風化區，例如臺北就劃在艋舺、大稻埕一帶；有些則選訂新址，例如臺南就把偏遠的魚塭填平造鎮成「新町」遊廓。至於新竹地區的風月區從清光緒年間就已存在，最初都集中從海邊南寮一帶，日治開始逐漸往鬧區發展，最後在西大路、南門街週邊俗稱「中巷」的地區形成熱鬧的「遊廓」。[42]

　　由於新竹靠海的區域多半為福佬人的街庄區，客家庄的單身男丁若欲解決性需求，到市區風月場所尋歡所遇到女子也多為福佬女子，客家男子因之稱為

---

40 陳姃湲，〈在殖民地臺灣社會夾縫中的朝鮮人娼妓業〉，《臺灣史研究》17（3）（臺北：中央研究院臺灣史研究所），頁 121-126。
41 柯瑞明，《臺灣風月》，頁 143。
42 柯瑞明，《臺灣風月》，頁 232。

「福佬嬤」，反之，歡場女子就稱這些尋歡客為「客兄」（或稱契兄，結拜兄弟之意；「契」與「客」在福佬語和客家話中都同音；客家話稱「契哥」）。[43]

　　流傳至今，「福佬嬤」和「契哥」都是指外遇對象的意思。前者指男性外遇的「小三」；後者指女性的外遇伴侶，今稱「小王」。就臺灣社會發展歷程看來，「福佬嬤」和「契哥」（「客兄」）的用法，看來沒有什麼閩客族群的仇恨情結，甚至還很相親相愛。

　　二次大戰後，國民黨政府接收臺灣，行政長官公署隨即於翌年（1946）公告禁娼，當時的行政長官公署欲強力執行四大「正俗」工作，分別是取締女招待、肅娼、禁舞和破除迷信，希望原有的風月行業工作者，能全部轉型成餐廳業的女侍應生。[44] 不過對於自日治時代已行之 50 年的娼妓制度來說，這種做法影響了太多人的生計和習慣，因此娼妓業者不是陽奉陰違就是轉入地下，可說毫無成效。

　　1949 年，聯合國通過一項《禁止人口買賣及剝削他人賣淫之公約》，當時仍為會員國的我國順理成章理應成為「禁娼國」，不過政府雖一再說要「禁娼」卻一直無法有效施行，省政府只好採折衷作法特准設立「特種酒家」，但這種酒家實際上仍與公娼館無異；因此到了 1956 年，省政府索性頒布《臺灣省妓女管理辦法》，該辦法原訂有兩年的落日條款，希望兩年後能讓公娼絕跡，不過最終仍是無限期的展延禁娼令；[45] 此後一直到 2003 年高雄市的最後一家公娼館結束營業為止，我國的娼妓政策可以說是「說一套、做一套」。

　　不過，「娼妓」畢竟只是風月產業的一部分，1980 年代迄今，各種新興且多元的風月產業不斷冒出又被取代，像過去的理容廳、三溫暖、MTV、俱

---

43 參見；黃榮洛，《渡臺悲歌》，頁 47。柯瑞明，《臺灣風月》，頁 8。
44 林宏勳，〈臺灣廢娼與臺灣娼妓史〉，《當代》122 期（4），頁 111-112。
45 沈美真，《臺灣被害娼妓與娼妓政策》（臺北：前衛出版社，1990），頁 49-50。

樂部、休閒中心、工商祕書、伴遊中心，一直到現在的傳播小姐、色情電玩和網路援交等等，任何一種行業都可能涉及「賣淫」行為。因此，問題的徵結可能並不在於如何去管理這些不斷冒出的新行業，而是政府該不該去管「性」的交易買賣？或者要怎麼管？

針對這些問題，我國大法官會議在 2009 年 11 月作出第 666 號解釋文，惟主文裡，只說現行的《社會秩序維護法》中，有關「罰娼不罰嫖」的規定違憲，儘管不少大法官在協同意見書裡，都表達了「罰娼不罰嫖」違憲並不表示是要主管機關「雙罰」的意思，但主文脈絡仍顯得保守，對於性工作者是否有罪？並沒有做出根本性的正面答覆。[46]

六、結語

大法官釋憲文出爐約一年後，我國內政部提出的因應方案傾向於開放「妓權」，不限定性工作者的身分和場所，即俗稱的「一樓一鳳」，但隨即引來部分支持「廢娼」婦運團體的圍剿，內政部在約半年之後，彷彿回到日治時期的「遊廓」思維，再提出由各縣市設置專區的構想。

但無疑的，各地方政府都不願正面去碰觸這個問題，更不敢輕言把某個區域劃定為風化區。於此同時，支持「妓權」的婦運團體又批評政府的「專區」會讓性工作者標籤化，陷於「性道德恐慌」。[47]

其實，由本文的脈絡來看，問題真正的關鍵很清楚，就是：能不能做，是法律的問題；該不該做，是倫理的問題；但有沒有在做，是文化的問題。

---

46 〈釋字第 666 號〉，司法院大法官網站，2011/4/14，取自網址：http://www.judicial.gov.tw/constitutionalcourt/p03_01.asp?expno=666。

47 〈性工作專區，日日春：選票壓力下進步不少〉，聯合新聞網，2011/04/07，取自網站：http://tw.news.yahoo.com/article/url/d/a/110407/2/2pdzb.html。

　　臺灣歷經數百年所形成的「風月產業」，有其深厚的文化背景，任何倫理的約束或法政的管制，充其量只能使它或明或暗，但從不曾讓其消失過。

　　因之，既是文化問題，那麼除非整個文化結構發生徹底的質變，要不然，本文可以大膽預測，無論政府的政策如何作為或婦運團體的態度是否支持，「風月產業」仍會以各種形式或面貌繼續在臺灣社會存在。

跨越與邊界：
桃園霄裡及銅鑼圈為中心的地域社會與族群關係[*]

傅寶玉

一、緒論

　　近來有關族群認同與地域認同的研究，益趨關注歷時性發展過程中影響認同建構的歷史與社會變遷因素。Fredrik Barth 主張族群構成主要的依據是邊界的劃分，而不是族群的客觀文化特質，Barth 的重要貢獻在於把族群認同的研究由文化內容（content）轉向邊界，決定族群的不是族群文化的特徵，文化認同不等於族群認同，影響族群身分及認同的還是族群間邊界的存在。族群邊界不僅是地理上的邊界，更是社會認知的邊界（Barth 1969）。Rogers Brubaker 也提出行動者看待社會世界（seeing social world），以及詮釋經驗的重要性；族群研究著重的不是族群的「實質」（sub-stance）內容，而是其「過程」（process）（Brubaker 2004）。Emily Honig 則指出族群關係（ethnicity）是一種建構的過程而非純粹客觀實體。族群關係的成立與人群所在的環境脈絡息息相關，而族群關係的界限與界定社會範疇和類別的媒介密不可分（Honig

---

* 本文原刊登於《民族學界》，2017，39 期，頁 121-170。因收錄於本專書，略做增刪，謹此說明。作者傅寶玉現任國立中央大學客家學院助理研究員暨通識教育中心兼任助理教授。

1992）。這些研究觀點都強調族群研究不是強調族群關係的類型和分類，而是關注族群得以產生和存在的不同過程。在歷史演變的過程中，人群對地域範圍和身分認同的詮釋也在改變。因此要了解族群關係的建構，就需了解社區、界定社會關係的媒介和族群的發展歷程。這個理念再次揭示族群關係與認同必須放到社會脈絡來加以理解，也就是整體地域社會的內涵實際上影響人們的認同，而益發突顯族群研究必須建立在整體地域社會脈絡的理解基礎上。

　　大漢溪左岸上游流域的桃園台地，相對於所謂桃竹苗地區客家優占人口，為一族群多元互動的區塊，在大漢溪左岸，族群一方面顯現跨越祖籍相互統合的文化網絡，但整合的過程中仍維繫著一定的族群邊界。這類族群互動所顯現的統合與邊界也表現在「平埔族」[1]的族群關係上，桃園台地的開發，從霄裡中心區至邊緣台地的拓墾，都可見平埔族的痕跡，他們在水利興築與土地拓墾方面長期與客家族群互動，並與客家通婚，有些平埔族能說流暢客家話，並自稱自己為客家或祖籍登記為廣東，某些文化表現與客家相似或共享，然而仍然可以在其家族與地方祭祀文化中觀察到特殊文化要素，並且仍被地方人有意無意地看成「番仔」。這些人長期與客家族群互動而納入客家社會，但不同的地域社群對他們卻有不同的認識。這些自稱或他稱「客家人」的平埔族是如何看待自己的族群身分，他者又是如何看待，其與客家的族群關係與客家認同的過程值得注意。作為多元族群且是北臺灣客家族群分布重鎮的桃園地區，在討論客家族群建構時，無法迴避很早就納入「客家社會」且在祖籍分類上歸為粵籍或自我認同為客家人的這群「他者」，為深化桃園台地多元族群互動研究，補充歷史空白，並再現當代客家社會建構的另一面向，本文試圖通過桃園台地平埔族與周邊族群關係的探討，嘗試理解在本地域何種因素影響族群的互動與認

---

1 本文所書寫的平埔族或霄裡社，主要指涉歷史脈絡或在與他者區辨而權宜的當代用語，並非實質指涉當地人的族群認同就是平埔族或霄裡社。

同。並通過平埔族的個案研究，[2] 揭示客家社會中多元分殊的地域實像與族群建構。

桃園霄裡一帶平埔族在清代稱為霄裡社，被劃為熟番，在不同地方，霄裡社與不同地域的漢人展開不同互動關係。日治時期戶口調查時，社角的平埔族包括蕭家依然登記為熟番，但銅鑼圈的蕭家則登記為廣東，戰後社角平埔族對外顯現的自我認同為閩南，銅鑼圈則傾向宣稱自己是客家。同樣族群，甚至是同樣派下的宗族，在不同地域表現出不同的身分認同與文化特質，是那些因素影響族群的認同？本文試圖理解引發族群相互吸納（inclusive）與排斥（exclusive）的動力，並嘗試回答以下幾個問題：1. 在昔日分類意識作用下，不同的族群合作是在何種脈絡下達成的。2. 族群合作表現在族群關係與文化上呈現何種樣態與面貌。3. 地域性：族群關係與認同是否隨著不同地方呈現差異？本文研究對象以桃園霄裡周邊一帶平埔族為中心，目前所知主要姓氏有三：包括蕭、潘、羅三姓，由於蕭家在桃園開拓史上扮演重要角色，且相對保存較多文獻史料，本文主要以蕭家為探討個案，蕭家開基祖為知母六（漢名蕭那英），生有四子：鳳生、阿生、來生與珀生，其中阿生又生四子為和盛、東盛、寶盛與玉盛。東盛時遷往銅鑼圈，其他則留在原地社角、番仔寮一帶。本文主要研究地點為桃園台地的八德霄裡周邊一帶包括大溪社角以及龍潭銅鑼圈，指

---

2 有關平埔族與客家族群關係的探討，雖已日漸豐碩，但整體的研究成果仍有待更多地域性個案的探討為基礎才能釐清。現有平埔族研究多以南部西拉雅族及中部巴宰海族（岸裡社）、北部道卡斯族（竹塹社、蓬山八社）等較大社群為主，有關桃園地區的平埔族研究相對薄弱。目前可知桃園地區相關研究主要有張素玢的〈南崁地區平埔族〉（張素玢等 1998：20-69）。許世賢（2007：29-42），主要以南崁社、坑子社及龜崙社為主。霄裡社相關研究有張素玢（1995：99-125），該文主要聚焦於十股寮派下的蕭家家族歷史為主。陳志豪（2007）主要研究霄裡社在隘墾區的地權。莊育忠（2008）。上述研究對於霄裡社蕭家整體家族的全面性掌握，及不同地域派下家族與其他族群的不同對應關係與認同之探討著墨較少。

圖1：桃園族群分布圖

資料來源：參考羅烈師，2006

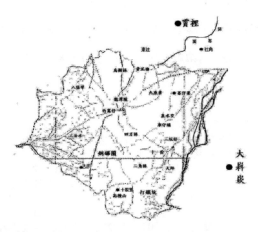

圖2：霄裡周邊與龍潭銅鑼圈

資料來源：作者重製

涉的研究對象分別是居住社角阿生公派下的下厝蕭（三世寶盛公）、鳳生公派下的上厝蕭；以及居住銅鑼圈的阿生公派下東盛後裔的大庄蕭家（鳴皋公派下）與十股寮蕭家（鳴鳳公派下）。

二、霄裡周邊的土地拓墾與變遷

　　桃園縣台地平埔族，被學者歸類為北臺灣凱達格蘭族下的雷朗族一支，目前分布在桃園台地的村社包括南崁、霄裡、龜崙、坑仔等四社，南崁、龜崙及坑仔社主要分布在南崁溪流域，茄苳溪及霄裡溪流域則盤踞著霄裡社。在桃園台地拓墾歷史上，相對於南崁等社，霄裡社與客家社群互動較為密切。

　　中村孝志在〈荷蘭時代的臺灣番社戶口表〉中，將荷蘭文獻中的 Sousouly 比定為清代文獻的霄裡社（中村孝志，吳密察、許賢瑤譯 1944：208-210）[3]，而霄裡社最初根據地大抵在今天八德霄裡及其周邊一帶，清代番界圖中可以發現霄裡社與霄裡庄並列，推斷霄裡社的根據地應該在今天桃園八德霄裡附近一帶。霄裡社附近在清代曾經設置霄裡汛，是南北官道上的重鎮之一。《臺灣堡圖》上也可以在霄裡庄附近找到番社、社仔、營盤、官路缺等小地名，可以支持霄裡一帶應該是霄裡最初社地的一部分。霄裡社域主要坐落在桃園番子寮台地和龍潭台地，呈東北西南走向的狹長區域，這大片的紅土階地，原為大漢溪早期的沖積扇地形，後來經地殼隆起而形成。台地中間分別有南崁溪、老街溪、新街溪三個水系，東南方為丘陵山地。此外包括楊梅、平鎮、中壢、大溪、三峽、鶯歌、樹林、關西等地也是其社地範圍，部分土地且與其他平埔族如龜崙社與武嶗灣社、擺接社共同擁有，可見其社域之廣大。[4] 早期核心聚落以霄裡

---

3 Sousouly 在荷蘭人的分類中屬於 Baritischoen 氏族（geslacht），該族包括三社，分別是在今天桃園的 Sousouly、Terrisan 及 Gagaisan（簡宏逸 2012：12-14）。

（八德霄裡）、番社（大溪社角）、番仔寮庄（大溪瑞源）及社仔（平鎮東社）等地為主，幾乎都是位於台地鄰近河谷平原，後期才轉移至內山如龍潭銅鑼圈等地發展，這些地點除銅鑼圈以外，離霄裡都在大約幾公里不等的範圍內。目前蕭家長房鳳生公派下在大溪社角（仁善里）、霄裡，二房阿生公派下三世東盛後裔在龍潭銅鑼圈（高平、高原村），其他則分布在社角、番仔寮、九座寮。三房來生公派下在八德、大溪，四房珀生公派下在大溪（張素玢 1995：99-120）。

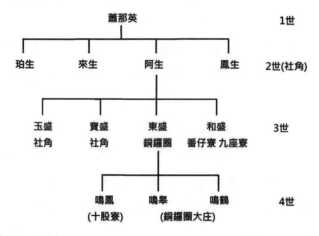

圖 3：霄裡社蕭那英派下系譜
資料來源：參考張素玢，1995

---

4 依據現存清代契字文書資料顯示，霄裡社社地主要分布在今桃園新竹以及臺北縣地區，部分土地且與其他平埔族如龜崙社與武嶗灣、擺接社共同擁有。

　　霄裡社最初核心聚落如霄裡、社角等地，位於大漢溪左岸流域，相對於所謂桃竹苗地區客家優占人口，為一族群多元互動的區塊，客家族群多居大漢溪上游左岸（河西），大漢溪右岸近山地區（河東）則多為原住民泰雅族與福佬族群分布區；此外河西、河東交界處除平埔族群外，則呈現閩客族群交疊分布態勢。在大漢溪沿岸的北桃園包括大溪，八德等地，在相關行政部門調查中被視為非客家分布的這些地區，自清代以來已長久存在著祖籍「粵」（客家）的社群聚落；[5] 大溪蓮座山觀音寺且成為今日桃竹苗客家地區觀音信仰的中心。左岸的霄裡，南興一帶早期有四到六成的客家人分布，並建有主祀三官大帝的三元宮（後改稱玉元宮）與五穀神農大帝的永昌宮。目前霄裡被分成竹園及霄裡兩村，前霄裡村長陳先生表示：「我們霄裡這邊閩南人都會講客家話，竹園有百分之三十是閩南人，客家人差不多是百分之七八十。霄裡百分之九十都是客家人，百分之十的閩南人。」[6] 雖然八德及大溪並沒有義民廟的設置，霄裡附近的營盤古廟（褒忠義民廟）及福壽宮很早就有褒忠祀神明會的成立與義民祭祀活動。[7] 可見霄裡周邊地區一直都是客家社群活動的重要地區。客家社群並且與閩籍漳州及霄裡社發生互動關係，這個互動網絡使得清代原本是霄裡社的社域逐漸被建構成漢莊。

---

5 本文以地域性人群聚落或定著性社會群體指稱社群，特別是在清代並沒有現代意義下的族群用語概念。

6 訪問前霄裡村長陳先生，陳家祖籍廣東。

7 墳塚在營盤廟後方，並立有乾隆 55 年墓碑，而神主牌在福壽宮，但神主牌已不見，只存黑令旗祭祀。

表 1：大正 14 年（1925）大溪郡人口種族別統計

桃園郡	廣東	福建	總數	廣東佔比例
八塊庄	1497	8264	9761	0.15
八塊	124	2424	2548	0.05
霄裡	1107	504	1611	0.69
下庄子	113	969	1082	0.1
大湳	66	2318	2384	0.03
小大湳	6	750	756	0.01
茄冬溪	81	1299	1380	0.06
大溪郡	廣東	福建	總數	
河西				
缺仔	45	1535	1580	0.03
中庄	18	1317	1335	0.01
埔頂	66	1534	1600	0.04
員樹林	34	1062	1096	0.03
南興	768	977	1745	0.44
番子寮	18	1822	1840	0.01

資料來源：臺灣總督府新竹州調查

　　《番俗六考》描述桃園台地熟番時提及：「龜崙、霄裡、坑仔諸番，體盡
糶椏，趨走促數，又多斑癬，狀如生番。」（黃叔璥 1957）。這些族群過往
其實是「生番歸化的熟番」。據張素玢對龜崙社的田野調查，當地的龜崙社族
人宣稱他們是從大嵙崁竹頭角遷移過來，竹頭角正是泰雅族竹角頭社（詹素
娟、張素玢 2001：206）。目前可知的資料無法表明霄裡社與龜崙社是否同一
起源，但根據臺灣總督府土地申告書資料顯示，日治時期住在埔頂社角的霄裡

社族人自稱是生番歸化。[8] 霄裡社原屬生番，康熙末年化為熟番，屬於淡水社十二社之一，歸化後按年與南崁社等熟番一起向官府繳納社餉，被歸於南崁四社。[9] 文獻上除了南崁四社之共稱外，古文書出現有「霄崙灣接四社公記」的印戳，顯示霄裡社與臺北盆地武嶗灣及擺接社也有互動關係。雍正年間《諸羅縣志》中還只看到霄裡社，至乾隆番界圖中已出現有藍線界內的霄裡社、霄裡庄並列，乾隆 25 年（1760）間，在紅線與藍線的番界之間，有龜崙仔口、桃仔園、茄苳腳庄、霄裡庄等漢人聚落。同治年間《淡水廳志》則出現番仔寮，顯示最晚在同治年間已出現「番」的地名。除了文獻上有番仔寮外，相關地圖也出現有番社的記載。從當地地名霄裡的稱呼到番社、番仔寮的出現，反映漢人移墾勢力日漸強大，而逐漸凌駕當地社番。在地名上便逐漸由霄裡（社）的自稱，轉換到漢人對當地番的他稱。漢人勢力的興盛與霄裡所在交通位置有密切關係。霄裡社根據地由於位於竹塹與臺北往來通道，逐漸發展為重要官道。康熙末期出現的南北陸路交通要道「內港道」，就是利用鳳山溪河谷進入霄裡地區，再沿著台地邊緣，以大嵙崁溪的河谷順流而下，繞過龜崙嶺，到達臺北盆地的海山、新莊地區。[10] 康熙 36 年（1697）郁永河從竹塹北上，刻意避開霄裡社地，30 年不到，康熙末年「內港道」通過霄裡社，再經十餘年，雍正11 年（1733）又開通龜崙嶺，以至乾隆 16 年（1751），龜崙社與漢人合力開闢新道（詹素娟、張素玢 2001：183），顯示從康熙末年到乾隆初年，霄裡社

---

8 國史館臺灣文獻館藏《臺灣總督府檔案》12343-001-168。

9 其社餉與同屬淡水社番的南崁社、龜崙社、坑仔社一體繳納，因此被官方文獻稱為南崁四社。「南崁社並附坑仔、龜崙、霄裏等三社合徵銀九十八兩七錢八分四釐」（劉良璧 1961：197）。

10 「擺接附近，內山野番出沒，東由海山出霄裡，通鳳山崎大路。海山舊為人跡所不到，地平曠；近始有漢人耕作，而內港之路通矣」（周鍾瑄 1962：357；盛清沂 1980：157-159、165）。

和龜崙社甚至大嵙崁方面的泰雅族已相繼解除威脅，最晚至乾隆年間，霄裡、龜崙以及海山地區已相繼由官方設立汛塘。南北交通線的修築以及官方的設立塘汛，顯示漢人在熟番地移墾勢力的逐漸增強。隨著交通以及官方設施的逐漸興設，漢人一波波的移墾勢力，熟番的生活空間逐漸被侵奪，傳統鹿場逐漸被闢成田園並轉為漢業主庄。

漢人開墾主要憑藉與霄裡社共同合作開墾土地與興修水圳。霄裡社所處的桃園台地，土壤貧瘠夾帶古河床沖積下之大量卵石，很難開闢為良田，境內河川又無灌溉之利，開發較晚，直到清雍正年間還是荒煙蔓草。為了解決缺水的問題，霄裡社頻頻與漢人合作，在水利開發上相當突出。大嵙崁溪（大漢溪）左岸地區如霄裡大圳、龍潭陂的修築以及周邊土地的拓墾，是霄裡社與粵籍、漳州籍合力協作的結果。桃園北部的霄裡大圳是大嵙崁溪左岸地區最早出現的水利灌溉系統。乾隆初年墾戶薛啟龍入墾桃仔園，墾區以桃仔園為中心，東至龜崙（今龜山），北達南崁（今蘆竹），南迄霄裡（今八德）。乾隆 6 年（1741）薛啟龍與霄裡社通事知母六（漢名蕭那英），率地方上佃農共同開鑿霄裡大圳，由山腳泉水孔開導水源，灌溉番仔寮、三塊厝、南興庄、棋盤厝、八塊厝、山腳庄共六庄田業，內有大小陂塘四口。他們將水資源分成十份，番佃六、漢佃四。後因田園廣闊，水分不夠分配，佃戶張子敏、游耀南等向通事請墾馬陵埔陰窩（今龍潭三角林）一處，另開一圳引接陂水，灌溉農田（鄭用錫 2006：59）。乾隆 13 年（1748），霄裡社通事知母六又與漢佃合力修築龍潭陂，以灌溉鄰近霄裡的山仔頂五小庄（東勢、南勢、安平鎮、八張犁、龍潭陂庄）及黃泥塘等地（陳培桂 1963：73-74）。在高亢缺水的桃園台地，霄裡大圳與龍潭陂的修築成為最早開發的水利設施，因為當地湧泉發達，一年四季水源充足，稻作甚豐，故有：「看不盡的霄裡田，吃不完的霄裡米，斬不完的鷹哥竹」等諺語，並且陸續引來各地漢佃移民的入墾，促成龍潭、大溪與八德

的開發。早期漢人之所以能夠開墾霄裡一帶土地，是通過與熟番達成某種協議與建立合作關係。特別是這些水利設施，其水源皆在於龍潭內山，雖然屬於霄裡社地，但乾隆初期這裡屬於土牛界外，漢人與熟番按理不可以進入，顯示當時霄裡社與粵籍墾戶共同掩護非法進入界外取水。霄裡周邊一帶的水利開發與土地拓墾，是霄裡社與漢人業戶合作的結果，從目前留存的水權契約及相關文獻可以知道當時參與修築的人包括閩、粵籍及霄裡社人。[11]

薛啟龍，原名昌桂，閩西上杭人（不著撰人 1999），康熙 60 年（1721）因朱一貴事件應募來臺，事平之後，返回鄉里；又於乾隆 2 年（1737），率丁數百來臺開墾，將斗六荒埔盡闢為田，鄉民感念其功，遂稱「斗六將軍」（仇德哉 1978：18）。此後取得福建省官署之許可，由臺南登陸，北上開墾「虎茅庄」（桃園縣文獻委員會編 1962：76）。乾隆 6 年（1741）已有霄裡社通事知母六與業戶薛啟龍合力興築水利的記載（陳培桂 1963：73-74），顯示乾隆初年薛啟龍已入墾霄裡及番界以外地區，其產權的取得似乎是通過承買周添福的墾業。[12] 最晚在乾隆初年，漢業主周添福以購買番地並向官方請墾報陞方式取得開墾南宵虎茅莊權利，拓墾範圍北自南崁，南至霄裡，[13] 墾區廣大。之後由薛啟龍承買取得南宵虎茅莊的墾權，[14] 原為霄裡社地的霄裡庄與八塊厝庄

---

11 參考〈霄裡公共埤圳規約〉，《臺灣總督府檔案》04712-010-005 到 009。

12 古文書所示：立給佃批南崁（宵）虎茅莊業主周添福，有前年明買番地一所，土名虎茅莊，經請墾報課在案，今有佃人──乾隆 4 年 12 月給（臺灣銀行經濟研究室編 1994：65）。

13 其進墾的路線順著南崁溪向東南擴展，拓墾範圍，以今日桃園市街為中心，東始於龜崙嶺（今龜山鄉），西達崁仔腳（今中壢市中原、內壢、內定里），南至霄裡（今八德市霄裡、竹園、龍友里），北至南崁（今蘆竹鄉錦興、南崁、五福、內檜、山鼻等村）（盛清沂 1980：173）。

14 乾隆 4 年（1739）周添福仍是虎茅莊業主，推測薛啟龍應該是乾隆 4 年以後才入墾。立給換佃批業主薛啟龍，有先年承買課地界內，座落土名霄裏社背，東至長流石溝，西至山腳，南至何思宗田，北至陳兆瑚田為界，經踏四址明白。有佃人徐時偉前來

等地,乃成為薛啟龍的墾界,該地的霄裡社轉而成為其下的佃人,其間漢番關係如何,因缺乏相關文獻資料,無從得知。但從歷史上熟番割地換水的經驗來看,很可能該地社番並沒有向墾戶繳交水租,雖然名為番佃,但事實上番社可能也相對得到貼納番租或代納社餉番丁銀等補償。此後薛啟龍將部分墾權轉讓給粵籍佃首黃燕禮及其股夥。當時向黃燕禮請墾的佃人正是霄裡客家主要家族如吳家、謝家、何家等。

> 立給送坡地牛埔墾批字霄裏莊業主黃燕禮,同股夥等,先年承買薛家大莊業大租四至界址,及正供錢糧社課各款,但載契約造冊內註明,歷管無異。——因霄裏山下新興莊眾佃所有給墾開闢田業既盡,各墾內未曾餘埔築坡牧牛,只有山下莊崁而荒埔一所未有給墾與人,是業主該管之界,內原係赤爍之地,旱埔不能墾闢成田,僅可給眾佃以為築坡牧牛。眾佃吳永輝、吳永岐、徐時偉、張子敏、楊惠初、謝廷松、謝廷玉、何發伯、游榮順、李奕能同莊眾等前來與業主商酌山下莊田業乏水灌觔塀陰,無坡地可築,亦無牛埔可牧,眾佃備出花紅銀二十四大員正,求業主墾給佃批霄裏山下崁面荒埔——隨即交付眾佃吳永輝等同前去掌管,築坡牧牛。——(下略)乾隆三十年(1765)正月 日立給。(臺灣銀行經濟研究室編 1994:544-545)

換給佃批犁份半張,前去耕種,即日面議自備工賞、牛隻,架造田寮,竭力開墾,不得久佔拋荒,致誤租課。(下略)——乾隆 22 年(1757)10 月 日給。業主(臺灣銀行經濟研究室編 72-73)。

　　霄裡庄業主權在乾隆 20-30 年代已經歷從番社到周添福、薛啟龍以及黃燕禮的變動。此後黃燕禮則將部分墾權轉讓給其他漢人，大約在道光年間霄裡庄的業主權已重層發展，成為多數業主並置的局面，其中包括在地佃戶轉為墾戶的新德成。

　　　立分定杜賣莊業課租盡根契字人鍾玉柏，先年承祖鍾長祥明買過何
　　　盈泰莊業課租一處，土名址在霄裏莊。情因積欠公項多年，廳□
　　　憲催繳難容，無所措繳，柏不得已赴鄭□憲呈請在案，願將莊業課
　　　租出賣與人，儘問至親人等俱各不欲承受，外托中引就送於新德成
　　　字號出首承買，當日同中三面言定時值杜賣極價佛銀一千一百大員
　　　正。柏願將莊業每年收有大租粟一百五十石零六斗正，計共有佃戶
　　　二十名正，概交於新德成 [15] 字號掌管，收租抵利，納課繳公，永為
　　　己業。其所賣莊業課租，每年配繳勻丁耗羨銀共二兩五錢六分正，
　　　又帶有霄裏社課穀二十五石正，（下略）
　　　同治三年（1864）十一月　日（臺灣銀行經濟研究室編 1994：291-
　　　293）。

　　上面契文顯示霄裡庄業主權的變動，主要是循漢業主權轉讓的方式進行，最初可能先由黃燕禮（後裔黃建敏）將部分業主權轉讓給金順利（即竹塹鄭祉記），金順利再部分典給黃林何四股，其中何盈泰股權賣給鍾長祥、李成金二

---

15 日治初期新德成號股分成員有袁嗣輝（袁嘉振繼承人），住霄裡庄。袁修信住霄裡。
　　謝湖華住霄裡庄。謝湖德住桃澗保社仔庄。謝長富（繼承謝湖廣田業）住桃澗保社
　　仔庄。吳昆山（吳永岐／吳華秀公業管理人）住霄裡。吳昆連、吳秀傳住霄裡，另
　　有鄭木生住竹北二堡石頭坑（其父為鄭慶根，侄鄭昌鰲）參《總督府檔案》12392-
　　001。

股，鍾長祥後人再賣自己持分給新德成字號，顯示庄業大租權的不斷更迭變易。其中金順利是來自竹塹北門的鄭家，李成金則是大料崁李金興家族派下李賡颺。何盈泰及新德成字號為粵籍在地業主，新德成字號主要由霄裡本地的袁家、吳家與謝家所組的合股組織，這些粵籍家族早在乾隆初期就以佃戶身分投入水利興修開闢田業，顯示佃人實力不斷增強，不僅擁有田底永業權，也參與大租權的競奪。據古文書顯示何盈泰家族早在乾隆 20 年（1755）左右已入墾霄裡新興庄，道光 9 年（1829）時仍向霄裡新興庄業主年納大租穀五石，當時業戶為黃燕禮。[16] 顯示上述庄業的變遷大約在道光 9 年以後發生。當時鍾家所持有的庄業每年收有大租粟 150 石，佃戶 20 名，且雖是買斷大租，直至同治年間仍繳給霄裡社課穀 25 石。清末原屬霄裡根據地的霄裡庄已然成為漢業主勢力範圍，根據桃仔園廳桃澗堡霄裡庄民有大租名寄帳資料，可以發現霄裡庄大租業主已完全變為漢業主天下，霄裡社沒有一席之地。[17] 從乾隆 40 年（1775）以後霄裡社給墾的土地多在土牛溝外的社地，如員樹林、山仔頂、楊梅壢及三洽水等地的事實，可以推測早在乾隆末年霄裡社在土牛溝內的土地就已多半轉移給漢墾佃。今天聚集在霄裡周邊一帶的客家聚落過往都是霄裡社的社地。

　　隨著霄裡社土地的轉移給漢人，其水份也跟著讓渡。霄裡大圳的興建與灌區的拓墾，是熟番與漢人業佃合作的結果。他們將水資源分成十份，熟番六、漢佃四，依照比例分配農田用水。番漢合力開鑿水圳的修築往往也是土地轉移的開端，中部岸裡社即是在通事張達京主導下，以割地換水方式，讓渡了大

---

16 〈道光 9 年 8 月黃鳳濟立杜賣斷根地基契字〉，印記：霄裡庄業主何盈泰圖記、霄裡庄管事何清海圖記；〈道光 9 年 12 月何貴泰等立歸還田業屋地字〉，印記：霄裡業主黃燕禮分管男緒傑（偕）圖記，中研院臺史所藏，《北部地區土地文書》。

17 大租業主包括黃燕禮家族、鄭址記即金順利（竹塹鄭家）、林長茂（竹塹林家）、李成金（即李賡颺為大科崁李金興派下）以及霄裡本地的袁家、吳家與謝家等合股組成的新德成。參《臺灣總督府檔案》12818-001。

量土地給臺中一帶的漢墾民。沒有相關資料透露是否霄裡社也是以割地換水方式取得水份權，但是日治後期霄裡公共埤圳規約中，原由霄裡社與漢業佃合力開築的水圳，演變至後來，水份已由番六漢四完全轉移到漢佃手中，水份關係人名單中已無霄裡社族人。其中又以霄裡庄當地的客家家族握有主要水份權，如袁、吳、謝等姓為主。[18] 這些人即是新德成墾號的代表家族，他們由小租戶起家，後來不僅握有大租，且進一步以三界祀神明會組織方式掌握土地與水份權。雖然隨著土地拓墾與漢人移民勢力的進入，霄裡社作為墾戶的權利受到挑戰，但雙方還是因為土地拓墾的過程中產生了合作關係，並且在水利興修的基礎上，型塑出相關水利信仰的祭祀統合網絡。

三、水利所衍生的地域網絡

根據文獻記載，桃園較早建立的三界祠為霄裡三元宮（後改稱玉元宮），其興建與霄裡大圳有密切關係。霄裡大圳修築後，乾隆 38 年（1773）歲歉，墾戶黃燕禮於是在霄裡大圳頭建造三官（陳培桂 1963：151-154）除奉祀三界爺（三官大帝）外，更祭祀開築埤圳死難者，以祈求灌溉順利。水圳開鑿初期，為使事業順利，參與埤圳開發之庄民，運用三官大帝信仰組成三界祀神明會，其輪祀與祭典活動讓庄民彼此密切交流，並利用三界爺信仰作為水圳開發與管理背後的仲裁者，以減少衝突糾紛。當水圳興修完畢，庄民將部分水權股分獻給神明會，充當祭祀經費。此項經費經過一段時間累積充裕，則以購置田產放租營利，同時又從其收入提供部分作為修繕水圳費用（田金昌 2005：118）。霄裡大圳築成後水額分成十份，顯見有十個分水系統區（漢佃四／番佃六），後來成立三官祀時，據說也分成十個香爐。這香爐的數目與水份額相當，顯然

---

18 參考〈霄裡公共埤圳規約〉，《臺灣總督府檔案》04712-010-005 到 009。

具有水份權的象徵意義。據說霄裡社蕭東盛自霄裡到銅鑼圈開墾時,同時迎祀兄弟分家時分得之三界爐(潘振墉編 2001:144),[19] 說明早在蕭阿生甚至更早知母六時,家中已有三界爐。雖然霄裡社水份權已喪失,但從香爐的保有,可證明當初蕭家應該也是水份的關係人之一,早期也與漢佃一起參與三官大帝的祭祀活動,而形成一個統合的地域網絡。當民間祭祀圈和水利灌區合一,共同的信仰和經濟上的利害結合使民眾形成一個凝聚的共同體。霄裡大圳灌區主要分布於今日八德、大溪一帶,為清代熟番、漳州與粵籍(客家)交錯分布地。熟番與漢墾佃不僅合作透過土地拓墾與水利興修,促成霄裡與周邊地區的開發,並通過有關水的信仰與祭祀行為達成村落聯盟的整合與在地化。

　　水利興修往往涉及村落或其他族群間的利益,而反映出某種合作或對抗關係。由於國家力量及歷史拓展過程,大漢溪左岸族群交錯的地域體現了族群互動關係,特別是大漢溪左岸的南興、霄裡一帶,由於地處早期交通要衝及水利開發關係,使境內社群在土地拓墾等經濟社會活動上展現跨地域整合的現象,並表現在宗教祭典儀式的共同舉行。以霄裡三元宮為例,其祭祀圈包含了閩粵族群與平埔族,住在霄裡的李先生表示:「我們跟霄裡廟後是同一個廟,廟後屬於閩南區,這邊是客家區,因為有共同信仰,所以在這裡客家人跟閩南人非常融合,因為廟就在竹園跟霄裡的交界,所以就以霄裡廟為共同的信仰中心」。[20] 霄裡大圳的修築促成了本區域內非親族間的合作,發展出跨地域跨族群等地緣組織。水圳開鑿初期,為使事業順利,參與埤圳修築的庄民,運用三官大帝信仰組成三界祀神明會,後來發展成四庄輪祀活動,其輪祀祭典活動使南興、八德、茄苳和霄裡四庄閩粵庄民彼此密切交流。而無論是早期所在地霄

---

19 目前在社角及銅鑼圈的蕭家仍保有香爐目,銅鑼圈三元宮的古樸石製香爐,據說也是蕭東盛帶來的其中之一。

20 訪問霄裡李家李先生,李家祖籍為漳州南靖。

裡或是後來的社角，由於社角最初屬於南興且是霄裡圳水路範圍，推測最初霄裡社應該也在這個輪祀活動內。南桃園三界爺祭祀主要為粵籍（客家）崇拜，在這個地區則顯現為閩粵與霄裡社平埔族共同祭拜，同時可以發現早在清代，霄裡社通過土地拓墾、興修水利及祭祀活動，與閩粵籍社群發生互動關係，並形成統合網絡，目前相關水利信仰的祭祀活動仍以霄裡周邊等四庄的輪祀活動延續下來。

　　水利設施不僅促成跨地域族群的統合，也促成了客家宗族組織的興起，霄裡一帶客家家族包括吳、謝、彭、何、鍾、盧、袁等七姓家族多沿霄裡大圳圳路周邊設立各姓宗祠，[21] 並通過嘗會等組織控制土地，顯示水利興修在霄裡一帶不僅帶動跨族群的統合，也促進了客家家族的凝聚。客家家族通過嘗會與神明會組織的發展，控制土地與水份，而逐漸凌駕原墾戶黃燕禮與霄裡社的優勢，成為地方主要勢力。日治後期霄裡大圳水份已由完全轉移到漢佃手中。可見霄裡大圳的水份很可能在墾戶薛啟龍將霄裡庄一帶土地轉給黃燕禮，黃燕禮又將部分墾權轉讓給其他漢佃時已隨之轉移。這些漢佃又以霄裡在地的客家家族所共同組成的合股墾號新德成勢力最大，祖籍廣東嘉應州鎮平縣的吳仲立家族並成為霄裡大圳的主要管理人。顯示土地拓墾與水利修築雖然促成跨族群的社群合作，但在時間進程中，族群間也發生利益衝突與對立關係，其最大的影響是霄裡社的業主權與水份權被逐步排除在外。因此有關水的信仰祭祀行為雖達成村落聯盟的整合與在地化，同時也在這個過程中逐步排除霄裡社原居地的土地與水的大租權利，表現在儀式上是地方祭祀活動中仍然可以看見族群間的統合與邊界的存在。

---

21 如謝屋寶樹堂、鍾屋穎川堂、吳屋至德堂、何屋盧江堂、袁屋德慶堂等。嘗會組織有吳仲立、吳永岐、謝福廣、何盈泰、何亮生、何思宗、何發伯、袁汝成等公嘗（徐靜蘭 2012：158-183）

四、儀式與傳說中的族群邊界

　　跨族群的水利地緣關係雖然形成霄裡地區祭祀的統合網絡，但並沒有打破祖籍地緣意識。霄裡一帶的客家人因地緣關係，仍多到中壢買賣，且保留客語溝通。而境內的福佬人雖然可以講客家話，但在身分認同上，仍一定程度堅持福佬認同。[22] 霄裡周邊地區的不同社群在各自地區形成自己地方公廟如八德三元宮、霄裡玉元宮、茄苳元聖宮、南興永昌宮以及埔頂仁和宮等；就地緣村廟來看，南興自清代以來就與龍潭保持較密切來往，與鄰近的埔頂廟卻較少互動，同時地方上也留傳著一則有關南興永昌宮被放火燒毀的傳說，這傳說顯示了水圳興修之後，不同地域社群間的對立關係依然存在。霄裡周邊一帶由於開拓時間較早，早期為一多元族群聚居地區，日後因歷史發展與族群械鬥，閩客族群分別往週邊鄰近地區遷移。當地的廟宇且成為移出地的母廟或分香的來源廟。如以粵籍為多數居民的龍潭龍元宮五穀神據說分香於南興的永昌宮；漳州籍為多數居民的大溪福仁宮的開漳聖王則分香自埔頂仁和宮。可知本區域在水利興修與宗教活動等方面雖然有跨族群的表現，同時維持著族群的邊界與文化表現，並展現在平埔族與漢人的互動關係中。

　　清代時期霄裡周邊地區閩粵間械鬥頻仍，熟番與漢人間的衝突也時有所聞，並反映在當代家族族譜的書寫記憶中。霄裡大圳的水份與三界祀管理人吳仲立，祖籍廣東嘉應，其家族在日治時期霄裡公共埤圳水份權中居所有水份第一位，[23] 且是霄裡三元宮主要經理人，並且發展成地方勢力大族。據《吳氏族譜》記載，「吳氏來臺祖十四世祖仲立，渡海來臺移墾霄裡新興庄，以銀元五

---

22 以客家人居多的霄裡，境內祖籍漳州南靖的李家，子孫雖娶客家媳婦，但禁止子孫
　　在家中講客語。
23 依據〈霄裡公共埤圳規約〉，《臺灣總督府檔案》04712-010-005 到 009。

佰元購買田地四甲餘地（現今吳氏至德堂祠堂前面部分），開荒拓土，築陂修圳，遂開墾田園甚廣，由竹頭陂至河霸邊（指茄苳溪邊）起至番社坑止，面積達數十甲之多，當時番社坑以南屬於番社，亦甚兇猛，正在開墾之漢人常遭襲擊，時仲立二子永岐、永松除合力防禦『番人』之襲外，也協力耕作」（吳仲立公祭祀公業管理委員會 1988：108-110）。這類記載在霄裡周邊客家家族族譜或廟宇資料中相當普遍，顯示當時漢番關係雖然有合作關係，仍因為爭奪土地水源，充斥緊張與對立關係。

　　番社坑位於南興庄邊界，地方人稱「番仔坑」，埔頂藍先生表示是「番人開的水圳，當時這邊的番也會到溪裡抓魚」。[24] 番仔坑很可能就是當時的土牛界，社角就位於邊界土牛番界所在，當地社角蕭家還保留當時界碑。[25] 這個聚落是目前所知霄裡社保留的最早根據地。社角屬於埔頂，霄裡及埔頂一帶的人都稱這邊為「番社」，當地人說「社角」原名「番社」，日治時期才改為「社角」，可見這個番社記憶至今還留存在地方社會中。但對遷移至銅鑼圈蕭家的人來說，他們提到社角蕭家時，卻往往說是霄裡，而非社角或番社，他們還是以自稱來看待最早的根據地。廣義來說，更早社角其實就是霄裡的一部分，對他們來說，霄裡社可能是一個遙遠陌生的名稱，但霄裡則是具體的指涉著族人生活的空間。社角與霄裡隔一條溪，此溪為連城溪，營盤與社角分立於兩岸，此溪是一條小溪，上面有橋，兩邊的人可以相互通行，不構成地理界線。目前社角的平埔族住民與漢人混居，但仍然保留某種家族聚居的狀態，這些姓氏有

---

24 訪問埔頂藍先生。藍先生祖籍漳州漳浦，但被當地人稱為「客人傳」，表示自己因為有一位姑丈是客家人，是霄裡何家，大家都叫他「老客人」，於是小時大家都叫他是「客人傳」，其實自己不會說客家話。

25 界碑上文字為「淡水社番奉憲分定界址」。施添福指出土牛溝在此區的位置，由北而南依序為：「尖山－大湳－八德－埔頂－南興－東勢－南勢－安平鎮－高山頂－上營盤－大溪墘－陰影窩－頭湖－二湖－三湖－四湖。」（施添福 1996：73-74）

羅、潘及蕭等姓，潘及蕭家姓氏大多可以追溯於同一祖先派下。連城溪屬於茄
苳溪上游，茄苳溪源於番子寮台地最南端之十一份，向北流經准子埔、番子寮
及員樹林各村莊，於埔頂及南興二村附近與八塊厝、霄裡地區各溪流會合，復
經下庄子及茄苳溪附近注入南崁溪。流經本段之溪流稱為連城溪，北流至今八
德市長興路，有連成橋橫跨其上，再往北經今竹園里大伙房（霄裡客家鍾屋聚
落），至今廣興里及白鷺里界溪尾處，與左岸之霄裡圳會合，繼續北流匯入南
崁溪（黃克仁 1998：42；黃厚源 2005：14-18；施崇武等 2010：169）。社角、
霄裡及八德一帶同屬茄苳溪流域，霄裡大圳的修築就是這類地緣關係的表現。

　　從霄裡的開墾及水圳的修築，可知早期霄裡社與漢人互動密切，不僅合作
致力地方開墾，且共同組織神明會、建立廟宇霄裡三官祠。霄裡三官祠建立後，
地方以霄裡大圳的灌區發生了一個祭祀的統合圈域，並且成立三官祀並附水份
公業。目前沒有相關文獻可以幫助我們理解這個三官祀的實際成員與運作，但
從蕭家很早就保留 3 個三界爐的線索，可以推知蕭家最初應該有加入三官祀，
且是主要經理人之一，但日治時期以後霄裡埤圳實際業主權落在霄裡等周邊的
閩粵業主手中，霄裡社已被排除在外。據社角蕭家表示：「霄裡原來有一平安
亭，對著我們（社角），但後來被霄裡那邊的人破壞，我這邊才沒落」。[26] 無
法得知此傳說是何時開始的，但此傳說顯示霄裡與社角存在著一種競爭與對立
關係。霄裡社原來應該也在霄裡三元宮祭祀圈內，與週邊族群共同參與祭祀，
但後來可能被排除，而逐漸退到社角地方性的公廟祭祀圈域範圍。

　　控制土地水權的表達往往包括在祭拜儀式活動中。而祭祀主神及相關祭典
儀式乃成為人們地域及身分認同的象徵，透過水利相關的宗教信仰活動可反映
一地域人們如何運用或改變這些象徵實踐社區整合。在霄裡，水圳祭祀活動後

---

26 訪問社角上厝蕭先生，曾經擔任過埔頂廟仁和宮副董事長。

來發展成四庄輪祀三界爐方式進行，由蕭家早期分有三界爐，可以推測早期霄裡社應該參與三官祀的共同祭祀，並通過祭祀活動，與漳州、粵籍等漢佃一起達成村落聯盟的在地化。但目前在社角除了部分家族包括蕭姓及潘姓仍保有三界爐的家族內祭拜外，祭祀活動已經轉成以地方性公廟埔頂仁和宮及番仔寮廟為主要祭祀場域，祭祀主神已從三官大帝轉變為開漳聖王。顯示霄裡社作為墾戶的地位，已日趨由中心退到邊緣。無論是霄裡三元宮或埔頂仁和宮及番仔寮瑞源宮，廟中都沒有看到作為原墾戶霄裡社蕭家相關的文字紀錄。霄裡社蕭家雖為地方業主，且曾擔任清代屯番的領袖（屯千總），但霄裡周邊一帶地方廟宇的推動興建主要還是落在漢墾佃身上，如霄裡三元宮是粵籍墾戶黃燕禮於乾隆 38 年（1773）歲歉倡議營建；埔頂仁和宮及番仔寮瑞源宮據說也是由漢墾佃興建。

　　值得注意的是埔頂仁和宮廟以及番仔寮瑞源宮，該地主要為祖籍漳州的福佬人，主祀神開漳聖王。以主神性格而言，開漳聖王基本上是一個「防番」的神明，唐代時因為平定境內「蠻荒族群」，開拓漳洲有功被封神。在大溪瑞源宮廟誌資料中紀載：「唐代，閩粵邊境為蠻荒之地，瘴癘肆虐，『多為番族高山族聚居之地』，反抗唐朝統治，並屢騷擾鄰近善良民眾，後經陳元光父子奉命征戰平定並開拓漳洲有功，被尊為開漳聖王。」瑞源宮〈建廟沿革〉中也提到，番仔寮本來是平埔族原住民聚居之處，至 19 世紀中葉已成為漳洲移民聚落，早年荒野疾病叢生，1858 年迎請仁和宮主神開漳聖王分靈建廟安座後，果然神威顯赫、五穀豐收，「妖孽盜賊」從此斂跡。[27] 番仔寮與埔頂皆位於番界外，早期都是霄裡社主要分布地，漳州人的進入反映該地曾經經歷過一段族群因為土地、水源發生衝突與合作的過程。在今天廟宇儀式活動中，可以發現

---

27 《大溪瑞源宮戊子年慶成祈安三朝福醮誌》，2010 年。

　　兩地的廟宇祭典都是平埔族和漢人相互參與，但在看似融合過程中仍遺留一絲或隱或顯的邊界。

　　霄裡社域附近的開漳聖王廟宇包括大漢溪對岸的大溪福仁宮、番仔寮的瑞源宮，以及埔頂仁和宮中元普渡祭典活動，只有埔頂仁和宮霄裡社在祭典調首四大柱中有一席之地。社角霄裡社蕭家參與的是以埔頂地方為中心的埔頂仁和宮廟，該地主要住民為祖籍漳州的福佬人，主祀神開漳聖王，由地方十大姓輪值開漳聖王聖誕。祭典調首四大柱代表一種地位象徵，通常是由地方有力家族世代承接，但相對於當地漢人家族，霄裡社地位顯得曖昧。仁和宮地方十姓輪值開漳聖王聖誕，蕭姓被放在十姓雜姓中，當天廟內有放置各姓斗燈，四大柱與爐主被擺在最前列，師公道壇在廟殿正中央，廟外廣場有法事道場及鬼王大力士，並於角落邊豎立燈篙。七月中元普渡時主要祭典主要由四大柱主持，四大柱基本上可以說是儀式中最高的權力核心代表，自古以來都是由既有的家族世襲傳承，未曾改變。即主會「江有源」、主醮「趙盛隆」、主壇「王太原」、主普「蕭合成」等四大家族合作主持。四大家族所形成的傳統據說從很早以來就一直維持著。然而四大柱本身又有位階的不同，就儀式階序來說，主會最高、主醮、主壇次之，最後才是主普。儀式舉行時，廟前廣場布置有各信眾的供桌棚，先是四大柱各一公桌，然後依序庄內角頭各有其公桌，四大柱中蕭家公桌在廟右側虎邊，與大士爺孤棚位置同側，其他三姓在廟左側龍邊，各庄角頭則在中間。師公灑淨的儀式次序，是先到四大柱的主會江姓──主醮趙姓──主壇王姓，最後才是主普蕭姓，然後是各角頭，依序是社角──廟前──埔頂角──廟後（如圖4），相較其他三大柱公號的儀式位置與灑淨順位，蕭家在四大柱中地位似乎處於較邊緣位置。番仔寮瑞源宮四大柱則一律由福佬家族，王太原、張復源、黃朝記、江源記擔綱主持祭典，霄裡社已不在四大柱之列，[28] 顯示在時間進程中，霄裡

社作為土地業主地位已日趨沒落，在霄裡周邊一帶漢人佃戶逐漸凌駕業主成為地方主要勢力。埔頂社角及番仔寮兩地的開漳聖王祭典表明了通過祭祀儀式建立的地緣關係，一方面確立地域關係，另一方面則顯示了地域社群間隱藏的對立關係。

　　相對於社角與番仔寮供奉的開漳聖王神格中顯現的族群對立傳說，道光年間遷徙至銅鑼圈的蕭家在同治年間興建的三元宮則是奉祀最初根據地霄裡攜來的三界爐（三界爺信仰），這類與原根據地相同信仰的表現，一方面彰顯最初作為墾戶的主體性象徵；一方面則相對顯現出族群融合的性格。[29] 作為銅鑼圈設隘開墾的墾戶及捐地建廟的關係，蕭家成為地方重要家族，在廟宇及相關

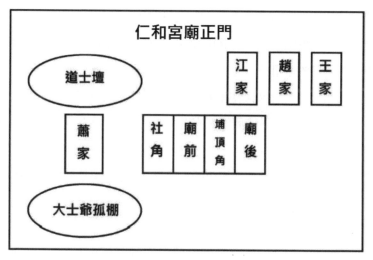

圖4：埔頂仁和宮外場儀式空間格局

---

28 《昭和九年甲戌舊七月 日立瑞源宮廟重修落成捐金眾調首簿》，1934年。
29 這類神明信仰較少見有關族群對立的傳說。

儀式中享有核心地位。霄裡社通過水利興修與土地拓墾，以及年年舉辦建廟與儀式祭典，與其他社群發生互動關係並逐漸產生地域認同。但在這個地域網絡中，又可以發現社群所在位階的不同，就地方信仰中心公廟儀式參與來看，相對於銅鑼圈蕭家的進入核心、社角蕭家的保留四大柱位置，到番仔寮平埔族的邊緣化，可以看出平埔族在不同時間不同地點的權力變化。隨著時間的演變，霄裡社作為業主的開拓英雄形象與記憶也只能保留在儀式祭典的文化傳統中，但這個業主形象在不同地點又有不同的象徵意義。

五、不同地域表現：銅鑼圈大庄及十股寮

霄裡社社地在清代由於位於竹塹沿內港道的路線上，以及自淡水循大嵙崁溪上溯至桃園台地東側的路線間，因此引發移民紛紛越界向其承墾土地，並逐漸侵墾至東南近山地區。漢人侵墾的結果是霄裡社的番租嚴重流失，除銅鑼圈一地尚保留佔優勢的番租外，大部分都淪為漢大租為主的局勢。依據日治時期土地申告書番租統計，可以發現霄裡與周邊一帶的漢大租遠遠超過番租，顯示霄裡社在霄裡及周邊埔頂、南興等庄的番租並沒有被保護在「保留區」內，土地流失情況在嘉慶道光年間已經日趨嚴重，這個現象可以說明為何霄裡社會在道光年間到離社地遙遠且缺水的銅鑼圈去開墾。相較於霄裡社在原根據地為名義上的墾戶，土地實際開墾多由漢佃經營，致使漢佃擁有實權，銅鑼圈霄裡社蕭家則是實際參與設隘開墾的墾戶，因此得以保存較多番租。

道光 3 年（1823）身為屯番的霄裡社番蕭東盛被選為屯首，在霄裡社眾屯丁的同意下，向人籌借數十萬資本，[30] 由霄裡社前往武陵埔開墾並進一步向屯界外的銅鑼圈延伸，設隘招佃開墾。據霄裡社墾戶蕭鳴皋等稟稱：緣皋父因效

---

30 〈銅鑼圈庄土地申告書〉，《臺灣總督府檔案》，V12293-001-190。

力隨軍打仗殺賊叼蒙福大人憲審察淡屬內山寬廣，畫界限設立土牛，禁止奸民越界佔墾，「准令屯番設隘，約撥住山防守以衛地方，又加墾青山以資番丁養贍永為生計，例免陞科」（蕭瑞雲手抄 1899：25-27、32）。由稟文可知霄裡社是以屯番身分前往官府所撥給的養贍屯埔，並且以設隘為名進一步向外擴張土地，所謂「加墾青山以資番丁養贍永為生計」。這個養贍屯埔大約座落於今日龍潭銅鑼圈、三洽水交界處。銅鑼圈位於桃園龍潭區，南有橫岡嶺、高種山、小竹坑山鄰接關西，北至乳姑山下與三和村為鄰，西毗三水村（三洽水），東臨上林村（四方林）。地勢南面為丘陵起伏地，北為店子湖台地，西為霄裡溪河谷區，北為龍潭台地，東西低南北高，是一平坦台地。桃園台地屬於古石門沖積扇礫層，土壤為紅黃土，土地貧瘠，必須築陂蓄水才能灌溉開墾土地，但該地因地勢稍高且平坦彷如倒蓋之銅鑼無法蓄水，故稱銅鑼圈。包括橫崗下、深窩子、牛欄河、石崎子、瓦窯下、十股寮、大庄、雞籠坑一帶皆屬其腹地，約相當於今天高平村及高原村境內，這些地區大都是客家先民在此拓墾時的小聚落（楊文中 1993：6；潘振墉編 2011）。

　　銅鑼圈地區昔因鄰近內山泰雅族區，且屬丘陵台地，土地貧瘠，水源缺乏，故開發較晚。最初設隘地點在內山前沿四方林一帶，《淡水廳志》記載：「霄裡大銅鑼圈隘，民隘，本在四方林，後移入桃澗堡內山要處，距城（竹塹）東五十三里鹹菜甕隘之北」（陳培桂 1963）。桃澗堡內山就是今日的石崎子，僱有隘丁十名，一面守隘，一面開墾，並在今橫崗下、大庄地區設庄，稱為明興庄，包括銅鑼圈、三洽水、矮坪仔、乳姑山、八張犁、竹窩仔、泉水空、九座寮等庄皆在其設隘管轄範圍內。[31] 乾隆 55 年（1790）官方就撥給霄裡社武

---

31 其範圍廣大約今日龍潭大部分西部與南部地區，除去三坑大坪四方林三角林等其他
　　屯埔（蕭瑞雲手抄 1899：25-27、32；陳培桂 1993）

陵埔屯埔，當時霄裡社並沒有親自開墾，而是招佃漢人。遲至道光3年（1823）蕭東盛才進紮武陵屯埔界外的銅鑼圈等處建隘住守、招佃闢墾。銅鑼圈是一處以屯埔開墾為名向外設隘擴張的地域，基於屯埔的關係，漢人入墾銅鑼圈需要向屯番請墾，甚至有人充當屯番的隘首，以代替屯番守衛的名義實質上開墾。如光緒年間江進元、邱阿林向霄裡社屯番蕭鳴皋墾戶請求充當銅鑼圈隘首。

> 光緒陸年（1880）柒月全立抱隘合約字銅鑼圈墾户蕭鳴皋，值年隘首邱阿林、江進元等。緣皋承祖父遺下自備資斧設隘防番保固居民樂業安耕，茲有隘首邱阿林、江進元邀佃前來墾抱隘務募丁在營曉夜防番非敢懈怠貽誤隘事。茲皋轄下山場抱櫃兩座半抱與江進元等請丁七名半，其隘粮工資以及加貼外費共谷式佰四拾石正，……其下半年谷額壹佰式拾石按月割出完單對佃谷額式拾石付于隘首，至期向佃量清款亦不得少欠分毫。……即日批明皋轄下炮櫃兩座半抱與江進元隨赴在營小心嚴密防禦生番倘有燥濕不測不甘墾戶之事係隘首料理……[32]

早在道光年間李顯龍、李同春等人在大坪或武陵埔地向屯番請求設隘開墾的例子，都說明這些漢人很可能早就是地方既有的偷墾者，在土地被官府編給屯番後，以設隘名義向屯番請墾界外埔地。祖籍廣東的竹窩子溫家祖先先前也是在四方林擔任蕭東盛的隘丁，目前位於蕭家祖塔邊的「先人古君墓」，[33] 其

---

32 〈光緒陸年柒月全立抱隘合約字〉，王世慶（編），《臺灣公私藏古文書彙編》。

33 古君墓，無人名，只有一個墓碑上題「先人古君」。原來葬在牛欄河，也就是蕭家祖先墳墓處，後來隨同蕭家祖先墳遷到今祖塔邊。據說這些古君可能是蕭家的屯兵或者隘丁，死後蕭家將這些人隨同祖先墳墓，陪祀在側，祭祖掃墓時節一起祭拜。

中所葬的部分人士很可能就包括客家隘丁，這些人由於偷渡界外拓墾，只能選擇擔任熟番隘丁，並與熟番一起設隘開墾，顯示客家族群在銅鑼圈隘墾區的開拓，與霄裡社有密切互動關係。

銅鑼圈大庄橫岡下有一個開庄伯公，傳說「高山原住民」於某晚打算對大庄及橫岡下居民出草，深夜裡沿著深窩子前行，接近開庄伯公附近，四周寂靜，突然雞啼大鳴，引發家犬狂吠，只得快速退離，居民才安然躲過危險。附近居民都認為是伯公顯靈解救災難（潘振墉編 2001：131）。

這個版本雖然也是「防番」傳說，但值得注意的是這個伯公是由墾戶蕭東盛建立的，當時在銅鑼圈設隘開墾，因此其對立的對象並不是霄裡社族人，而是「生番」。《蕭氏族譜》提到：「蕭東盛，英豪人士，祖業豐隆，義讓兄弟承續，自己奮志開闢銅鑼圈三洽水一帶地方，安靜『生番』」（林添福編1981：420）。當時霄裡社與地方居民共同防守牛欄河對岸的泰雅族，兩者因需要共同對抗界外族群，因此相互合作，沒有產生尖銳衝突，地方上也沒有流傳類似社角或霄裡一帶熟番與漢人社群間對立傳說。[34] 可能是因為這類有更大外力威脅的歷史脈絡，促成此地的霄裡社與客家族群互動較為緊密，並且共同創造出這類傳說。值得注意的是銅鑼圈「開庄伯公沿革」中特別指出，該廟是「由霄裡社遷來大庄定居的先哲蕭東盛招佃開墾此地進而發起建造」（銅鑼圈開基福德祠修建委員會 1983），可見地方對於霄裡社的敬重以及顯現的歷史記憶。

漢人、番社與官方三者並不是處在相對立爭奪資源上，在不同時間或社會脈絡下其關係是複雜且多層發展的。漢人提供水利修築技術以及納租給熟番為

---

34 社角處於界的角落，雖然也是鄰近土牛番界，但界外大嵙崁溪沿岸附近土地還是屬於他們社域土地範圍，離頭寮一帶生番尚遠，因此對於漢人而言，競爭主要對手並非生番，還是霄裡社。

交換條件，取得番地開墾的權利；而番墾戶也將部分大租轉為祭祀經費，與漢佃共享一套地方文化與祭祀禮儀，藉此維持租佃關係與地方社會秩序。但這類關係在不同地方又展現不同對應關係，如位於埔頂屯墾區內作為業主的霄裡社，仍具有一定地位，表現在仁和宮中元普渡祭典時擔任四大柱首之一。但在界外隘墾區上，大嵙崁（今大溪）福仁宮或三層埔福安宮，霄裡社都沒有一席之地。只有在銅鑼圈，霄裡社蕭東盛自資進墾銅鑼圈台地，並設置開庄伯公供眾膜拜；後來其子蕭鳴皋捐地興建銅鑼圈三元宮，展現地方墾戶試圖通過建廟與漢佃維持和諧關係。除曾發生佃戶抗租以及漢人爭取隘租糾紛外，並沒有引發過度的變動，從道光 3 年直到光緒末年，該地的墾戶一直由霄裡社擔任。番社的親自參與土地拓墾的行動，似乎在一定程度上保障了土地的權益，反映在番租的現象上是霄裡社地的番租分布上，只有該地銅鑼圈保持番大租多於漢大租，其他地區多明顯減少，甚至消失。

這類開墾的歷史脈絡也反映在銅鑼圈三元宮的祭典儀式中蕭家的特殊地位上。相對於社角與番仔寮地方廟宇供奉的開漳聖王主神，銅鑼圈三元宮則是分香自霄裡三官祠，以三官大帝為主神。對蕭家來說，三界爐在霄裡是一個分水權的象徵，但在銅鑼圈則由分水象徵轉成一個在地墾戶的優位符號，銅鑼圈地方大廟三元宮最初奉祀的三界爐即是由墾戶蕭東盛帶來的，蕭家後來還捐地建廟。至今銅鑼圈的祭祀中心三元宮，一進大門就可看到上面匾額左側題著——「廟地奉獻蕭東盛／廟宇創造經理蕭鳴皋／廟宇改築經理例貢元蕭瑞雲／前堂增築後殿重修蕭慶壽」。這塊匾額顯示蕭家與三元宮的關係。這個墾戶的記憶至今仍保留在儀式中，蕭家因為是建廟主力，所以正廳拜有三界公，每年三元宮祭典，廟方仍會到蕭家迎請三界香爐，以表敬意。不僅地方每年重要祭典都要到蕭家迎請蕭家家中祭拜的三界爐與其他神明，據說以前平安戲慶典時，還會將廟埕賽神豬的特等賞位置專門保留給蕭家。1980 年代以來保留在廟中牆

壁上的慶成圓醮調首表最高階序總醮主，蕭家一直占有一席之地，[35] 顯示蕭家在地方上的影響力與特殊地位。

而當過蕭家在銅鑼圈設隘時所雇隘丁的竹窩子溫家後人，在回憶家中所供奉的三界爐時，也表示可能是墾戶蕭東盛進墾時，攜帶來自霄裡三官祠的三界爐，後聘名師雕製 10 個三界公聖爐，分火各隘。由於溫家祖先曾經擔任過隘勇，溫家公廳所懸掛的三官爐可能是其中一個。在描述溫家在龍潭拓墾歷史時，其後人也表示竹窩子溫家來臺祖溫昌萬於雍正 3 年（1725）自廣東嘉應州鎮平縣渡海來臺，後隨通事知母六（即墾戶蕭東盛祖先）入墾龍潭，先於四方林落腳，嘉慶 15 年（1810）遷至竹窩子定居（傅寶玉 2007：139-140）。[36] 依據文獻記載，銅鑼圈設隘地點最初在四方林，溫家祖先擔任隘丁很可能就是在此地。無論是否與真實史實相符，這類試圖將自家神明與家族史與墾戶連結的來源追溯，不僅是藉由墾戶歷史提高自家家族地位，更反映墾戶蕭家在地方的影響力與權威象徵。相較於這類對平埔族墾戶的連結且不帶任何貶義的字眼，在霄裡社角則較少見類似的歷史記憶或族譜書寫。同治年間，銅鑼圈蕭家第四世蕭鳴皐、蕭鳴鳳兄弟分產，光緒年間蕭鳴鳳後裔又從大庄向銅鑼圈東南區開墾，前後招募十個家族的佃戶，共同開闢，搭寮定居形成聚落，稱為十股寮（今高平村）。蕭家並在牛瀾河支流水頭設「水頭伯公」，水尾設「水尾伯公」。光緒元年，龍潭聖蹟亭興建時之「聖蹟亭捐緣總抄簿」中並見有蕭鳴皐捐獻之記載，除了捐地建廟，蕭家也提倡教育。日治時期以後，蕭家且在地方擔任區

---

35 銅鑼圈三元宮廟壁碑銘，1981 年慶成福醮總醮主蕭、蔡、余，1989 年圓滿福醮總醮主蕭、徐、蔡、余，2005 年慶成福醮總醮主蕭、鍾、游、徐。

36 其中十個香爐的版本說法又符應霄裡地區既有的的十個份水額與十個香爐的傳說。先前四方林設隘時間不可考，但依照溫家版本。則可推至乾隆到嘉慶年間，但蕭東盛到銅鑼圈開墾是道光年間，因此溫家所有的三官爐不太可能是來自蕭家墾戶所帶來的分火，除非蕭東盛在嘉慶年間已先到此地籌備，道光 3 年才正式開墾。

長，歷任村長及鄉里重要的職務，並參與地方文化教育活動，成為地方重要鄉
紳。

　　從霄裡社角與銅鑼圈的歷史發展脈絡中，可以發現兩地社群資源競爭與對
應關係的不同；清代霄裡社在霄裡的土地水份大多讓渡給在地的客家與漳州社
群；而銅鑼圈的霄裡社則透過親身墾拓並與在地客家社群合作而維持既有的優
勢。從日治時期桃園台地的番租統計結果來看，除銅鑼圈番租大於漢租外，其
他地區番租已大量流失（如下表）。表現在儀式中，可以看到作為墾戶的蕭家
在不同地域儀式中不同的處境。這類不同的歷史發展脈絡與社經地位，也影響
了銅鑼圈與社角蕭家與其他社群互動關係與認同的殊異。

表2：日治初期霄裡社域漢番租之比較　　　　　　　　　　　　（單位：石）

	街庄	漢大租	番大租	地基租	計
八德	霄裡	638.7042	0	1.8355	640.5397
平鎮	社仔	5.37	25.324		30.694
大溪	埔頂	134.323	24.098	0.889	159.31
	員樹林	12.018	12.154	11.545	35.717
	南興	543.649	5.38	0.275	549.304
龍潭					54.9813
					23.5673

資料來源：根據《臺灣總督府檔案》V12248-12249, V12343-12345, 12371-12374, V12435-12464,
　　　　　V12477-12484 統計製表。本圖只顯示與本文指涉相關地區的番租統計結果。

六、模作他者：族群文化與認同

　　族群關係與認同表現在族群文化上，無論是社角或銅鑼圈，可以發現蕭家通過土地拓墾、水利興修以及建廟祭典的參與，與其他社群共同分享一套地方文化系統與符號價值。在這套共享的文化體系中，蕭家也試圖創造屬於自己特有的文化，以融入現實生活中。

　　以埔頂廟中元祭典為例，四大柱公號代表最重要的四大調首，分別為福佬人（福佬客）的江、趙、王姓家族公號，[37] 以及霄裡社平埔族的蕭家公號蕭合成。此外霄裡社羅姓與潘姓也分別佔據調首表的第一、二列位置，擔任副主壇與副經理。祭典調首中出現的蕭合成（正主普）、羅合成（副主壇）、潘連合（副經理）等公號，雖象徵其家族代表，但相較於漢人家族公號，霄裡社的公號與其說是家族公號，倒不如說是為了在祭典輪值中有一定的位置，學習漢人創造出來的家族公號。此外無論是霄裡社社角潘家或銅鑼圈蕭家，正廳皆有穿清代官服的祖先遺像，且都有供奉祖先神主牌位與神明，並重視墳墓風水與族譜編纂，家族並有分鬮財產立契及以字輩命名等表現，顯示霄裡社平埔族與漢人一樣試圖通過種種符號的操作，維繫自身家族凝聚與認同。目前在社角與銅鑼圈的蕭家，都有自己祭祀祖先的公廳。[38]

　　社角上厝蕭家的公廳，祖先牌位為小型的單一牌神龕，上標：「蘭陵堂蕭氏歷代高曾祖考妣神位」。祖先牌位擺在右側虎邊，中間則拜土地公，類似一般常見的閩南型制，祭祖時間在清明節；社角下厝蕭家的公廳牌位則是較大的神龕（大牌），上標「臺灣霄裡堂上蕭氏高基始祖考通事那英蕭公妣萬娘潘太

---

37 江家祖籍漳州南靖，學界有將其歸類為漳州客。
38 此處所謂的公廳是就各派下族人對內而言稱公，但事實上蕭家沒有開基祖祖源派下整體成員的公廳祠堂，此外某些派下公廳也因土地分割後被拆毀，只留下神主牌位在家中奉祀，因此實質上已無公廳的內涵，這類表現又可能不同於客家家族社會。

孺人神位」，並列上各世代祖先考妣名，其型式與用語都與客家相似，且祭祖時間與客家相近，在正月元宵節後第二個禮拜。且正廳只有祖先牌位，觀音神像在側廳。[39] 銅鑼圈大庄的蕭家公廳（蕭家祠堂）除了供奉蕭家祖先的大牌外，並且奉祀兩個神明，分別位於大牌的左右兩側，顯示最初公廳以祖先崇拜為主，與客家公廳型制相似，後來才逐漸增加神明奉祀。[40] 目前兩地蕭家並沒有統一的祖先祭祀公廳，唯一聚集較多族人的祭祀場所在銅鑼圈的蕭家祖塔（蕭家墓苑）。蕭家銅鑼圈的祖塔祭祀，雖然名義上是祭祀開基祖那英公，但成員主要是以阿生派下為主，包括銅鑼圈的東盛公派下大庄、十股寮及和盛公派下的番仔寮、九座寮，以及寶盛公、玉盛公派下的社角成員。[41] 這些成員因地域不同，有的講閩南語，有的講客語，儀式進行雖使用國語，但其中仍提及「后土龍神、伯公、伯婆」等與客家相近的用語，同時並有公嘗與祭祀公業等運作，[42] 顯示蕭家通過每年共同祭祖儀式，在一定程度上也分享了客家文化的操作與慣習。

　　光緒末年日治初期桃園地區平埔族在祭祖時普遍仍保有「走社」的風俗，如光緒 14 年（1888）官府為實施田賦改革，在通令地方送「各番社通土口糧收支章程冊」中可以發現當時霄裡社的祭祀活動包括：二月初二、十二月十六眾番「走田」及福德祀，以及七月十五、二十九、中秋各節神福祭。祭祀舉行時並有各庄演戲酬神（臺灣銀行經濟研究室 1964：113-152）。顯示當時霄裡

---

39 據社角寶盛公派下蕭先生表示，後來因住家搬遷至大樓公寓後，祖先與神明只能放在一起。

40 但十股寮的蕭家正廳則是將祖先牌位置於右側，中間奉祀觀音等神明。

41 但該祖塔埋葬的祖先則是以那英公夫婦及東盛公夫婦派下為主，阿生公的墓及和盛派下的墓地在別處。

42 據相關契約顯示，銅鑼圈大庄似乎有蕭東盛公嘗、蕭鳴泉祭祀公業組織，以及十股寮派下所立公嘗（明治 34 年）。

社除了維繫自身的「走田」儀式外，也參與了漢人的傳統祭祀活動。目前已不見走田的祭祀活動，但福德祀以及七月十五、二十九、中秋各節神福祭仍留存至今。並且與漢人一樣重視風水地理，乾隆 30 年（1765），二世祖蕭阿生曾立遺囑子孫永守祖墳字如下：

> 霄裡社等處通事父蕭阿生，男和盛、寶盛、東盛、玉盛四人知息（悉），情恩（？）招番歸化，幫官殺賊有功，蒙國朝恩賜各處業地、又蒙大官來臺，隨員帶有地理明師，指點生風水穴，日後可以安葬祖骸，必得子孫昌盛，富貴綿遠，今特立字遺囑。——規定風水所在地並山頭界址內批明，不得招佃墾種以免傷地理風水，前後左右若要耕作必留為自耕。（下略）
> 乾隆 30 年 9 月 代筆人 寸仔龜求□ 男 和盛 東盛 寶盛 玉盛 [43]

此外平埔族也從漢人身上學習到契約以及向官府打交道的法律文化，如道光年間霄裡社通事蕭聯裕及與山仔頂五小庄的客家佃戶魏奕賢等具名，共同向官府請示勒石禁令督收額外加索，[44] 以及光緒年間多次以屯弁或墾戶之名義向官府衙門爭取權益以保障屯租及番租收入（蕭瑞雲手抄 1899：無頁碼）。

然而在這個共同分享的文化中仍然有變異的情形發生，例如在社角與銅鑼圈的大庄、十股寮分別有福德信仰崇拜，但在銅鑼圈的被稱為伯公，社角的稱為土地公。不同於一般所見的伯公單一神像或伯公伯婆雙置，大庄的開庄伯公是古樸的石身，裡面的伯公造型，分別有左右侍者，詢問廟公與當地人皆不

---

43 王世慶（編），《臺灣公私藏古文書彙編》。
44 〈桃澗保監生魏奕賢等稟請淡水廳同知曹謹出示勒石定例〉，道光 22 年 7 月 13 日具稟山仔頂五小庄等，《淡新檔案》。

知其所以,由於缺乏進一步資料不知此造型的意涵,但位於新竹縣竹北市新社村的竹塹社新社采田福地供奉的伯公則提供了另類的參照,其伯公被稱為地神(番王爺),類似伯公形象,左右是各設文武判的造型。另外社角蕭家寶盛公派下的正廳內供奉一赤面的送子觀音,這尊觀音不同於一般常見白衣送子觀音的典型形象,而是赤面,座背並雕立有鳥與花瓶。關於赤面觀音,雖然也是觀音的一種造型,但相對於臺灣多數的黑面與金面,赤面觀音十分少見,目前在高雄內門南海紫竹林寺為全臺唯一的赤面觀音。內門舊稱羅漢內門,開庄甚早,該寺相關資料記載:「先期住民平埔、漢族混居,蠻荒環週居處不易,病痛瘟疫、思鄉情結,唯靠朝暮奉香求佛祖慈悲庇祐」,當地的赤面觀音可能是平埔族與漢人共同崇拜。而社角則是位居土牛溝的邊界,界外即是「生番」境地,據社角蕭家報導人的說法,其所供奉的赤面觀音有「除妖」的法力,蕭先生表示:「觀音手中的孩子就是與觀音鬥法的紅孩兒,旁邊的鳥及花瓶都是妖精的化身,這與一般對送子觀音「祈子、護產、保嬰」的想像很不一樣。」[45]另外霄裡附近營盤有一營盤古廟被稱為褒忠義民廟,主要祭祀林爽文事件犧牲的客家義友,最早約乾隆 53 年立碑奉祀,昭和年重修,戰後新修建廟。日治時期霄裡埤圳業主中有一褒忠祀神明會,業主為黃燕禮後人所有,顯示該地很早就有義民祭祀。目前沒有資料顯示當地平埔族是否參與義民祭祀,但田野調查中發現供品桌上擺有生豬肉、酒、檳榔及香煙(插在香爐上)。這些信仰符號及詮釋不同於漢人的表現,而帶有平埔族特有的地域文化脈絡,顯示在共享的文化體系中,仍然可以發現族群邊界的維繫。

族群的融合與邊界也表現在與其他同姓漢人關係的運作上,在社角,同屬霄裡社平埔族主要有三姓,分別為蕭、潘、羅,當筆者詢問蕭家與同庄霄裡社

---

45 社角下厝蕭先生說目前臺灣僅有四尊像他家同型式的赤面送子觀音。與觀音鬥法的紅孩兒意象出自《西遊記》傳說故事。

的潘姓與羅姓的互動情況時，居住社角上厝蕭先生並不認為與他們有何特殊關係，但當提及營盤蕭家時，則表現熱絡。在霄裡社角，與霄裡社蕭家互動較密切的蕭姓為客家人，祖籍潮州大浦，說客語，住在社角的對面霄裡營盤。社角與銅鑼圈兩邊的霄裡社都沒有參與蕭姓宗親會，但在社角蕭家自認為與營盤的蕭家為宗親，彼此以福佬話溝通，除了社角上厝蕭家正廳祖先牌的堂號與營盤蕭家一樣都是蘭陵堂外，族譜同樣是《河南蘭陵蕭氏族譜》，並且同被分在廣東松源肇基始祖梅軒公脈系（林添福編 1981）。或許是這個原因，居住社角上厝的蕭先生認為營盤蕭家應該是同宗，早期祖先是同源，顯示社角蕭家，通過族譜與堂號的文化符號，創造了與祖籍廣東蕭家同宗的對外連結。社角蕭先生表示兩家如果有婚喪喜慶會互相支援，互動關係良好。但當筆者訪問營盤蕭先生時，蕭先生表示自己以前曾經在除夕時節到社角，看過蕭家其中一房過年圍爐除夕拜生豬肉。他說「社角蕭家有三房，都是福佬人」。

而銅鑼圈大庄的蕭姓除了霄裡社蕭家以外，另有一支來自彰化田中的蕭姓，屬於書山派蕭氏，[46]在銅鑼圈經營茶工廠，他們在家中說閩南語，對外講客話，自我認同為福佬人。在他們眼中，霄裡社蕭家是「番仔蕭」，他們自己則是「福佬蕭」。住十股寮霄裡社的蕭家說：「大庄那邊的人說我們是番仔蕭」。[47]然而這支所謂的福佬蕭的古厝就住在大庄霄裡社蕭家祖屋（祠堂）隔壁，目前住在山仔頂的霄裡社後裔蕭先生表示：

> 福佬蕭平時在家講閩南語，但跟我們講客家話，和我們沒有血緣關
> 係，兩家有婚喪事都會相互支援來往，互發紅白帖，我們蕭家每年

---

46 清代，蕭氏族人自閩粵渡海來臺者，以明初蕭時中派下為主，即今日臺灣最常見的所謂「書山派」、「斗山派」、及「湧山派」蕭氏裔孫。其族譜為《書山蕭氏族譜》。
47 訪問十股寮蕭家。

農曆 7 月 29 中元普渡辦桌宴客時，福佬蕭家都會受邀出席，過去殺
豬公時並且會分到我們蕭家給的豬肉。

可見大庄福佬蕭家與霄裡社蕭家來往密切。福佬蕭雖自我認同為福佬人，
但周邊都是客家鄰居，並娶客家人為妻，能說流利的客話，家中供奉來自新埔
義民廟的香旗，並且積極參與銅鑼圈三元宮的祭典，擔任廟中及社區主要職
務，日常生活氛圍可以說都在客家文化環境中。霄裡社蕭家無論是在社角或銅
鑼圈大庄，與同姓不同宗的蕭姓都維持密切互動關係，可以看出霄裡社蕭家與
同姓漢人的建立連結。這類的連結也反映在祠堂與族譜的建構過程中。

目前保存最早的蕭家祖先牌位可能是社角下厝蕭家的公廳，其在社角的祖
厝據說是以前祖先擔任屯千總時所在的公所（公館）。其祖先神主牌為單一古
樸木製大牌形式，中間標有「臺灣霄裡堂上蕭氏開基始祖考通事那英蕭公姚萬
娘潘太孺人神位」。[48] 大約稍後安置的十股寮正廳神主牌，[49] 也是標立臺灣霄
裡堂號。但 1987 年重修落成的大庄蕭家公廳神主牌正中間已成為「河南堂上
蕭氏歷代始太高曾祖考姚之神位」，左側第一位才是開基始祖那英公，正廳除
了供奉蕭家祖先的大牌外，並奉祀兩個神明，其中一個是蕭何公，蕭何在蕭家
成為亦祖亦神的象徵。曾經更新過的社角上厝蕭家的公廳祖先牌位則是標為蘭
陵堂號。顯然在不同時間不同地域下的蕭家認同經歷過轉變，但整體看來似乎
是由臺灣霄裡逐漸轉向漢人大陸祖籍郡望與堂號的連結。這樣的連結也表現在
族譜的編寫上，目前可知的族譜編修有兩次，一次是在 1960-1962 年由居住在

---

48 此大牌沒有更新過，據社角下厝蕭先生表示，大牌所雕刻的紋路為當官榮耀者才能
擁有，其神主牌型式多少代表最初家族的文化表現。
49 依形制大小與社角相符，且社角寶盛派下蕭先生表示自家神主牌與十股寮蕭家正廳
神主牌是同樣的，推測目前所見兩地神主牌安立時間相近。

十股寮蕭家族人主編，題為《臺灣省霄裡社開基始祖蕭那英字知母六派下家譜》。其中引用金包社通事林國珍筆記──〈臺灣番屬源本註說〉，提及：

> 臺灣始祖由來，原是山西省大原人氏。明朝時代，水淹山西地面，移進高山之上。連旬河水不退，眾老相議，謂此地方向來數險、難得安居。不如移徙他屬乃爲得策通。傳各眾砍竹以藤絞排作筏，各備乾糧衣服物聚，一齊上排，任憑風水漂流數月，在臺灣大奎籠八斗子海邊起岸（按不賣科布倫與魯檳孫之壯舉），鬭井取泉眾等得水歡飲，相議其時來臺人員按爲七祖，即爲七房兄弟，各分地頭安居開發。長房武荖　派下，係金雞貂三社（即金包里雞籠三貂角等處）；次房礁簡　派下，係合子蘭棋來社；三房岸邦　派下，係臺北諸社；四房野邦　派下，係竹塹大甲諸社；五房砂簡　派下，係彥里埔里諸社；六房檳宇　派下，係下臺灣卑南諸社；七房是女祖眾等來臺開祖生傳子孫多。眾再加各號社名（譬如我等之霄裡社是也），墾鬭田地各安成業。

這類將山西太原與臺灣番社兩個不同的地域脈絡混和在一起的說法，建構出特有的族譜敘事。其中雖然說到自己屬於來臺七房包括北部武嘮灣派下等社，但值得注意的是仍然強調漢人的宗親觀念，突顯「鍾、蕭、葉、沈半片宗族，無聯結姻戚親」的特殊關係。1977-1981 年臺灣蕭姓宗親修譜委員會編修全臺蕭姓族譜時，加入了霄裡社蕭家在 1960 年代的家族資料及 1977 年祖塔興建資料，收在《河南蘭陵蕭氏族譜》中，歸入《廣東松源肇基始祖梅軒公脈系族譜》分冊中（林添福編 1981：401-406），並標明為「徙臺始祖」那英公派系，此族譜已不復見 1960 年出現的霄裡社三字。這本族譜目前成為蕭家保存的代

表性族譜，雖然編修者是臺灣蕭姓宗親修譜委員會，但想來應該徵詢過霄裡社蕭家的認可。而祖籍廣東的營盤蕭家也是這本族譜，同樣被放在廣東松源肇基始祖梅軒公脈系族譜分冊中。在銅鑼圈蕭氏祠堂中，可以發現蕭鳴皋派下祭祀公業將《河南蘭陵蕭氏族譜》——廣東松源肇基始祖梅軒公脈系族譜的分類作為自己派下的脈系與淵源，公告在祠堂牆壁中。[50] 在墳墓表現上也可以發現社角的幾座重修墳塋，其祖籍堂號，分別由昭和年間標寫「臺灣」1964 年的「臺灣」、以至 1971 年的「蘭陵」，到 1989 年蕭家祖塔的「河南臺灣霄裡」。族譜、祠堂以及墳塋堂號的表現，顯示了蕭家不僅與同姓的蕭姓聯合，且認同廣東以致河南的祖籍分類。從與同樣蕭姓（宗族）到更大祖籍地的連結過程中，可以看出霄裡社蕭家試圖通過文化操作與更大的社群融合。

七、結論

　　本文將地域社會界定為一種「關係的場域」（a field of relations），從上述討論可以發現日常生活中實際影響霄裡社蕭家的認同有幾個層次的關係場域，每個場域既是「歸屬感的共享場域」（shared fields of belonging）（Fog and Hastrup 1997：1-14；Fog 2002：124-145），同時又包含著邊界的存在。一是宗族場域：蕭家主要的宗族祭祀場所——蕭家祖塔，雖名為開基祖蕭那英派下，但其實參與成員只限二世阿生公派下，而所謂的蕭家祠堂也是以銅鑼圈大庄鳴皋公派下祭祀組織為主，並沒有形成跨地域的宗族整合組織。雖然在同姓關係上通過族譜與堂號建構表現出跨越連結的企圖，但並沒有真正加入蕭姓宗親會，也就是說在血緣組織或擬血緣組織上，都形成一定的對內與對外的邊

---

50 參鳴皋公派下祭祀公業製作的蕭家祠堂牆壁上的家族簡介資料，2007 年 12 月 9 日製。

界。二是地方場域：從霄裡、社角到銅鑼圈大庄、十股寮，可以發現霄裡社蕭
家在不同時間不同地點，通過不同的策略與地方社會融合。社角作為一個霄裡
社最初根據地──番社的印記，使得社角蕭家以參與埔頂仁和宮角頭輪值、投
入公廟管理委員會及地方選舉等方式，試圖跨越族群邊界，打破地域印記。大
庄作為一個墾戶親身拓墾的墾庄，則使得大庄蕭家以墾戶之姿，參與地方建
廟、圓醮祭典舉行並投入社會網絡提升地方影響力。十股寮作為一個地主的村
落，則是使十股寮蕭家以地主之姿，參與十股寮庄頭庄尾伯公興建及文化教育
等方式，致力於地方建設。這些融合的表現在不同地域及不同時間產生不同的
對應關係。雖然蕭家在不同時間通過不同的文化操作，試圖與在地的漢人社會
連結，但這個統合的網絡仍然存在著邊界，表現在地方祭祀與信仰傳說中，可
以發現通過祭祀儀式建立的地緣關係，一方面確立地域關係，另一方面則顯示
了地域社群間隱藏的對立關係。

　　邊界的存在，一方面是蕭家自身文化保有的維繫，一方面也若隱若顯的反
映在他者的歷史記憶。在霄裡當地有一首歌謠：「先峰其手蕭阿英，見官見府
張田興，愛錢愛銀彭阿丙。」[51] 這首歌謠據說是當時採茶人唱的，主要將地方
上重要頭人提出來，其中霄裡社開基始祖蕭那英與客家先人共列一起，顯示霄
裡一帶早期霄裡社與客家族群的關係相當密切，雖然目前人們已經不記得蕭那
英是何許人，但過去作為熟番通事的知母六（漢名蕭那英）很可能與客家族群
互動頻繁，甚至很可能被當成客家人，而以漢名與客家先人一起留存在當地採
茶歌謠傳頌中。但 1991 年彭家族譜的記載中，卻變成「先峰其手蕭阿英『番

---

51 訪問霄裡彭家彭新成先生，彭家祖籍廣東陸豐。據其表示這首歌謠的內容為：張田
　興是竹園伯公後的張家，張家在當時很有勢力，跟官府的人有關係，所以如果要跟
　別人打官司，可以去找他。彭阿丙就是彭勝旺公，是來臺祖帝祥公最小的兒子，因
　為他很認真工作，家裡很有錢，對地方上要出錢的事都很大方，像是有人沒飯吃或
　者說修路造橋的事他都很肯出錢，所以才會說愛錢愛銀的話要去找彭阿丙。

社高山族』，見官見府張田興『霄裡下庄張家』，愛錢愛銀彭阿丙即是勝旺公。」彭屋祖籍廣東惠州陸豐，位於霄裡官路缺一帶，附近營盤且有彭屋住所，隔著茄苳溪對岸為社角蕭家，顯然彭家與蕭家過去應來往密切，但 20 世紀的客家家族彭家仍然視蕭家為高山族。此外宋屋八字圳水源位置所在的〈廣仁宮碑記〉也記載：

> 廣仁宮又稱水頭伯公，首創建於乾隆初年，原宋屋大庄分下，義民、廣興、復旦、等村敬拜。本庄早年荒野旱地，土著（山地人）佔據，雍正晚期宋姓族人，從廣東遷臺，其他族姓亦相繼遷至本庄，聚居團結合力驅逐土著，趕至河背老街溪為界，各守盤據，墾闢荒地，開築溝渠（宮前），土著不服，常襲族人洩恨，驚險萬分，工作受阻，寢食難安，族人眾商議決，以安奉福神祈求庇佑，亦可恫嚇土著。延名師勘龍點穴，擇定本宮現址，簡便豎石為神，黃道吉日紅綾披掛焚香點燭開光點眼虔誠叩拜，果有靈應，土著隔岸聞香撲鼻，以為天神降臨，頓時伏地跪拜，誓解前非，不敢再襲族人，以其靈顯卓著，聖蹟益彰，香煙鼎盛，遐邇皆知，迄今兩百多歲。

這個碑文是當代的產物，漢人通過碑文的紀載合理化對土地資源的控制，但同時也顯示至今大多數人對霄裡社還停留在「山地人」的印象中。筆者訪問與社角鄰近的埔頂時，當地年記較長的人會說社角蕭家、潘家、羅家都是「番仔」，銅鑼圈的蕭家則被某些人稱為平埔族或「番仔」。「高山族、山地人、平埔族、番仔」，分別代表霄裡社在不同時期的身分，而這些身分至今仍雜揉的混合在他者對他們的歷史記憶中。

第三，是官方政策或說社會情境所形塑的族群分類，今天地方上除了某些

人依稀記得蕭家過去所持有的特殊身分外，對大多數在地人來說，今天的蕭家
其實就是福佬人或客家人。由於漢人優勢文化的影響，既有語言文化的大量流
失，蕭家已不會使用過往祖先的族群語言，以致今天依語言分類的官方人口統
計將桃園分成北閩南客的族群版圖中，實際已忽略大多數的平埔族，而將他們
歸類為福佬人或客家人。龍潭客家操「四縣腔」，為廣東嘉應州移民的語音，
當地人口百分之九十都講客家話，但從戶籍資料統計真正客屬的居民並不到一
半，也就是說講四縣腔的不一定來自廣東嘉應州，也不一定是客家，更不一定
是漢人。在銅鑼圈及龍潭，蕭家由於置身於客家族群分布較多地區，日常生
活使用流暢的四縣客語，被視為客家人並被納進客家社會的分類體系與文化符
號中。這類官方政策與他者的分類方式也影響到蕭家本身的認同。正是在這些
不同層次的場域交織下，當社會情境不同，族群關係的界定與分類的媒介不同
時，族群間的邊界也會隨之轉變。從霄裡社蕭家的例子，可以發現不同時間不
同地域脈絡裡，兩地蕭家從熟番到廣東祖籍的身分登記，以致今天福佬人與客
家人的對外宣稱，可以發現族群邊界的移動。

　　對今天蕭家的人而言，平埔族族群意識或許不是一個重要的議題，他們也
沒有參與凱達格蘭族的正名運動，霄裡社更是一個遙遠陌生的概念，但現實生
活中潛存在週邊他者的看法與互動，特別是地域社會裡不同層次社群關係中若
隱若現的邊界，實際影響他們對自我的認識與定位。此外邊界的劃分不是單一
的標準或現象，往往牽涉人們對現實的策略性運用。因此在不同情境下認同可
以是多元的，而所謂的族群邊界便具有模糊與浮動的特性。歷來對於平埔族研
究，多主張大多數平埔族已漢化且消失；或者宣稱客家地區的平埔族有客家化
情形。本文認為平埔族「客家化」並不是因為文化習俗客家化，而自認為客家
或漢人，而是在認同上對外主觀「選擇在地化」的策略，這個選擇不代表自己
消融於他者，也就是文化認同不等於族群認同。雖然蕭家通過祠堂祖先祭祀與

族譜風水等的創造,與漢人共享一套文化符號,然而這個文化符號的操作,與其說是一種族群身分的認同,倒不如說是「模作他者」,在模仿周邊地域社群的文化創造中,提供自己更大的連結以適應外在社會。桃園台地的蕭家例子表明無論是原有的社地社角,或是後來遷徙的龍潭銅鑼圈台地的這些人,從日治時期以來到今天都大致查知自己與他者的區別(邊界),有些是透過祖先的口述傳統,有些是留下的文獻記錄。然而在不同的國家政策與社會情境下,他們展現了不同階段的對應關係,相對於清代的人群分類與熟番特有的制度設計,熟番的標誌成為檯面上唯一的選擇,清末到日治時期,由於外在結構改變,民番一體的制度設計使他們有更彈性的認同選擇。為了適應更大的社會情境,以及與漢人展開權力競奪,這些人對外傾向選擇地域認同的在地化。

而所謂的選擇,也受到外在社會情境與地域條件的制約。以霄裡社而言,原居地的社角居民在日治時期戶口普查時登記為熟番,但在銅鑼圈的則登記為「廣」,[52] 其原因部分可以歸因為外在推力——地域中他者的看法,與地域所形成的邊界維繫。社角的周邊與村內雖有漢人雜居圍繞,但作為一個偏僻的村落,內部沒有主要道路經過,而呈現一個相對封閉「平埔族」為主的聚落。日治時期雖然「番社」已改為社角,但地方的記憶中一直將社角看成是番社,地名社角乃成為他者保留「番」的形象印記;銅鑼圈則是清代漢人與霄裡社共同興建拓墾的聚落,在大庄與十股寮多數的居民仍是客家人,該地並沒有如社角一般的番社地域印記,因此相對容易鬆動既有的族群身分。此外社經地位也影響了人們認同的選擇,以日治時期「番租」的統計來看,社角與銅鑼圈兩地在土地申告書中都有番租的收入,但相對於霄裡周邊番地轉移給漢人,以致番租大量減少,銅鑼圈土地則因親身參與拓墾大致掌握在族人手裡而握有大多數番

---

52 無法進一步得知當時的戶口調查實況, 但至少可以確定的是當初登記時應該是得到對方的認可,因此戶口調查結果一定程度上可以反映當時的認同傾向。

租。同時也可以發現清代後期銅鑼圈的族人有多人參與科舉考試，捐地建廟，日治時期且擔任地方區長、保甲，並參與地方詩社與教育推動等活動，其社經地位受到當地人的敬重，在他者的眼中與自我定位上屬於社經地位較高階層。因此銅鑼圈蕭家在戶口登記上選擇與周邊族群同樣的「廣」籍，而社角的蕭家則受到地域性影響，較難鬆動原有的身分，依然登記為熟番。終戰以後社會環境變遷，社角居民通過每年地方祭祀活動的參與及地方事務的廣泛投入，又漸漸趨向與周邊融合。社角蕭家雖然在二世及往後幾世代中娶進客家女性，但因鄰近福佬地區，家族中主要使用語言為閩南話，對外宣稱為福佬人；而銅鑼圈的蕭家則會說流利的四縣客話，對外表現出客家認同。顯示同屬蕭那英派下的族人在不同地域下，由於地域性網絡及周邊族群互動的影響，有不同的文化表現與認同選擇。

　　值得注意的是無論對外的登記或認同展現分殊地域性，對內則多保留既有族群歷史與文化，而更重要的對他們來說，所謂的族群文化，與其說表現在作為整體平埔族群的語言與風俗，還不如說是鑲嵌在自身家族的歷史記憶與文化，才是他們真正認同的所在。今天在十股寮的蕭家正廳牆壁上貼滿了蕭家祖先過去豐功偉業的相關文獻與資料，並將族譜譜系貼在牆壁上，其中明顯揭示「霄裡社」開基始祖蕭那英及標示祖先原有的平埔族名。社角上厝的正廳牆上也掛了一幅對聯：「霄裡對齊（面）是番社，番社頭目住在這，番仔全是出敖人（強人），第一敖人蕭＊＊。」這幅對聯據說是上厝蕭家父祖輩時代口耳相傳流下來的，蕭先生說以前祖先管理這邊的「平埔番」，類似吳鳳通事的角色，後來又說自己的祖先很可能就是「平埔」。[53] 日治時期十股寮蕭家祖先擔任地

---

53 訪問社角上厝蕭先生，此對聯由蕭先生口述，文史工作者記錄下來。部分文字由福佬音造字，本文轉借主要以意譯為主。除歷史上可查閱的蕭家相關人名外，本文對近代人名將採保留態度，一律以＊＊標示。

方區長，明治 30 年（1897）曾經奉日本官府令抄錄有關蕭家在清代相關土地
資料，彙編成《通臺屯番全案》，當時封頁中就留下「臺北桃澗堡霄裡社銅鑼
圈庄番業主蕭＊＊，光緒 25 年（1899）11 月奉抄」，因此即使日治時期戶口
調查登錄戶口為「廣」，但在保留抄錄家族資料時仍可見到「番」的字眼。[54]
也正是這樣，生活在客家社會的平埔族，既擁有客家文化的語言、風俗，與客
家通婚，並且對外宣稱自己是客家的同時；他們也或隱或現的知道自己另一個
身分的存在。客家社會中事實上包括了這類開放流動的彈性邊界，通過蕭家的
個案探討，在真實動態的地域社會中，可以發現生活之現實性與價值體系的運
作，使得族群的界線與關係處於流動的狀態而顯現出多重認同，同時同一族群
不同地域的表現與認同也有差異，而這正是「客家社會」中多元分殊的地域實
像與族群建構的樣貌。

---

54 依據 1910 年理蕃本署，《熟蕃戶口及沿革調查綴》，桃園廳部分已有霄裡社戶口調
   查資料，判斷 1899-1910 年時已經開始調查霄裡社的戶口，當時銅鑼圈蕭家很可能
   就已選擇廣東的身分登記。

參考文獻

大津麟平，1910，《熟蕃戶口及沿革調查綴》。臺北：民政部警察本署，中央研究院民族研究所手抄本。

不著撰人，1999，《（薛）昌棟、昌梅公派下菩提納塔誌》。

中村孝志（吳密察、許賢瑤譯），1944，〈荷蘭時代的臺灣番社戶口表〉，《臺灣風物》44（1）：208-210。

仇德哉，1978，《雲林縣志稿》。雲林：雲林縣文獻委員會。

王世慶（編），1977-1998，《臺灣公私藏古文書彙編》。臺北：環球書社。

臺灣銀行經濟研究室，1964，《淡新鳳三縣簡明總括圖冊》附錄〈設改章程總冊〉。臺北：臺灣銀行經濟研究室。

臺灣銀行經濟研究室（編），1994，《清代臺灣大租調查書》。南投：臺灣省文獻委員會。

田金昌，2005，〈臺灣三官大帝信仰：以桃園地區為中心（1683-1945）〉，國立中央大學歷史所碩士論文。

吳仲立公祭祀公業管理委員會，1988，《吳氏族譜》。

周鍾瑄，1962，《諸羅縣志》。臺北：臺灣銀行經濟研究室。

林添福（編），1981，《河南蘭陵蕭氏族譜》。臺北：蕭姓宗親修譜委員會。

施崇武等，2010，《臺灣地名辭書卷十五：桃園縣（下）》。南投：國史館臺灣文獻館。

施添福，1996，〈清代臺灣竹塹地區的土牛溝和區域發展：一個歷史地理學的研究〉，張炎憲、李筱峯、戴寶村（主編），《臺灣史論文精選》（上）。臺北：玉山社，頁 157-219。

徐靜蘭，2012，〈清代臺灣北部霄裡地區客家七姓移墾之研究〉，國立中央大學客家研究碩士在職專班論文。

桃園縣文獻委員會（編），1962，《桃園縣誌》。桃園：桃園縣文獻委員會。

張素玢，1995，〈龍潭十股寮蕭家：一個霄裡社家族的研究〉，潘英海、詹素娟（主編），《平埔研究論文集》。臺北：中央研究院臺灣史研究所籌備處，頁 99-126。

＿＿＿＿＿，1998，〈南崁地區的平埔族〉，張素玢、陳世榮、陳亮州（撰稿），《北桃園區域發展史》。桃園：桃園縣立文化中心，頁 20-69。

盛清沂，1980，〈新竹、桃園、苗栗三縣地區開闢史〉（上），《臺灣文獻》
　　31（4）：154-176。

莊育忠，2008，〈區域拓墾與族群關係：以霄裡社為中心〉，國立花蓮教育大
　　學鄉土文化學系碩士論文。

許世賢，2007，〈清代南崁地方漢人與熟番互動〉，《史匯》11：29-42。

陳志豪，2007，〈熟番族群的地租紛爭與土地支配關係：以龍潭銅鑼圈蕭家為
　　例，1881-1904〉，發表於「2007年沿山地區研究群工作坊：族群關係史」，
　　臺北：中央研究院臺灣史研究所。

陳培桂，1963，《淡水廳志》。臺北：臺灣銀行經濟研究室。

傅寶玉，2007，《古圳：南桃園水圳空間與文化》。新竹：客委會臺灣客家文
　　化中心籌備處。

彭阿鼎，1991，〈帝祥得妻傳記〉，《彭氏族譜》第二冊。

黃克仁，1998，《八德市志》。八德：八德市公所。

黃叔璥，1957，〈番俗六考〉，《臺海使槎錄》。臺北：臺灣銀行經濟研究室。

黃厚源，2005，《我家鄉桃園縣》。桃園：桃園縣人與地鄉土文化研究學會。

楊文中，2001，《龍之源：高平村》。龍潭：龍源國民小學。

詹素娟、張素玢，2001，《臺灣原住民史——平埔族史篇：北臺灣平埔族史》。
　　南投：臺灣省文獻委員會。

劉良璧，1961，《重修福建臺灣府志》。臺北：臺灣銀行經濟研究室。

潘振墉（編），2001，《高原社區拓展史》。龍潭：高原社區發展協會。

鄭用錫，2006，《淡水廳志稿》。臺北：行政院文化建設委員會。

蕭瑞雲手抄，1899，《通臺屯番全案》。

簡宏逸，2012，〈從Lamcam到南崁：荷治到清初南崁地區村社歷史連續性之
　　重建〉，《臺灣史研究》19（1）：1-28。

羅烈師，2006，〈臺灣客家之形成：以竹塹地區為核心的觀察〉，國立清華大
　　學人類學研究所博士論文。

Barth, Fredrik, 1969, *Ethnic Groups and Boundaries: the social Organization of
　　Culture Difference*. Boston: Little Brown.

Brubaker, Rogers, 2002, "Ethnicity Without Groups", *Archives Européens de
　　Sociologie* XLIII（2）:163-189.

_____, 2004, *Ethnicity without Groups*. Cambridge, Mass. :Harvard University Press.

Cohen, Anthony P., 1985, *The Symbolic Construction of Community*. London: Routledge.

Honig, Emily, 1992, *Creating Chinese Ethnicity: Subei People in Shanghai 1850-1980*. New Haven and London: Yale University Press.

Olwig, Karen Fog, and Kirsten Hastrup, 1997, *Siting Culture: Te Shifting Anthropological Object*. London; New York: Routledge.

_____, 2002, "The Ethnographic Field Revisited: Toward a Study of Common and Not So Com-mon Fields of Belonging". In *Realizing Community: Concept, Social Relationships and Sentiments*. Vered Amit, ed. Pp: 124-145. London: Routledge.

異族通婚與跨族收養：日治時期前、中、後、先鋒堆客家與其他族群互動的軌跡 [*]

林淑鈴

一、前言

　　本研究以前、中、後先鋒堆為研究範圍，收集現藏於麟洛、長治、竹田、內埔與萬巒鄉戶政事務所之日治時期戶籍資料，輔以田野調查與個案深度訪談，核對戶籍資料呈現之同（異）族通婚率、同（異）族收養率，說明前、中、後、先鋒堆客家與其他族群互動的軌跡。本研究以日治大正 9 年（1920）地名改正後的麟洛、長興、德協、番子寮，竹田、二崙、南勢、西勢、鳳山厝、溝子墘，新北勢、老北勢、新東勢、老東勢、內埔、忠心崙、番子厝、犁頭鏢、隘寮、老埤，萬巒、四溝水、五溝水、佳佐、新厝、赤山等大字為分析單位，鋪陳戶主種族、戶主與配偶異族通婚、家屬與異族通婚、跨族收養、異族通婚與跨族收養的關係。研究設計戶籍資料查核表（見附錄 1），計算通婚率、收養率以及相關係數；以異族通婚率與跨族收養率為底，在拜訪地方耆老時留意可供訪談的對象，而後設計訪談大綱（見附錄 2）做為指引。

* 本文原刊登於 2012，《高雄師大學報》，33 期，頁 161-190。因收錄於本專書，略做增刪，謹此說明。作者林淑鈴現任國立高雄師範大學客家文化研究所教授。

　　研究結果可以管窺異族通婚者與被跨族收養者之族群認同，由前、中、後、先鋒堆的研究結果，說明跨族收養比異族通婚更容易鬆動族群邊界，在跨族收養過程中，客家人可能比閩南與平埔族更容易流失人口，跨族收養促使客家人量變與質變為他族，而異族通婚可能促使平埔族更易於量變與質變為閩南人，當異族通婚與跨族收養並行發生時，最有利於閩南人在量與質的增長。

　　欲瞭解異族通婚與跨族收養，可就不同理論觀點看待，以功能角度來說，通婚是夫妻雙方家庭結盟，通婚有助於擴大親屬網絡，增加社會資本，顯赫人家子女通婚，更可增加經濟與政治資源。[1] 若就文化接觸觀點來說，客家和閩南皆為父系社會，以妻入夫家為主流，社會文化期待為妻者適應夫方所屬社會文化；反之，平埔族為母系社會，在母系社會夫雖不一定要入妻家，但親屬遵從母系繼嗣法則。清初漢人拓墾臺灣，入贅平埔族之閩客男子畢竟少數，清末與日治時期臺灣的主流社會以父系繼嗣法則為尚，或許先前入贅於妻家的客閩人士順從妻家的社會文化，但在較大社會文化影響下，平埔族可能漸漸順從閩客文化。

　　當我們考查客家與他族關係之文獻時，發現觸及婚姻課題者多擺在家族或禮俗中探討，作者喜歡鉅細靡遺地闡述祖源、承傳、系譜以及子孫在臺拓墾歷程，或偏重婚姻禮俗。[2] 如此將婚姻視為社會功能之一，少有人將通婚放在不同地區、不同族群脈絡中思考。

　　除外，Barth 有關族群與族群邊界維繫的看法值得進一步討論，他認為族群是文化承載的單位，族群由行動者組織而成，族群成員有主動性，族群邊

---

1 莊英章，1994，〈惠東婚姻制度初探：以山霞東村為例〉《華南婚姻制度與婦女地位》，頁 10-44，馬建釗、喬健、杜瑞樂編。廣西：廣西民族出版社。
2 曾彩金，2001b，《六堆客家社會文化發展與變遷之研究：宗教與禮俗篇》。屏東：六堆文教基金會。

界經由不同文化承載者，透過不同方法，不斷展現自我為何。定義族群之重點並非語言、血統、文化、風俗習慣等內部特質，而是文化承載者如何認同（identification）與獲得（ascription）其族群類別。[3] 可見族群並非只有一個，族群亦非天生自然，族群存續端賴族群互動。族群邊界的維繫由不同文化承載者透過文化接觸予以區辨，文化接觸或許會發生文化混合，但是重點在於行動者如何集體進行選擇性的記憶、遺忘與保留，類此觀點出現在王明珂《華夏邊緣的變遷》[4] 一書中。

Barth 與王明珂有意凸顯族群互動、文化接觸以及族群認同之重要性，其觀看視角由外而內，並非由內而外、抱持著族群中心論（ethnocentrism）[5] 的觀點，所謂族群中心論以單一族群為中心，自恃己文化最優秀，他族文化相形見絀。族群互動信守族群成員是行動主體（actor），族群非被約制的客體（object），任何族群需放置在特定族群所屬之歷史、社會、政治、經濟與文化脈絡中思考，族群文化無優劣之別。至於文化接觸強調強弱勢族群接觸後，不必然產生同化現象，弱勢族群不見得依循適應（accommodation）、涵化（acculturation）、同化（assimilation）、混血（amalgamation）等次序，最後被強勢族群與文化取代。美國社會有歐亞非各洲移民，其間原鄉、移民時間、移民人數有別，不同地區、時間、背景的移民，進入美國社會取得教育程度與工作機會以及向上流動的可能性差異甚大，有的較容易進入主流社會成為強勢族群，有的不然，是以有強弱勢族群之別，弱勢族群與主流社會接觸，或許

---

3 F. Barth, ed. 1969. Introduction, in "Ethnic Groups and Boundaries", pp.9-38. London: George Allen & Unwin.

4 王明珂，1997，〈華夏邊緣的變遷〉《華夏邊緣：歷史記憶與族群認同》，頁 375-405。臺北：允晨。

5 「族群中心論」或稱為「種族中心主義」，其定義詳見 Andersen, M. and Taylor, H. 2002. Sociology: Understanding a Diverse Society, pp.321-322. Wadsworth Group.

仍停留在弱勢族群地位，不過弱勢族群仍可發展特出文化，是以強弱勢族群接觸，不必然導致文化同化，弱勢族群雖與強勢族群通婚，後代不見得只有強勢族群身分認同。[6]

美國社會的族群關係與文化，不能任意類比於臺灣社會的族群關係與文化，但是前述有關強弱勢族群接觸後可能產生「多元族群認同」之看法，亦出現在 Brown 有關臺灣臺南平埔族與中國大陸土家族的研究中，她提出族群認同有流動性（fluidity）、可變動性（changeability）與變異性（variability）等特性，族群身分可因時、因地調整，在不同人生階段或因應政經局勢變化，人們可能改變原本的族群身分，族群認同是綜合社會、文化與生理特質之結果，特定族群身分是自我宣稱以及他人認定之間交互作用的結果。族群認同可能發生在一代之內的不同時間，也可能在個人一生中經歷不同的族群認同；或在一人身上同時並存兩種族群認同；針對不同世代、不同成員也可能有不同的族群認同。[7] 可見社會、文化、政治、經濟等均可能導致族群身分變遷，是以族群認同並非客觀、外在、固定、不變的，族群認同非只有一個，它可以是多元的。

其次，在探討收養行為時，論者多強調收養目的，包括延續家庭命脈、傳宗接代、減少大婚開支、增加家庭勞動力、[8] 填補喪嬰之痛，[9] 促進家庭和諧、

---

6 美國芝加哥學派社會學家 R. E. Park 認為美國弱勢族群進入主流社會，依序由適應、涵化、同化、混血等步驟而與主流社會接觸，弱勢族群可能因此被納入主流社會，其族群與文化將被強勢族群吸納。此種主張遭受相當多的批評，論者以為弱勢族群雖與主流社會接觸，依然保有自身文化，不必然依循前述步驟成為主流社會的一環。詳見 Andersen, M. and Taylor, H. 2002. Sociology: Understanding a Diverse Society, pp.337-338. Wadsworth Group.

7 Brown, Melissa. 2004. Is Taiwan Chinese: The Impact of Culture, Power, and Migration on Changing Identities, pp. 1-34. London: University of California.

8 莊英章，1994。

9 戴炎輝，1979，《清代臺灣之鄉治》，頁 751。臺北：聯經。

提升婦女社會地位，[10] 因而有過繼子、童養媳與養子女之行為；也有著重童養媳婚與大婚的關係，透過日治時期戶籍資料與族譜，計算大婚與童養媳婚比率，檢證亂倫禁忌假說，[11] 前述研究有助於瞭解漢人婦女勞動力、生育率以及社會地位消長之原因。晚近經由深度訪談，闡明童養媳的日常生活，不同於前述鉅觀、以男性為主的觀點，而是讓受訪婦女發聲，由研究與被研究者共同型塑童養媳日常生活的面向。[12] 此間少有人關注跨族收養與族群互動的關係。

　　提及曾秋美有關臺灣北部及澎湖閩南地區之媳婦仔研究，非以跨族收養為重點，卻因桃園南崁收養媳婦仔涉及閩客收養數與收養率，對本研究略有助益。曾氏以「有頭對」與「無頭對」指稱媳婦仔，「有頭對」指被收養女孩與養家男孩配成對，「無頭對」是被收養女孩與養家男孩未配對，此即養女。桃園南崁一律將養女稱為媳婦仔，日治時期南崁地區女兒出養原因，包括扶養困難、家庭忙碌乏人照顧、重男輕女觀念、只要媳婦不要女兒、賣女抵債或償債、媳婦仔命與「鎮藤瓜」。收養媳婦仔原因，包括傳宗接代與養女招贅、減省婚禮花費、「磧花」與「招小弟」、增添家庭勞動力、緩和婆媳緊張關係，以及子女稀少、缺乏女兒、安慰孩子的母親、不浪費母親乳水等。[13] 日治中期1930 年之後，南崁地區收養媳婦仔的風氣走下坡，其與臺灣社會與經濟變遷有極大關連，如現代教育普及，多數家庭男子與媳婦仔的教育水準相差太大，年輕男子出外工作機會增加、經濟獨立，比較容易反抗家長的婚姻安排，媳婦

10　Wolf, M. 1972. Women and the Family in Rural Taiwan. Stanford, California: Stanford University Press.

11　文後有關 Arthur Wolf 的引書幾乎都圍繞在大婚與童養媳婚以及亂倫禁忌假說的驗證。

12　曾秋美，1998，《臺灣媳婦仔的生活世界》。臺北：玉山社。本書提及閩客人士收養童養媳比率的差別，但未解釋其可能成因，以及對於族群關係之影響。

13　曾秋美，1998，頁 16、74-94。

仔謀生與工作機會增加,以及戰後法律制度促使童養媳婚消失。[14] 其實媳婦仔的身分有轉換之可能,除「有頭對」與「無頭對」之外,有的以女婢身分被收養,被收養者若不為養家所喜,養女可能被賣身為娼妓。[15]

綜觀本研究以族群互動、文化接觸與多元族群認同的觀點,藉由異族通婚與跨族收養來觀察客家與閩南、平埔甚至與原住民的關係,企圖擺脫史學與地理學界對於臺灣南、北的客家研究,多著重在漢人開發史、漢人聚落形成。臺灣人類學界的客家研究最早由國外學者 M. Cohen 和 Burton Pasternack 開啟,[16] 他們剛好選定六堆客庄為中國文化研究的實驗室,這些人類學研究多以小區域的田野調查為主,難以全面關照六堆的通婚、收養甚至族群關係。社會學界如陳紹馨曾以日治時期與戰後的戶籍資料做為分析臺灣社會變遷的基礎,[17] 晚近有全國客家人口調查,[18] 而後陳信木以全國客家人口調查的基礎資料,進行不同族群內婚與跨族通婚之比較,[19] 陳紹馨的分析單位擴及臺灣與美日等國,陳信木的分析偏重戰後,兩者並未觸及收養成因、跨族收養的可能性。其實不管史學、地理學或人類學皆未詳細追究通婚、收養與族群之間的關連性。下文將分六段說明,分別是研究對象與方法、族群之內(之間)通婚率與通婚範圍、族群之內(之間)收養率與收養範圍、族群之內(之間)的通婚案例及其意涵、族群之內(之間)的收養案例及其意涵以及結語。

---

14 曾秋美,1998,頁 246-252。

15 曾秋美,1998,頁 38、50。

16 Cohen 曾在右堆的美濃進行田調,Pasternack 在左堆的新埤進行田調。二人對於客家研究的貢獻,參見徐正光,1997,〈臺灣客家的人類學研究〉。發表於「人類學在臺灣的發展學術研討會」。臺北:中央研究院民族學研究所主辦。

17 陳紹馨,1981,《臺灣的人口變遷與社會變遷》。臺北:聯經。

18 楊文山等,2004,《全國客家人口基礎資料調查研究》。臺北:行政院客家委員會。

19 陳信木,2003,〈臺灣地區客家人口之婚配模式:世代、地理區域、與社經地位比較分析〉。臺北:行政院客家委員會 92 年度獎助客家學術研究計畫報告。

二、研究對象與方法

　　本研究選定前、中、後、先鋒堆及其周邊做為檢視異族通婚、跨族收養與族群關係的理由，有族群人口組成結構、地理位置及維生環境等三方面考量。[20] 日治時期的竹田、麟洛、長治與內埔、萬巒，在族群人口組成有相近與相遠之處，它們均位於多元族群混居地帶，除「廣」之外，還有「福」、「熟」與「生」，[21] 細部來看內埔和萬巒比竹田、長治、麟洛更容易接觸東邊大武山系的排灣族和魯凱族。竹田緊鄰後堆的內埔與前堆的麟洛，長治為上前堆，麟洛為下前堆。中堆、前堆、後堆與先鋒堆多數客家村庄位於潮州斷層西側，施添福曾指出潮州斷層分為扇頂、扇端與扇央三地帶，扇頂水流過急、多礫石、不適合耕種，扇端湧泉帶地下水豐富、鑿井取用地下水，有利於農耕，扇央為沖積平原、位於河川出海口、多積水，不利於農耕。[22] 前堆、中堆、後堆與先鋒堆的客家人，皆位於最適宜農耕的扇端湧泉帶，然而閩南人與平埔族分布在扇頂或位於扇央。族群維生環境並非天生註定，而是經歷數百年的閩客械鬥、國家政策、漢人入墾以及人群互動逐漸型塑出來的面貌。下文將依序說明前、中、

---

20 行文將鋪陳研究對象之族群人口組成結構、地理位置以及維生環境，文後將說明異族通婚與跨族收養將對族群人口組成結構發生鬆動的作用，地理位置為通婚範圍與收養範圍之鏡像反映，而維生環境與文中觸及的父系與母系社會、強弱勢族群的社會背景是否有關，尚待進一步研究說明。

21 文中提及日治時期之「種族」，一律依照戶籍資料分類書寫，比如「廣」、「福」、「熟」、「生」、「支」、「內」。時序進入戰後改以客家人、閩南人、平埔族等用法。作者將「廣」對應為客家人，「福」對應為閩南人，「熟」對應為平埔族，「生」依照人群分布才能分辨屬於臺灣原住民的那一族，本文主要指排灣族與魯凱族。「支」指支那人，「內」指內地人，即當時的日本人。作者深知戶籍資料中的「廣」不一定都是客家人，被標示為「福」也可能有客家人，為了處理貫時性族群人口變遷，又無法僅仰仗 1928 年《臺灣在籍漢民族鄉貫別》內文分辨不同年度的「種族」或籍貫，於是將日治時期戶籍資料中登錄為「廣」、「福」者，權充為客家人與閩南人，此乃本研究之侷限。

22 施添福，2001，〈國家與地域社會〉《平埔族群與臺灣歷史文化論文集》。臺北：中央研究院臺灣史研究所籌備處。

後與先鋒堆之族群人口組成結構，各堆之族群人口結構與異族通婚與跨族收養
關連為何？族群人口結構是否產生質與量的變化？將於第三節中進一步說明。

（一）研究對象

1. 前堆

　　麟洛鄉在清光緒 18 年（1892）屬於鳳山縣港西中里的一部分，日治時期
之大正 9 年（1920）由阿猴廳阿里港支廳管轄，全鄉同屬於麟洛（大字）。[23]
根據日治時期大正 4 年（1915）臨時戶口調查，以及昭和 10 年（1935）國勢
調查資料統計得知，麟洛的族群組成與人口百分比（見表 1）。麟洛以「廣」
為主。

表 1：麟洛鄉廣東、福建、「熟番」族群總人口數與百分比表

年代	（大正 4 年，1915）人數／百分比				（昭和 10 年，1935）人數／百分比			
庄、大字	廣	福	熟	本島	廣	福	熟	本島
麟洛	3057（100%）	11（0%）	4（0%）	3072（100%）	4280（98%）	73（2%）	12（0%）	4367（100%）

資料來源：1. 戶口調查，1917。2. 國勢調查，1937。3.《臺灣地名辭書卷四屏東縣》，〈麟洛鄉〉，2005。

　　長治鄉於清光緒 18 年（1892）屬於鳳山縣港西中里的一部分，日治時期
大正 9 年（1920）由阿猴廳阿里港支廳管轄，內有火燒（長興）、德協、番仔
寮（大字）。[24] 根據日治時期大正 4 年（1915）的戶口調查，以及昭和 10 年

---

23 黃瓊慧，2000，〈麟洛鄉〉《臺灣地名辭書卷四屏東縣》第十二章，頁 383-398。南投：
　臺灣省文獻會。

（1935）的國勢調查資料統計得知，長治的族群人口組成與百分比（見表2），火燒（長興）與德協以「廣」佔絕對多數，「福」與「熟」的總人口比例在大正4年（1915）的臨時戶口調查或昭和10年（1935）的國勢調查，由6%-15%不等，故稱為客家優佔區，番仔寮則以「福」居絕對多數，稱為非客家優佔區。

表2：長治鄉廣東、福建、「熟番」族群總人口數與百分比表

年代	（大正4年，1915）人數／百分比				（昭和10年，1935）人數／百分比			
庄、大字	廣	福	熟	本島	廣	福	熟	本島
德協	2301（85%）	279（10%）	124（5%）	2705（100%）	3218（85%）	457（12%）	130（3%）	3805（100%）
火燒（長興）	2692（94%）	145（5%）	16（1%）	2853（100%）	4232（91%）	368（8%）	27（1%）	4627（100%）
番子寮	2（0%）	1322（100%）	0（0%）	1327（100%）	34（1%）	2358（98%）	6（0%）	2400（100%）

資料來源：1. 戶口調查，1917。2. 國勢調查，1937。3.《臺灣地名辭書卷四屏東縣》，〈長治鄉〉，2005。

2. 中堆

中堆的竹田昔稱頓物，清光緒18年（1892）屬於鳳山縣港西下里轄境，日治時期之明治37年（1904）屬於阿猴廳內埔支廳，轄內有西勢、二崙、南勢、頓物、鳳山厝與溝子墘（大字）。[25] 二次大戰之後，竹田庄改稱竹田鄉，其內

---

24 黃瓊慧，2000，〈長治鄉〉《臺灣地名辭書卷四屏東縣》第十一章，頁351-381。南投：臺灣省文獻會。

25 鍾瑾霖，2000，〈竹田鄉〉《臺灣地名辭書卷四屏東縣》第二十章，頁555-574。南投：臺灣省文獻會。

有二崙、美崙、竹田、糶糴、竹南、南勢、頭崙、履豐、鳳明、大湖、六巷、泗洲、西勢、福田、永豐等 15 村，鳳明、大湖、六巷、泗洲為閩南村，其他 11 村為客家村。[26] 根據日治時期大正 4 年（1915）的戶口調查，以及昭和 10 年（1935）國勢調查資料製作的表格（見表 3），可見族群的總人口數與百分比，其中西勢、二崙、南勢、頓物以「廣」佔絕大多數，是以稱為客家優佔區，客家優佔區內「廣」之人口百分比高達 95% 或以上，而鳳山厝與溝子墘多為「福」與「熟」混居，稱為非客家優佔區，在非客家優佔區內僅有少數「廣」，若非以「福」居多數即以「熟」為多數，抑或「福」與「熟」總人口百分比高達 95% 或以上。

表 3：竹田鄉廣東、福建、「熟番」族群總人口數與百分比表

年代	（大正 4 年，1915）人數／百分比				（昭和 10 年，1935）人數／百分比			
庄、大字	廣	福	熟	本島	廣	福	熟	本島
西勢	1241（89%）	148（11%）	8（1%）	1397（100%）	1782（84%）	334（16%）	9（0%）	2125（100%）
二崙	1264（99%）	3（0%）	5（0%）	1273（100%）	1465（100%）	6（0%）	1（0%）	1472（100%）
頓物	1464（98%）	14（1%）	16（1%）	1494（100%）	1878（96%）	46（2%）	27（1%）	1951（100%）
南勢	1431（100%）	2（0%）	1（0%）	1434（100%）	1593（98%）	27（2%）	2（0%）	1622（100%）
鳳山厝	20（2%）	807（85%）	122（13%）	949（100%）	90（9%）	795（76%）	157（15%）	1042（100%）

---

26 李明恭，2001，《竹田鄉史誌》，頁 24-25。屏東：作者自刊印。

表3：竹田鄉廣東、福建、「熟番」族群總人口數與百分比表（續）

年代	（大正4年，1915）人數／百分比				（昭和10年，1935）人數／百分比			
溝仔墘	51 (6%)	679 (78%)	142 (16%)	872 (100%)	145 (15%)	727 (74%)	107 (11%)	979 (100%)

資料來源：1.戶口調查，1917。2.國勢調查，1937。3.《臺灣地名辭書卷四屏東縣》，〈竹田鄉〉，2005。

3. 後堆

後堆的內埔，日治時期內埔有10個大字，分別有「廣」居多數的村庄，如內埔、忠心崙、老北勢、新北勢、老東勢、新東勢；以及「福」與「熟」混居的村庄，如老埤、番子厝、犁頭鏢、隘寮（見表4）。

表4：內埔鄉廣東、福建、「熟番」族群總人口數與百分比表[27]

年代	（大正4年，1915）人數／百分比				（昭和10年，1935）人數／百分比			
庄、大字	廣	福	熟	本島[28]	廣	福	熟	本島
新北勢	2523 (99%)	15 (1%)	1 (0%)	2539 (100%)	2861 (98%)	32 (1%)	11 (0%)	2905 (100%)
老北勢	1253 (100%)	2 (0%)	0 (0%)	1255 (100%)	1666 (100%)	3 (0%)	1 (0%)	1670 (100%)

---

27 本表之種族分類僅論及廣、福、熟，當時的種族尚有內地人（日本人）、「生番」、外國人以及其他，除廣、福、熟之外的種族比例極少，在此略而不談，表中百分比小數點以下四捨五入取整數。

28 本島指臺灣本島人總數，包括廣、福、熟與生之人口數，但不包括內地人、中國人以及其他外國人之人口數。

表 4：內埔鄉廣東、福建、「熟番」族群總人口數與百分比表（續）

年代	（大正 4 年，1915）人數／百分比				（昭和 10 年，1935）人數／百分比			
新東勢	2354 (99%)	7 (0%)	6 (0%)	2370 (100%)	2800 (99%)	32 (1%)	4 (0%)	2837 (100%)
老東勢	1479 (99%)	6 (0%)	3 (0%)	1488 (100%)	1963 (98%)	27 (1%)	3 (0%)	1993 (100%)
內埔	3141 (98%)	27 (1%)	31 (1%)	3201 (100%)	3831 (97%)	91 (2%)	28 (1%)	3952 (100%)
忠心崙	1530 (99%)	12 (1%)	9 (1%)	1551 (100%)	2031 (99%)	14 (1%)	2 (0%)	2047 (100%)
番仔厝	39 (4%)	857 (84%)	128 (12%)	1024 (100%)	90 (6%)	1166 (84%)	128 (9%)	1385 (100%)
犁頭鏢	31 (3%)	956 (92%)	46 (4%)	1034 (100%)	56 (4%)	1291 (86%)	141 (9%)	1499 (100%)
隘寮	19 (3%)	608 (80%)	132 (17%)	760 (100%)	9 (4%)	140 (58%)	91 (38%)	241 (100%)
老埤	166 (7%)	871 (35%)	1439 (58%)	2478 (100%)	330 (10%)	1230 (39%)	1580 (50%)	3143 (100%)

資料來源：1. 戶口調查，1917。2. 國勢調查，1937。3.《臺灣地名辭書卷四屏東縣》，〈內埔鄉〉，2005。

4. 先鋒堆

先鋒堆的萬巒，日治時期有六個大字，分別有以「廣」居多數的萬巒、四溝水、五溝水；以及「福」與「熟」混居的新厝、佳佐、赤山等（見表 5）。

表 5：萬巒鄉廣東、福建、「熟番」族群總人口數與百分比表[29]

年代	（大正 4 年，1915）人數／百分比				（昭和 10 年，1935）人數／百分比			
庄、大字	廣	福	熟	本島	廣	福	熟	本島
萬巒	2912（99%）	18（1%）	13（0%）	2943（100%）	3821（99%）	31（1%）	9（0%）	3861（100%）
四溝水	1649（99%）	7（0%）	9（1%）	1665（100%）	1897（99%）	10（1%）	7（0%）	1915（100%）
五溝水	1437（97%）	14（1%）	30（2%）	1484（100%）	1813（93%）	58（3%）	80（4%）	1954（100%）
佳佐	21（1%）	1591（98%）	7（0%）	1621（100%）	47（2%）	2155（96%）	41（2%）	2247（100%）
新厝	15（1%）	1055（78%）	260（19%）	1352（100%）	75（5%）	1290（80%）	239（15%）	1616（100%）
赤山	103（5%）	226（12%）	1568（83%）	1897（100%）	204（8%）	261（11%）	1966（81%）	2433（100%）

資料來源：1. 戶口調查，1917。2. 國勢調查，1937。3.《臺灣地名辭書卷四屏東縣》，〈萬巒鄉〉，2005。

　　比較日治時期竹田、內埔以及萬巒之族群人口組成與百分比（見表 3、4、5），發現三地都有客家以及非客家優佔區，以大正 4 年（1915）為例，在客家優佔區內「廣」之人口百分比均超過 95%；以昭和 10 年（1935）為例，客家優佔區中的「廣」之人口比例，在多數村庄中超過 95%，僅萬巒的五溝水

---

29 本表之種族分類僅論及廣、福、熟，當時尚有內地人（日本人）、「生番」、外國人以及其他，除廣、福、熟之外的種族比例極少，在此略而不談，表中百分比小數點以下四捨五入取整數。

以及竹田的西勢低於 95%，在客家優佔區內，五溝水與西勢相較於其他村庄的「福」與「熟」之人口比例稍高。又在非客家優佔區內，「福」與「熟」人口比例互有消長，鳳山厝、溝仔墘以「福」之人口佔絕對多數，「熟」居次，「廣」最少。如同內埔的番仔厝、犁頭鏢、隘寮，以及萬巒的佳佐與新厝之族群人口組成，竹田地區「廣」、「福」與「熟」的人口比例差異，是否如內埔與萬巒地區一般，將反映在異族通婚率與跨族收養率上？在竹田地區不見以「熟」為主的村庄，在內埔與萬巒地區有老埤與赤山，竹田、內埔與萬巒的族群人口組成差異，將有助於比較不同地區研究結果之差異性。

綜上所述，中堆客家優佔區（西勢、二崙、南勢、頓物），與前堆客家優佔區（火燒、德協、麟洛），後堆客家優佔區（內埔、新北勢、新東勢、忠心崙）相連；內埔、忠心崙與萬巒、四溝水緊密相連。

（二）研究方法

本研究以日治時期的戶籍資料做為瞭解族群通婚與收養之文本，透過文獻探究與田野調查核對戶籍資料呈現之結果，在面對異族通婚與跨族收養之案例時，運用深度訪談法收集相關資料。研究者信守三角（多元）交叉檢定[30]之精神，為銜接日治時期的戶籍資料、田野調查以及個案深度訪談之時序，特別篩選 70 歲以上的受訪者，許多報導人的年齡更超過 80 歲，核算受訪者（被收養與通婚者）的年齡，值日治中後期，邀請報導人提供上一代或更早之前當地通婚與收養的口傳資料，是以研究採集到的田野資料與深度訪談所得，與日治時期的戶籍資料可發揮相輔相成的功效。

有關戶籍資料查核與登錄曾設計一份查核表，登錄欄位包括番號、戶主、

---

30 三角交叉檢定或名為多元交叉檢定，指涉研究者可以根據研究方法論、理論、研究方法、研究材料進行多元交叉檢定。

戶主種族、[31] 遷居地、配偶、配偶種族、遷居地、家屬通婚、家屬通婚種族、過繼子、過繼子種族、養子、養子種族、養女、養女種族、媳婦仔、媳婦仔種族等。依據查核表登錄結果進行統計分析。分析項目包括戶主、配偶、家屬、過繼子、養子、養女、媳婦仔等之種族，以及戶主與配偶之遷居地，透過種族交叉比對，發現戶主、家屬的通婚範圍，瞭解不同世代通婚範圍之變化，運用excel 軟體計算同族通婚率以及異族通婚率；比對戶主與過繼子、養子、養女以及媳婦仔的種族異同，並計算同族收養率以及跨族收養率。除統計分析戶籍資料外，同時徵詢地方耆老，是否知道異族通婚與跨族收養的案例，而後展開深度訪談。深度訪談將回答異族通婚者與（或）跨族收養者與他族之關係，以及他們的族群認同。

　　本研究之田野調查以文獻探究為底，文獻是研究問題形成的基礎，有關竹田、長治、麟洛、內埔、萬巒之史料、地圖，以及碩、博士論文均是文獻蒐羅對象。在史料部分最基本的是《六堆客家鄉土誌》、《竹田鄉史誌》、《長治鄉志》、《麟洛采風錄》、《內埔鄉誌》、《萬巒鄉志》、《臺灣地名辭書》，為瞭解研究區位周邊特性，臺灣歷史地圖與 google maps、google earth 的查詢，二萬五千分之一地圖是必備的前置作業。田野調查足以創造史料，可以鋪陳常民的思維，亦可改寫被視為當然的事實，它同時是檢證（testify）與否證（falsify）的利器，田野調查可以追溯的時間無法突破人的記憶上限，本研究重點在近百年內發生的族群通婚與收養現象，因此透過地方耆老、異族通婚人士、被異族收養的客家人的訪談，相信可補足日治時期戶籍資料的不足，並在量性分析（quantitative analysis）與質性分析（qualitative analysis）中取得折衷之道。[32] 田野調查需要沉浸的功夫，沉浸並非耽溺、亦非執著，此間研究者

---

31 本文指涉「種族」等於「族群」，乃沿用日治時期戶籍資料登錄之用法。

需要具備自知之明，做好進入田野的準備，能夠判斷何時該進出田野，與研究對象維繫良好友誼，盡量讓研究對象發聲，甚至讓他們參與研究計畫、共同撰寫研究報告，[33] 更應兼顧研究倫理，並思索研究過程中權力關係與社區回饋課題，[34] 這比起查核與登錄戶籍資料難度還要高。

三、族群之間（之內）通婚率與通婚範圍

本節以通婚率與通婚範圍來說明族群通婚的共相與殊相。研究者採用戶籍資料登記之「廣」、「福」、「熟」、「生」、「支」、「內」等分類，作為考察族群通婚之基準，「生」、「支」、「內」的戶數以及通婚數較少，在此略而不論。研究發現「廣」、「福」、「熟」皆盛行內婚，但不排斥異族通婚，異族通婚多發生在「福」「熟」間。若通婚是族群交好之表徵，那麼「福」「熟」關係，比「福」「廣」與「廣」「熟」關係友好。

（一）通婚率

研究者依族群人口比率佔絕大多數者，通常高達 90%，將研究範圍分為客家與非客家優佔區，研究發現在客家優佔區內，除前堆的長治以「熟」內婚率最高外，內埔、萬巒、麟洛、竹田（大字），均以「廣」內婚率最高；在非客家優佔區內，內埔以「廣」內婚率最高，萬巒以「熟」內婚率最高，長治與麟洛以「福」內婚率最高。綜合不同「種族」之內婚率，發現「廣」內婚率多在 60% 或以上，最高達 76.2%；但以長治「熟」內婚率 83.5%，居所有內婚率

32 Bernard, Russell H. 1988. Research Methods in Cultural Anthropology, pp.27-61. Sage.

33 O'reilly, Karen. 2009. Key Concepts in Ethnography, pp.65-69, 163-167. Sage.

34 Berg, B. L. 1995. Qualitative Research Methods for the Social Sciences, pp.1-20. Allan & Bacon.

之冠，長治的德協曾為「熟」聚居，「熟」聚居有助於「熟」的內婚，如此現象在萬巒的赤山與內埔的老埤得到呼應，赤山與老埤之「熟」內婚率皆超過50%，赤山達65.6%（見表6）。

若比較客家與非客家優佔區內「廣」之內婚率，發現除內埔外，「廣」在非客家比在客家優佔區之內婚率低，是以非客家優佔區有助於「廣」與他族通婚。同理比較客家與非客家優佔區內「福」之內婚率，除麟洛外，「福」在客家比在非客家優佔區之內婚率低，是以客家優佔區有助於「福」與他族通婚，大體而言，當「廣」與「福」處於非同族居多數的情況下比較容易與他族通婚。

表6：內埔等地區客家與他族之內婚率

（非）客家優佔區	客家優佔區			非客家優佔區		
地區／種族	廣	福	熟	廣	福	熟
內埔	74.8	50	0	76.2	59.4	59
萬巒	75.6	16.7	57.1	20	51.4	65.6
麟洛	70	40	0	0	0	0
長治	68.5	34	83.5	0	81	0
竹田	66	50	0	56	58	26

（二）通婚範圍

就通婚範圍而論，後堆與先鋒堆內客家優佔區之「廣」，除與鄰近村庄的「廣」通婚外，也和中堆、前堆的「廣」通婚，卻少與周邊的「福」、「熟」、「生」通婚。後堆與先鋒堆周邊非客家優佔區的「福」與「熟」，分別與鄰近非客家優佔區的「福」與「熟」通婚，其通婚多在後堆與先鋒堆的堆外；除外，

「福」之通婚範圍觸及潮州、萬丹、崁頂、枋寮,「熟」之通婚範圍到達打狗。
由跨堆域的「廣」與「廣」通婚,以及跨村庄的「福」與「福」,「熟」與「熟」,
或「福」與「熟」的通婚,反映後堆與先鋒堆「廣」將聚合成同一人群,並呼
應「福」與「熟」混居,而且兩者關係較友好。

再以量化方式處理中堆與前堆的通婚範圍,研究發現客家優佔區的婚配對
象來自客家優佔區者居首位,佔56.7%,其次是六堆客庄,佔32.5%,二者相
加達89.2%,要言之,客家優佔區以麟洛、長興、德協、竹田、二崙、南勢、
西勢,以及六堆客庄為通婚範圍,其通婚率將近九成。(見表7)

表7:客家與非客家優佔區通婚範圍

妻/夫	客優佔	%	非客優佔	%
客優佔	1625	56.7	219	30.5
非客優佔	6	0.2	116	16.1
六堆客庄	932	32.5	82	11.4
其他客庄	45	1.6	13	1.8
六堆非客庄	149	5.2	278	38.7
其他非客庄	85	3.0	11	1.5
不詳	25	0.9	0	0
總計	2867	100	719	100

再而觀察非客家優佔區的婚配對象,來自六堆非客庄者居首,佔38.7%,
其次是客家優佔區30.5%,非客家優佔區16.1%,六堆客庄11.4%,若將六堆
非客庄與非客家優佔區之通婚率相加為54.8%,客家優佔區與六堆客庄之通婚
率相加為41.9%,雖然非客家優佔區以六堆非客庄與非客家優佔區為主要通婚

範圍，但是其與客家優佔區、六堆客庄的通婚率超過四成。

在客家優佔區以客家優佔區與六堆客庄為主要通婚範圍，客家優佔區雖非完全不與非客家優佔區、六堆非客庄通婚，但是其通婚數與通婚率遠不及其與客家優佔區、六堆客庄之通婚數與通婚率。反之，非客家優佔區分別與六堆非客庄、非客家優佔區，以及與客家優佔區、六堆客庄搭起通婚橋梁。是以非客家優佔區之通婚範圍較客家優佔區之通婚範圍開放。

整體而言，由異族通婚率與通婚範圍看來，非客家比客家優佔區更容易接受異族通婚，非客家人的閩南與平埔族較易於通婚，外在社會為父系社會，當非客家人迎娶客家人，後代易於變成非客家人，不過此種情況少之又少；當閩南人迎娶平埔族，後代易於變成閩南人；當平埔族迎娶閩南（客家）人，後代易於變成平埔族，不過這種情況比起閩客通婚者更少。外在社會的強勢族群屬於閩南與客家而非平埔，閩南與客家均屬父系社會，平埔屬於母系社會，前二者主導主流文化。日治時期多發生閩南與平埔的異族通婚，在外在社會與強弱勢族群文化牽引之下，平埔人口將最容易流失，閩南人比平埔族得到更有利於人口增長機會。就族群人口空間分布來看，客家人透過跨村庄與跨堆域的通婚，足以團結六堆客家，使人群固著於六堆客家優佔區內，同時排除非客家人，而非客家人以堆外非客家優佔區為主要通婚範圍，通婚範圍落在潮州斷層的扇頂與扇央沖積平原地帶，比起六堆客家空間分布較為分散，由非客家優佔區與六堆客家之異族通婚率超過四成看來，非客家優佔區有吸納六堆客家人口之作用。前文提及日治時期前、中、後、先鋒堆及周邊族群之人口數與百分比，自日治初期以來，呈現閩客分庭抗禮之勢，根據本研究結果前述族群人口結構，通過異族通婚加上世代承傳之過程，客家人口結構變動不大，倒是非客家人特別是閩南人，將比客家人更容易達到量的增長，增加來源主要是與平埔族通婚，雖然閩客分庭抗禮的族群人口結構猶在，但是平埔人口結構正在鬆動。

四、族群之間（之內）收養率與收養範圍

（一）收養的共相與殊相

　　本節將以收養數與收養率來考察收養之共相與殊相，研究發現被收養者有養子、過繼子、養女與媳婦仔等種類，在客家優佔區內，「廣」、「福」皆喜好收養同族小孩，「廣」、「福」在非客家比在客家優佔區更易收養異族小孩，不論在客家或非客家優佔區，「熟」皆喜好收養異族小孩，「熟」收養「廣」、「福」小孩數量遠多於同族小孩數量。若跨族收養意味族群包容，那麼「熟」比「廣」、「福」更具有包容力。較特殊的是在萬巒的赤山，當地「熟」曾大量收養「廣」、「福」小孩，尤以「廣」居多數，赤山「熟」之異族收養率為0.51。

　　推測赤山「熟」之異族收養率位居高位的可能原因如下，首先赤山受天主教信仰影響，1861年設有萬金天主堂，在天主教薰陶下有扶弱濟困傳統，同時「熟」受周邊漢文化習染，有「接乳頭」習俗，日治時期「熟」比「廣」、「福」嬰幼兒死亡率高。根據口傳資料顯示「廣」有幫新生兒算命之習俗，小孩八字若與父母不合，可能因此成為被收養對象，又因重男輕女觀念作祟，是以女孩比男孩更容易成為被收養者。若此，「熟」家戶透過收養小孩填補喪嬰位置，在「廣」與「福」中以「廣」比較容易送出小孩。「熟」既受天主教薰陶、神愛世人、屬於母系社會，「廣」則相信算命、重男輕女、屬於父系社會，從而構築「熟」比較有機會收養來自「廣」送出之小女孩。若將赤山收養小孩之宗教信仰因素移至老埤是否可行？本人認為天主教與萬金天主堂之於赤山「熟」家戶，以及基督教與長老教會之於老埤「熟」家戶的意義與重要性不同，何況影響出、收養原因非僅有宗教信仰感召，老埤「熟」之異族收養率雖比「廣」高，卻比「福」之異族收養率低，在老埤「福」比「熟」收養更多「廣」之小孩。

（二）收養數與收養率

以下試圖交叉分析「種族」、收養數與收養率，依序說明麟洛與長治、竹田、內埔、萬巒地區在客家與非客家優佔區之收養數與收養率。

1. 麟洛與長治地區：

麟洛與長治地區之收養數與收養率，如表 8 與表 9 所示，在客家或非客家優佔區，「福」之異族收養數最多，在客家優佔區「福」之異族收養率高居第一位；在客家與非客家優佔區「熟」異族收養率皆高於「廣」異族收養率。不論在客家或非客家優佔區，「廣」之異族收養率都是最低。

表 8：麟洛與長治客家優佔區之收養數與收養率

戶主	廣			福			熟		
被收養者	廣	福	熟	廣	福	熟	廣	福	熟
收養數	495	14	4	22	30	0	0	3	1
戶數	1139			80			12		
同族收養率	495/1139=0.43			30/80=0.38			1/12=0.08		
異族收養率	18/1139=0.02			22/80=0.28			3/12=0.25		

若比較「廣」在客家以及在非客家優佔區之異族收養率，在客家優佔區中，「廣」收養「福」和「熟」的比率僅 0.02，「廣」收養「福」的比率高於「廣」收養「熟」的比率；在非客家優佔區中，「廣」之異族收養率為 0。是以，在客家優佔區「廣」較親近「福」小孩。

表9：麟洛與長治非客家優佔區之收養數與收養率

戶主	廣			福			熟		
被收養者	廣	福	熟	廣	福	熟	廣	福	熟
收養數	4	0	0	30	91	0	0	1	0
戶數	1			267			1		
同族收養率	4/1=4			91/267=0.34			0		
異族收養率	0			30/267=0.11			1/1=1		

　　由收養者角度來看，在控制單一族群情況下，比較同族收養率與異族收養率，發現麟洛與長治客家優佔區中的「廣」，其同族收養率0.43，低於非客家地區「廣」的同族收養率4，而在客家優佔區「廣」的異族收養率0.02，在非客家地區「廣」的異族收養率0。是以「廣」在非客家優佔區比在客家優佔區更偏好收養同族小孩。就「福」收養者而論，不論在客家優佔區或非客家優佔區，「福」皆偏好收養同族小孩，「福」在客家優佔區的同族收養率0.38，「福」在非客家優佔區地區的同族收養率0.34，兩者比率相當；又「福」在客家優佔區的異族收養率0.28，在非客家優佔區的異族收養率0.11，「福」在客家比在非客家優佔區易於收養異族小孩。就「熟」收養者而論，「熟」在客家優佔區之同族收養率0，在非客家優佔區之同族收養率0.08，不論在客家優佔區或非客家優佔區，「熟」皆偏好收養異族小孩，比率分別為0.25與1，「熟」在非客家比在客家優佔區更易於收養異族小孩。

　　綜合以上，「廣」在非客家比在客家優佔區更偏好收養同族小孩，「福」在客家比在非客家優佔區易於收養異族小孩，對於「熟」而言，不論在客家優佔區或非客家優佔區，皆偏好異族小孩。如果收養異族小孩意味的是包容力，那麼日治時期住在麟洛與長治的「熟」比「廣」和「福」更具有包容力。

2. 竹田地區

日治時期竹田地區的收養數與收養率，如表 10 與表 11 所示，在客家優佔區或非客家優佔區，均以「福」之異族收養數最多，但均以「熟」之異族收養率位居第一位；分別是 0.67 與 0.45。不論在客家或非客家優佔區，「廣」之異族收養率都是最低。

表 10：竹田客家優佔區之收養數與收養率

戶主	廣			福			熟		
被收養者	廣	福	熟	廣	福	熟	廣	福	熟
收養數	386	10	2	11	20	0	1	1	1
戶數	864			35			3		
同族收養率	368/864=0.45			20/35=0.57			1/3=0.33		
異族收養率	12/864=0.01			11/35=0.31			2/3=0.67		

若比較「廣」在客家優佔區以及在非客家優佔區之異族收養率，在客家優佔區中，「廣」收養「福」和「熟」的比率僅 0.01，「廣」收養「福」的比率高於「廣」收養「熟」的比率；在非客家優佔區中，「廣」之異族收養率為 0.07，主要收養「熟」。是以，在客家優佔區「廣」較親近「福」小孩，在非客家優佔區較親近「熟」小孩。

表 11：竹田非客家優佔區之收養數與收養率

戶主	廣			福			熟		
被收養者	廣	福	熟	廣	福	熟	廣	福	熟
收養數	8	0	1	32	98	5	8	5	8
戶數	14			236			29		
同族收養率	8/14=0.57			98/236=0.42			8/29=0.28		
異族收養率	1/14=0.07			37/236=0.16			13/29=0.45		

　　由收養者角度來看，在控制單一族群情況下，比較同族收養率與異族收養率，發現竹田客家優佔區中的「廣」，其同族收養率 0.45，低於非客家優佔區「廣」的同族收養率 0.57，而在客家優佔區「廣」的異族收養率 0.01，在非客家地區「廣」的異族收養率 0.07。是以「廣」在非客家比在客家優佔區易於收養異族小孩。

　　就「福」收養者而論，不論在客家或非客家優佔區，「福」皆偏好收養同族小孩，「福」在客家優佔區的同族收養率 0.57，「福」在非客家優佔區的同族收養率 0.42；又「福」在客家優佔區的異族收養率 0.31，在非客家優佔區的異族收養率 0.16，「福」在客家比在非客家優佔區易於收養異族小孩。

　　就「熟」收養者而論，「熟」在客家與非客家優佔區之同族收養率分別是 0.33 與 0.28，其異族收養率分別是 0.67 與 0.45，不論在客家優佔區或非客家優佔區，「熟」皆偏好收養異族小孩，「熟」在客家比在非客家優佔區更易於收養異族小孩。綜合以上，「廣」與「福」都是在客家比在非客家優佔區易於收養異族小孩，對於「熟」而言，不論在客家優佔區或非客家優佔區，皆偏好異族小孩。如果收養異族小孩意味的是包容力，那麼日治時期住在竹田的「熟」比「廣」和「福」更具有包容力。

　　3. 內埔地區

　　以日治時期的內埔地區為例，在客家優佔區與非客家優佔區之「福」收養異族小孩總數 78，高於「熟」收養異族小孩總數 37，更高於「廣」收養異族小孩總數 12。若比較「福」、「廣」與「熟」之異族收養率，「福」在客家優佔區、非客家優佔區之異族收養率，分別為 0.27 和 0.33，不僅高於「熟」的 0.14 和 0.17，更高於「廣」的 0.005 與 0.10。「福」之異族收養對象包括「廣」、「熟」，其中收養「廣」之小孩人數多於「熟」之小孩。就收養率而論，不論在客家優佔區或非客家優佔區，「福」收養「廣」小孩之比率皆高於收養「熟」小孩之比率（見表 12、13）。

表 12：內埔客家優佔區之收養數與收養率

戶主	廣			福			熟		
被收養者	廣	福	熟	廣	福	熟	廣	福	熟
收養數	322	8	2	3	0	0	3	0	1
戶數	1905			11			21		
同族收養率	322/1905＝0.17			0			1/21＝0.05		
異族收養率	10/1905＝0.005			3/11＝0.27			3/21＝0.14		

表 13：內埔非客家優佔區之收養數與收養率

戶主	廣			福			熟		
被收養者	廣	福	熟	廣	福	熟	廣	福	熟
收養數	2	2	0	64	44	11	22	12	4
戶數	21			229			200		
同族收養率	2/21＝0.10			44/229＝0.19			4/200＝0.02		
異族收養率	2/21＝0.10			75/229＝0.33			34/200＝0.17		

若同時比較「廣」在客家優佔區以及在非客家優佔區之異族收養率，在客家優佔區中，「廣」收養「福」和「熟」的比率總計0.005，其中「廣」收養「福」的比率高於「廣」收養「熟」之比率；在非客家優佔區中，「廣」之異族收養率為0.10，收養對象包括「福」和「熟」，「廣」收養「福」之比率，高於收養「熟」之比率。

由收養者角度來看，在控制單一族群之情況下，比較同族收養率與異族收養率，發現內埔地區之客家優佔區中，「廣」之同族收養率0.17，高於非客家地區「廣」之同族收養率0.10，而在客家優佔區「廣」的異族收養率0.005，在非客家優佔區「廣」的異族收養率0.10，在非客家優佔區的「廣」偏好收養異族小孩，故「廣」在非客家優佔區比在客家優佔區更容易收養異族小孩。

就「福」收養者而論，在客家優佔區「福」的同族收養率0，異族收養率0.27；在非客家優佔區「福」的同族收養率0.19，異族收養率0.33，不論在客家優佔區或非客家優佔區，「福」皆偏好收養異族小孩，「福」的異族收養率皆高於同族收養率，且「福」在非客家優佔區比在客家優佔區更易於收養異族小孩。

就「熟」收養者而論，「熟」在客家優佔區之同族收養率0.05，異族收養率0.14；在非客家優佔區之同族收養率0.02，異族收養率0.17，不論在客家優佔區或非客家優佔區，「熟」皆偏好收養異族小孩，又「熟」在非客家優佔區比在客家優佔區更易於收養異族小孩。

綜合日治時期內埔地區，「廣」、「福」、「熟」之收養現象，發現住在非客家優佔區者，比住在客家優佔區更有可能收養異族小孩。對於「福」和「熟」來說，不論在客家優佔區或非客家優佔區，皆偏好收養異族小孩。對於「廣」而言，不論在客家優佔區或非客家優佔區，皆偏好收養同族小孩，不過非客家優佔區比客家優佔區之「廣」更易於收養異族小孩。如果收養異族小孩

意味的是包容力，那麼住在內埔地區非客家優佔區者，比起住在客家優佔區者更具有包容力，「福」比「熟」，以及「熟」比「廣」更具有包容力。

　　4. 萬巒地區

　　至於日治時期萬巒地區的收養數與收養率，如表 14 與表 15 所示，不論在客家優佔區或非客家優佔區，「熟」收養異族小孩的人數和收養率，皆高於「福」和「廣」收養異族小孩之人數和收養率。「熟」收養的異族對象包括「福」和「廣」，其中以「廣」居多數。就異族收養率而論，「熟」收養「廣」之比率，高於「熟」收養「福」之比率。

表 14：萬巒客家優佔區之收養數與收養率

戶主	廣			福			熟		
被收養者	廣	福	熟	廣	福	熟	廣	福	熟
收養數	208	3	1	0	2	0	4	0	0
戶數	950			6			14		
同族收養率	208/950=0.22			2/6=0.33			0		
異族收養率	4/950=0.004			0			4/14=0.285		

表 15：萬巒非客家優佔區之收養數與收養率

戶主	廣				福			熟		
被收養者	廣	福	熟	生	廣	福	熟	廣	福	熟
收養數	0	1	3	1	49	68	9	93	29	29
戶數	15				393			253		
同族收養率	0				68/393=0.35			29/253=0.12		
異族收養率	5/15=0.33				58/393=0.15			122/253=0.48		

　　若比較「廣」在客家以及在非客家優佔區之異族收養率，在客家優佔區中，「廣」收養「福」和「熟」的比率僅 0.004，「廣」收養「福」的比率高於「廣」收養「熟」的比率；在非客家優佔區中，「廣」之異族收養率為 0.33，收養對象包括「福」、「熟」和「生」，在三種被收養者當中，「廣」收養「熟」之比率，高於收養「福」和「生」之比率。是以，在客家優佔區「廣」較親近「福」小孩，在非客家優佔區「廣」較親近「熟」小孩。

　　由收養者角度來看，在控制單一族群情況下，比較同族收養率與異族收養率，發現萬巒之客家優佔區中的「廣」，其同族收養率 0.22，高於非客家地區「廣」的同族收養率 0，而在客家優佔區「廣」的異族收養率 0.004，在非客家地區「廣」的異族收養率 0.33，在非客家優佔區的「廣」偏好收養異族小孩，故「廣」在非客家優佔區比在客家優佔區更容易收養異族小孩。

　　就「福」收養者而論，不論在客家或非客家優佔區，「福」皆偏好收養同族小孩，「福」在客家優佔區的同族收養率 0.33，「福」在非客家優佔區的同族收養率 0.35，兩者比率相當；又「福」在客家優佔區的異族收養率 0，「福」在非客家優佔區的異族收養率 0.15，故「福」在非客家地區比在客家地區更易於收養異族小孩。

　　就「熟」收養者而論，「熟」在客家優佔區之同族收養率 0，低於在非客家優佔區之同族收養率 0.12，不論在客家或非客家優佔區，「熟」皆偏好收養異族小孩，比率分別為 0.285 與 0.48，故「熟」在非客家優佔區比在客家優佔區更易於收養異族小孩。綜合以上三種族，不論何者，在非客家優佔區皆比在客家優佔區更有可能收養異族小孩，對於「福」來說，不論在客家優佔區或非客家優佔區，皆偏好收養同族小孩，對於「熟」而言，不論在客家優佔區或非客家優佔區，皆偏好收養異族小孩。如果收養異族小孩意味的是包容力，那麼日治時期住在萬巒非客家優佔區者，比起住在客家優佔區者更具有包容力，

「熟」比「廣」和「福」更具有包容力。

　　整體而言，「廣」、「福」、「熟」皆跨族收養小孩，就被收養者種族而論，不論麟洛、長治、竹田、內埔或萬巒地區，「廣」小孩常成為「熟」與「福」收養對象，其數量高於「熟」與「福」小孩成為「廣」收養對象。若分區討論異族收養率，發現麟洛與長治「熟」之異族收養率在客家優佔區略低於「福」，在非客家優佔區「熟」居第一，「福」居第二；不論在客家或非客家優佔區「廣」的異族收養率敬陪末座。就竹田而論，「熟」之異族收養率不論在客家或非客家優佔區均高於「廣」、「福」之異族收養率。就內埔不同種族之異族收養率而論，「福」高於「熟」，「熟」高於「廣」；萬巒是「熟」高於「廣」，「廣」高於「福」。就收養者種族來說，「熟」不僅收養「熟」，更收養「廣」和「福」小孩，「熟」收養客家小孩數量最多，「熟」、「福」、「廣」之異族收養率，在麟洛、長治、竹田、內埔和萬巒地區互有消長；同理在同族收養率部分，以「熟」同族收養率最低，「福」和「廣」之同族收養率在麟洛、長治、竹田、內埔和萬巒地區互有消長。

（三）收養範圍

　　研究者將日治時期麟洛、長治、竹田等地區的收養資料，依收養地與出養地，進行客家與非客家優佔區之整併與分類，而後計算出數量與百分比，詳見表16。

表 16：客家優佔區與非客家優佔區收養範圍之比較

出養地／收養地	客優佔（%）	非客優佔（%）
客優佔	330（53.5%）	139（36.9%）
非客優佔	4（0.6%）	30（8%）
六堆客庄	183（29.7%）	42（11.1%）
其他客庄	16（2.6%）	11（2.9%）
六堆非客庄	52（8.4%）	126（33.4%）
其他非客庄	16（2.6%）	25（6.6%）
不詳	16（2.6%）	4（1.0%）
總計	617（100%）	377（100%）

　　由表 16 可見客家優佔區由客家優佔區收養 330 人，收養率 53.5%；由六堆客庄收養 183 人，收養率 29.7%，兩者加總之收養率達 83.2%。又非客家優佔區由客家優佔區收養 139 人，收養率 36.9%；由六堆非客庄收養 126 人，收養率 33.4%；由非客家優佔區收養 30 人，收養率 8%，若將六堆非客庄與非客家優佔區之收養率相加不過 41.4%，非客家優佔區由六堆非客庄與非客家優佔區收養小孩之比率，遠不及客家優佔區由客家優佔區與六堆客庄收養小孩之比率的一半。故客家優佔區多收養客家優佔區與六堆客庄之小孩，非客家優佔區則非，同時非客家優佔區比客家優佔區更易於收養他區小孩。非客家優佔區為閩南與平埔族混居所在，客家優佔區為客家人佔絕對優勢的地區，由（非）客家優佔區與收養範圍的分析可見，非客家優佔區的閩南人與平埔族，比客家優佔區的客家人，在收養行為上更容易從非自身優佔區收養小孩。

　　比較客家與非客家優佔區的收養率，發現非客家優佔區易收養客家優佔區小孩，同時客家優佔區比較容易出養小孩，非客家優佔區因為收養客家優佔區

小孩，導致非客家優佔區邊界鬆動，但是進入非客家優佔區的被收養者多在年幼被收養，對於原生家庭的族群認同不清，即便年幼時養家父母不排斥被收養者與原生父母接觸，但是被收養者長大後傾向於認同養家所屬族群。客家小孩被收養可能導致客家人隱形化，非客家優佔區看似被客家小孩穿透，其結果並不是非客家優佔區的非客家人逐漸客家化，而是客家小孩逐漸變成非客家人。

如果異族通婚反映非客家較客家優佔區更容易以他族為通婚對象，閩南人透過異族通婚比平埔族更容易在人口質量上取得優勢，那麼跨族收養體現的是非客家比客家優佔區更容易收養他族小孩，閩南人比客家人更容易在人口質變上取得雙重優勢。因為平埔族之異族收養率高於閩南與客家的異族收養率，表面上被平埔族收養者易於認同平埔文化，平埔與閩南通婚率高於前二者分別與客家人的通婚率，實質上在主流社會與強勢族群文化牽引下，平埔族經由異族通婚易變成閩南人，被平埔族收養者易於轉向閩南人與閩南文化，閩南人在異族通婚中取得人口質量優勢，當跨族收養與異族通婚合併作用時，閩南人比起平埔族與客家人，將在人口質量上取得雙重優勢。異族通婚與跨族收養可能改變客家、閩南與平埔族的人口結構，對閩客族群人口的地理分布作用不大，卻使閩南與平埔的界線更加模糊。

五、族群之內（之間）的通婚案例及其意涵

經由前、中、後與先鋒堆通婚率、通婚範圍、收養率與收養範圍之統計分析，已然呈現族群人口結構在質量上變化的可能性，研究者尚透過個案深度訪談具體說明通婚與收養對族群認同將造成之影響，試問異族通婚是否促使強勢族群同化弱勢族群？或因此造就多元族群認同？跨族收養促使強勢族群同化弱勢族群？或因此造就多元族群認同？為此研究者在前、中、後與先鋒堆及周邊地區，尋找現年 70 歲或以上[35]的受訪者，研究提問：「請問庄裡是否有客

家人和閩南人或其他人（原住民）結婚？」或「本地是否有養子（女）、過繼子與媳婦仔？」或「您們是否聽說本地有誰收養過養子（女）、過繼子與媳婦仔？」[36] 多數回答：「我們客家人多和客家人結婚，有少數人會和閩南人結婚，我父母那一代，十人當中頂多一、兩個娶或嫁給閩南人，跟『假黎仔』的結婚，我們這一代很少見，下一代因為出外比較有可能跟其他人通婚。」還有人說：「我們客家人現在很少有這樣的人（養子女）。」而多數客庄耆老指稱：「庄裡若有人收養養子（女）、過繼子與媳婦仔，多是客家人收養客家小孩，很少有客家人收養非客家小孩……幾乎沒聽過本庄有人收養『假黎仔』。」在此採取滾雪球方式，只要有人告知曾聽聞收養行為，隨即透過熟識者引薦，找到願意接受訪談之異族通婚者或養子（女）、過繼子、媳婦仔。[37] 研究者深知以滾雪球方式尋找 70 歲以上的受訪者，無法關照所有異族通婚者與（被）收養者，故採個案深度訪談結果，開啟異族通婚、跨族收養與多元族群認同的討論。

尋找異族通婚者比跨族收養者容易，客庄的異族通婚者多是客閩通婚。日治時期戶籍資料得到「客家人多與客家人通婚」的結果，與客庄耆老所言相同，閩庄耆老提及者，與日治時期戶籍資料所示「福」多與「福」通婚說法相近，然而不論在客庄或閩庄都難以找到自稱為平埔族的人，倒是由受訪者原生家庭之戶籍資料，仍見閩庄有多位閩南與平埔通婚之後代。受訪的閩客通婚者年齡多在 70 歲以下，這與日治時期戶籍資料顯示「家戶內較年輕世代比起較年長者易於發生異族通婚」的現象呼應，另則暗含平埔族和閩南人通婚，可能因此隱身於閩南家戶中、變成閩南人。

---

35 現年 70 歲者 1941 年出生，現年 80 歲者 1931 年出生，考量 1940 年是收養養子（女）之末期，並衡量當地老人具備被收養經驗之年齡，因此選定 70 歲以上老人作為訪談對象。受訪者年齡的計算，以 2011 年往前推算為準。

36 參見附錄 2：訪談大綱。

37 滾雪球與熟識者的引薦可以節省與當地人關係建立所需耗費的時間。

在異族通婚的訪談部分，未發現因異族通婚而改變原本族群身分，異族通婚者或稱：「我是客家人，我太太是閩南人，我和太太說閩南語，…我現在住在客庄，和鄰居都說客語……，我是客家人，不過我太太是閩南人，我的子孫不會講客語，……現在的社會只要大家能溝通就好！我的子孫若能找到好工作就好」，抑或：「我嫁給客家人，我是客家媳婦，住在客庄習慣說客語，有時候回娘家不經意和我爸爸說客語，我爸爸是閩南人」，也有人說：「我先生從中部南下，來這邊（客庄）看看有沒有發展可能，……我住在河洛庄，說的是河洛話，我們是作媒認識的，……我先生是中部的客家人，當地客家人知道我們和他們不一樣，這邊就只有我們這戶不是當地客家人。」受訪的異族通婚者可能自認為客家人，但不因自身的客家身分而強迫配偶、子孫以客語溝通；嫁入客庄的閩南人可能入境隨俗慣用客語溝通、學會客家料理、祭拜夫家祖先、熟悉客家祭祀禮俗；由中部南下的客家人與南部在地客家人有別，當前者迎娶他族時更容易被當地客家人指認；有些人自認為客家媳婦，同時是閩南人，是以異族通婚者體現的是「多元族群認同」，換言之嫁入客庄、與客家人通婚，不必然僅以客家身分示人。

六、族群之間（之內）收養案例及其意涵

前文提及跨族收養比異族通婚可能更容易鬆動族群邊界，被收養者因為年幼，較易於認同養家族群，本節以同族與跨族收養案例探究原委。以下提及被收養者，分別有客家家戶收養客家小孩，閩南家戶收養同（他）族小孩，以及排灣家戶收養客家小孩等六則案例。

（一）客家家戶收養客家小孩：阿忠伯與養姐

在前堆長治的邱姓客家家戶中，曾過繼一名客家小男孩（暱稱「阿忠

伯」)。阿忠伯小時候過繼給親姑姑當兒子,生家在麟洛,1935 年生,在生家排行老四,過繼時 16 歲,阿忠伯回憶說:

> 記得姑姑當時到我們家來談,阿爸說我們家裡有四兄弟,看看姑姑要那一個,……後來姑姑選我,我姑姑結婚多年一直沒有生育,加上家裡有田地,需要人手幫忙,我過繼後改從姑丈的姓,雖然到親姑姑家,但是我有生活適應的問題,有時候想到(親生父母)都想要哭,就像是女孩子出嫁到別人家一樣的心情!……在我到養家之前,姑丈已過繼一個女孩,她是我養家的姊姊,我過繼的時候她準備要出嫁,養姐原本叫我姑丈為舅舅,她嫁給客家人,姊夫在小學當老師,現在還住在我們家的附近。

阿忠伯和養姐分別從養父的姊妹家,以及養母的兄弟家過繼,在此過繼與收養對象有姻親關係,收養與被收養因此得以增強客家家族間的親屬連帶,而阿忠伯與養姐改從養父姓氏,阿忠伯擔負祭拜養家祖先之責任,同時享有養家的財產繼承權,養姐出嫁有養家準備的嫁妝,目前阿忠伯管理養家產業,養姐情歸夫家,阿忠伯與養姐之歸宿正反映漢人父系社會「男有分、女有歸」之文化設計與財產分配原則。

請教阿忠伯與其養姐,鄰近村庄是否有人收養小孩以及收養來源,他們異口同聲說:「我們 7、80 歲以上的(客家人),若有收養(小孩),多是收養我們客家人」,客家人喜好收養同族小孩的說法,與經由日治時期戶籍資料查詢所得戶主種族為「廣」時,被收養者種族多為「廣」的現象吻合。

(二)閩南家戶收養同(他)族小孩:阿來嬌、其姊妹與阿月嫂

在前堆非客家優佔區番子寮的訪談中發現當地閩南人不僅收養閩南小孩,

也收養平埔與客家小孩，卻很難問到平埔族是否收養他族小孩。推測可能原因是現年 70-80 歲、有平埔血統者多以閩南人自稱，平埔族多與閩南人通婚，婚生子女因主流社會為父系認同，故平埔與閩南通婚的後代易變成閩南人，加上被平埔族收養的小孩處於年幼階段，不管被收養者原生家庭為閩或客，小孩因對出身族群所知有限，加上從小耳濡目染並親近閩南文化，經過數代通婚或收養，可能因此轉化成閩南人，比起在後堆與先鋒堆的研究，在中堆與前堆的研究更難接觸到平埔家庭成員。[38] 推測後堆有老埤、先鋒堆有赤山萬金做為平埔族聚居地，亦為當地平埔族主要通婚範圍，中堆與前堆缺乏如老埤與赤山萬金一般的平埔族聚居地與主要通婚範圍，平埔族人因此更容易散失。

　　在番子寮我們找到兩位重要報導人，其一為「阿來嬸」，[39] 閩南人，1937年生，3 歲時送給番子寮的閩南人當養女；另一位是送給番子寮閩南人當養女的「阿月嫂」。阿來嬸口述，其養父在日治時期為漢醫，在地方上頗有名望，養父有二妻室，各收養兩名養女，「阿來嬸」為二太太的養女，家中另有三名養女，一名來自番子寮閩南家庭，「阿來嬸」來自老埤潘姓家庭，第三名養女來自北部頭份客庄，第四名養女來自鹽埔閩南家庭。訪問時四名養女有兩名在世，其一為阿來嬸，另一名北上就醫，來自頭份客庄的養女嫁到武洛後失聯，一名過世。

　　阿來嬸指稱：「當初我被收養時，養父家沒有小孩，在我之前已收養三名養女，我的養母無法生育，直到收養我之後，養母才接二連三生了 6 個弟弟！……後來聽說，他們抱我來是為了『壓胎』，[40] 就是要抱小孩來招小弟。」

---

38 後堆周邊有閩南與平埔混居之老埤，先鋒堆周邊有平埔與閩南混居的赤山萬金。
39 受訪者一律以假名為之，以下皆同。
40「壓胎」一說為「壓星」或「壓青」，不論何種說詞皆蘊含婦女不孕，需要收養女孩，鎮壓住冥冥之中使得婦女久婚不孕的原因。

問及阿來嬸在養家的生活，她說：「……我養父的家境比我生父還好，不過我是他們家的養女，要幫忙照顧小弟，還要到田裡插甘蔗、種蕃薯，我弟弟都可以唸書，但是我是養女，沒書唸，沒得享受！」

與阿來嬸閒聊中，得知該村另有兩戶人家收養兩名客家養女，一名為「阿月嫂」。阿月嫂告知養父姓陳，在戰後擔任過村長，陳家有 14 名女兒，她們在家養尊處優，身為養女的阿月嫂被收養時 10 歲，她每天負責養牛、做家事，一刻不得閒。雖然「阿月嫂」小時候與長興的生父母有來往，也會說客語，但在養家使用閩南語，只有遇到同村另一名來自崙上的客家養女，[41] 才有機會說客語。阿月嫂告知在養家大家都叫她「阿月」，她原是長興客家人後代，名叫「滿妹」，養家附近的人並不知情。問及「阿月嫂」是否知道生父母為何要將她送人收養？阿月嫂說：

> 我父親早逝，當時我母親一人要照顧三個小孩，生活很困難，我養父在煙墩腳有農地，當時家中有一堆小孩，農事或家事都需要找人幫忙，經由朋友介紹，於是我生母將我送給養父，……我到養家每天要拔豬菜、餵豬、插甘蔗、種蕃薯，還要養牛，每天帶牛去吃草。養父（在戰後）曾連任三屆村長，在地方上有名望，家裡有 14 個（親生）女兒，她們和我感情都很好，平時喊我「阿姐」，現在大家還是很親，都有來往，有什麼事情也會問我的意見，她們找到蠻不錯的先生，有的當公務人員、有的當老師。我知道我跟她們不一樣，我是人家的養女，是要「作事」的！

---

41 來自崙上的客家養女已仙逝，根據阿月嫂轉述，她們兩人都要到田裡幹活，不可能在家裡當小姐、被人侍候。

　　說到養牛這件事情，阿月嫂臉上露出一絲笑容，她說：「……每天要去養牛，所以才會認識我先生，當時他也是每天帶著他們家的牛出去找草吃，他要負責養牛。」

　　以上幾名養女都有家戶外的婚配對象，並非與養家兄弟配對，養女被收養的原因，包括久婚不孕、「壓胎」、「招小弟」；出養女兒的原因是父親早逝、母親不堪負荷家庭重擔、經濟困難。養女必須負擔家事與（或）農事勞動，養女自知被收養身分，不敢奢望與養父母家的兄弟姊妹有同等待遇，比如唸書、找到較好的婚配對象。即便養女在養家生活曾感受到差別待遇，但是自知生家的家境比不上養家，成年後婚配對象不如養家兄弟姊妹，但與養家兄弟姊妹依然保持擬似血親的關係。

　　本研究發現與曾秋美在桃園南崁的出養、收養原因[42]相近，比如女兒出養原因與扶養困難、家庭忙碌乏人照顧、重男輕女觀念有關，而收養原因是久婚不育、「招小弟」之習俗，在南崁稱為「磧花」，在前堆周邊地區稱為「壓青」。本研究顯示，養女日常生活充滿家事勞動的記憶，並曾意識到自己與養家兄弟姊妹的差別待遇，不過生家與養家家境與社會地位有所落差，其婚配對象並非養家兄弟，就是所謂的「無頭對」。當養女在生家與在養家慣用語不同時，生家母語是養女回憶兒時的憑藉，但是生家母語常被養家慣用語取代。就日治時期戶籍資料顯示，閩南女孩被客家人收養數量，比客家女孩出養到閩南或平埔家戶還少，目前缺乏閩南女孩被客家收養之個案。倒是當客家女孩被閩南家戶收養時，養女的慣用語是閩南語，養女多在幼年被收養，加上閩客在外觀上無明顯區別，當養女在養家環境中多使用閩南語時，外人多以為養女與閩南人沒有差別，就連養女本身都說：「我的客家話都忘了差不多了，頂多會說

---

42 曾秋美，1998，頁 246-252。

幾句，……大家都不知道我原本是客家人的小孩！」語言並非族群認同的唯一憑藉，但是受訪養女在提及母語使用情況時，似乎都指向「說客語等於客家人，說閩南語等於閩南人」。其實「說 XX 話」不等於「XX 話」，對於語言使用的當事者而言，不論客語或閩南語，若離開述說者處身的社會文化脈絡，隨即喪失述說的行動意義。

研究者於文前曾提及欲擺脫族群中心論觀點，應以族群的外部看待族群的生成與發展，[43] 主張由族群互動與比較研究觀點著手，跨族收養是觀察族群互動與族群認同的可能入手點，因為被異族收養比被同族收養更容易暴露於族群邊界，更容易體會何謂族群？本人以為若能了解出（收）養的原因？以及跨族收養為何？以及被跨族收養者的心路歷程，將能回答族群邊界內、外的當事者如何看待族群認同。以下將以被排灣族收養的客家小孩為例，彰顯來自族群外部的觀察以及多元族群認同。

（三）排灣家戶收養客家小孩：劉女士與陳校長

異族收養可視為一種社會建構，收養與被收養如同述說客家話、展演客家血統，重點在於（被）收養、述說、展演皆是社會行動，人、語言與血統需要經由自我與他人之認可，才會（再）生產客家族群、客語與客家血統。此間被收養者客觀的血統可能面對主觀認同的質疑，經過主、客觀相互折衝，血統、語言與人的認同可能並行不悖，也可能背道而馳，也就是說血統上的客家人，可能自認或被指認為閩南人，比如有人自稱：「我以前是客家小孩，但是現在是閩南人」，或血統上的客家人，不排斥自己曾是客家小孩，如今自認為排灣

---

43 Barth 主張由族群外部或族群邊界來了解族群，此後有王明珂延續如此主張。詳參 Barth, Fredrik, ed. 1969. *Ethnic Groups and Boundaries*. London: George Allen & Unwin. 以及王明珂，1997，〈華夏邊緣的變遷〉《華夏邊緣：歷史記憶與族群認同》，頁 375-405。臺北：允晨。

族。不論年幼時是客家小孩，年長時變成閩南人或排灣族，或客家人與其他族群身分之一並存，皆屬於「多元族群認同」的形式。

提及泰武鄉佳平村大頭目——劉女士原是中堆客庄的小女孩，生父母亡故，熟悉劉女士的友人告知，劉女士年輕時自稱為客家人後代，劉女士不諱言親生兄弟住在中堆，提及親生兄弟在雙方嫁娶時互有來往，生父母亡故時還回家奔喪。劉女士被排灣族收養，原因是「家裡兄弟姊妹很多，我3個月大的時候送給排灣族佳平村的大頭目當養女，從小在排灣族部落長大，……養母身為佳平村的大頭目，她沒有小孩於是收養了我。」劉女士沒有排灣血統，卻戲劇性地承傳大頭目的地位，族中曾有反對聲浪，但養家舅舅力挺，加上在某官員到訪的場合中，劉女士應邀當眾唱誦祖靈名字，在族中唯有巫師具備這樣的能力，劉女士憶及此事時，自稱：「當時我也不知道，為何我可以唱誦祖靈的名字，好像祖靈在我身上！我自己也很訝異！」此後劉女士取得族人信賴，穩坐大頭目的寶座，如今已取得族人認可，她仍謙虛地告知：「我從來不敢以大頭目的身分自居，而是將自己當成是幫族人服務的『管理人』，每逢部落有慶祝活動，我要打點好族人享用的小米酒，現代大頭目不能像傳統大頭目那樣，可以擁有族人進貢的特權。」訪談劉女士時，有小孫子陪同，在祖母提及部落的點點滴滴時，孫子高興地展示祖母將傳給他的手鐲，劉女士對孫子耳提面命：「你要記住 vu-vu 曾帶你去看過我們佳平村大頭目發跡的地方，千萬要記得老人家提醒不准褻瀆祖靈，不能任意捕殺百步蛇，……以後這手鐲要交給你……」，[44] 研究者這才了解佳平村正由擁有客家血統的劉女士擔任大頭目，她還擔負著教養後代、傳承排灣族文化的使命。

就生理特徵來說，劉女士的生父有客家血統，生母有閩南血統，依照一般

---

44 手鐲是佳平村大頭目的傳家之寶，百步蛇傳說與祖靈信仰是排灣族人的精神象徵。

慣有的父系認同，劉女士理當是客家人。當劉女士被問到：「是否會說客家話？」她說：「我現在大多說排灣語，不過我的閩南語說得比客家話好。」顯然有客家血統的劉女士，客家話不一定說得好，劉女士在中年之前，面對不同對象時，曾展示自己的客家與排灣族身分，中年之後以大頭目身分傳承排灣族文化，她在一代之內、針對不同對象有不同的族群認同，因此是一種「多元族群認同」的現象。其次，可從前堆客庄養子、現任 XX 國小校長的訪談中，發現多元族群認同的現象，陳校長提及：

> 我排灣族語言和國話都說得不錯，客家話卻一句也不會講，……我從小在（排灣族）部落長大，我的養父母都是排灣族，在部落我說的是排灣語，我念初中的時候，我（生家）的姊姊到學校找我，要和我相認，說我是客家人，說我的生父母住在 XX，當時我不相信，學校老師試圖幫我姊姊說服我，後來我生母找我的養父商量，經過一段時間我才和生母、姊姊相認，知道她們離開生父，生活過得不太好。

陳校長原本流著客家人的血，出養原因是與母親命格不合，除外，經濟困難、生母在家中沒有地位，獨自帶著子女謀生不易，也是導致出養小孩的原因。一般人以為子女與父親的族群相同，然而陳校長的生父母為客家人，他卻未必自認為客家人。

陳校長先後經歷他人與自我懷疑的歷程，兒時被當成排灣族來教養，也曾被部落懷疑是否為排灣族？青少年時期被告知是客家人，得知訊息後自我懷疑是否為客家人，而今自我認同為排灣族。陳校長提及：

……小時候我曾懷疑自己到底是不是我爸爸（養父）親生的兒子？在部落裡我和人家長得不一樣，大家傳言說我不是我爸爸親生的，我當時還小，聽到人家這樣講，馬上回家問我爸爸，那時我養母還在，我問他們：「我到底是不是你們親生的？」當時我爸爸和媽媽都說：「你當然是我們親生的啊！」直到我（親生）姊姊來找我之前，我一直以為我是爸爸親生的兒子。當我姊姊來找我的時候，我懷疑自己怎麼會是客家人？後來我知道生父家狀況，……那時我姨丈在部落教書、認識我養父，他跟我生母說養父擔任警察，養母婚後沒有小孩，想要收養小孩，當時我生母無力照顧我，於是姨丈促成被收養一事。

陳校長續提及：

……我覺得養父把我當成親生兒子看待，他很疼我，因為擔任警察工作，職務又經常被調動，隨著養父職務調動，我經常在轉學，……他很重視我的教育，還好我遇到好老師，才能順利升學！……後來我養母過世，養父再娶，……我和養母處得不太好，在養家弟妹陸續出世後，我已經有工作能力，當時養父已退休，我拿薪水回家、幫忙照顧弟妹。我對部落有一份感情，記得大學畢業要填志願時，最想回自己的部落小學教書，雖然未能如願，卻促使我去進修，我很早就考取校長資格。說起先前小學唸書，雖然多次轉學，但是多在 XX 部落或鄰近部落間往返，即使到都市唸書，寒暑假也會回部落，我工作的地點都和排灣族部落有關，一直在山地部落小學服務，……目前我身分證上面登記的是排灣族，我的小孩也是排灣族。

　　陳校長受訪時自認為排灣族，研究者以為他在一代之內曾有不同的族群認同，他曾被人懷疑、也曾自我懷疑「到底是排灣族或客家人？」即便陳校長自知是客家人的後代，他仍選擇性地親近排灣族。[45] 比較陳校長與劉女士，有關出、收養的原因、成長經驗以及族群認同，發現二人被收養時皆是襁褓中嬰兒，出養原因有別，陳校長與母親命格不合、生母經濟困難，劉女士因生家兄弟姊妹多，收養原因皆是養家沒有小孩。顯然出養原因有經濟、文化等因素，兩人均為一代之內的多元族群認同，差異在於劉女士在中年之前曾有客家與排灣族的雙重認同，老年之後漸漸轉向排灣族；陳校長始終自稱為排灣族，初中時否認自己是客家人，成年後承認自己曾是客家小孩。是以族群認同非關血統，而是生活機會與生活經驗的歷練。

　　若將這兩起客家小孩被排灣族收養的案例，與研究者先前在後堆與先鋒堆的跨族收養研究中，收集到客家人被排灣、平埔與閩南人收養之案例進行比較，發現有高度同質性。綜合後堆、先鋒堆、前堆與中堆跨族收養之現象，發現（客家）小孩常在懵懂時被他族收養，被他族收養的客家小孩少有機會學習母語，耳濡目染他族語言、他族生活習慣以及他族文化，久而久之易於變成他族。反之，客家人收養的客家小孩多留在客庄，族群認同仍是客家人。收養行為並非客家人獨有，閩南與平埔族皆有之，客家人喜歡收養同族小孩，閩南人亦如是，但是客家出養小孩之數量往往多於他族出養小孩之數量，當特定族群給出小孩多於收養進來的小孩，加上襁褓中的被收養者較易於認同養家的族群時，那麼將有較多出養的客家小孩認同他族，這對於給出客家小孩的客家人來說，將面臨客家人量與質的流失。

---

45 在臺灣政府獎勵原住民升學的前提下，親近排灣族群身分對求學階段的陳校長實有鼓勵作用，若選擇親近客家身分則非，因此族群認同並非客觀存在的事實，而是受到外在社會文化脈絡之影響。

七、結語：異族通婚、跨族收養對族群邊界的影響

　　由文獻與統計資料顯示：前、中、後、先鋒堆之閩客族群關係比較緊張，自清康熙 60 年（1721）的朱一貴事件以來，閩客械鬥時而發生，本文透過 1905-1935 年的戶口調查與國勢調查，比較長治、麟洛、竹田、內埔與萬巒等地區不同「種族」之人口數與百分比，發現日治時期閩客分據前、中、後、先鋒堆及其周邊村庄，此間平埔與閩南有明顯混居之態勢。由日治時期的戶籍資料看來，「廣」分別與「福」、「熟」的族群關係較疏遠，「福」與「熟」的族群關係較友好，閩客對居處村庄東邊近山地帶的平埔族與原住民時有貶意或語帶揶揄。[46]

　　閩南與平埔以跨族收養再度彰顯他們的友好關係，客家與閩南、平埔關係疏遠，卻有為數較多的客家小孩出養至他族（閩南、平埔、排灣族），客家人因為跨族收養可能隱身於他族或變成他族人，同理當閩南小孩被他族收養時，也可能隱身於他族，就主流社會角度來看，閩客分佔主流文化的兩端，就跨族收養的社會效應來看，平埔家戶收養閩客小孩，前後兩者社會效應不同，因為在日治中期之前，處身於前、中、後、先鋒堆周邊的閩南人多與平埔為伍，整體而言，閩南與平埔的異族通婚率，比起閩客、或客與平埔的異族通婚率高，跨族收養將透過異族通婚再增強其對於閩南與平埔邊界鬆動的力量，而跨族收養對客家邊界的影響極為有限，卻促使客家小孩可能轉化為他族。

　　不論客家、閩南或平埔族均以內婚為主，但不排斥異族通婚與跨族收養；就異族通婚而論，閩南與平埔之通婚率大於客家與閩南或客家與平埔之通婚率。族群邊界在父代比在子代更嚴密，子代的異族通婚現象多於父代。就客

---

46 老一輩的閩客人士仍有人稱平埔族為「平埔仔」、「XX 番」，稱呼近山的原住民為「生番」、「傀儡仔」、「假黎仔」。面對當代原住民有時語帶揶揄：「當原住民很好啊！唱歌比賽得第一名、考試有加分、又可以提早領老年年金！」

家、閩南與平埔族的內婚率來看，客家內婚率最高。跨族收養比異族通婚現象頻繁，跨族收養者要養子女改從養家姓氏，養子女多在幼年進入養家，異族通婚多發生在成年男女婚配，被收養者的年齡、成熟度、自我判斷能力皆比通婚者小，因此跨族收養比異族通婚可能更容易鬆動族群邊界。就跨族收養來說，平埔比閩、客收養更多異族小孩，若跨族收養意味族群包容力，那麼平埔比閩客更具有包容力。研究發現閩、客、平埔，在非客家優佔區的跨族收養率，比在客家優佔區的跨族收養率高，顯然非客家優佔區利於跨族收養，跨族收養可能有助於族群融合。

再論在前、中、後、先鋒堆周邊因有平埔與閩南的異族通婚，促使平埔與閩南呈現混居狀態，戰後與閩南人混居的平埔族越來越難被分辨，甚至因主流社會以閩客文化為主，平埔族為了進入主流社會，比較容易學習、模仿與其通婚與混居之閩南人，故平埔文化易導向閩南文化。當平埔族因通婚而向閩南人、閩南語和閩南文化傾斜，甚而自稱為閩南人時，客家人出養至平埔與排灣族家戶的小孩數量，遠高於閩南、平埔小孩出養他族之數量，客家看似因被他族收養之小孩而得以穿越他族邊界，其實客家小孩多在幼年被收養，被收養的客家小孩對於生家所屬族群文化多認識不清，長期被養家語言、生活習慣與文化習染，因此客家小孩比他族小孩更容易質變為他族人。

經由前、中、後、先鋒堆及其周邊「異族通婚與跨族收養」之研究，提出七項命題，1. 日治時期不論客家或非客家優佔區，而且不分族群均以內婚為主，但不同族群內婚率有別；2. 家長比家戶成員更崇尚內婚，越年輕的世代異族通婚的可能性越高；3. 非客家優佔區比客家優佔區更有利於跨族收養；4. 平埔族比閩南人和客家人更容易收養他族小孩；5. 平埔族收養他族小孩雖受漢人禮俗影響，其收養原因不完全反映漢人之社會文化價值；6. 日治時期跨族收養現象比異族通婚現象明顯；7. 異族通婚比較容易發生在閩南人與平埔族之間，

閩南人與平埔族比較友好。

　　研究者繼而提出「客家量變與質變」的假說，即客家人可能先量變後質變為平埔族（排灣族、閩南人），當客家人量變與質變為平埔族後，平埔族可能再量變與質變為閩南人。整體而言，日治中期之前內婚有利於前、中、後與先鋒堆客家鞏固堆堆相連之勢，戰後異族通婚逐漸鬆動當地客家族群邊界；日治中期之前異族通婚對平埔族邊界維繫不利，因有日治中期之前異族通婚與跨族收養的合併作用，易於促使平埔族質變與量變為閩南人，且易於促使客家質變與量變為平埔或他族，故異族通婚與跨族收養將最有利於閩南人在量與質的增長。最後透過數則個案說明異族通婚與跨族收養不必然導致同化，單一族群認同非族群互動與文化接觸的常態，跨族收養雖有認同養家所屬族群與文化之傾向，但是被收養者為行動主體，因應時空背景產生不同的生活經驗與歷練，足以造就多元族群認同。血統、語言、文化、風俗習慣並非族群認同的絕對因素，本研究發現足以支持族群互動與多元族群認同的觀點，而非族群中心論的論述。

參考文獻

一、方志

（清）陳文達，1961[1719]，《鳳山縣志》，《臺灣文獻叢刊第 124 種》。臺北：臺灣銀行經濟研究室。

（清）王瑛曾，2006[1764]，《重修鳳山縣志》，《臺灣文獻叢刊第 146 種》。南投：臺灣省文獻會。

（清）黃叔璥，1983[1727]，〈番俗六考〉《臺海使槎錄》卷六 - 八，《臺灣文獻叢刊第 4 種》。臺北：成文。

（清）黃逢昶，1997[1885]，《臺灣生熟番紀事》，《臺灣文獻叢刊第 51 種》。臺北：臺灣銀行經濟研究室。

臺灣銀行經濟研究室編，1994[1961]，〈第十三 螟蛉子契字〉《臺灣私法物權人事編》，頁 673-704，《臺灣文獻叢刊第 117 種》。南投：臺灣省文獻會。

_____，1994[1961]，〈第十四 養女契字〉《臺灣私法物權人事編》，頁 705-741，《臺灣文獻叢刊第 117 種》。南投：臺灣省文獻會。

臺灣總督府官房臨時戶口調查部，1992[1917]，《第二次臨時臺灣戶口調查概覽表》。臺北：捷幼。

臺灣總督府官房臨時國勢調查部，1937，《國勢調查結果表》。臺灣總督府官房臨時國勢調查部。

李明恭，2001，《竹田鄉史誌》。屏東：作者自刊印。

二、專書及其篇章

王明珂，1997，〈華夏邊緣的變遷〉《華夏邊緣：歷史記憶與族群認同》，頁 375-405。臺北：允晨。

林正慧，2008，《六堆客家與清代屏東平原》。臺北：遠流。

林淑鈴，2010，〈族群混居、異族通婚與收養〉《臺灣客家族群關係研究：以屏東縣內埔鄉與萬巒鄉為例》。國史館臺灣文獻館與行政院客委會。

_____，2010，〈異族通婚與跨族收養：百年來內埔與萬巒地區族群互動的軌跡〉《客家、女性與邊陲性》，頁 103-159。臺北：南天。

徐正光，2001，《客家社會生活調查六堆客家社會文化發展與變遷之研究：社會篇》。屏東：財團法人六堆文教育基金會。

洪汝茂，2005，《日治時期戶籍登記法律及用語編譯》。臺中：臺中縣政府。

洪瑞福，2005，《麟洛采風錄》。屏東：長治鄉公所。

曾秋美，1998，《臺灣媳婦仔的生活世界》。臺北：玉山社。

曾彩金，2001a，《六堆客家社會文化發展與變遷之研究：歷史源流》。屏東：六堆文教基金會。

_____，2001b，《六堆客家社會文化發展與變遷之研究：宗教與禮俗篇》。屏東：六堆文教基金會。

施添福，1987，〈清代在臺漢人的祖籍分佈和原鄉生活方式〉《國立臺灣師範大學地理研究叢書》第15號。臺北：國立臺灣師範大學地理學系。

_____，2001，〈國家與地域社會〉《平埔族群與臺灣歷史文化論文集》。臺北：中央研究院臺灣史研究所籌備處。

莊英章，1994，〈惠東婚姻制度初探：以山霞東村為例〉《華南婚姻制度與婦女地位》，頁10-44，馬建釗、喬健、杜瑞樂編。廣西：廣西民族出版社。

_____，2004，〈閩南與客家：婦女、婚姻與家庭的比較〉《田野與書齋之間：史學與人類學匯流的臺灣研究》。臺北：允晨。

陳紹馨，1981，《臺灣的人口變遷與社會變遷》。臺北：聯經。

楊文山等，2004，《全國客家人口基礎資料調查研究》。臺北：行政院客家委員會。

黃瓊慧，2000，〈長治鄉〉《臺灣地名辭書卷四屏東縣》第十一章，頁351-381。南投：臺灣省文獻會。

_____，2000，〈麟洛鄉〉《臺灣地名辭書卷四屏東縣》第十二章，頁383-398。南投：臺灣省文獻會。

鍾壬壽，1973，《六堆客家鄉土誌》。屏東：常青。

鍾桂蘭、古福祥，1983，《屏東縣志》。臺北：成文。

鍾瑾霖，2000，〈竹田鄉〉《臺灣地名辭書卷四屏東縣》第二十章，頁555-574。南投：臺灣省文獻會。

_____，2000，〈內埔鄉〉《臺灣地名辭書卷四屏東縣》第二十一章，頁575-597。南投：臺灣省文獻會。

_____，2000，〈萬巒鄉〉《臺灣地名辭書卷四屏東縣》第二十二章，頁599-617。南投：臺灣省文獻會。

劉正一，1990，《長治鄉志》。屏東：長治鄉公所。

戴炎輝，1979，《清代臺灣之鄉治》。臺北：聯經。

簡炯仁，1999，《屏東平原的開發與族群關係》。屏東：屏東縣立文化中心。

藤井志津枝，2001，《臺灣原住民史政策篇（三）》。南投：國史館臺灣文獻館。

篠原哲次郎，1985[1932]，《臺灣市街庄便覽》。臺北：成文。

Barth, Fredrik, ed. 1969. Ethnic Groups and Boundaries. London: George Allen & Unwin.

Berg, B. L. 1995. Qualitative Research Methods for the Social Sciences, pp.1-20. Allan & Bacon.

Bernard, Russell H. 1988. Research Methods in Cultural Anthropology, pp.27-61. Sage.

Brown, Melissa. 2004. Is Taiwan Chinese: The Impact of Culture, Power, and Migration on Changing Identities. London: University of California.

Chuang, Ying-chang. 1991. Chinese Tung-yang-hsi Marriage: The Ch'en Family of Tou-fen,Taiwan. Proceedings of the National Science Council, 1（2）: 174-186.

Hsieh, Jih-chang and Ying-chang Chuang, eds. 1985. The Chinese Family and Its Ritual Behavior. Taipei: Institute of Ethnology, Academia Sinica.

O'reilly, Karen. 2009. Key Concepts in Ethnography, pp.65-69, 163-167. Sage.

Wolf, Arthur. 1966. Childhood Association, Sexual Attraction, and the Incest Taboo: A Chinese Case. American Anthropologist 68:883-898.

Wolf, Arthur. 1968. Adopt a Daughter-in-law, Marry a Sister: A Chinese Solution to the Problem of the Incest Taboo. American Anthropologist 70（5）:864-874.

Wolf, Arthur and C. S. Huang. 1980. Marriage and Adoption in China, 1845-1945. Stanford: Stanford University Press.

Wolf, Arthur. 1993. Westermarck Redivivus. Annual Review of Anthropology 22:157-175.

Wolf, Margery. 1972. Women and the Family in Rural Taiwan. Stanford, California: Stanford University Press.

三、研討會論文集

徐正光，1997，〈臺灣客家的人類學研究〉。發表於「人類學在臺灣的發展學術研討會」。臺北：中央研究院民族學研究所主辦。

莊英章、武雅士，1994，〈臺灣北部閩、客婦女地位與生育率：一個理論假設的建構〉《臺灣與福建社會文化研究論文集》頁97-112，莊英章、潘英海編。臺北：中央研究院民族學研究所。

四、碩博士論文

利天龍，2006，〈屏東縣前堆地域的社會空間結構與變遷〉。國立臺灣師範大學地理學系碩士論文。

林正慧，1997，〈清代客家人之拓墾屏東平原與六堆客庄之演變〉。國立臺灣大學歷史研究所碩士論文。

許瓊如，2009，〈麟洛地區客家人口特色研究（1895-1945）〉。國立高雄師範大學客家文化研究所碩士論文。

賴郁如，2009，〈客家族群的再次遷移與內在關係：以屏東縣長治鄉為例〉。國立高雄師範大學客家文化研究所碩士論文。

五、專題研究報告

陳信木，2003，〈臺灣地區客家人口之婚配模式：世代、地理區域、與社經地位比較分析〉。臺北：行政院客家委員會92年度獎助客家學術研究計畫報告。

附錄1：日治時期戶籍資料查核表

番號	戶主	種族	遷居地	配偶	種族	遷居地	職業	家屬通婚	種族	過繼子	種族	養子	種族	養女	種族	媳婦仔	種族

附錄2：異族通婚者或（被）跨族收養者之訪談大綱

1. 受訪者基本資料
   姓名＿＿＿＿＿＿＿＿＿＿＿　　現居地＿＿＿＿＿＿＿＿＿＿＿＿
   出生年＿＿＿＿＿＿＿＿＿＿　　聯絡電話＿＿＿＿＿＿＿＿＿＿＿
   原生家庭所在地＿＿＿＿＿＿＿＿＿＿＿＿＿＿＿＿＿＿＿＿＿＿
   主要使用語言＿＿＿＿＿＿＿＿＿＿＿＿＿＿＿＿＿＿＿＿＿＿＿
   自認為 XX 人＿＿＿＿＿＿＿＿＿＿＿＿＿＿＿＿＿＿＿＿＿＿＿
2. 請問是否知道住家附近誰是童養媳、養女、過繼子、養子？
3. 可否代為介紹養子（女）、童養媳、過繼子？
4. 寫下養子（女）、童養媳、過繼子之姓名與聯絡方式＿＿＿＿＿＿＿＿＿＿＿

二、異族通婚者

1. 如何認識自己的先生（或太太）？（例如：鄰居、作媒、工作、交友……等）
2. 經由何種管道與先生（或太太）結婚？（例如：作媒、指腹為婚、自由戀愛、工作、交友、其他……等）
3. 婚後生活：
   a. 語言使用（家居主要說 XX 話？跟原生家庭使用之語言有何差別？如何克服語言使用習慣的差異性？）
   b. 飲食習慣（做什麼菜？跟原生家庭的飲食有何差別？如何克服飲食習慣的差異性？）
   c. 祭拜方式（如何祭拜？拜什麼？何時拜？）
   d. 其他（請詳述）

三、（被）跨族收養者

　　1. 請問幾歲被收養？

　　2. 請問為何被收養？

　　3. 請問您與原生家庭的互動？（幼年、結婚、婚後）

　　4. 請問您在養家是否要工作？工作內容？

　　5. 請問您與養家的互動？（幼年、結婚、婚後）

　　6. 請問您自認為 XX 人？為何？

　　7. 是否認識其他（被）收養者？可否可以代為介紹？

其他：

日治臺灣的福客關係 *

林正慧

一、前言

　　對於清代漢人的閩粵關係，相關研究多聚集於閩粵之分類械鬥。分類械鬥一詞，體現了不同祖籍社會群體之間的矛盾與衝突，反映清代前期臺灣社會的特點。清領臺之後，移民主要來自中國閩粵二省。當時來臺的漢籍移民多依原來的地緣聚居，閩籍中有泉州、漳州、汀州各府之分，粵籍中則有潮州、惠州、嘉應州各府之別。如清代史籍中所載，「臺灣民人皆係漳、泉、粵三處寄籍，素分氣類，積不相能」，[1]「漳、泉、粵三籍素分氣類，積毒已深」，[2]「閩、廣之人，各分氣類，睚眦之怨，糾鄉眾、持白梃以鬥」，[3]「粵與漳、泉又名為三籍，各分氣類」，[4] 不一而足。

---

* 本文原刊登於《民族學界》，2017，39 期，頁 7-73。因收錄於本專書，略做增刪，謹此說明。作者林正慧現任中央研究院臺灣史研究所助研究員。

1 〈閩浙總督孫爾準為特參辦理錯謬以致械鬥蔓延踰時不息之提鎮副將分別請旨褫革暫留以肅戎政事〉，收入孫爾準，《孫文靖公奏牘稿本》（天津：古籍，1987 年），頁 504-521。轉引自國立臺灣大學，《臺灣歷史數位圖書館》，檔名：〈ntu-1811683-0050400521.txt〉。

2 〈福建臺灣鎮總兵蔡萬齡審辦陳新喜等造謠煽誘乘機焚搶案〉，收入中國第一歷史檔案館、海峽兩岸出版交流中心，《明清宮藏臺灣檔案匯編》，第 144 冊，頁 339-343。轉引自國立臺灣大學，《臺灣歷史數位圖書館》，檔名：〈ntul-3052753-0033900343.txt〉。

3 《平臺紀事本末》（文叢第 16 種），頁 1。

　　清代分類械鬥發生的原因複雜，除清廷對臺治理態度消極，嚴禁內地人民攜眷渡臺，民情浮動。此外，臺灣吏治不清，官威不彰，民眾對政府缺乏信賴感，加上初闢地區勢力範圍不清，新墾移民為爭奪水源、土地、利益，難免引發衝突。值得注意的是，若由清代文獻加以分析，在歷次分類械鬥過程中，常見有汀人附粵、潮人附閩等情形，在在顯示漢人間的分類械鬥，多以語群分類，祖籍不完全是族群的區分標準。[5] 清代臺灣文獻上所指涉的閩籍粵籍、閩人粵人，單純是以行政界線分類人群的概念，由於清代來臺的閩籍人中有操福佬方言的漳泉移民，與操客方言的汀州、漳州移民；粵籍人中有操福佬方言的潮州府移民，或操客方言的嘉應州及惠潮移民，因此清代文獻中的閩或粵，並不能完全等同於指涉方言人群的閩南方言或客方言人群。且值得注意的是，由清中葉後，西人的記述及日治初期的調查可知，清代以來臺灣民間確以方言為人群的主要界線，且已形成客人與福佬之互稱。[6]

　　清代臺灣的分類械鬥事件多為學者用來檢證所謂「內地化」的論點，[7] 陳其南亦以分類械鬥的轉型是臺灣漢人社會逐漸由移民社會轉型為土著社會的最佳說明。[8] 然就臺灣南部的閩粵關係而言，閩粵分類自康熙年間持續至光緒末

---

4 卞寶第，《閩嶠輶軒錄》（文叢第216種）。

5 林正慧，《六堆客家與清代屏東平原》（臺北：遠流，2008年），頁293；林正慧，《臺灣客家的形塑歷程：清代至戰後的追索》（臺北：國立臺灣大學出版中心，2015年），頁199-223。

6 林正慧，《臺灣客家的形塑歷程：清代至戰後的追索》（臺北：國立臺灣大學出版中心，2015年），頁196-199、287-288。

7 就李國祁的「內地化」理論而言，其認為自同治4年（1865）以後，臺灣的械鬥已由原籍地緣為主的械鬥類型，轉為以宗族為主的血緣械鬥，社會結合的關係由地緣性轉為血緣性，是臺灣社會向中國本部各省看齊的內地化趨向。李國祁，〈清代臺灣社會的轉型〉，《中華學報》，第5卷第2期（1978年7月），頁141。

8 陳其南認為自1860年代以後，臺灣已少有大規模的以祖籍人群為分類單位的械鬥事件，即使仍有械鬥事件，但分類的型態已經轉變，如同治年間宜蘭平原的西皮福祿之爭，光緒2年（1876）苗栗的同籍械鬥，可知至清末，臺灣漢人社會已逐漸拋棄祖籍

年，甚至日治初期仍見對立情形，[9] 於是，臺灣閩粵之間由清治到日本殖民統治之後的相處實態是本文所關注的重點。由於日本對臺灣之殖民統治有其殖產興利以為殖民母國服務之目的，與清廷治理臺灣之消極態度截然不同，改朝換代後新政權所為之施政，對臺灣的福客關係有何影響，是了解日治時期福客關係的重要面向。

此外，日治時期殖民政府為開拓山地資源，以客方言人群為主的新竹州移民，在國家權力的運作機制下移往臺灣北、中、南、東部，以開發樟腦、製糖等產業。[10] 這一波新的島內移民多被稱為「二次移民」，主要指移民由閩粵地區來臺定居後，家族或個人因某些因素又再次遷移居住地。[11] 客方言人群新一波的島內移民是日治時期十分顯著的現象，他們到了新的移住地，勢必與在地族群有不同的磨合適應過程，因此，島內二次移民促成了怎樣的福客互動亦為本文所欲處理的另一重點。

職是之故，本文將參諸日治時期的報章文獻、時人的回憶記述，以及已有的相關研究，嘗試從國家力量的影響、人群的互相適應等面向，瞭解日治時期福客互動的實際樣態。在此需先說明的是，日本領臺之後，基於受到西方對 Hakka 的認知，以及對清代文獻每以閩粵兩分的影響，故認知並且定義在臺的福建人為說閩南方言的人群，廣東人為說客方言的人群。將清代的閩人、粵人做了人群意涵上的轉變，原本的省籍界別轉變為方言認定，即福建人＝福佬，廣東人＝客人。因為忽略了臺灣存在說福佬話的粵籍人與說客話的閩籍人，因

觀念，而以現居的聚落組織為主要的生活單位。陳其南，〈社會分類意識與土著化〉，《臺灣的傳統中國社會》（臺北：允晨，1991 年），頁 112-113。

9 林正慧，《六堆客家與清代屏東平原》，頁 284-286。

10 王和安，〈日治時期臺灣島內新竹州移民之研究〉，「2008 年第二屆臺灣客家研究國際研討會」論文（2008/12/20-12/21），頁 24。

11 張馨方，《美濃鎮吉洋地區閩客關係之研究》（國立臺南大學臺灣文化研究所碩士論文，2010 年），頁 61。

此「閩＝福；粵＝客」實是一個不盡完善的人群定義，而由於殖民政府認定方言是種族的表徵，言語的異同即表現種族的異同，言語的變遷即為其習俗及思想變遷之表現，[12] 在強調以方言識別人群身分的同時，必然使粵籍福佬與閩籍客人究竟如何被認定，或如何自我定位，出現很多可能的變數，[13] 關於這個問題，由於尚未有充足的研究與了解，本文暫不細究，文中所稱之福佬（福建人）與客人（廣東人），單純是依據日治時期對人群以方言分別的定義而論，而不細究其原籍之省籍為何。[14] 此外，本文礙於相關資料及篇幅之侷限，僅聚焦於日治時期的福客二族關係為論述重點，對於福佬內部以及客家內部，甚或是「生」、「熟」等原住民族群間多元交叉的關係，僅能略而述及，特此說明。

二、日本殖民統治對福客關係的可能影響

經過清代二百餘年的統治，在臺的閩粵漢人，經過多次大大小小、對象不同的分類械鬥之後，人群幾經移動整合，福客的分布在日治初期已見穩定，且分界鮮明，畛域清楚。原先散布於臺北平原各處的粵人經過嘉慶、道光年間幾次激烈的分類械鬥後，多退至新竹、中壢一帶，使得臺北平野的人群組合以漳泉移民為主，[15] 是以明治44年（1911）一則報導提到，「臺北廳無粵人部落，

---

12 臨時臺灣戶口調查部，《明治三十八年臨時臺灣戶口調查記述報文》，頁225。

13 如屏東潮州之粵籍福佬，即曾抱怨，因殖民政府的此項認定，使得他們這種「常用閩南語而籍隸於粵東者，竟搖身一變而不自覺地承認為『福建人』，事之可扼腕兼唱歎。」《普寧樂善堂陳家族譜》，美國猶他家譜學會編號1418847，頁2。

14 關於以粵籍為客人，閩籍為福佬，日本學者或殖民政府自大正年間已開始有所修正，終至1928年臺灣總督府完成在臺漢人鄉貫調查之後，對於閩族與粵族做一補充說明，表示閩籍汀州府屬客人，粵省潮州府屬福佬。1930年日人山根勇藏對福佬與客人的定義有更詳盡的釐清。參見林正慧，《臺灣客家的形塑歷程：清代至戰後的追索》，頁353-361。

15 三浦祐之，〈臺北平原の開拓に就いて（承前）〉，《臺灣農事報》，第327號（1934年2月），頁136-141；尹章義，〈閩粵移民的協和與對立：以客屬潮州人開發臺

精粵語而兼國語者，曾未之聞」。[16] 中部粵籍移民亦因分類械鬥而退居近山之石岡、東勢角一帶，[17] 東勢地區成為中部客人最大的聚集區域，使粵區向北沿山連成一片。南部的主要客人聚集地則以下淡水溪流域的六堆為主。

　　粵民因分類或人數少而退聚沿山地帶，到了日治，卻演成閩先粵後的客之由來。如明治 38 年《臺灣日日新報・漢文版》〈閩粵消長〉一文稱，「竹邑住民。有閩粵二種。閩人稱為和老。粵人稱為客郎。蓋二百年前。福建人先渡臺。多居海邊平地。可免蕃害。廣東人後至。不得不居於山地。與野蕃相雜處。而為福建人作佃戶。以是先至為主。後至為賓。故有客郎之稱也」。[18] 或如明治 41 年《臺灣日日新報》〈客人と福佬の勝劣〉一文言：「依臺灣之俗，廣東種族又稱為客人，福建種族又稱為福佬，客人因渡臺較福佬晚，故人數較少。」[19]

　　明治 38 年（1905），殖民政府為有效掌握臺灣人口動態以利施政，乃在臺灣展開史上第一次大規模的戶口調查，在當時規劃的 20 廳行政區劃中，福建人在臺北、基隆、臺南、宜蘭、澎湖、彰化、鳳山、深坑、鹽水港、斗六及嘉義等 11 廳中占 91.2-98.9%；在臺中、南投二廳占 80.1-86.3%；在桃園、新竹、苗栗、蕃薯寮、阿緱及恆春六廳占 36.2-67.0%；在臺東廳占 9.5%。廣東人在桃園、新竹及苗栗三廳占 44.5-62.1%；在臺中、恆春、阿緱、蕃薯蓁四廳占 18.0-33.1%；在其他地方則占 5.9% 以下。[20]

北以及新莊三山國王廟的興衰史為中心所作的研究〉，《臺北文獻》，頁 6。

16 〈潤波氏祝宴紀盛〉，《臺灣日日新報漢文版》，1911 年 10 月 5 日，版 3。

17 吳嘉貿，〈寺廟、家族與東勢地區的客家社會（1683-1920）〉（逢甲大學歷史與文物研究所碩士論文，2010 年），頁 38。

18 〈雜報／竹塹郵筒／閩粵消長〉，《臺灣日日新報・漢文版》，1905 年 10 月 25 日，版 4。

19 〈客人と福佬の勝劣〉，《臺灣日日新報》，1908 年 4 月 14 日，版 4。

表 1：福佬、客人總人數與比例（1905-1920）

調查年度	本島人總數	福佬	客人	福佬比例	客人比例
1905	2,890,485	2,492,784	397,195	86.24	13.74
1915	3,231,927	2,753,212	478,557	85.19	14.81
1920	3,466,507	2,851,353	519,770	82.25	14.99

資料來源：臨時臺灣戶口調查部，《臨時臺灣戶口調查記述報文（明治三十八年）》（臺北：臨時臺灣戶口調查部，1908年），頁58；臺灣總督官房臨時戶口調查部，《大正四年第二次臨時臺灣戶口調查記述報文》（臺北：臺灣總督官房臨時戶口調查部，1918年），頁50-51；臺灣總督官房臨時國勢調查部，《第一回臺灣國勢調查（第三次臨時臺灣戶口調查）要覽表》（東京都：文生書院，2000年），頁6-7。

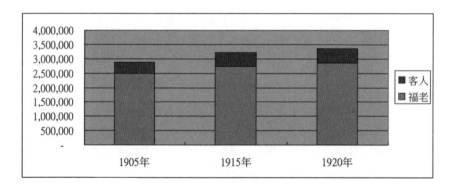

圖 1：福佬、客人總人數（1905-1920）
資料來源：臨時臺灣戶口調查部，《臨時臺灣戶口調查記述報文（明治三十八年）》，頁58；臺灣總督官房臨時戶口調查部，《大正四年第二次臨時臺灣戶口調查記述報文》，頁50-51；臺灣總督官房臨時國勢調查部，《第一回臺灣國勢調查（第三次臨時臺灣戶口調查）要覽表》，頁6-7。

---

20 臨時臺灣戶口調查部，《臨時臺灣戶口調查記述報文（明治三十八年）》（臺北：臨時臺灣戶口調查部，1908年），頁58。

大正4年（1915），日人展開第二回臨時臺灣戶口調查，調查結果顯示，福建人占總人口的五分之四弱，廣東人約為七分之一強。[21] 自大正9年（1920）起，日本國內與臺灣同時展開戶口調查，稱之為國勢調查，爾後每隔5年進行一次，直至日本戰敗。大正9年總督府將原有十二廳制改為五州二廳，當年臨時戶口調查結果顯示，臺北、臺中、臺南、高雄四州的福建人最多，其中臺南州幾占全人口的95.2%，最少的高雄州也占76.8%。新竹州的廣東人約34萬1千餘人，占全人口的60.9%，多於福建人（25萬5千餘人，占36.7%），其他如高雄州、花蓮港廳與臺中州亦有一成餘的廣東籍住民分布其間。[22]

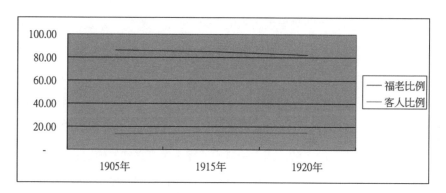

圖2：福佬、客人比例（1905-1920）

資料來源：臨時臺灣戶口調查部，《臨時臺灣戶口調查記述報文（明治三十八年）》，頁58；臺灣總督官房臨時戶口調查部，《大正四年第二次臨時臺灣戶口調查記述報文》，頁50-51；臺灣總督官房臨時國勢調查部，《第一回臺灣國勢調查（第三次臨時臺灣戶口調查）要覽表》，頁6-7。

---

21 臺灣總督官房臨時戶口調查部，《大正四年第二次臨時臺灣戶口調查記述報文》（臺北：臺灣總督官房臨時戶口調查部，1918年），頁50-51。

22 臺灣總督官房臨時國勢調查部，《第一回臺灣國勢調查（第三次臨時臺灣戶口調查）要覽表》（東京都：文生書院，2000年），頁6-7。

　　由以上圖表可知，在臺的福佬與客人人口數相差懸殊，但亦可見 1905-
1920 年間福佬人口增長率呈現下滑，而客人呈現上升走勢。1905-1915 年間，
客人雖然在增長數量上不及福佬，但增長比例卻高出福佬近一倍；又由 1915-
1920 年間的人口增長率來看，客人在此 5 年間增長 4 萬多人（41,213 人），
雖不及福佬之 98,141 人，但人口百分比卻從 13.75 提升至 14.22，福佬則由
79.12 滑落至 78.01。[23] 另有學者比較 1905-1935 年間客人與福佬的人口增長情
形，發現 1905-1935 年間，客人人口增加率約為 336.9%，年平均約 11.23%，
福佬的人口增加率只有 58.06%，年平均僅 1.94%，客人人口增加率為福佬的
六倍。

　　經過以上這些人戶調查，讓清代臺灣閩多於粵的模糊面貌，到了日治時期
有了精確的量化數據，清楚呈現出福佬人數多於客人數倍，是臺灣島內的優勢
族群，而日治前期客人的人口增加率則遠高於福佬。[24] 自大正 9 年（1920）起，
隨日人在臺同化政策的施行，各年度國勢調查中對於調查項目已較少有福廣種
群的細緻分類。但綜觀日治時期本島人的族群結構，福佬所占比率最高，約有
8 成左右，客人約占 15%，高山族不超過 3%，平埔族不超過 2%。[25]

　　基於對清代文獻的了解、西方知識的涉獵，領臺之初的殖民政府約略知道
臺灣存在兩種不同方言的漢人群體，且有長久分類械鬥之歷史，統治初期進行
土地或舊慣調查時，也相當留意不同地區人群的互動情形。這些初期印象中，
有兩個面向值得觀察。其一，注意到仍有部分地區分類餘弊未除；其二，觀察

23 鄭政誠，〈日治時期臺灣客家族群人口動態之研究〉，行政院客家委員會 96 年度獎
　 助客家學術研究計畫。
24 戴寶村、溫振華，《大臺北都會圈客家史》（臺北：臺北市文獻委員會，1998 年），
　 頁 94。
25 邱正略，〈日治時期埔里的殖民統治與地方發展〉（暨南國際大學歷史學系博士論
　 文，2009 年），附錄表 8 之「表 26」。

到部分地區客人福佬化之現象。

　　在分類餘弊未除方面，如發現臺灣北部喀人「與和老人之言語有差」，「不與和老人通婚，彼此之間存在障壁」；[26] 中壢一帶居民「以廣東人最多，漳人間雜其中，約七比三」，「古來三籍分類之弊仍存，擁護同類，排斥異類，紛爭百出，每庄少則五件，多則十五件」；[27] 或言桃澗堡「自古以來三籍各分氣類」，「即舊政府時稱之分類械鬥，其餘弊今日尚未全除」，「此次調查之際，村庄內紛爭百出，因利害相關，互不相讓，有礙調查事業之進行」。[28] 在南部地區，也了解下淡水地區的閩族、粵族以往「生存競爭十分激烈，經由爭鬥以至今日，閩族與粵民仍不相和」；[29] 或言蕃薯蔡廳轄內閩粵兩族，於舊政府時代「干戈相見，無年不有，致鎗殺銃斃者，不勝其數」。[30]

　　在客人福佬化方面，如提及埔里地區原為「化蕃住地」，「後臺中地方熟蕃漸次移住，福建、廣東移民亦雜居於此」，調查當時，當地通用的語言為福建語，各族間的「交情亦彼此圓滑」；[31] 或言他里霧街（今斗南）一帶，「住民閩粵雜處，閩多粵少，比例為七比三，昔日分類械鬥，互相反目，據說因粵人為少數，屢遭閩人欺壓」，「今則兩籍親睦，風俗人情無甚差別」。[32] 顯示

---

26 〈喀家族二稱スル戶數人口表〉（1897 年 5 月），《臺灣總督府公文類纂》，國史館臺灣文獻館藏，11094-10。

27 臨時臺灣土地調查局，《臨時臺灣土地調查局第二回事業報告》（臺北：臨時臺灣土地調查局，1903 年），頁 58。

28 臨時臺灣土地調查局，《臨時臺灣土地調查局第二回事業報告》，頁 55。

29 〈鳳山縣管內治政一班（元臺南縣）〉（1897 年 1 月 1 日），《臺灣總督府公文類纂》，國史館臺灣文獻館，09785-8。

30 〈蕃薯蔡通信／廢祠立牌〉，《臺灣日日新報漢文版》，1905 年 11 月 8 日，版 6。

31 臨時臺灣土地調查局，《臨時臺灣土地調查局第三回事業報告》（臺北：臨時臺灣土地調查局，1903 年），頁 69。

32 臨時臺灣土地調查局，《臨時臺灣土地調查局第三回事業報告》，頁 108。

某些地區的客人因長期雜處於福佬優勢地帶而福佬化,故與福佬關係「親睦」。

如前所述,清代的分類械鬥使南部六堆聚攏,北部粵民退往桃竹苗,中部退至東勢等近山一帶,留在平原福佬人優勢地帶的客人,由於居於少數,已漸有福佬化之傾向。面對這個多族群混雜的新領地,日本殖民統治對臺灣的福客關係究竟有何影響?以下分殖民政府對福客關係的立場、行政措置,以及本島人感受差別待遇等面向加以討論。

(一)殖民政府對福客關係的立場

清廷有意採取分籍制約的政策,是助長清代分類械鬥之風的主因之一,其利用閩粵或漳泉的畛域之見,進行分化,以擴大、操縱閩粵或漳泉之間的矛盾,藉以削弱反清勢力。[33] 如「臺灣地方向分漳、泉、粵三庄,伊等類聚群分,遇有事端,彼此轉得互為牽制」,[34] 而殖民政府對福客關係之態度如何,亦值得加以了解。關於殖民政府對福客關係的治理態度,戴國煇認為,日本殖民政府其實清楚臺灣內部居民之間的矛盾和分裂,因此搬用殖民地統治的老辦法,即分而治之之方策,[35] 並認為日本當局的離間策是福、客對立不容易緩和的原因之一。[36] 但由殖民政府的實際施政來看,戴氏的推論可能並非確論。南部六堆客庄於日治後遭行政區劃拆解的過程,可為明顯之例證。

領臺初期(1896-1897 年),對於六堆客庄所在地的屏東平原,殖民政府原本打算維持以往六堆「粵人自治」之傳統,將所有六堆客屬聚落全數編入內

---

33 陳運棟,〈河洛人與客家人〉,《三台雜誌》,頁 10。

34 〈論哈當阿臺灣民情聽其自然以期互相牽制〉,乾隆 60 年 5 月 14 日,《臺灣檔》,《天地會》6,頁 36。

35 戴國煇,〈臺灣的認同危機〉,《臺灣近百年史的曲折路:「寧靜革命」的來龍去脈》(臺北:遠流、南天,2002 年),頁 108。

36 戴國煇,〈臺灣與臺灣人:追求自我認同〉,《史學與臺灣研究》,卷一(臺北:遠流,2011 年),頁 261。

埔辨務署轄區。但此種規劃使內埔辨務署的轄域縱貫屏東平原，不僅面積遼闊，內部又明顯被河川分割，易產生控制上的隱憂。經過諮詢在地耆老、參考清末行政組織架構，以及實際調查各地市集和交通運輸路線之後，設計辨務署行政區域的鳳山縣吏員決定改為規劃成六個辨務署。鳳山縣吏員在面對總督府諮詢行政區劃的看法時，有這樣的答覆：

> 六堆人民之義勇，固然應予獎勵，但與同為日本臣民的閩族之間，
> 相互敵視而衍生的弊害，則應徐徐根絕，此實乃本縣之要務。故依
> 本官之見：辨務署、員警署之管轄區域，如能合併閩粵兩族，使之
> 比鄰錯雜，將比以一辨務署一員警署來管轄六堆人民更有利。[37]

由此可知，揚棄前朝的分化政策，轉而致力於閩粵和睦，是其治理地方的基本方針，希望藉由將閩、粵族群交叉混合，徹底根絕清代以來福客相互敵視、械鬥之情形。

由於地方殖民官員決定採行閩粵和睦的統治政策，使得自清代以來以方言認同為自我防禦體系的六堆民團，面臨了一個由粵人自治，到被國家收編的過程。[38] 經過調整的行政區，將客庄聚落打散，分配到不同辨務署內，形成福、客居民在同一個辨務署及警察單位管轄下混居的現象，聚落的組成有了新的質變。在此格局下，六堆民團無法如清代時期繼續維持自我防衛功能，也被迫在

---

37 〈辨務署設置及其位元地區域二關スル件〉（1897 年 10 月 1 日），《臺灣總督府公文類纂》，國史館臺灣文獻館藏，9773-2；利天龍，〈屏東平原客屬聚落的發展：以長興火燒庄為例〉，收入陳秋坤、利天龍、曾坤木、莊天賜主編，《屏東地域的人群分類與聚落街庄發展（1623-1930）》（2012 年 5 月），「屏東縣志數位典藏」：http://digital.cultural.pthg.gov.tw/chapter_list.php?no_id=101（2012/11/24 點閱），頁 126、157-160。

38 利天龍，〈屏東平原客屬聚落的發展：以長興火燒庄為例〉，頁 162。

新的行政區域內，與聚落附近的福佬互動交流。

明治 33 年（1900），報紙在論及潮州庄分別劃屬阿緱、東港兩辨務署時表示，潮州庄內的「六堆部落」是「有名的廣東人種」，而「阿猴與東港為福建種族，與六堆種族有著歷史上水火不容之情感」，此次殖民官員決定將六堆部落分屬阿猴、東港所管，並非依種族分治，而是依地形做適當的劃分，另一個重要因素則是「期待其二者間感情融和」。[39] 又如明治 38 年（1905）報載，由於蕃薯藔廳轄內福客各有祭祀昔日分類械鬥中亡者之義勇祠，但地方政府「以為兩族各設祠，將來難保無挾仇之心，恐後再萌故態，思欲以解之」，因此令福客兩族將靈位合埋鼓山，立大石碑，上刻「鍾靈獨厚」四大字，促進「兩族同祭」，希望能消解兩族「夙怨」。[40] 明治 40 年（1907），蕃薯藔廳長在言及該地以往的福客關係時，稱「廣東人與福建人之軋轢殊甚，今日已能和睦一致，實可爲國家慶也。臺灣既歸日本領土，則福建人、廣東人、母國人均爲日本天皇陛下之赤子，將來望能協力同心，以舉事功」。[41] 亦可見執政者不希望地方有人群分類的情形。

綜上可知，殖民政府對於福客關係之態度，多是傾向消弭分類舊習。殖民政府於明治 38 年第一次在臺實施戶口調查時，在種族欄中將臺灣漢人分為福建人與廣東人，戴國輝認為此一分別「象徵著殖民統治以來『分割統治』的實質持續」，[42] 然該種族之分別，其實是在延續清代以來的人群分類基礎上，做了定義上的轉換而已，且其目的應是為了清楚認識臺島人群內涵，而無「有意

---

39 〈臺南縣辨務署廢合（改革の曙光）〉，《臺灣日日新報》，1900 年 3 月 25 日，版 2。
40 〈蕃薯藔通信／廢祠立牌〉，《臺灣日日新報漢文版》，1905 年 11 月 8 日，版 6。
41 名川生，〈隨轅日記（六）〉，《臺灣日日新報漢文版》，1907 年 12 月 28 日，版 2。
42 戴國輝著，龐惠潔譯，〈臺灣往何處去？端視中國往何處去〉，《史學與臺灣研究》，卷三（臺北：遠流，2011 年），頁 57。

分割統治」之用意。且此種族欄至大正 9 年的戶籍調查簿中已被取消，日後的
人口統計多只能區分本島人或內地人，再無方言人群的分類調查。[43] 又據昭和
12 年（1937）出版《昭和十一年末臺灣常住戶口統計》之凡例指出，以往臺
灣常住戶口有種族別一欄，近年來因異種族間通婚及歸化等因素，使本籍變更
或國籍得喪者逐年增加，若以以往種族別進行調查，會產生不便之處，故自本
年起，改以籍別（本籍、國籍）為調查標準。[44] 可見殖民政府應無意藉由分別
種族而將福客分而治之。

（二）促進福客接觸之施政

日治時期的臺灣處於日本殖民母國之邊陲，被視為南進基地及跳板，殖民
的近代化開展，主要是為殖民母國服務。然從另一個角度評估日治時期的一些
施政，卻在無意間對於促成福客間的接觸與交流甚有助益，以下略加說明。

1. 立基於地理系統的行政區劃

如施添福所言，日本領臺初期，藉由完成土地調查，進而建立地理系統，
並以空間範圍明確的大小字，作為編成行政、警備，以及各種社會教化機關管
轄區域的基本單位，從而奠定臺灣地域社會發展的契機。藉由新的行政區劃，
讓一定空間範圍內的人群能夠擺脫血緣的羈絆，突破原鄉地緣的束縛，透過長
期在地的守望相助、自耕共墾、同堂共學，增加互動與瞭解，進而建立一個以
空間為基礎維繫人群關係的地域社會。[45] 曾國明對於日治楠梓仙溪中游地域社

---

43 張馨方，〈美濃鎮吉洋地區閩客關係之研究〉（臺南大學臺灣文化研究所碩士論文，
　 2010 年），頁 33-34。

44 臺灣總督官房調查課，《臺灣常住戶口統計／昭和十一年末》（臺北：臺灣總督官
　 房調查課，1937 年），凡例。

45 施添福並表示，在此地域社會中，逐步建構了具有內疊關係的三層空間：即街庄民
　 空間、警察官空間和部落民空間。這三層空間，不但層次分明，界限清楚，而且統
　 合內疊；既成為國家深入民間、行使權力的管道，亦提供地方人民建立和發展不同

會的研究也顯示,清代是一個外來族群藉血緣和地緣維繫關係,而型塑出較零散的空間型態。然日治殖民後政府開始用現代化的行政空間來管理人民,並且進一步產生新的生產活動與社會組織,使得人群關係加入許多新的機能,並交織出新的社會網絡與空間組織。[46]

以南部的六堆為例,大正 9 年(1920)施行街庄改制,將原來繁多的自然村(小字)加以整編,收納為較大範圍的行政庄界(大字)。在大庄制的街庄行政組織下,原來聚集同鄉、方言或信仰習慣的「純客庄」,被迫融入福佬或熟番,形成分類雜居的行政村落,如溝仔墘庄等六個講閩南話的村庄被納入竹田庄。[47] 利天龍舉長興庄為例,表示自大正 9 年之後,長興庄被編入高雄州屏東郡管轄,這個行政區不僅包含原有的客人聚落群,也納入周邊的福佬聚落,形成一個福客士紳共治的區域,讓福客雙方的領導士紳有更多討論公共事務與交流的機會。[48]

2. 近代教育制度的施行

由於清領時期臺灣的文教不甚發達,據日人於明治 38 年的調查,無論福客,具有讀寫能力者皆甚少,文盲充斥。[49] 殖民政府為強化日語學習以利政令

層次地域社會的場域。民間亦以這些單位為基礎,逐漸突破血緣紐帶,發展地緣關係,孕育鄉土意識,而使傳統的血緣社會加速轉化成認同一定空間範圍的地域社會。施添福,〈日治時代臺灣地域社會的空間結構及其發展機制:以民雄地方為例〉,《臺灣史研究》,第 8 卷第 1 期(2011 年 6 月),頁 1-34。

46 曾國明,〈日治時代楠梓仙溪中游地區的土地開發與區域特色之形塑〉(臺灣師範大學地理研究所碩士論文,2002 年),頁 9。

47 如溝仔墘庄等六個講閩南話的村庄被納入竹田庄。陳秋坤、利天龍、曾坤木、莊天賜主編,《屏東地域的人群分類與聚落街庄發展(1623-1930)》(2012 年 5 月),「屏東縣志數位典藏」:http://digital.cultural.pthg.gov.tw/chapter_list.php?no_id=101(2012/11/24 點閱),頁 141-142、148。

48 利天龍,〈屏東平原客屬聚落的發展:以長興火燒庄為例〉,頁 130。

49 鄭政誠,〈日治時期臺灣客家族群人口動態之研究〉,行政院客家委員會 96 年度獎助客家學術研究計畫。

頒佈，以及為殖產興業，藉開發臺灣以利殖民母國所需，故積極推展近代化教育。[50] 基本上，日本在臺的教育政策，本乎種族歧視、差別待遇之原則，建立臺日族群之間不相對等的教育體制。[51] 日治之後，公學校成為臺灣人開始接觸近代化新式教育的管道，人們並以此為媒介，參與新的社會運作。[52] 近代教育制度的推行，對臺灣福客關係的影響，可從兩個層面加以觀察：一是日語的普及讓福客間有了共通語言以利溝通，二是公學校、中學、大學，乃至出國留學的制度，讓福客有更多接觸與相處的機會，以及建立人際關係的管道。

就日語的普及而言，由於臺灣種族紛歧，語言互異，需要一種可作為思想交通媒介，及同化手段之標準語，因此領臺之後，殖民政府即以「普及國語（日語）」為臺灣教育的首要目標。[53] 是以，就學率的提升，也反映了日語教育的普及程度。以就學率來看，日治期間，兒童入學的情況至大正 9 年已漸普及，[54] 到日本戰敗前夕的 1944 年，臺灣學齡兒童接受基礎教育之升學率已達 71.30%。[55]

另就通曉日語人數來看，明治 38 年（1905）本島人通曉「國語」（日語）人數，只有 11,278 人，大正 4 年（1915）增至 54,337 人，大正 9 年（1920）增至 99,065 人，即每千位本島人中，約有 28 人可通曉「國語」。[56] 如圖 3 所示，

---

50 同註 49。

51 王耀德，〈日治時期臺南高等工業學校之入學問題與族群關係〉，《臺灣史研究》，第 16 卷第 2 期（2009 年 6 月），頁 28。

52 許佩賢，《殖民地臺灣的近代學校》（臺北：遠流，2005），頁 18-19。

53 張炎憲、陳美容、黎光中主編，陳恆嘉著，〈以「國語學校」為場域，看日治時期的語言政策〉，《臺灣近百年史論文集》（臺北：吳三連基金會，1996 年），頁 15。

54 同註 50。

55 許雪姬，〈臺灣光復初期的語文問題：以二二八事件前後為例〉，《思與言》，第 29 卷第 4 期（1991 年 12 月），頁 158。

56 臺灣總督府，《臺灣現勢要覽》（臺北：臺灣總督府，1924 年），頁 47。

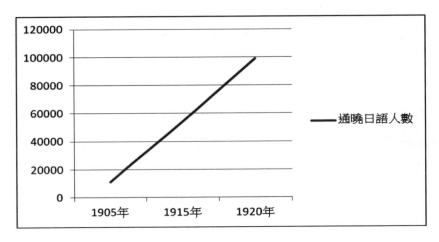

圖 3：通曉日語者人數（1905-1920 年）
資料來源：臺灣總督府，《臺灣現勢要覽》（臺北：臺灣總督府，1924 年），頁 47。

　　本島人通曉日語的人數於 1905-1920 年間呈現陡升的趨勢。到了統治後期的昭
和 8 年（1933），461 萬的島民中有百萬人是「通曉日語者」，昭和 12 年（1937）
的「國語解者」占全人口的 37.38%，昭和 15 年（1940）達到 51%，1941 年
達 57%，至 1943 年已超過全人口的 8 成，[57] 亦是逐步上揚的曲線（圖 4）。

　　由以上「解國語者」人數成長的趨勢可知，臺灣福、客接受日語教育之
程度，應有世代之差別。由已有的回憶資料來看，1920 年代以後出生者，多
是在日語教育的環境中成長，原來的福客母語幾已成為家庭用語。如曹永和
（1920 年生，福）表示，士林公學校時代，「我跟同學溝通，還是以臺語為
主」，但中、高年級之後，學校幾乎「完全用日語教學」。[58] 黃天橫（1922

---

57 周婉窈，《海行兮的年代：日本殖民統治末期臺灣史論集》，頁 49；中島利郎著，
　彭萱譯，〈日治時期臺灣研究的問題點：根據臺灣總督府的漢文禁止以及日本統計
　末期的臺語禁止為例〉，《文學臺灣》，第 46 期（2003 年 4 月），頁 307。

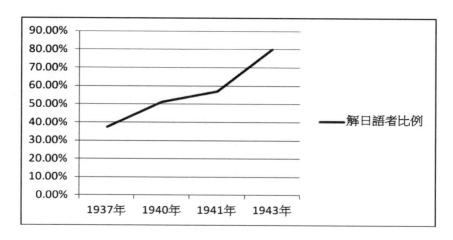

圖 4：通曉日語者占本島人比例（1937-1943 年）
資料來源：周婉窈，《海行兮的年代：日本殖民統治末期臺灣史論集》，頁 49；中島利郎著，彭
　　　萱譯，〈日治時期臺灣研究的問題點——根據臺灣總督府的漢文禁止以及日本統計末
　　　期的臺語禁止為例〉，《文學臺灣》，第 46 期（2003 年 4 月），頁 307。

年生，福）稱自己是「受過完整日本教育，日語比北京語好的這一輩」。[59]
葉石濤（1925 年生，福）表示，「像我和李登輝先生〔1923 年生〕這一代來
說，從小受日本教育長大，日語是我們的母語，連作夢亦是用日語表達」，[60]
並言「儘管我在家裡過的是傳統的臺灣人生活，說的是母語，但使用母語的機
會很少。在殖民地社會通行的是國語（日本語）。所以我說母語的能力非常低

58 鍾淑敏、詹素娟、張隆志訪問，吳美慧等記錄，《曹永和院士訪問紀錄》（臺北：
　　中央研究院臺灣史研究所，2010 年），頁 16。
59 何鳳嬌、陳美蓉訪問，陳美蓉記錄，《固園黃家：黃天橫先生訪談錄》（臺北：國史館，
　　2008 年），頁 194。
60 張守真訪問，臧紫騏記錄，《口述歷史 臺灣文學者碩：葉石濤先生訪問紀錄》（高雄：
　　高雄市立文獻委員會，2002 年），頁 81。

劣」。[61] 鍾肇政（1925 年生，客）曾表示，「日語是日本老師也認為相當『突出』的」。[62] 戴國煇（1931 年生，客）則言，就讀中學時聽得懂一點點福佬話，但同學之間「大多時間的共同語言為日語」，[63] 而「母語的客家話只能在家庭內聽與講」。[64] 以往由於福客間的方言不同，讓二者之間溝通有礙，矛盾也難以消除，經過日語教育的推行，使福客乃至原住民族之間有了可以相互溝通的共通語，有利於彼此的認識與交流。

此外，教育制度也提供福客彼此共學，以及建立人際網絡的機會。如約於大正 3 年（1914）由新竹大湖至南投國姓發展的莊添賜（1906 年生，客）表示，「我之所以會講福佬話，那是因為我 14 歲時去讀日本冊，那時愛蘭那邊都是講福佬話，甚至整個埔里也都是講福佬話，我們老師教我們日本話也是以福佬話講解」，「沒有人講客家話」，「所以我的福佬話就是那時候學得很溜口的」。[65] 或如吳濁流（1900 年生，客）表示，公學校畢業之後，於大正 5 年考上臺灣總督府國語學校師範部，入學前一天，住在臺北市唯一一個廣東人經營的旅館──大瀛館，「對於不會講閩南語的我，是很大的方便」，並言當時「同級生有四十三名，客家人十名，其餘都是閩南人」。[66] 王育德（1924 年生，福）則曾提及他在日本求學時有個客家學長葉世真，得知葉為客家系時非常吃驚，因為葉世真也能說「流利的福建系臺灣語」。看到王育德的疑惑，葉世真

61 葉石濤，《一個臺灣老朽作家的五〇年代》（臺北：前衛，1995 年），頁 41。
62 鍾肇政，〈徬徨少年時〉，《鍾肇政回憶錄（一）：徬徨與掙扎》（臺北：前衛，1998 年），頁 8。
63 戴國煇，〈臺灣史的微觀與宏觀〉，《臺灣史研究集外集》（臺北：遠流、南天，2002 年），頁 61。
64 〈林彩美序〉，《史學與臺灣研究》，卷一（臺北：遠流，2011 年），頁 9。
65 陳俊傑，《國姓鄉福佬化客家裔漢人的族群關係調查》（南投：南投縣政府，2003 年），頁 151-152。
66 吳濁流，《無花果》（臺北：前衛，1989 年），頁 65。

還對他說著客語以資證明。[67]張馨方對美濃鎮吉洋閩客關係的研究顯示,在日治時期,吉洋公學校提供了二次移民的第二代一個共處的環境,由於學區內的庄頭多是閩客族群共居,上學後因分班則讓異族群的學童相處在一起。北客學童及福佬學童為了能打成一片,自然而然開始學習四縣腔的客家話,以及當地客家的生活用語。[68]

由上可知,日治之後施行的新式教育制度,提供了福客共學與交流的重要管道,而求學階段建立的學緣關係,更是彼此重要的人際網絡,對於福客間的交流與互動,乃至合作,都有相當正面的影響。

3. 全島交通網的建立

殖民政府為充分開發島內資源,統治初期即將鐵路興建列為首要建設項目。明治 31 年(1898)著手興建從新竹到高雄的鐵路,並改善清末已興建完成的基隆到新竹段鐵路。至明治 41 年(1908)年 4 月完成基隆與高雄之間約 240 餘英哩的縱貫鐵路,以及臺北與淡水之間、高雄與九曲堂之間的支線。[69]這些為了建立商品交易網路所興設的各種交通運輸建設,促進了全島性的溝通聯繫,讓人群的移動更加便利,進而增加對不同人群的認識與瞭解。

在縱貫鐵路未興設之前,人群的移動常受限於東西向河流的阻隔,對於自身聚落以外的人群少有管道接觸瞭解。而當人們可以乘著火車貫穿臺灣南北之後,有了更多的機會去接觸與自己使用不同方言的人群。明治 41 年(1908)縱貫鐵路完成當年的 8 月底,一名曾任《臺灣日日新報》漢文記者的蔡夢蘭搭

---

67 王育德,《「昭和」を生きた台湾青年》(東京都:株式会社草思社,2011 年),頁 170。

68 張馨方,〈美濃鎮吉洋地區閩客關係之研究〉(國立臺南大學臺灣文化研究所碩士論文,2010 年),頁 86。

69 林秀昭,〈北客南遷高雄地區的開發與義民爺信仰之研究〉(國立臺灣大學臺灣文化研究所碩士論文,2007 年),頁 42。

乘火車由臺北起程，欲返臺南療養，表示該日「三等車座客多係粵人，言語不通」。[70] 昭和 4 年（1929）2 月的《臺灣日日新報》則提到一名年 17 歲的客籍少女曾氏玉妹搭乘火車，行至彰化驛時，「因不解福建語」而迷於車中。[71] 以上兩個事例，前者是福佬搭乘火車，接觸與自己「言語不通」的「粵人」，後者則是客人搭乘火車，到了通用「福建語」的彰化驛。另據許曹德提及他於 1940 年代隨母親搭乘火車的經驗，發現從中壢、經楊梅、伯公岡（今天的富岡）、山崎、竹北等站，上下車的人們開始說著他聽不懂的話，覺得非常驚訝，於是問他母親，才知道那是客話。[72]

由此可知，貫穿福客聚落的縱貫鐵路通車之後，火車成為島內主要交通工具，也是福客彼此接觸、認識的重要媒介。除此之外，包括昭和初年東部鐵路、蘇花公路相繼開通，全島交通網逐漸形成，也是島內二次移民的重要管道，促成福客更大範圍的互動與交流。如黃昭堂曾言，隨著殖民政府近代化的開展，交通資訊網絡的流動、廣布，臺灣全島在內部的地理空間上首次被緊密連結在一塊，而成為一處有別於日本內地的特殊領域，也形成臺灣人初步的共同意識。[73]

（三）殖民政府差別待遇的影響

臺灣成為日本殖民地之後，由於殖民地與殖民母國的不同待遇，衍生出本島人與內地人的差異，這種差異是被殖民的福建人、廣東人、高山族、平埔族共同的體會，也讓整體臺灣人民產生了「自我」與「他者」的認知。[74] 相較於

---

70 〈車中被盜〉，《臺灣日日新報漢文版》，1908 年 9 月 2 日，版 7。
71 〈彰化／方便一則〉，《臺灣日日新報》，1929 年 2 月 15 日，版 4。
72 許曹德，《許曹德回憶錄》（臺北：前衛，1990 年），頁 82-83。
73 原註出處：黃昭堂，《臺灣那想那利斯文》（臺北：前衛，1998 年），頁 11。

殖民政府或被稱為「內地人」的日本人，福客之間的差異感相對微小，反映在許多時人的回憶內容中，多提及日治時期被殖民者所遭受的種種不平待遇，而少有著墨福客關係者。

由許多回憶內容來看，被日人辱罵為「清國奴」，似乎是許多走過日治時期臺灣人的共同經歷。如曾任臺籍日本兵的黃文隨（客）表示，由於祖父時由新竹芎林移居花蓮擔任腦丁（後任腦長），因此他從小在花蓮成長，後來在宮下國民學校任教時，擔任校長的日本人，因為看不起校內的臺灣人教師，「平常開口閉口就罵我們是『清國奴』，我心裡早就覺得不平」。[75] 黃紀男（1915年生，福）亦言，就讀朴子小學校時，因吃米苔目時常佐以蒜頭，常引起日本同學訕笑：「清國奴！清國奴！吃蒜茸，臭死了！」[76] 而屬於客人的吳濁流也曾提及，臺灣總督府國語學校師範部學生因被罵清國奴與校外書店小開起衝突，卻未獲學校支持，反遭退學處分的事件。[77] 黃華昌則表示，就讀竹南公學校時，日本老師很瞧不起臺灣學生，「常罵我們『清國奴』」，「使我們頗為氣憤，覺得不該受此侮辱」。[78]

從就學到就業，不論福客，都曾感受被差別待遇的不快經驗。如柯旗化（1929年生，福）表示，唸公學校的時候，因為學生都是本島人，沒有差別

---

74 蔡素貞，〈日據時期臺灣人對日本文化之迎拒：殖民性、現代化與文化認同〉（中國文化大學史學研究所博士論文，1997年），頁 5；李美玲，〈日治時期知識份子文化認同的轉變：繪畫與文學的認同關係〉（東海大學美術學系碩士論文，2005年），頁 47。

75 蔡慧玉訪問，吳玲青記錄，〈黃文隨先生訪問記錄〉，收入蔡慧玉編著，《走過兩個時代的人：臺籍日本兵》（臺北：中研院臺史所籌備處，1997年），頁 124。

76 黃紀男，《老牌臺獨黃紀男泣血夢迴錄》（臺北：獨家，1991年），頁 39。

77 吳濁流，《無花果》，頁 63-64。

78 黃克武訪問，潘國華記錄，〈黃華昌先生訪問紀錄〉，《戒嚴時期臺北地區政治案件口述歷史》（臺北：中央研究院近代史研究所）；黃華昌，《叛逆的天空：黃華昌回憶錄》（臺北：前衛，2004年），頁 55。

待遇。一旦公學校畢業參加中等學校入學考試,本島人學生馬上就察覺到自己是殖民地的子民,也開始產生臺灣人意識。並表示,考上高雄中學後,班上一共 50 多位同學,其中 40 幾個是日本人,臺籍學生不到 10 個,而且常受到排擠。[79] 柯旗化因此表示,他在公學校時代原本想「做個堂堂日本人的本島人學生」,但是因為在中學被辱罵為「汝仔」、「清國奴」,這種信念不免會起動搖,也會開始懷疑自己到底是不是日本人。[80] 張建墻(1911 年生,福)也表示,就學時被宿舍舍監辱罵:「你們臺灣人是豬,是清國奴」,讓他不免疑惑「怎麼回事了?我們總督不是一直並且明白的宣示,臺灣人是日本公民?」「現在我們一直被當做次等公民,那一個人不會對這種恥辱反感、怨恨呢?」[81]

黃旺成(1888 年生,福)於 15 歲始入新竹公學校,後考進國語學校師範部就讀。就學時,感覺學校對日籍學生較優遇,除服裝、零用錢較多外,教員對學生之待遇亦有差別,因此臺、日學生常起衝突,日籍學生常罵臺籍學生為「清國奴」,臺籍學生則稱日籍學生為「驢仔」(因頭髮理光,狀似驢,故名),[82] 擔任教職後,也與日本人同事以及校長的關係也常處於緊張狀態,乃至於 1917 年辭去教職。[83]

吳濁流人生軌跡的前半部與黃旺成有些類似,經由公學校、國語學校的受業階段,畢業後選擇擔任教職。任教期間,對於本島人與內地人待遇不同的情

79 柯旗化,《臺灣監獄島:柯旗化回憶錄》(高雄:第一出版社,2002 年),頁 6-9。
80 同註 80,頁 9-10。
81 張建墻,《福爾摩沙之夜:一個臺灣八十歲老人的回顧》(臺南:國立臺灣文學館,2008 年),頁 342。
82 黃美蓉,〈黃旺成與其政治參與〉(東海大學歷史學系碩士論文,2008 年),頁 11-12;曾士榮,〈一九二〇年代臺灣國族意識的形成:以《陳旺成日記》為中心的討論(1912-1930)〉,《臺灣文學學報》,第 13 期(2008 年 12 月),頁 9。
83 曾士榮,〈一九二〇年代臺灣國族意識的形成:以《陳旺成日記》為中心的討論(1912-1930)〉,《臺灣文學學報》,第 13 期(2008 年 12 月),頁 14-16。

形也有深刻的感觸。他曾表示，殖民政府一直宣示「一視同仁、內臺融合、內臺結婚」口號倒彎像回事，實則為政者不時都在暗地裡阻止著內臺融合。這當然不外是發自民族偏見，日本人的那些為政者都是認為大和民族的血比漢民族的更優秀。」[84]就吳濁流的親身體會是，「校長還是口口聲聲不離『內臺融和』、『一視同仁』那一套，事實卻適得其反，凡事都袒護日本人教員，對本島人採取差別待遇。」[85]與黃旺成不同的是，吳濁流雖然身處「在這種內（日）臺對立的教育界」，「雖然厭惡這種空氣，可也無法斷然辭去教職」，「因為，辭了之後，就沒有自己適當的工作場所了。」[86]如張茂桂所言，這種「本島人」意識是相對於日本統治者、日本殖民體的一個新的「自我」想像，在此過程中模糊化了原來臺灣人民在早期移民過程中建立的「分類」與「分籍」意識，可說是一種複雜的「被殖民」過程所形塑的結果。[87]

　　綜上可知，不論是執政者有意消弭分類的態度、促進福客接觸之施政，甚或是對臺人採差別待遇的立場，都或多或少地，從不同的角度促成福客的接觸與互動。由已有文獻來看，日治之後的福客關係似乎確往和諧相處的方向變化，殖民政府亦頗自豪於福客關係趨向緩和。如明治 39 年（1906）的《桃園廳志》言，「今日爭鬥絕跡，漳泉二族似為同族般融和相處，與粵人間則不容易交往，不互相婚媾，雖然二族言語風俗不同，但因日本政府施政方針一視同仁，二族間不再爭鬥，相處較為融合」；[88]大正 5 年（1916）的《新竹要覽》

---

84 吳濁流，《無花果》，頁 104。

85 同註 85，頁 106。

86 同註 85，頁 90。

87 張茂桂，〈臺灣的政治轉型與政治的「族群化」過程〉，收入施正鋒編，《族群政治與政策》（臺北：前衛，1997 年），頁 44。

88 桃園廳，《桃園廳志》（桃園：桃園廳，1906 年），頁 88。

稱,「閩粵二族因言語風俗相異,以往很難融和,近年來逐漸捐棄成見」;[89]
大正 8 年的《臺北廳誌》稱,「改隸後,皇化下兩族相融和,不復昔日的分類
械鬥」;[90]昭和 3 年(1928)的《新竹州管內概況及事務概要》稱,「新竹州
管內閩粵二族雖然在日本據臺前鬥爭激烈,但至日治時期二族交涉已漸頻繁,
常有婚姻往來,已漸次融合」;[91]昭和 8 年(1933)的《大園庄誌》稱,「到
了昭和年間,閩粵二族群的種族觀念已變得相當淡薄」。[92]

　　昭和 13 年(1938)的《新竹州の情勢と人物》一書中稱,新竹州管內大
部分為福建、廣東移住者,其中,中壢、竹東、苗栗、大湖四郡幾乎為廣東系;
桃園、大溪二郡多福建系;新竹、竹南二郡則為福建、廣東兩系相半。由於福
建、廣東二系言語風俗相異,領臺前屢屢分類鬥爭,宿怨難解。然依時勢推移,
感情漸次融和,今已無昔日反目情形,互通婚姻者漸多」,或稱「大溪街多為
福建人,龍潭庄多為廣東人,二者風俗習慣相異,以往有民族偏見而時常分
類械鬥,近年來因文化進展,已不再反目嫉視,且共婚交誼」。[93]昭和 14 年
(1939)的《竹南郡要覽》亦言,「郡內福建住民與廣東住民人數相半,已因
彼此能聽說對方語言,使從前反目成仇情景,變成相互通婚的親睦之境。」[94]

---

89 新竹廳出品協會,《新竹要覽》(新竹:新竹廳出品協會,1916 年),頁 6-7。

90 《臺北廳誌》(臺北:株式會社臺灣日日新報社,1919 年),頁 109。

91 新竹州役所編,《新竹州管內概況及事務概要(一)》(臺北:成文,1985 年),
　頁 1-2。

92 蘆竹庄役場編,《臺灣省新竹州街庄志彙編(二):大園庄誌》(臺北:成文,1985 年,
　1933 年原刊),頁 20。

93 五味田恕,《新竹州の情勢と人物》(新竹市:出版者不詳,1935 年),頁 415。

94 竹南郡役所編,《竹南郡要覽(全)》(臺北:成文,1985 年,1939 年原刊),頁 5。

三、依然存在的福客族群邊界與衝突

　　儘管殖民政府有意消弭福客分類舊習，也頗自豪於執政之後福客關係趨於和諧。但由已有文獻或回憶記述來看，日治50年間，福客間仍存在清楚的人群邊界，且時有摩擦乃至衝突發生。如持地六三郎著《臺灣殖民政策》（1912年出版）一書中言，「至今兩者（閩族與粵族）間雖無太激烈的衝突，少數也有通婚交往，但仍為社會中兩個截然不同的階級」；[95]武內貞義著《臺灣》（1914年出版）中亦稱，「閩族稱粵族為客人，粵族稱閩族為福佬。閩族占總人口的八成餘，粵族人數較少，約占一成三。以往因為生存競爭而發生分類械鬥，今日兩者間頗忌通婚交往，成為各自的社會階級。」[96]

　　就明顯的人群界線來看，民間仍存在許多限定身分的社會組織，如明治35年（1902）報端即載，粵東人於清同光年間在滬尾郊外購買義塚一處，「以為粵東人客死臺灣者」安葬，「每歲春秋祭獻清明之日，併為掃墓」，該習俗至日治仍延續，「常例除春秋祭獻而外，掃墓亦有羊豚，其胙肉不論上下人等，果係粵東人，果曾到墓地，必宜按人分贈，其人數大抵自百餘人至二百人」，[97]明治41年「廣東產之國語學校囑托邱光祚」死後，亦葬於此「廣東民族私有域內」。[98]

　　明治39年（1906）一則《臺灣日日新報》的報導表示，當時阿緱廳下的粵人部落，「以阿緱街係他人類之市街，附近莊社一里內外，亦有不曾足入阿緱者」，「蓋粵人性情風俗，與閩人有異，自然各不相投，殊缺和親，故每次

---

95 持地六三郎，《臺灣殖民政策》（東京：富山房，1912年），頁22-23。
96 武內貞義，《臺灣》（臺北：株式會社臺灣日日新報社，1914年），頁55。
97 〈雜事／粵人掃墓〉，《臺灣日日新報》，1902年4月10日，版4。
98 〈邱光祚卒〉，《臺灣日日新報漢文版》，1908年3月4日，版5。

赴廳，多忍苦歸鄉，不宿阿緱」，因此粵人部落之街長、保正乃於阿緱街上新築屏東會館，且附屬家屋，讓到阿緱街辦事的粵人得有棲宿之所。[99]

明治44年（1911）9月《臺灣日日新報》報導竹北一堡北埔街股戶姜振乾及樹杞林街彭仁添捐金賑災一事。文中指出「姜、彭二氏皆粵產」，此次因洪災地方受害嚴重，故不僅出錢救助，甚至製衣分送災民，在稱頌姜、彭二人「可謂萬家生佛」之餘，又言「但所賑者均廣東人部落，而閩族無數災黎未聞分沾其惠」，被人非之「謂畛域過分」。[100] 又據利天龍對長興庄的研究顯示，雖然南部六堆在殖民力量的作用下，傳統的「粵境」已被解構，福客士紳的接觸與合作也日漸擴大，但客庄內部仍維持固有的人際網絡，如大正元年（1912），內埔天后宮及昌黎祠廟宇修繕，僅指定「阿緱廳下廣東部落」作為資金募集範圍。[101] 由此可知，雖然殖民政府期待福客和諧，但民間仍存在許多限定方言人群的行為模式或社會組織，且多見於人口居少數的客人。

鍾理和（1915年生，客）曾表示，相傳昔日閩粵二族時時發生地域性的械鬥，鷺鵲二鳥介入其中，鷺鳥庇護閩族，鵲則幫客人。相緣至今，兩族對此二鳥亦各有偏愛。因此，鷺被稱為福佬鳥，鵲則被稱為客鳥。[102] 戴國輝（1931年生，客）認為，本島人的人群意涵作為日本統治的結果，只是一個被強加的概念，實尚未達到具備一個精神的、文化的統合程度。並表示日本統治50年

---

99 〈阿緱廳下之近況（中）〉，《臺灣日日新報漢文版》，1906年2月22日，版3。
100 報導後半表示，姜振乾除施販廣東人外，又欲措資住賑隘口、廿張犁、九甲埔等閩人較多的聚落，「諒能均沾時雨。不致獨抱向隅」。並表示，「災黎眾多，閩籍中富而嗇者不少，未知能聞風興起，以繼姜氏之武步，抑甘受人指摘耶」。〈新竹通信／賑災後聞〉，《臺灣日日新報漢文版》，1911年9月24日，版3。
101 阿緱廳編，《阿緱廳報》，大正1年8月28日，第4號；利天龍，〈屏東平原客屬聚落的發展：以長興火燒庄為例〉，頁158。
102 鍾理和，《鍾理和日記》（高雄：財團法人鍾理和文教基金會，1996年），頁73，記於臺北松山療養院，1950年3月19日。

間，福客之間的矛盾與抗爭雖然逐漸緩和，但也沒有間斷過，福客感情的對立尚未充分解除，直至日本戰敗之前，福客的通婚及連帶關係，距離融合的成熟期還很遠。[103]

綜上可知，日治之後福客之間雖已有更多接觸互動的機會，但彼此的人群邊界仍明顯存在，而此邊界有時也不利於彼此相處，甚至時而發生摩擦或衝突。以下先試析福客邊界仍存的可能因素，再說明日治期間福客間的言語戲謔與零星衝突。

（一）族群邊界仍存的可能因素

1. 方言與風俗的差異

福客族群邊界存在最根本的影響因素，仍然在於彼此方言與風俗文化的差異。這是閩粵二籍在清代分類械鬥難以止息的根本原因，也是日治之後福客族群邊界難以抹消的關鍵。如小川尚義嘗言「客人語與廈門、漳州、泉州語的餘程音不同，彼此不太能通話」；[104]西岡英夫亦言，「粵族與閩族，雖同是臺灣人，但雙方言語無法溝通」；[105]日人甚至認為「廣東族與福建族的言語風習不同，一如我國薩摩人與奧羽人之差別」。[106]由是，1930 年出版的《少年日本地理文庫・臺灣》中稱，「現在雖然不像以往互相爭鬥，但他們在風俗、人情及言語上的相異處仍然很多」。[107]

---

103 戴國煇著，林彩美譯，〈臺灣與臺灣人：追求自我認同〉，《史學與臺灣研究》，卷一，頁 261；戴國煇，〈臺灣的認同危機〉，頁 108；戴國煇，〈漢族系住民的語言與歷史〉，《史學與臺灣研究》，卷九（臺北：遠流，2011 年），頁 18-20。

104 小川尚義，〈臺灣語に就て〉，《臺灣協會會報》，第 90 期（1906 年），頁 3。

105 西岡英夫，《臺灣の風俗》（雄山閣，出版年不詳），頁 83。

106 〈廣東語練習〉，《法院月報》，第 4 卷第 12 期（1910 年 12 月），頁 62-63。

107 橋本賢康，《少年日本地理文庫・臺灣》（東京都：厚生閣書店，1930 年），頁 76。

日治之後，雖有日語可供溝通，但方言或風俗的差異，仍會讓福客對彼此產生「異己感」。如許曹德表示，當他第一次接觸到客話與客人，感覺客人「不僅語言不同、腔調怪異，而且舉止穿著、面貌表情，都跟我不一樣」。[108] 戴國輝也表示，「我生在中壢」，「平常碰到的人都講客家話」，「有一天回去鄉下的家，忽然碰到有人請我聽不懂的話，後來家母告訴我他們是福佬，我們通常叫做『福佬仔』」。就讀新竹州立新竹中學校以後，與福佬共學，戴國輝表示，「我們互相之間語言不通、生活習慣不同，好像氣質亦不大一樣」，「我們覺得閩南系同學很靈活，很會對付日本人。我們甚至認為閩南人狡滑，不老實、不忠厚。而我們客家人直繃繃的，說打架就打架，閩南人則說我們『阿呆』（笨蛋）」。雖然福客同樣受日本人欺凌，「但我們之間卻難以構起『被迫害者』間的共識與連帶團結」，戴國輝認為，母語有別與氣質有異即為重要原因。[109]

2. 少數者受歧視與不服輸心態

清代時期由於閩主粵客的制度性框架，讓在臺粵人為了爭取科舉名額與入住權利往往費盡心力，到了日治之後，此一不平等框架得以消解。[110] 在殖民統治之下，客人與福佬有公平的受教權，而客人的向學態度似乎遠較福佬積極。如明治 39 年（1906）一則〈新竹學界〉的報導指出，新竹廳屬管轄公學校計有 11 所，其中「在粵人居住之街庄建設學校者」計有 8 所，「在閩人市區以及街庄建設者」僅有 3 所。報紙的評論是，「粵人鄉村僻處，尚知向學」，閩人則「鮮有籌及」，「抑何智識之迂下也」。[111] 又如昭和 3 年（1928）對

---

108 許曹德，《許曹德回憶錄》，頁 83。

109 戴國輝，〈「中國人」的中原意識與邊疆觀：從自我體驗來自我剖析或解釋〉，《史學與臺灣研究》，卷二（臺北：遠流，2011 年），頁 17-18。

110 陳麗華，〈「客家」身份的建構：殖民體系下的香港新界與臺灣六堆〉，《贛南師範學院學報》，第 1 期（2011 年 2 月），頁 8。

111 〈新竹學界〉，《臺灣日日新報漢文版》，1906 年 6 月 7 日，版 6。

南部以福佬為主的佳佐公學校的調查指出，該校於大正7年4月設立以來，就學率僅達33%，民眾向學心低，加上中途退學者，就學率漸次減少，與鄰接屬於客族的五溝水部落70%的就學率相較，差別甚大。[112]

此外，報章也常可見客人以各種公共基金興學的報導。如明治38年（1905），因應瀰濃一帶粵族人民的要求，乃以「港西上里一帶之粵族部落之公共財團中之寄附金」，移為瀰濃公學校之基本財產，當地客人表示，「若有餘裕，欲於同學區內龍肚庄設一分校」。[113]翌年（1906），報載南部的六堆將以往「備士人大小試盤川之需」之科舉會所置產業，轉作「各該堆內公學校基本金」，「每年收息即為學校經常的欵，不必更籌協議費」。[114]或如長興庄一帶客紳運用變賣公田所得的資金寄附阿緱公學校，向當局申請在客屬地域設立學校。[115]

枋寮庄義民廟一直是北部客人的主要信仰，「為粵人鳩資建立」，每年收入租穀「有壹千七百參拾餘石，就時價折算，當可得八千餘金」。1911年經該廟管理人與信徒協議決定，除開祭祀雜費外，將剩餘之額，「寄附粵族部落之公學校」，[116]「俾粵族人等，共沾實益」。[117]根據新竹州當地的警察表示，

---

112 高雄州警務部衛生課，《高雄州第六回保健調查書‧潮州郡萬巒庄佳佐及新厝》（高雄州，1928年），頁2。

113 〈學校雜俎〉，《臺灣日日新報漢文版》，1905年8月31日，版3。

114 〈阿緱通信／會費充作學資〉，《臺灣日日新報漢文版》，1906年1月27日，版4。

115 〈阿緱公學校麟洛分校設立認可〉（1913年3月1日），《臺灣總督府公文類纂》，國史館臺灣文獻館藏，2402-5；〈阿緱公學校麟洛分校設立認可〉（1913年5月1日），《臺灣總督府公文類纂》，國史館臺灣文獻館藏，2402-15。以上轉引自利天龍，〈屏東平原客屬聚落的發展：以長興火燒庄為例〉，頁160。

116 即新竹廳管內之新埔、樹杞林、北埔、月眉、鹿場、大湖口、九芎林，及桃園廳管內之新屋、咸菜硼、楊梅壢、石觀音等公學校。〈新竹通信 挹彼注茲〉，《臺灣日日新報》，1912年4月5日，版5。

117 〈新竹通信／挹彼注茲〉，《臺灣日日新報漢文版》，1911年6月5日，版3；〈調查廟宇之一說〉，《臺灣日日新報漢文版》，1911年6月26日，版3。

該地福建族部落與廣東族部落向學態度有明顯差別的原因，主要在於廣東族不
若福建族富有，因此多致力於學習，希望從事公職。[118]

　　除了身處被殖民的二等公民地位，相對於多數的福佬，許多客人因有被福
佬歧視或發生摩擦的經驗，而產生欲與福佬相競的不服輸心態。山根勇藏在
〈廣東族の少年〉一文中，即提及他在大正 6 年（1917）12 月觀察到的兩個
不服輸的「廣東族少年」。一個是幫忙推著台車（輕便車）的廣東族少年，他
認為他所講的廣東話就是臺灣話，而有些福建人卻聽不懂臺灣話。山根勇藏表
示，他頗訝於這位少年相對於五倍多的福建族卻絲毫不退縮的態度。另一個則
是在苗栗車站看到的廣東族少年，他因為不滿在車站裡叫賣的福建人小販譏笑
他沒有錢，而氣得從火車內將幾張紙幣擲出窗外，還咆哮怒吼是因為小販賣的
東西貴且品質不好才不買。山根勇藏經向車長詢問之後才了解事情原委，車長
並笑著說，這種爭執很常見，山根勇藏則頗訝於那位廣東族少年的氣勢。[119]

　　吳濁流（1900 年生，客）在所著《無花果》中曾剖析客人做為臺灣「少
數民族」的複雜心態：

> 有鄉下佬的土氣，不輕易與人妥協，又十分自大。但是，一旦必要
> 的時候，隨時都能團結起來。「少數民族」的心理是有趣的。「我
> 是客人，從某某地方來的。」只要這樣一說，彼此便產生信賴感。
> 這種感情是本能地，自然地發生的，沒有理由。我雖不願意隱藏在
> 這樣狹小的世界觀中，卻無法從中自拔出來，不過，我雖懷抱著這
> 樣的感情，卻不曾和閩南人吵過架。[120]

---

118 〈廣東族の研究〉，《警友》，第 174 號（1937 年 8 期），頁 117-118。
119 山根勇藏，《臺灣民族性百談》（臺北：杉田書店，1930 年），頁 275-279。
120 吳濁流，《無花果》，頁 65。

關於客人較福佬團結，戴國煇也有相同看法，曾言「我們也覺得閩南人不易團結，客家人則比較團結」。[121]

黃華昌（1929年生，客）亦表示，他所居住的竹南以福佬居多，就讀竹南的公學校時，一班60名學生中只有5、6名客人，以現在流行的說法就是「弱勢族群」；學生雖同屬臺灣人，卻分成三種族群，一是俗稱「臺灣人」的福佬人，一是被稱為「生蕃」的原住民，客人則多被蔑稱為「憨客人」。平常孩童一起玩耍時，客人小孩難得加入，而每當打群架時，都是客人小孩居於劣勢。由於他在校時體格不錯，運動神經發達，且成績不錯，常被任命為級長或副級長，因此同學對他總是刮目相看。也因為倔強且富正義感，故常袒護同屬客人的同學或學弟，「即使對方比我魁梧高大，我都悍然跟他格鬥」。[122]

戴國煇認為，日治期間，「客家人被多數派的福佬人排擠，也受到歧視」，[123]由於客方言人群在人數上居於少數，容易受到壓迫疏離，又多集居於福佬人和先住民的中間地帶，因此日治時期的客人多感受到一種雙重的疏離感。[124]

（二）言語戲謔、利益爭持與零星衝突

日治時期福客關係的緊張，主要表現在平時相處時的言語戲謔，以及一些零星的利益爭持與鬥毆衝突。

1. 言語戲謔

從清代到日治，福佬、客人是兩個不同方言人群的互稱，但由日治期間的

---

121 戴國煇，〈「中國人」的中原意識與邊疆觀：從自我體驗來自我剖析或解釋〉，頁18。
122 黃華昌，《叛逆的天空：黃華昌回憶錄》，頁46-47。
123 戴國煇，〈臺灣的認同危機〉，頁108。
124 戴國煇，〈談陳火泉、吳濁流和邱永漢的文學〉，《臺灣史研究集外集》，頁114。

文獻或時人的回憶資料來看,若福客關係不睦,或心存歧視與偏見,則會以帶有輕視或戲謔的口氣稱客人為「客人猴」,稱福佬為「福佬屎」。[125] 如黃華昌表示,小時候常聽到福佬罵他母親「客婆」、「傻客仔」,可以感受出他們對客人的歧視與敵意。[126]

一則昭和 12 年(1937)發表於《警友》雜誌的〈廣東族の研究〉短文中,也可看出客人的劣勢處境。文中提到福佬教師當著 4、50 名學生,出言諷刺二名客人學生是「昂客人」(憨客人),是最下等者,並稱「福建族是智能優秀的漢民族,難怪他們會稱那些無智無能的客人為昂客人」,該教師上課時常無故以「昂客」叱言侮辱,且無論如何努力,都只有給客人學生 40 分的成績。[127]

連溫卿(1894 年生,福)表示,福客平常的相處,客人常會稱福佬情婦為「福佬媽」,連溫卿強調,此一語詞隱含之意義並不像字面一般的單純,而是含有尖酸的諷刺與蔑視意味,與此相對的,則是稱「廣東情夫」為「客兄」。[128] 這一類的言詞其實對福客通婚有其負面的評價在內,因此時常被轉化用於戲稱或蔑稱異族通婚者。如鍾肇政(1925 年生,客)表示,由於母親是福佬人,因此當他 8 歲隨父親回到龍潭居住時,只會說福佬話的他,在客庄中成了「福佬屎」,成為大家取笑與捉弄的對象。親戚中除了用「福佬屎」戲稱外,其叔叔還發明了一個「反種仔」的諢名,「一碰面就反種仔長,反種仔短」,鍾肇政自承,當時小小的心靈裡,不免也領略其中含有歧視與輕蔑的意

125 山根勇藏,〈臺灣住民〉,《臺灣民族性百談》(臺北:杉田書店,1930 年),頁 93;〈廣東族の少年〉,《臺灣民族性百談》,頁 276。
126 黃克武訪問,潘國華記錄,〈黃華昌先生訪問紀錄〉。
127 〈廣東族の研究〉,《警友》,第 177 號(1937 年 11 期),頁 94-95。
128 連溫卿,〈福佬媽その他〉,《民俗臺灣》,第 3 卷第 1 期(1943 年 1 月),頁 15。

味。「稍後我才漸漸明白了這個諢名的意義，原來那是由於母親是福佬人之故」。[129] 許曹德（1937 年生，福）也有相同的經歷與體會，他表示，許氏一系親族中只有父親是「討客家女人的」，因此他小時候每次到新竹，親族總會說：「那個『客婆』的小兒子回來了」，話語中難免夾帶幾分輕視。[130] 此外，福客間的戲謔言詞，也被運用於童謠當中，如一則大稻埕的童歌稱，「客人仔、客人仔，曳石臼，曳較扶扶哮。客人仔掠家走，家走凸凸跳，客人仔死卻卻」。[131]

這些負面的戲謔言詞可能緣於清代以來的分類宿怨，但在日治期間仍一再被福客用以互稱彼此，甚至化作童謠，或用以批評福客通婚者。此類戲謔或負面言詞的使用，無形中持續深化福客間的族群界線，不利於福客關係的和諧發展。

2. 利益爭持

清代許多分類械鬥發生的根本原因，是田土等經濟利益的衝突，到了日治時期，仍有不少因利益爭持而造成福客關係緊張或釀成衝突的事例。如屏東萬丹耆老表示，早年當地福佬曾與住在大湖和廣安之間被稱為「客人寮」聚落的客人，因為甘蔗運車的分配不公，而發生村民的械鬥衝突。[132]

此外，在清代時期，南部下淡水地區的閩粵衝突不少是因為爭水糾紛，由於在聚落的地理區位上，客人在上游，福佬在下游，彼此常因水源的爭奪而引發衝突。此類因爭水而引起福客緊張的情形，在日治時期的屏東平原仍普遍存

---

129 鍾肇政，〈失落的靈潭〉，《鍾肇政回憶錄（一）：徬徨與掙扎》，頁 107-108。
130 許曹德，《許曹德回憶錄》，頁 50-51。
131 海島洋人，〈續大稻埕童歌抄〉，《民俗臺灣》，第 3 卷第 7 期（1943 年 7 月），頁 42。
132 〈劉捷先生，萬丹鄉分組座談紀錄〉，收入蕭銘祥主編，《屏東縣鄉土史料》（南投：臺灣省文獻委員會，1996 年），頁 231。

在，如新東勢與老埤、麟洛與歸來、南州與新埤，皆有福客因爭水而引發衝突的情形。

以客人為主的新東勢庄與「閩蕃雜處」的老埤庄，在清代即因老埤庄人自行從新東勢圳水道中另外截築梛榔圳而引發衝突，「甚或干戈相見，致死人命者有之」。後因老埤農業漸衰，梛榔圳荒蕪不治，爭端稍息。日治之後，老埤區蕃仔厝庄人林萬喜出面管理梛榔圳，使得兩庄庄民又開始為水「爭較不休」。[133] 面對福客爭水紛爭，不同於前清官員，新的殖民政府更有決斷與仲裁能力。報載阿緱廳「以水利為農業上第壹要務，萬難听其紛爭，乃於客歲費盡苦心，澈底調查」。之後召集新東圳管理人邱毓珍與梛榔圳管理人林萬喜，「剴切說諭，妥為和解，併令連名立契」，決定將水源劃作三七分配（梛榔圳水量三分，新東勢圳水量七分），並於發源處築兩個圳頭為分水點。最後兩圳均「遵命照辦，各守本分，從此界線分明，涓滴無爭」，「則閩粵壹家，當能共敦和睦矣」。[134]

在麟洛與歸來的衝突方面，據麟洛耆老徐松得表示，歸來地區農民以大湖圳灌溉，而新田村的麟洛農民則以來福圳灌溉，「下游的閩南人常與上游的客家人爭水灌溉起爭執或打架」，[135] 另一當地耆老利福連則言，大湖圳是麟洛與歸來的界線，圳東的麟洛人多種水田，圳西的歸來人多種旱田作物，雙方曾為了灌溉而爭吵乃至打群架。[136] 據稱，後來紛糾止息，是因為歸來的福佬，

---

133 〈雜報／阿緱通信／埤圳分配水量〉，《臺灣日日新報漢文版》，1905年11月8日，版4。

134 同註134。

135 〈徐松得先生，麟洛鄉分組座談紀錄〉，收入蕭銘祥主編，《屏東縣鄉土史料》，頁155。

136 〈利福連先生，麟洛鄉分組座談紀錄〉，收入蕭銘祥主編，《屏東縣鄉土史料》，頁155。

每年逢新田地區作平安福廟會時，都捐 15 元，以利睦鄰修好，「以後就很少爭執了」。[137]

在南州與新埤的衝突方面，據南州當地耆老表示，由於客人多居住水源頭處，常因用水與下游的福佬關係緊張，後經雙方協調，「白天由上游客家人攔水灌田，下午五時以後，才讓予下游河洛水」，但客人常不守規定，偷偷攔堵水，故福客間常因水而發生糾紛，甚至發生用石頭互擊的衝突事件。[138] 為了防制客人在上游截水致下游無水可灌，南州福佬會「利用厲害型婦人，去強行打開攔堵壩」，[139] 或「雇人在阿四寮攔水壩處駐營監視」。[140]

3. 零星衝突

大正 8 年（1919）3 月 23 日，苗栗車站發生一起鬥毆衝突。起因是車站驛夫葉旭（福）為戲弄另一驛夫林海（福），故拿小石擲擊林海，林海卻誤以為是驛夫蔣阿郎（客）所投，加上轉轍夫顏煥彩（福）平時與蔣不和，故佯為仲裁而毆打蔣等人，終釀成鬥毆衝突。報紙上也說明了此次衝突的背景因素，即苗栗車站工作的職員中，有分為廣東、福建兩種族的黨派之弊，而顏煥彩係葉旭與林海等數名福建人的首領，對於其他廣東人常持挑釁態度，因此常發生紛爭。[141]

大正 10 年（1921）6 月，報端一則消息指出，正在興築中的嘉義農林學校工地，於 8 日早上，發生 3 名廣東人與 13 名福建人，互持竹棒、棍棒互毆

---

137 同註 136，頁 155。

138 〈郭能江先生，南州鄉分組座談紀錄〉、〈黃清江先生，南州鄉分組座談紀錄〉，收入蕭銘祥主編，《屏東縣鄉土史料》，頁 346-347。

139 〈郭能江先生，南州鄉分組座談紀錄〉，收入蕭銘祥主編，《屏東縣鄉土史料》，頁 346。

140 〈黃清江先生，南州鄉分組座談紀錄〉，收入蕭銘祥主編，《屏東縣鄉土史料》，頁 347。

141 〈驛夫の大喧嘩 廣東人對福建人〉，《臺灣日日新報》，1919 年 3 月 1 日，版 5。

的大衝突。[142] 大正 14 年（1925）8 月在基隆郡七堵庄，發生張仁貴、張清和（皆為新竹郡關西庄人）、謝阿清（竹東郡苧林庄人）等廣東人，因戲弄婦人，而與福建人余番發（臺北州七星郡人）大打出手的鬥毆事件。[143]

　　昭和 2 年（1927）5 月 24 日，高雄州鳳山街赤山二位年輕的福建少女在田間工作時，遭數名廣東人調戲，二女逃回家告知家人後，有邱振來等數十名福建人攜帶棍棒返回現場，與徐阿才等數十名廣東人互鬥，由於言語爭執而導致兩族之互鬥，後由該郡警察課動員搜捕。[144] 昭和 8 年（1933）3 月 20 日午後 4 時，中壢郡平鎮大坑欠大溪郡龍潭庄邊的軌道上，發生福建人與廣東人的大衝突事件。被害者是朝日製糖會社原料運搬臺車苦力李文忠、鍾阿華、彭玉傑、陳社光、許火英等 6 名廣東人，因細故起口角，遭 20 餘名同所福建人苦力毆打成傷。[145]

　　昭和 8 年（1933）6 月，旗山郡美濃庄的美濃水產會社養魚池，由於以往每年在清浚養魚池時，都會開放讓美濃庄人（廣東人）藉機捕魚，但當年承包業務的數十名福建人，不准當地人捕魚，且將所捕之魚沒收，引發當地人不滿，遂與同庄約百名廣東人發生流血衝突。當地的客人認為，因為對方是福建人，自己是廣東人，由於平時的反感，才會醸成此次衝突。[146]

---

142 〈廣東人と福建人とが入亂れて喧嘩 農林校工事場で〉，《臺灣日日新報》，1921 年 6 月 10 日，版 7。

143 〈戀の鞘當から廣東福建兩種族反目〉，《臺灣日日新報》，1925 年 8 月 8 日，夕刊版 2。

144 〈美女に戲れたのが原因で 福建人と廣東人が近來稀有の大亂鬥〉，《臺灣日日新報》，1927 年 5 月 27 日，版 2。

145 〈福建人廿餘名が六名を半殺し廣東人と喧嘩して〉，《臺灣日日新報》，1933 年 3 月 21 日，版 7。

146 〈捕魚の事から福建廣東人の大亂鬥 關係者を警察で取調中〉，《臺灣日日新報》，1933 年 6 月 29 日，版 3。

　　綜上可知，日治期間福客方言人群的邊界仍然存在，只是在殖民政府的強力統治之下，不再發生如清代時期只因細故而星火燎原的大規模分類械鬥事件。

四、島內二次移民促成新的福客互動

　　日治之後，殖民政府基於殖產興利之目的，積極開發以往國家力量較少觸及的邊緣地帶，或藉由改善耕種條件拓展可使用之土地面積，新的開發機會以及與此相應的勞動力需求，促使島內移民的形成，[147] 尤其以北客的二次移民現象最為顯著，也因此在不同地域因為不同的移入族群，而有許多不同的福客相處樣貌。由於殖民政府殖產興利所需的樟腦、植蔗、油礦等產業，皆為北客既有之維生方式，北客因此成為殖民政府最主要的專業勞動力。由此也反映出，南北客人維生方式的不同，使得二者在日治的經濟發展與人群流動呈現相當不同的面貌。北客依恃著殖民政府需要的產業經驗，紛紛向中部彰化、南部嘉義、高雄、屏東，乃至東部的宜蘭、花蓮、臺東方向移動，甚至定居，呈現積極向外拓展的樣貌。以下依西部與東部分別觀察日治時期因島內移民所產生的新的福客互動情形。

（一）西部地區

　　由於臺灣係以福佬占優勢，故北客之二次移民，多面臨移居地為優勢之福佬，以下據相關研究與文獻了解其新居地的福客關係。如彰化源成農場，明治41 年（1908）三五公司在總督府協助下，收購位於臺中廳二林支廳轄區內深耕堡及二林下堡（今二林、竹塘、埤頭等地）的農地。並於次年成立源成農場，

---

147 王和安，〈日治時期臺灣島內新竹州移民之研究〉，「2008 年第二屆臺灣客家研
　　究國際研討會」論文（2008/12/20-12/21），頁 22。

種植製糖原料甘蔗。為補充勞動力缺口,除由農場附近部落招募福佬之外,亦從新竹州招募人力,這些北客在日治中末期呈現穩定數值,約在2,800人之譜,並經農場安排,在二林街、竹塘庄、埤頭庄、北斗街、沙山庄等地形成集村聚落。[148] 就源成農場招募的人力而言,以福佬占多數,客人約占三成。[149] 由於福佬皆來自鄰近街莊,且可能緣於清代的閩粵宿怨,或是因為爭奪生存資源產生的矛盾與衝突,因此對這批不同方言的北客多持偏見或歧視態度,甚至告誡子孫不可娶「客人」。[150] 面對此種社會氛圍與工作環境,這批來自北部不同聚落的客人於大正初年到昭和初期,共同支持竹塘醒靈宮之建廟。醒靈宮的男性鸞生以客人居多(約占九成),廟務長久以來依靠有行政、管理能力的客人經營,也運用客語進行各種儀式,對方言的認同經此不斷的重複體驗、凝聚與再生產,也因此大大降低了福佬化的程度。[151]

日本人為了加速取得臺灣的重要森林資源,特別是高山上的紅檜,積極趕建西部縱貫鐵路、阿里山森林鐵路及東部縱貫鐵路,鐵路工人大部分是北部的客語人群。此外,殖民政府多延攬北客投入採樟工作,故樟腦產業所在之嘉義中埔、大埔,臺南楠西,高雄甲仙、六龜,皆有不少北客移居,形成新的客家人聚落。[152] 北客南移嘉義約始於1910年代,自1920年代有急劇增加的趨勢,至昭和10年(1935)人數已近1萬人,主要分布在嘉義沿山地區,如中埔庄、

---

148 柯光任,〈日治以來彰南地區客家移民與竹塘醒靈宮之研究〉(逢甲大學歷史與文物研究所碩士論文,2012年),頁84、151;邱彥貴,〈彰化縣客家簡述〉,收入《彰化縣客家族群分布調查》(彰化市:彰化縣文化局,2005年),頁11。

149 《大正七年臺中廳行政事務並二管內概況報告書》(1918年),頁66

150 柯光任,〈日治以來彰南地區客家移民與竹塘醒靈宮之研究〉,頁112-113。

151 柯光任,〈日治以來彰南地區客家移民與竹塘醒靈宮之研究〉,頁125-126。

152 溫紹炳、葉茂榮,《臺灣樟腦產業與客家人》(成功大學客家研究中心,2003年),頁46-49。

蕃地（後之阿里山鄉）、大林庄、番路庄、竹崎庄、小梅庄、大埔庄、民雄庄等地，遷移的理由除伐樟熬腦外，亦有從事商業、農業、阿里山林場的開發，以及菸葉、香茅等之栽植。[153]北客移入此以福佬為優勢的地區時，或因方言相異，或因生存競爭，福客之間的關係呈現緊張的狀態，且時有衝突發生。如大正6年（1917年）《臺灣日日新報》一則關於中埔地區〈廣東人の勢力〉的報導提及，最近有廣東人從新竹、苗栗等地遷入中埔及後大埔一帶買地耕作，「最近這類廣東人激增」，「對向來安逸的福建人形成壓力」，「以致於廣東人與福建人的小衝突頻頻發生」。[154]或許即由於此段期間福客的緊張關係，讓中埔地區的福佬當中，尚留存一些充滿族群歧視的用語，包括「客人仔鬼」、「客人足奸」、「甘願查某子給豬母吃，也不願給客人做媳婦」等。[155]此外，當地耆老亦表示，過去福客之間常有輕微摩擦產生，雖不至於產生激烈衝突，但彼此間的關係是緊張的。[156]

　　據林秀昭的研究，日治時期自新竹州南下高雄市的北客移民，主要是殖民政府從桃園、新竹、苗栗招募而來的鐵路施工人員，多聚居三民區。此外，北客聚集地區另包括鳳山郡之鳳山街與鳥松庄，高雄郡之左營庄、仁武庄等，其中移至鳳山郡者，部分是陳中和新興製糖會社招募南下之佃農。許多南遷北客多向在地的福佬贌水尾田而耕，或是當福佬地主的幫傭（長工），日常生活中

---

153 王俊昌，〈嘉義縣「北部客」分佈及其文化模式〉，收入顏尚文主編，《嘉義研究：社會、文化專輯》（嘉義：國立中正大學臺灣人文研究中心，2008年），頁423-435；池永歆主持，《發現客家：嘉義沿山地區客家文化群體研究成果報告書》（國史館臺灣文獻館委託，國立嘉義大學臺灣文化研究中心執行，2011年6月），頁162-172。

154 〈地方近事／中埔 廣東人の勢力〉，《臺灣日日新報》，1917年6月30日，版3。

155 《咱的故鄉中埔》（2005年出版，頁427），轉引自池永歆主持，《發現客家：嘉義沿山地區客家文化群體研究成果報告書》，頁168。

156 池永歆主持，《發現客家：嘉義沿山地區客家文化群體研究成果報告書》，頁168。

常遭受福佬族群異樣的眼光，被嘲諷「客人仔猴」。[157] 另據昭和13年（1938）
《臺灣刑務月報》中一篇〈高雄支所〉的報導指出，臺南刑務所高雄支所附近
大部分是「福祿人」，但也有少數客人。這些客人與福祿的關係非常不好，支
所附近的田地中，若鄰地是福祿人時，不管是灌溉或通行都互相合作，順利進
行。但若另一方為客人，則絕對不會給與方便。[158] 該臺南刑務所高雄支所位於
林德官（今高雄市苓雅區），因此報導中所指的客人，應即為日治期間南移的
北客。

　　甲仙與六龜均位於楠仔仙溪、荖濃溪流域中游。北客約於明治33年
（1900）之後陸續移入此地開採樟腦，多分布於六龜庄的新威、六龜，以及
甲仙庄的東阿里關。[159] 如明治39年（1906）一則〈蕃薯寮產業雜俎〉的報導
中指出，「腦丁之從新竹、桃園、苗栗等處傭入者頗多」。[160] 後來由於在甲
仙埔發現油礦資源，殖民政府於大正6年（1917）調派有石油探勘與開採經驗
的新竹、苗栗技術人員到甲仙埔，加入開採石油的行列，這些北客後來多定居
於甲仙鄉油礦巷、鹽桑一帶。[161] 由王和安的研究可知，這批因開採樟腦南移
的北客，南下之初，算是配合官方政策下的經濟性移民，之後則多透過投親、
收養、婚姻關係等方式，帶動後續的北客南移。由此可知，移民與本籍新竹州
之間的互動和來往仍相當密切，而與當地住民之間的婚姻互動情形則較少。[162]

---

157 林秀昭，〈北客南遷高雄地區的開發與義民爺信仰之研究〉，頁42、60、66、
　　73。
158 〈高雄支所〉，《臺灣刑務月報》，第4卷第11期（1938年11月1日），頁9-10。
159 劉正元，〈福佬客的歷史變遷及族群認同（1900年迄今）：以高雄六龜里、甲仙
　　埔之北客為主的調查分析〉，《高雄師大學報》，第28期（2010年），頁97。
160 〈蕃薯寮產業雜俎〉，《臺灣日日新報漢文版》，1906年2月25日，版3。
161 林秀昭，〈北客南遷高雄地區的開發與義民爺信仰之研究〉，頁103。
162 王和安，〈日治時期南臺灣的山區開發與人口結構：以甲仙六龜為例〉，頁136、
　　163、166-167；王和安，〈日治時期高雄甲仙、六龜的新竹州移民與樟腦經營〉，
　　《新竹文獻》，第35期（2008年12月），頁119-121。

然而即使較少通婚，這些南遷甲仙、六龜的北客，因與大多數的福佬、平埔族人共同生活，在社會及經濟活動的互動中，逐漸習慣使用福佬話，也逐漸形成所謂福佬客的聚落分布。[163]

除上述北客二次移民的新居地多位處福佬人數多且經濟實力皆占優勢地帶外，亦有部分北客之新居地係屬客人人數乃至經濟實力占優勢者，如南投國姓庄，自清末即有中部一帶的客人移入植樟熬腦，日治之後，更多來自桃竹苗的北客移入，以及少數來自臺中、彰化、南投等地的福佬。由陳俊傑進行的調查與訪談可知，當地的福客關係可謂和諧。[164]另如長治庄，據賴郁如的研究可知，日治期間，北客與福佬皆曾南遷至南客優勢區的長治地區的上寮，但福佬比較晚到且人口數量較少。當福佬想要參與客人的土地伯公完福時，卻被北客拒絕。北客認為上寮的福佬「非我族類」，甚至有人用帶有鄙意的「番仔」來形容，因此後來上寮的福佬另外設立了三子宮，形成「你拜你的，我拜我的」的情況。[165]

或如位於美濃、旗山一帶的南隆農場，在日本殖民當局的配合下，明治42 年（1909）三五公司負責人愛久澤直哉以南隆農場的名義，向臺灣總督府提出申請開墾美濃地區的廣大平野。[166]明治年間，三五公司陸續招墾附近的美濃、龍肚、中壇和竹頭角，及高樹、內埔、竹田的客人。[167]由於拓墾成果

---

163 同註 160，頁 103。

164 陳俊傑，《國姓鄉福佬化客家裔漢人的族群關係調查》，頁 195。其中以水長流地區客人比例最高，達 89.8%，次為柑仔林地區，亦超過八成，最低的龜仔頭地區，也有 62.4%。參見同書，頁 116。

165 賴郁如，〈客家族群的再次遷移與內在關係：以屏東縣長治鄉為例〉（國立高雄師範大學客家文化研究所，2009 年），頁 170-108。

166 林秀昭，〈北客南遷高雄地區的開發與義民爺信仰之研究〉，頁 134。

167 張馨方，〈美濃鎮吉洋地區閩客關係之研究〉，頁 62。

不彰，而南隆農場的主要負責人白石喜代認為北部客人的開墾方式優於南部客人，於是積極招攬北客南來開墾。[168] 北客因此在大正初期陸續移墾此地。至昭和年間，由於荖濃溪治水工程的影響，使得里港一帶的福佬大量移入吉洋庄。[169] 據張馨方對吉洋地區福客關係之研究發現，由於移墾吉洋的多是南隆農場的佃農，彼此經濟地位差距不大，比較沒有彼此歧視的問題，相處算是融洽。加上日治時期以庄為單位的行政運作，使得地域內各族群形成被動共處的關係，無形中拉近彼此的距離。尤其是公學校的教育，使居住在不同庄頭、不同方言的學童有機會共同學習、成長。[170]

（二）東部地區

1. 花蓮

花蓮原是原住民族狩獵游耕之地，清代已有熟番及漢人入墾，日本政府則將東部視為移民基地。隨著東部的發展，更多的漢人隨之移入，使東部族群的組成及比重產生變化。日治時期花蓮地區人口大幅上揚，其實是福、客的大量移入所致，其中尤以客人增加速度最快，自大正年間到昭和 16 年（1941），族群比例由原本的最小數 5.8%，增加為 25%。福佬人口增加速度雖不及客人，但總人口數仍高於客人人口，至昭和 10 年（1935）達 27,025 人，高於生番族群的 25,339 人，已為花蓮地區第一大族群。但福、客、生番三大族群總人口數在日治末期相去不遠，成為三大族群相抗衡的情形。其中，大部分的福佬多集中在奇萊平原及縱谷北端一帶，或是分散於縱谷各主要市鎮。客人則以清末時期聚集的璞石閣為據點向外擴展，新開發的鳳林地區成為客人主要的聚居點。[171]

---

168 同註 167，頁 146。
169 同註 168，頁 64、77。
170 同註 168，頁 81-83、86、105。

　　據邱苡芳的研究可知，以日治時期二次移民至花蓮的族群分布來看，各族群均有同族聚集的現象，亦即「各族群之間的分布相對分離，同族分布相對集中」，族群間的隔離狀態相當鮮明。[172] 另據黃育嵐對花蓮玉里兩個客人聚落——客城與春日的研究可知，二者皆為日治時期從桃竹苗地區遷入的客人移民，但客城的客人集中率高，春日的客人則與多族群共處。前者多為同族通婚，以說海陸客語為主，村落呈現閉鎖的狀況；後者則與異族群產生頻繁的互動關係，以說四縣客語為主，聚落呈現混居狀態。儘管客城與春日的人群組合有別，但各群體間皆能和平共存，有別於西部因分類械鬥而發展的模式。[173]

　　2. 臺東

　　清中葉之後，即有漢人移入臺東地區，其中客人以南部六堆客庄移至者為主。日治中晚期，殖民政府基於殖產興業之目的積極開發東臺灣，以營利為目的的會社移民，以及隨之而來的自由移民，紛紛入墾臺東。新竹州之北客在大正、昭和年間，多因採樟製腦或植蔗製糖而受雇遷徙臺東，主要聚居關山、鹿野、池上等地。此外，來自臺南州的福佬亦遷至臺東，廣泛分布於臺東平原及卑南鄉。[174] 昭和初年，由於東部鐵路、蘇花公路相繼開通，更吸引大批西部自由移民移入，分別從事開墾、伐木、燒炭、焗腦等工作。[175] 南客亦有移居臺東者，以商務為主如販賣民生必需品、經營碾米廠等，以在成廣澳創立花東

171 邱苡芳，〈花蓮地區之族群分佈及族群關係：晚清迄日治時期〉，頁 73-74、129。
172 同註 172，頁 130。
173 黃育嵐，〈東部客家？花蓮玉里二個客家社區的族群關係與認同之研究〉（中央大學客家社會文化研究所碩士論文，2008 年），頁 7-8、12。
174 黃學堂、黃宣衛，〈臺東縣客家族群之分布及其社會文化特色〉，《東臺灣研究》，第 14 期（2010 年 2 月），頁 92-93；林東連，〈臺灣東部的客家人〉，收入戴興明、邱浩然主編，《客家文化論叢》（臺北：中華文化復興運動總會，1994 年），頁 133。
175 趙川明主編，《客鄉鹿野大原客為鄉》（臺北：行政院客家委員會，2006 年），頁 25-27。

地區最大的雜貨商鋪「廣恆發商號」的溫泰坤為代表人物。[176]

　　由江美瑤對關山住民的研究來看，因為聚落開發時間較晚，人口規模小，再加上本籍多是新竹州，遷移過程多是親友的接引或作伴，加上語言仍有差異，故同鄉或親友聚居情形普遍，顯現出族群分隔居住的空間現象，顯見族群的分類意識仍會影響聚落族群居住的空間特性，也影響到族群間的通婚。[177] 大致而言，移居東部的福客關係似較平和，可能由於福客皆為後至者，以及當地原住民族較占優勢之故。

　　觀察日治時期因島內二次移民所牽引之新的福客關係，除原本福客不同之方言，或新移民就在地居民而言，在人數或經濟實力有明顯之差異外，更需要考量其移墾之時間。移民外遷到新的地域之後，與當地人群發生接觸，可能因為爭奪生存資源發生矛盾與衝突，使得移民與當地社會產生一條無形邊界。[178] 由於二次移民者為後來者，對已在地化的族群，不論是否相同方言，都可能面臨不同程度的隔閡與阻力。不同方言者面臨的阻力相對較大，如前文所述北客遷徙彰化源成農場、嘉義中埔，或是南移高雄時所面臨的景況。而同方言者在新舊移民間亦可能存在一定的隔閡，如林秀昭的研究顯示，南移的北客與在地的南客之間彼此歧視，互不通婚，北客仍與新竹原鄉者通婚較多，故美濃地區常見一些「交南莫交北，交北屎不得」等打油詩。[179] 王和安的研究也顯示，

176 許秀霞，〈做客「成功」、成功做客：臺東縣成功鎮客家家族記事〉，《臺東大學人文學報》，第 1 卷第 2 期，頁 140。

177 江美瑤，〈住民志〉，收入施添福總編纂，《關山鎮志》下冊（臺東：臺東縣關山鎮公所，2002 年），頁 519-520、531。

178 劉大可，〈群體認同與符號：以客家地區為中心的考察〉，收錄於江明修、丘昌泰主編，《客家族群與文化再現》（臺北：智勝文化，2009 年），頁 451。

179 林秀昭，〈北客南遷高雄地區的開發與義民爺信仰之研究〉（國立臺灣大學臺灣文化研究所碩士論文，2007 年），頁 173；徐正光主編，《美濃鎮誌》，美濃鎮公所發行，1996，頁 67-69。

北客南遷甲仙、六龜後，在當地自成一個社會體系，表現在婚姻和收養關係上，移民與移民之間，或是移民與原鄉間的互動相當頻繁，[180] 未必因同方言而與南客建立婚姻或收養關係。

五、由方言變異與通婚情形看福客關係

就族群的互動與影響來看福客關係，方言、風俗習慣、經濟生活、通婚、收養、宗教祭祀等都是重要的檢視指標，本文礙於篇幅與日治之文獻資料，僅就方言與通婚情形兩個面向加以觀察。

從清代的閩粵分類到日治的福客關係，福客之間最主要的分別在於方言之不同。語言接觸的結果呈現多樣性，小至若干詞彙的移借，大到整個音韻、構詞、句法的混合，甚或創造出新的語言都有可能。[181] 而就臺灣的閩客語來看，臺灣閩南語已經過相當程度的整合，方言內部差距小；而臺灣客語混和度較輕，各執一腔。臺灣閩語使得許多客方言點聲母上發生變化，但臺灣客語卻未對臺灣閩語的聲母層面造成絲毫影響。這正反映了弱勢語言於在地化的過程中，逐漸地朝向與強勢語言的語音現象一致的趨勢。[182] 據吳中杰的研究可知，客家方言的被福佬化過程是一個動態的、至今仍不斷進行的作用。臺灣根本找不到完全未受閩南語詞習染的客方言點，只是被影響程度深淺之別罷了。於是，在那

---

180 王和安，〈日治時期高雄甲仙、六龜的新竹州移民與樟腦經營〉，《新竹文獻》，第 35 期（2008 年 12 月），頁 119-121。

181 連梓鈞，〈從語言接觸之觀點探討客家聚落的族群互動關係：以新屋鄉笨港村為例〉（國立中央大學客家政治經濟研究所碩士論文，2011 年），頁 41；林珍慧，〈中寮鄉客家話的語言接觸現象〉（國立中央大學客家語文研究所碩士論文，2010 年），頁 21。

182 吳中杰，〈臺灣福佬客分布及其語言研究〉（國立臺灣師範大學華語文教學研究所碩士論文，1999 年），頁 65、117。

些受影響十分嚴重的次方言或區域，可能只殘餘少數詞彙（通常為地名、親屬稱謂等）。而習染閩語的極致便是客語徹底流失，終至也改變了族群認同。[183] 福客方言相互影響乃至同化的情形，其實清代已開始發生，日治後應仍在不同地域，因不同人群的互動，以不同的方式持續進行。

由日治時期福客的互動來看，方言通常先受影響，待交流密切之後，方有可能發生異族通婚的情形。不同族群之間的通婚，常被視為族群融合與同化過程中的重要介質。[184] 王甫昌認為通婚會造成同化與多元的發展結果。同化論是指族群通婚會造成彼此間的同化，不同族群在長期相處情況之下，文化會漸漸融合、心理上也會產生認同感，所以通婚是消弭族群界線的重要因素。反之，多元論認為通婚未必能夠使族群認同順利轉移，不同族群之間的互動只是對多元文化差異的彼此包容，但是族群界線未必因此消失，弱勢族群的族群意識反而容易增加，即使族群有融合的情形，少數族群仍然認為自己屬於一個獨特的族群。[185] 不論持同化論或多元論，通婚是觀察族群關係的重要面向，故以下就方言同化與通婚情形，進一步瞭解日治時期福客的互動情形。

（一）方言變異

如前所述，日治初期殖民政府已在埔里或他里霧等地觀察到客人福佬化的現象，後經殖民統治種種有利福客融合的施政之下，二族間的互動愈顯頻繁，也加速彼此方言受影響之程度。以下試從福佬改說客話、客人改說福佬話二方面觀察。

---

183 同註 183，摘要，頁 IX。

184 江美瑤，〈住民志〉，收入施添福總編纂，《關山鎮志》，下冊，頁 520。

185 王甫昌，〈族群通婚的後果：省籍通婚對於族群同化的影響〉，《人文及社會科學集刊》，第 6 卷第 1 期（1993 年）。

1. 福佬改說客話

福佬改說客話的事例，如原籍嘉應州，後遷至新竹關西的賴興煬表示，那時如有閩南人到客家地方來，通常也就入境隨俗地說起當地的客家話來；[186] 又戴國煇表示，他們中壢鄉下的佃農是「閩南底客家人」，即原本是閩南人，後來遷來客家村莊住，又佃耕客人的地，「他們平常在家裡講福佬話，但在外面則講客家話，慢慢地年輕的一代、二代就客家化了」。[187] 日治之後才展開的二次移民中，亦可見福佬改說客話的現象，如福佬移墾吉洋，因為身處客人優勢的環境之中，久而久之，養成他們在外面講客語，回家說閩南語的習慣，甚至家屋建築雖仍是閩式外表，但祖堂已是閩客混雜的形式了。[188]

2. 客人改說福佬話

日治時期，相較於福佬改說客話的事例不多，客人改說福佬話反而是一個相當顯著的現象。其中又有兩種不同的層次。一為客人在原居地的方言變異，一為客人移至新居地後的方言變異。

（1）客人在原居地的方言變異

就客人在原居地的方言變異，以下略舉數例說明。其一為通霄。通霄在清代即為福客共同開墾的街庄，後因分類械鬥，使客人勢力從吞霄街退縮至東側「北大肚山系」山麓地烏眉坑、土城附近地區。[189] 到了日治之後，由昭和 7

---

186 蔡慧玉訪問，吳玲青記錄，〈賴興煬先生訪問記錄〉，收入蔡慧玉編著，《走過兩個時代的人：臺籍日本兵》（臺北：中央研究院臺灣史研究所籌備處，1997 年），頁 151-152。

187 戴國煇，〈「中國人」的中原意識與邊疆觀：從自我體驗來自我剖析或解釋〉，頁 17。

188 張馨方，〈美濃鎮吉洋地區閩客關係之研究〉（國立臺南大學臺灣文化研究所碩士論文，2010 年），頁 107、118。

189 林玉茹，〈閩粵關係與街庄組織的變遷：以清代吞霄街為中心的討論〉，《曹永和先生八十壽慶論文集》（臺北：曹永和先生八十壽慶論文集編輯委員會，2001 年），頁 81-101。

年（1932）的調查可知，新竹州苗栗郡通霄庄之內通霄、北勢、南勢三字，其
居民「大部分屬於廣東種族，但多會使用福建語，風習亦受福建種族之影響，
彼此婚姻交通，結果二者融合，僅能從婦女結髮之差異看出」。[190]

　　其二為員林一帶，小川尚義在《日臺大辭典》的附錄有一張「臺灣言語
分布圖」（圖 5）。在彰化縣東南部的員林郡、北斗郡，即今大村以南，經員
林、永靖、埔心、社頭、大村都是客人聚集區。[191] 至大正年間，員林應該還
是一個福客混居的聚落，當時的報紙即稱「彰化廳員林街，當三堡交界之壤。
為福廣兩省人同住之區。故慶讚中元一事，各分別普濟。……踵事增華。互相
頡頏。兩次各演戲十餘檯。廣東人以國王廟為道壇。福建人以媽祖宮為主壇。
皆裝飾壯觀……。」[192] 或言「該廳員林街係閩粵人雜處之區，故盆蘭例會因
而分日彼此炫奇鬥異」。[193] 大正 9 年出版的《臺中廳管內概要》也表示，管
內「泉州人多分布在鹿港、大甲、沙轆、彰化、二林各支廳管內海岸地；漳州
人多分布在直轄、員林、葫蘆墩、北斗支廳管內；廣東人多分布於東勢角、
員林支廳」。[194] 然至昭和 6 年（1931）「風俗大系」的地圖上，在員林、永
靖一帶只剩下一小區「潮州人」，[195] 客人境域已見縮小趨勢。至昭和 19 年
（1944），吳守禮表示，聽父老們說他的故鄉員林的鄉下——以「潮州系的人

---

190 新竹州，《新竹州第九‧十回保健衛生調查書》（新竹州，1932 年），頁 1、6。
191 洪惟仁，〈消失的客家方言島：現在開始拯救還不遲〉，《客家風雲》，第 3 期（1987
　　年 12 月），頁 15。
192 〈湖海琅國／員林短札／盂蘭例會〉，《臺灣日日新報漢文版》，1908 年 8 月 7 日，
　　版 4，
193 同註 192，1909 年 8 月 26 日，版 4。
194 臺中廳庶務課，《臺中廳管內概要》（臺中：臺中廳，1920 年），頁 44-45。
195 洪惟仁，〈消失的客家方言島：現在開始拯救還不遲〉，《客家風雲》，第 3 期（1987
　　年 12 月），頁 15；陳嬿庄，〈彰化縣的福佬客的語言與變遷〉，收入《彰化縣客
　　家族群分布調查》（彰化：彰化縣文化局，2005 年），頁 212。

占大多數」的坡心庄，「本來是個『客人庄』」。[196]

　　戰後，員林一帶的福佬客曾引起不少學者的好奇並加以研究，吳中杰指出，員林地區客人福佬化密集的員林、社頭、埔心、永靖、田尾、大村等地，居民使用的閩南語口音很特殊，俗稱「員林腔」。[197] 楊名暖則利用問卷調查方式，從語言學的角度對彰化福佬客的語言轉換、語言使用、語言態度和族群認同進行研究，指出彰化早期客家移民已福佬化，客話完全為閩南語取代，已經成為「一種死的語言」，當地的福佬客在族群認同上，都認為自己是「道道地地的閩南人而不是客家人」。[198]

　　其三為嘉義地區。據洪惟仁表示，小川尚義於明治 39 年（1906）的方言地圖中，在嘉義縣新港、溪口鄉、大林鄉靠北港溪一帶，存在一片頗為廣大的客人區。但昭和 6 年（1931）的地圖中，也只剩下一小塊「小小的潮州區」，後來該區的客人多已不說客話，而改說福佬話了。[199]

　　其四為保力。保力一帶的客人係於清中葉後由佳冬、萬巒、內埔、新東勢等六堆地區移住者，[200] 如清末出版的《恆春縣志》中即載，「客人者，皆粵人也，莊如西門外之保力、統埔、四重溪、內埔等及城內之客人街市」。[201]

---

196 吳守禮，〈ことば・ならはし〉，《民俗臺灣》，第 4 卷第 4 期（1944 年 4 月 1 日），頁 11。

197 吳中杰，〈臺灣福佬客分布及其語言研究〉（臺灣師範大學華語文教學研究所碩士論文，1999 年），頁 34。

198 楊名暖，〈彰化、雲林地區客家人的語言轉換〉（輔仁大學語言所碩士論文，1989 年）。

199 洪惟仁，〈消失的客家方言島：現在開始拯救還不遲〉，《客家風雲》，第 3 期（1987 年 12 月），頁 15。

200 黃啟仁，〈恆春地區客家二次移民之研究：以保力村為例〉（國立臺南大學臺灣文化研究所碩士論文，2007 年），頁 1、4。

201 屠繼善，《恒春縣志》（臺北：臺灣銀行經濟研究室，1960 年，文叢第 75 種），卷一 疆域，頁 9。

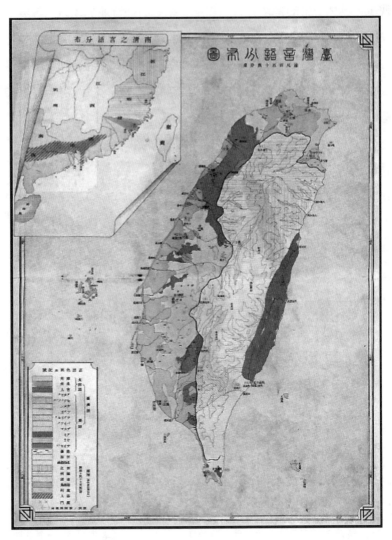

圖 5：1907 年臺灣言語分布圖

資料來源：小川尚義，《日臺大辭典》（臺北：臺灣總督府民政部總務局學務課，1907 年），附圖。

就明治 32 年（1899）恆春的戶口調查來看，有福建人 1,874 戶，11,007 人，廣東人 505 戶，2,593 人。當時報紙根據恆春居民的談話表示，「廣東人方言受福建人影響，以往福廣常反目，近年則無，可見廣東人風俗受福建人影響之徵候」。[202] 再據明治 39 年（1906）一則〈恆春民情〉的報導可知，恆春地區的「平地多閩族」，「廣東人則頗少焉」。並提及管內粵族「漸次感染閩族固有之習慣」，粵族部落「殆全部皆於家庭所用固有之廣東語，轉而為競用閩族語，至如衣服裝飾，亦酷似閩族」。[203] 可見當地客人福佬化之情形，不僅方言改變，更及於風俗習慣或衣飾之變化。

根據黃啟仁對恆春地區客人二次移民的研究認為，日治之前恆春地區的客人聚落仍屬「自我封閉的藩籬」，促成當地客人福佬化最大的關鍵在日治時期，由於褒忠路的開通連接保力與車城的交通，使客人的生活圈逐漸轉移到車城甚至恆春，從此無論經濟、教育、醫療、生活商品採購等，都改以車城為中心。由於地處福佬生活圈，保力一帶客人與福佬互動漸趨頻繁而密切，甚至遠超過原居地的六堆聚落，使得保力如同位處恆春半島上的「方言孤島」，久而久之，福佬化成為不可逆的趨勢。到了日治末期，閩南話已是保力客人在家庭與村中使用的主要語言。[204]

（2）客人移至新居地後的方言變異

日治之後才展開的二次移民中，若客人選擇的新居地為福佬優勢區，則其客話亦易產生變異。如移至宜蘭的北客，因為勢力單薄，經過將近一個世紀之後，大部分的客人已改說宜蘭的漳州腔閩南語。[205] 從新竹、北埔移至嘉義奮

202 〈南端に於ける福建人と廣東人〉，《臺灣日日新報》，1899 年 6 月 22 日，版 2。
203 〈恒春民情〉，《臺灣日日新報漢文版》，1906 年 8 月 30 日，版 2。
204 黃啟仁，〈恆春地區客家二次移民之研究：以保力村為例〉，摘要、頁 115、135。

起湖一帶的客人,「他們都會說福佬話,但家裡還是用客家話,很堅持客家的生活特性」。[205] 南移高雄市的北客,由於人口較少,且在外多不敢說客話,時日一久,也逐漸隱沒於福佬之中,成為失去語言與文化特徵的隱性客人。[207] 因採樟製腦或井採油礦南下六龜、甲仙的北客,因為在新居地與大多數的福佬人、平埔族人共同生活,逐漸習慣使用福佬話,而形成所謂的「福佬客」聚落。[208] 但值得注意的是,若進一步比較六龜、甲仙二地北客福佬化的程度,可以發現客語式微的情形在甲仙比較明顯,此現象應與六龜鄰近六堆客人聚落的新威有關。[209]

　　遷至國姓地區的北客,雖是聚落中的多數,但因被更大範圍的福佬聚落包圍,區域內的主要城市亦以福佬為主,故多習得福佬語,乃至與福佬通婚。約於大正 3 年由新竹大湖至南投國姓發展的莊添賜(1906 年生)表示,「我們家到這裡的時候都不太會說福佬話,這裡的人那時也大都是講客家話,也會摻雜一點點的福佬話。」[210] 由南庄遷至國姓的曾進榮(1913 年生)稱,「我在南庄那邊的時候都不曾見過福佬人」,「我的福佬話是來這裡學的」;[211] 由新竹關西遷至北港溪的葉日新(1920 年生)亦言,「我在新竹的時候並不會講福佬話,來這裡住一陣子之後就會講了」。[212] 據陳俊傑對國姓福佬客的研

205 洪惟仁,〈宜蘭地區的語言分佈與語言地盤的變遷〉,《臺灣原住民族研究季刊》,第 3 卷第 3 期(2010 年秋季號),頁 31-32。

206 張炎憲、高淑媛、王昭文訪問,王昭文記錄,〈林有財先生訪問紀錄〉,收入張炎憲編,《諸羅山城二二八》(臺北:自立晚報社文化出版部,1995 年),頁 218。

207 林秀昭,〈北客南遷高雄地區的開發與義民爺信仰之研究〉,頁 73。

208 劉正元,〈福佬客的歷史變遷及族群認同(1900 年迄今):以高雄六龜里、甲仙埔之北客為主的調查分析〉,《高雄師大學報》,第 28 期(2010 年),頁 103。

209 王和安,〈日治時期南臺灣的山區開發與人口結構:以甲仙六龜為例〉,頁 170。

210 陳俊傑,《國姓鄉福佬化客家裔漢人的族群關係調查》,頁 151-152。

211 同註 211,頁 147-148。

究指出，遷至國姓鄉的北客在與福佬人相處後，多學會道地的福佬話。可見客人在當地雖是多數，社會共通語卻是福佬話，客話反而只能在家庭裡使用。[213]

綜上可知，在文化互動的過程中，少數群體受多數群體的影響較為深刻，語言的變異亦如此。由於臺灣以福佬占絕大多數，因此福佬改說客話的現象較少，客人改說福佬話的情形則十分明顯。客人在原居地的方言變異，主要發生在桃竹苗及東勢沿山連片，與南部六堆客人聚落以外，散處於福佬聚落間的客人聚落。而二次移民後客人的方言變異，則多是因為移居至福佬優勢區，經過一段時間的互動與在地化，方言受福佬之影響似乎是難以避免的趨勢。

然而，必須留意的是，無論是客人福佬化，或是福佬客人化，都非單向的影響，如劉正元針對南移六龜、甲仙的北客所做的調查顯示，在當地福客的互動過程中，並非只有客人單向「福佬化」而已，在六龜當地的某些福佬人也在與北客互動的過程中習得了客話。這顯示族群實際互動時的雙向性流動過程，雖然在天平上會稍微地向主流的族群傾斜。[214] 此外，劉正元針對日治期間居住在六龜里及甲仙埔之北客移民及後裔的族群認同變遷的研究更顯示，再次移民的北客在新的移居地會重新進行一連串迥異於原居地的族群互動、社會生活、信仰組織等的重置，而這些重置的過程，使得北客族群認同的方式、型態及內容發生重大改變。在此過程中，北客原鄉信仰的形式會受到社會文化變遷的影響，其信仰重置過程並非是福佬化而已，也與福佬以外的其他族群（如在地的平埔族群）作融和，發展出許多在地化的策略，例如與其他民間信仰神祇結合、神祇偶像化、招募跨族群的信徒等。此外，北客亦可能因為時空、環境

---

212 同註 211，頁 148-150。

213 同註 211，頁 196。

214 劉正元，〈福佬客的歷史變遷及族群認同（1900 年迄今）：以高雄六龜里、甲仙埔之北客為主的調查分析〉，《高雄師大學報》，第 28 期（2010 年），頁 109。

的變化產生一些處境式或選擇性的客家認同。[215] 另如黃啟仁對保力客家福佬化的研究亦顯示，保力客家文化不僅受到周邊福佬文化滲透，也同時也受原住民文化的感染。[216]

（二）福客通婚情形

影響族群間通婚的因素，主要是族群間文化差異、族群混居或近居、人口結構、世代、教育等。[217] 由於日本殖民統治僅 50 年，世代或教育可能的影響程度可能有限，人口結構則由於無相關資料可供分析，均暫不論。以下分就族群通婚傾向、族群聚居型態，以及族群勢力等面向，觀察日治時期福客的通婚情形。

1. 福客皆傾向同族通婚

對於日治福客通婚情形的既有研究多顯示，在日治期間，仍以同族通婚為主，異族通婚比例甚低，如江美瑤對關山地區的研究，稱「整體來看，同族婚比例高，異族婚比例低」。[218] 邱苡芳則表示，日治時期花蓮地區異族通婚的比例約僅占一成，除了熟番以外，無論是福佬、客人甚或生番族群，其通婚的對象，仍是以族人為主，各同族通婚比例都在 80% 上下，顯示福客在婚姻對象的選擇上仍有明顯的鴻溝。[219] 張馨方對日治時期吉洋地區三個不同人群組合聚落的通婚情形所做的觀察，也顯示各族群的通婚以同族群居多，連異族群互動甚為密切的吉洋聚落，在已知 12 件庄內通婚紀錄中，也僅見一例福客通婚，可見日治時期族群的隔閡仍然存在，異族群通婚的風氣仍未盛行。[220] 另根據林淑鈴

---

215 同註 215，頁 109。
216 黃啟仁，〈恆春地區客家二次移民之研究：以保力村為例〉，頁 113。
217 江美瑤，〈住民志〉，收入施添福總編纂，《關山鎮志》，下冊，頁 524。
218 同註 217，頁 523。
219 邱苡芳，〈花蓮地區之族群分佈及族群關係：晚清迄日治時期〉，頁 97、131。

以族群互動、文化接觸與多元族群認同的觀點，研究六堆中之前、中、後、先鋒堆客人與附近族群之通婚與收養情形的分析可知，日治時期不論客家或非客家優佔區，不分族群均以內婚為主，但不排斥異族通婚，異族通婚多發生在福佬與熟番之間，顯示福、熟關係，比福、客關係友好。[221]

此外，值得注意的是，即使同為客方言人群，新移民的北客與原居地的南客間在相處之初亦見彼此歧視，互不通婚之情形，如林秀昭對南移高雄北客的研究顯示，南移之北客仍與新竹原鄉者聯姻較多，這種現象直到戰後才逐漸消失。[222] 由此顯示同族通婚的現象可能仍需考量移民的時間差異。

2. 同族聚居不利異族通婚，混居、近居有利於異族通婚

由江美瑤對臺東關山地區族群通婚的研究可知，族群分布型態與族群間的通婚關係密切，即族群混居有助於異族通婚，且近居或混居的時間愈久、程度愈高，則異族通婚的現象愈顯著。以里壠為例，由於混居與近居的關係，使得福、客、平埔族間通婚情形在昭和年間增加很多。[223] 此種現象亦可由口述資料中獲得印證。大正初年由新竹至國姓發展的莊添賜（1906 年生）表示，由於在新居地「跟福佬人之間相處得很好」，「到了我二十出頭要結婚時，我也是娶福佬人哩。」[224] 亦遷居國姓的羅乾富（1921 年生）表示，「我是客家人娶福佬人」，「在我父方那一代，都還是客家人娶客家人，到了我們這一代因為福佬人搬來這裡住的越來越多，所以互相通婚的情形就非常的普遍」。「我

220 張馨方，〈美濃鎮吉洋地區閩客關係之研究〉，頁 89-91。
221 林淑鈴，〈異族通婚與跨族收養：日治時期前、中、後、先鋒堆客家與其他族群互動的軌跡〉，《高雄師大學報》，第 33 期（2012 年），頁 170-172、186。
222 林秀昭，〈北客南遷高雄地區的開發與義民爺信仰之研究〉（國立臺灣大學臺灣文化研究所碩士論文，2007 年），頁 173。
223 江美瑤，〈住民志〉，收入施添福總編纂，《關山鎮志》，下冊，頁 521-522。
224 同註 211，頁 153。

記得我小時候，我有一個哥哥要娶福佬人，那時我父親還在世，他就反對，所以我哥哥還是娶了客家人當妻子」。[225] 在此不只可看出混居有利於異族通婚，也可稍窺對異族通婚態度的世代差異。

3. 優勢族群較能維持同族通婚，少數族群則漸有異族通婚現象

據陳俊傑對二次移民國姓地區福客通婚的統計分析，顯示國姓庄六個區域中，客人的外婚比例不高，此現象與客人在國姓地區占絕對多數密切相關；[226] 而福佬與客人結婚、收養的數量，明顯高於客人家庭與福佬人結婚、收養，此現象是因為福佬人在國姓庄乃是少數族群，與已經入墾多時，且占人口多數的客人建立通婚、收養關係，是其在該地定居與生存最便捷的方法。[227] 林淑鈴對六堆地區的研究也顯示，六堆客庄透過跨村莊與跨堆域的同族通婚，藉以團結六堆客方言人群，使人群固著於客人優占區內，並藉以排除非客人。另由異族通婚率與通婚範圍看來，當廣、福處於非同族居多數的情況下，比較容易與他族通婚，而異族通婚多發生在福、熟之間。[228] 另據邱淑英對日治時期杉林地區的族群關係研究可知，自日治時期起，月眉與新庄兩地一直都是客人的優佔區，因為閩南族群在此二區屬最遲進入的族群，人數也最少，故異族通婚率以福佬所占比率最高。[229]

---

225 同註 211，頁 167-169。

226 同註 211，頁 118。

227 其中北港溪地區高達 32.4%，水長流與國姓有超過四分之一比例的 26.7% 與 26.5%。龜仔頭也有 24.1%。陳俊傑，《國姓鄉福佬化客家裔漢人的族群關係調查》，頁 119。

228 林淑鈴，〈異族通婚與跨族收養：日治時期前、中、後、先鋒堆客家與其他族群互動的軌跡〉，《高雄師大學報》，第 33 期（2012 年），頁 170-172、186。

229 邱淑英，〈日治時期杉林地區客家與其他族群關係：以族群通婚及收養為例〉（國立高雄師範大學客家文化研究所碩士論文，2014 年），頁 51、55。

　　值得注意的是，由於通婚對族群的同化有很大的影響力，而在臺灣福佬人數遠大於客人的情形之下，異族通婚對居於少數的客人來說，很可能是客方言流失，或客人認同消失的重要影響因素。如劉枝萬（1923 年生）表示，他的母親劉順娘是從臺中東勢遷居埔里的客人，父親陳順良則為原居臺中豐原的漳州籍福佬，其父母雖為招贅婚，但劉枝萬從小就在福佬話的環境中成長，「童年時我是家裡唯一不會客家話的人」，[230] 也因此讓他成長之後傾向認同為福佬。許曹德的母親是客人，父親是福佬，許曹德表示，母親「一生從未以客語與我講話，她始終以尊重丈夫的語言」，「母親一與我講話，必操河佬話，我偶爾試以客語對話，她仍然以臺語答覆」。[231] 凡此皆可看出異族通婚對客話之保存與客人之認同的不利影響。

六、結語

　　清代臺灣，閩粵關係的競爭與緊張，表現在學籍的限制、閩主客佃的土地關係以及方言的差異，以致於交惡之後，常因細故或風聞就引起不同人群大規模的分類衝突。以往學界多以分類械鬥作為 1860 年臺灣進入土著化或內地化階段的指標之一。但清中葉之後，閩粵分類械鬥仍頻頻可見，反是進入日本殖民統治階段以後，不同方言人群的分類械鬥才逐漸消弭。相對於官方統治力量薄弱，人民常是自主開墾爭利的清代臺灣，進入日本的殖民統治階段，福客面對的是以近代思維強力治理的殖民政府，福客關係亦因此進入不同的階段。

　　關於殖民政府對福客關係的治理態度，以往傾向認為殖民政府有意採取分

230 林美容、丁世傑、林承毅訪問、記錄，《學海悠遊：劉枝萬先生訪談錄》（臺北：國史館，2008 年），頁 2。
231 許曹德，《許曹德回憶錄》，頁 50。

化策略，但經由本文的探討可知，殖民政府實是儘量採取促進福客和平相處之施策。除殖民政府有意消弭福客分類舊習外，其統治期間的一些施政，如立基於地理系統的行政區劃、近代教育制度的施行、全島交通網的建立等，皆對促成福客間的接觸與交流甚有助益。再者，殖民政府對臺人採差別待遇的立場，也或多或少地促成福客的互動與融合。而殖民政府基於殖產興利之目的，為積極開發以往國家力量較少觸及的邊緣地帶，或藉由改善耕種條件拓展可使用之土地面積，進而促使島內移民的形成，因此在不同地域因為不同的移入族群，而有許多不同的福客相處樣貌。

值得注意的是，儘管殖民政府有意消弭福客分類舊習，也頗自豪於執政之後福客關係趨於和諧，但由於方言與風俗的差異、族群宿怨，以及客人居於少數因受歧視與不服輸心態，使得日治時期福客之間仍存在清楚的人群邊界。其關係之緊張，主要表現在平時相處時的言語戲謔，與一些零星的利益爭持與鬥毆衝突，加上在殖民政府的高壓統治之下，已難發生如清代時期只因細故而星火燎原的大規模分類械鬥事件。

立基於地理系統的行政區劃、近代教育制度的施行、全島交通網的建立等殖民政府之施策，有助於促進臺島各地福客間的接觸與交流，使日治以後各個地域社會的福客關係朝向良性互動的方向發展。本文試從方言變異與通婚情形觀察日治時期的福客關係。若從方言變異來看，由於福佬在臺灣漢人總人數中占八成多的絕對優勢，客人僅占近一成五，因此常常是客語受閩南方言影響程度較多，故日治時期福佬人改說客家話的事例不多，客人改說福佬話卻是一個相當顯著的現象。其中又有兩種不同的層次。一為在原居地的方言變異，一為移至新居地後的方言變異。前者主要發生在桃竹苗及東勢沿山，與南部六堆客人聚落以外，散處於福佬聚落間的客人聚落。而後者則多是因為客人因二次移民移居至福佬優勢區，經過一段時間的互動與在地化，多已改說福佬話。

　　雖然日治時期許多方言變異情形已經產生，但若從通婚情形看福客關係，可發現日治的福客之間依然存在清楚而明顯的族群邊界，既有的相關研究顯示，日治時期福客皆傾向同族通婚。若從不同地域社會的族群勢力觀察福客關係，若某一族群人數較多或經濟實力較強，多採同方言群聚居，且比較能夠維持同方言群內通婚，亦即不利於不同方言族群間的通婚；若屬少數族群，或是聚落分布採混居、近居，則有利於不同方言族群間的通婚。然而，因二次移民產生新的族群關係中，新移入者與在地者雖屬同一方言，也可能因為彼此之族群歷史或經濟實力有別，亦產生相當隔閡，此部分是日治時期福客關係另一個值得關注的層次。

　　如本文前言所述，福客關係不僅是兩者之間的關係，細緻地說應是多元族群關係，本文僅先就福客二族關係為論述重點，至於日治時期福佬、客人內部，乃至於福客二者與原住民族間多元豐富的互動樣態，將是本研究主題日後可以拓展與深化的重點與方向。

參考文獻

三浦祐之，1934，〈臺北平原の開拓に就いて（承前）〉。《臺灣農事報》327：136-141。

小川尚義，1906，〈臺灣語に就て〉。《臺灣協會會報》90：8-13。

山根勇藏，1930，《臺灣民族性百談》。臺北：杉田書店。

不著撰者，1910，〈廣東語練習〉。《法院月報》4（12）：62-63。

＿＿＿＿，1919，《臺北廳誌》。臺北：株式會社臺灣日日新報社。

＿＿＿＿，1938，〈高雄支所〉。《臺灣刑務月報》4（11）：9-10。

中島利郎著，彭萱譯，2003，〈日治時期臺灣研究的問題點：根據臺灣總督府的漢文禁止以及日本統計末期的臺語禁止為例〉。《文學臺灣》46：298-317。

五味田恕，1935，《新竹州の情勢と人物》。新竹：出版者不詳。

尹章義，1985，〈閩粵移民的協和與對立：以客屬潮州人開發臺北以及新莊三山國王廟的興衰史為中心所作的研究〉。《臺北文獻》，直字74：1-27。

王甫昌，1993，〈光復後臺灣漢人族群通婚的原因與形式初探〉。《中央研究院民族學研究所集刊》76：43-96。

王育德，2011，《「昭和」を生きた台湾青年》。東京都：株式会社草思社。

王和安，2007，〈日治時期南臺灣的山區開發與人口結構：以甲仙六龜為例〉。中央大學歷史研究所碩士論文。

＿＿＿＿，2008，〈日治時期高雄甲仙、六龜的新竹州移民與樟腦經營〉。《新竹文獻》35：92-126。

＿＿＿＿，2008，〈日治時期臺灣島內新竹州移民之研究〉。「2008年第二屆臺灣客家研究國際研討會」論文。

池永歆主持，2011，《發現客家：嘉義沿山地區客家文化群體研究成果報告書》。國史館臺灣文獻館委託，國立嘉義臺灣文化研究中心執行。

竹南郡役所編，1985（1939），《竹南郡要覽（全）》。臺北：成文。

西岡英夫，出版年不詳，《臺灣の風俗》。出版地不詳：雄山閣。

何鳳嬌、陳美蓉訪問、陳美蓉記錄，2008，《固園黃家：黃天橫先生訪談錄》。臺北：國史館。

吳中杰，1999，〈臺灣福佬客分布及其語言研究〉。臺灣師範大學華語文教學研究所碩士論文。

吳守禮，1944，〈ことば・ならはし〉。《民俗臺灣》4（4）：6-13。

吳嘉貿，2010，〈寺廟、家族與東勢地區的客家社會（1683-1920）〉。逢甲大學歷史與文物研究所碩士論文。

吳濁流，1989，《無花果》。臺北：前衛。

呂芳上等訪問、丘慧君記錄，1999，《戒嚴時期臺北地區政治案件口述歷史》。臺北：中央研究院近代史研究所。

李美玲，2005，〈日治時期知識份子文化認同的轉變：繪畫與文學的認同關係〉。東海大學美術學系碩士論文。

周婉窈，2003，《海行兮的年代：日本殖民統治末期臺灣史論集》。臺北：允晨。

林正慧，2015，《臺灣客家的形塑歷程：清代至戰後的追索》。臺北：國立臺灣大學出版中心。

林玉茹，2001，〈閩粵關係與街庄組織的變遷：以清代吞霄街為中心的討論〉。收入《曹永和先生八十壽慶論文集》，頁81-101。臺北：曹永和先生八十壽慶論文集編輯委員會。

林秀昭，2007，〈北客南遷高雄地區的開發與義民爺信仰之研究〉。國立臺灣大學臺灣文化研究所碩士論文。

林美容、丁世傑、林承毅訪問、記錄，2008，《學海悠遊：劉枝萬先生訪談錄》。臺北：國史館。

林淑鈴，2012，〈異族通婚與跨族收養：日治時期前、中、後、先鋒堆客家與其他族群互動的軌跡〉。《高雄師大學報》33：161-190。

武內貞義，1914，《臺灣》。臺北：株式會社臺灣日日新報社。

邱正略，2009，〈日治時期埔里的殖民統治與地方發展〉。暨南國際大學歷史學系博士論文。

邱苡芳，2006，〈花蓮地區之族群分佈及族群關係：晚清迄日治時期〉。國立花蓮教育大學鄉土文化研究所碩士論文。

阿緱廳編，1912，《阿緱廳報》，大正1年8月28日，第4號。

持地六三郎，1912，《臺灣殖民政策》。東京：富山房。

施添福，2011，〈日治時代臺灣地域社會的空間結構及其發展機制：以民雄地方為例〉。《臺灣史研究》8（1）：1-34。

施添福總編纂，2002，《關山鎮志》，下冊。臺東：臺東縣關山鎮公所。

柯光任，2012，〈日治以來彰南地區客家移民與竹塘醒靈宮之研究〉。逢甲大學歷史與文物研究所碩士論文。

柯旗化，2002，《臺灣監獄島：柯旗化回憶錄》。高雄：第一。

洪惟仁，1987，〈消失的客家方言島：現在開始拯救還不遲〉。《客家風雲》3。

_____，2010，〈宜蘭地區的語言分佈與語言地盤的變遷〉，《臺灣原住民族研究季刊》3（3）：1-42。

桃園廳，1906，《桃園廳志》。桃園：桃園廳。

海島洋人，1943，〈續大稻埕童歌抄〉。《民俗臺灣》3（7）：42-44。

高雄州警務部衛生課，1928，《高雄州第六回保健調查書・潮州郡萬巒庄佳佐及新厝》。高雄州：高雄州警務部衛生課。

國史館臺灣文獻館藏，《臺灣總督府公文類纂》，9773-2：〈辨務署設置及其位元地區域二關スル件〉；09785-8：〈鳳山縣管內治政一班（元臺南縣）〉；11094-10：〈喀家族二稱スル戶數人口表〉。

屠繼善，1960，《恒春縣志》，臺灣文獻叢刊第75種。臺北：臺灣銀行經濟研究室。

張守真訪問、臧紫騏記錄，2002，《口述歷史臺灣文學耆碩：葉石濤先生訪問紀錄》。高雄：高雄市立文獻委員會。

張炎憲、陳美容、黎光中主編，1996，《臺灣近百年史論文集》。臺北：吳三連基金會。

張炎憲編，1995，《諸羅山城二二八》。臺北：自立晚報社文化出版部。

張建墻，2008，《福爾摩沙之夜：一個臺灣八十歲老人的回顧》。臺南：國立臺灣文學館。

張馨方，2010，〈美濃鎮吉洋地區閩客關係之研究〉。臺南大學臺灣文化研究所碩士論文。

許秀霞，2011，〈做客「成功」、成功做客：臺東縣成功鎮客家家族記事〉。《臺東大學人文學報》1（2）：137-177。

許佩賢，2005，《殖民地臺灣的近代學校》。臺北：遠流。

許曹德，1990，《許曹德回憶錄》。臺北：前衛。

許雪姬，1991，〈臺灣光復初期的語文問題：以二二八事件前後為例〉。《思與言》29（4）：155-184。

連溫卿，1943，〈福佬媽その他〉。《民俗臺灣》3（1）：14-16。

陳俊傑，2003，《國姓鄉福佬化客家裔漢人的族群關係調查》。南投：南投縣政府。

陳秋坤、利天龍、曾坤木、莊天賜主編，2012，《屏東地域的人群分類與聚落街庄發展（1623-1930）》，「屏東縣志數位典藏」：http://digital.cultural.pthg.gov.tw/chapter_list.php?no_id=101（2012/11/24 點閱）。

陳朝海等，《普寧樂善堂陳家族譜》，美國猶他家譜學會編號 1418847。

陳麗華，2011　，〈「客家」身份的建構：殖民體系下的香港新界與臺灣六堆〉。《贛南師範學院學報》1：1-11。

曾士榮，2008，〈一九二〇年代臺灣國族意識的形成：以《陳旺成日記》為中心的討論（1912-1930）〉。《臺灣文學學報》13：1-63。

黃育嵐，2008，〈東部客家？花蓮玉里二個客家社區的族群關係與認同之研究〉。中央大學客家社會文化研究所碩士論文。

黃紀男，1991，《老牌臺獨黃紀男泣血夢迴錄》。臺北：獨家。

黃美蓉，2008，〈黃旺成與其政治參與〉。東海大學歷史學系碩士論文。

黃啟仁，2007，〈恆春地區客家二次移民之研究：以保力村為例〉。國立臺南大學臺灣文化研究所碩士論文。

黃華昌，2004，《叛逆的天空：黃華昌回憶錄》。臺北：前衛。

黃學堂、黃宣衛，2010，〈臺東縣客家族群之分布及其社會文化特色〉。《東臺灣研究》14：89-150。

新竹州，1932，《新竹州第九·十回保健衛生調查書》。新竹州。

新竹州役所編，1985，《新竹州管內概況及事務概要（一）》。臺北：成文。

新竹廳出品協會，1916，《新竹要覽》。新竹：新竹廳出品協會。

楊名暖，1989，〈彰化、雲林地區客家人的語言轉換〉。輔仁大學語言所碩士論文。

葉石濤，1995，《一個臺灣老朽作家的五〇年代》。臺北：前衛。

彰化縣文化局編著，2005，《彰化縣客家族群分布調查》。彰化：彰化縣文化局。

臺中廳庶務課，1920，《臺中廳管內概要》。臺中：臺中廳。

臺灣日日新報社，1899-1933，《臺灣日日新報》，〈南端に於ける福建人と廣東人〉（1899年6月22日，版2）；〈臺南縣辨務署廢合（改革の曙光）〉（1900年3月25日，版2）；〈雜事／粵人掃墓〉（1902年4月10日，版4）；〈新竹通信把彼注茲〉（1912年4月5日，版5）；〈王廟將成〉。（1916年2月9日，版6）；〈王廟遷座祭典〉（1916年4月1日，版6）；〈地方近事／中埔廣東人の勢力〉（1917年6月30日，版3）；〈驛夫の大喧嘩廣東人對福建人〉（1919年3月1日，版5）；〈廣東人と福建人とが入亂れて喧嘩農林校工事場で〉。（1921年6月10日，版7）；〈戀の鞘當から廣東福建兩種族反目〉（1925年8月8日，夕刊版2）；〈諸羅／義塾開始〉（1927年5月19日，版6）；〈美女に戲れたのが原因で福建人と廣東人が近來稀有の大亂鬥〉（1927年5月27日，版2）；〈嘉義廣寧宮，開設廣文義塾〉（1927年5月4日，版4）；〈彰化／方便一則〉（1929年2月15日，版4）；〈福建人廿餘名が六名を半殺し廣東人と喧嘩して〉（1933年3月21日，版7）；〈捕魚の事から福建廣東人の大亂鬥關係者を警察で取調中〉（1933年6月29日，版3）。

臺灣日日新報社，1905-1911，《臺灣日日新報漢文版》，〈雜報／阿緱通信／埤圳分配水量〉（1905年11月8日，版4）；〈蕃薯蔡通信／廢祠立牌〉（1905年11月8日，版6）；〈學校雜俎〉（1905年8月31日，版3）；〈製糖會社之成立〉（1905年9月13日，版4）；〈阿緱通信／會費充作學資〉（1906年1月27日，版4）；〈阿緱廳下之近況（中）〉（1906年2月22日，版3）；〈蕃薯寮產業雜俎〉（1906年2月25日，版3）；〈新竹學界〉（1906年6月7日，版6）；〈恒春民情〉（1906年8月30日，版2）；名川生，〈隨轅日記（六）〉（1907年12月28日，版2）；〈邱光祚卒〉（1908年3月4日，版5）；〈湖海琅國／員林短札／盂蘭例會〉（1908年8月7日，版4）；〈車中被盜〉（1908年9月2日，版7）；〈湖海琅國／員林短札／盂蘭例會〉（1909年8月26日，版4）；〈潤波氏祝宴紀盛〉（1911年10月5日，版3）；〈調查廟宇之一說〉（1911年6月26日，版3）；〈新竹通信／把彼注茲〉（1911年6月5日，版3）；〈新竹通信／賑災後聞〉（1911年9月24日，版3）。

臺灣總督官房調查課，1937，《臺灣常住戶口統計／昭和十一年末》。臺北：臺灣總督官房調查課。

臺灣總督官房臨時戶口調查部，1918，《大正四年第二次臨時臺灣戶口調查記述報文》。臺北：臺灣總督官房臨時戶口調查部。

_____，2000，《第一回臺灣國勢調查（第三次臨時臺灣戶口調查）要覽表》。東京都：文生書院。

臺灣總督府，1924，《臺灣現勢要覽》。臺北：臺灣總督府。

趙川明主編，2006，《客鄉鹿野大原客為鄉》。臺北：行政院客家委員會。

劉正元，2010，〈福佬客的歷史變遷及族群認同（1900 年迄今）：以高雄六龜里、甲仙埔之北客為主的調查分析〉，《高雄師大學報》28：93-112。

蔡素貞，1997，〈日據時期臺灣人對日本文化之迎拒：殖民性、現代化與文化認同〉。中國文化大學史學研究所博士論文。

蔡慧玉編著，1997，《走過兩個時代的人：臺籍日本兵》。臺北：中央研究院臺灣史研究所籌備處。

鄭政誠，2007，〈日治時期臺灣客家族群人口動態之研究〉。行政院客家委員會 96 年度獎助客家學術研究計畫。

橋本賢康，1930，《少年日本地理文庫・臺灣》。東京都：厚生閣書店。

蕭銘祥主編，1996，《屏東縣鄉土史料》。南投：臺灣省文獻委員會。

賴郁如，2009，〈客家族群的再次遷移與內在關係：以屏東縣長治鄉為例〉。高雄師範大學客家文化研究所論士論文。

戴國煇，2002，《臺灣史研究集外集》。臺北：遠流、南天。

_____，2002，《臺灣近百年史的曲折路：「寧靜革命」的來龍去脈》。臺北：遠流、南天，2002 年。

_____，2011，《史學與臺灣研究》，卷一。臺北：遠流。

_____，2011，《史學與臺灣研究》，卷二。臺北：遠流。

_____，2011　，《史學與臺灣研究》，卷三。臺北：遠流。

_____，2011，《史學與臺灣研究》，卷九。臺北：遠流。

戴興明、邱浩然主編，1994，《客家文化論叢》。臺北：中華文化復興運動總會。

戴寶村、溫振華，1998，《大臺北都會圈客家史》。臺北：臺北市文獻委員會。

臨時臺灣土地調查局，1903，《臨時臺灣土地調查局第二回事業報告》。臺北：臨時臺灣土地調查局。

_____，1903，《臨時臺灣土地調查局第三回事業報告》。臺北：臨時臺灣土地調查局。

臨時臺灣戶口調查部，1908，《臨時臺灣戶口調查記述報文（明治三十八年）》。臺北：臨時臺灣戶口調查部。

鍾淑敏、詹素娟、張隆志訪問，吳美慧等記錄，2010，《曹永和院士訪問紀錄》。臺北：中央研究院臺灣史研究所。

鍾理和，1996，《鍾理和日記》。高雄：財團法人鍾理和文教基金會。

鍾肇政，1998，《鍾肇政回憶錄（一）：徬徨與掙扎》。臺北：前衛出版社。

顏尚文主編，2008，《嘉義研究：社會、文化專輯》。嘉義：國立中正大學臺灣人文研究中心。

蘆竹庄役場編，1985（1933），《臺灣省新竹州街庄志彙編（二）：大園庄誌》。臺北：成文。

警友編輯部，1937，〈廣東族の研究〉。《警友》174：117-118。

_____，1937，〈廣東族の研究〉。《警友》177：94-95。

族群通婚的身分認定與認同問題之研究：
以花蓮地區原客通婚為例 *

謝若蘭、彭尉榕

一、前言

在邁入工業化、都市化社會之後，交通的方便，使族群接觸日趨頻繁，族群通婚之現象，為不可避免的趨勢，尤其對人數較少的族群而言，族外通婚的可能性更高。吳乃德（2002）指出，臺灣族群間的社交和婚姻的族群隔離，隨著年齡層有明顯降低的趨勢，這是當代族群的趨勢，卻也是易被忽視的當代族群議題。

以往國內對族群議題的探討一直忽視通婚所造成的族群流動現象，僅把族群視為靜態的既定賦予，直到近幾年才開始有族群通婚之研究。但目前族群通婚研究，對族群流動性的探討多偏向於族群認同，對族群身分認定多未觸及，或許與省籍通婚並不會遭逢族群身分認定的改變有關。[1] 倘若為原漢通婚的跨

---

* 本文原刊登於《思與言：人文與社會科學期刊》，2007，45 期 1 卷，頁 157-196。因收錄於本專書，略做增刪，謹此說明。作者謝若蘭現任國立東華大學族群關係與文化學系教授；彭尉榕現任花蓮縣立宜昌國中教師。

[1] 目前族群通婚與認同關係的研究多半為未觸及原住民的「漢人省籍通婚」研究，如王甫昌（1993a, 1993b, 1993c）、王雯君（2005）。原漢通婚研究又多半將焦點放在原住民婦女的婚姻處境，如賴錦慧（1998）、張福群（2000）等，並未對族群身分認定與認同做探討。直到邱莉雯（2004）對東部原漢雙族裔作認同研究，但對通婚者以及官方族群身分認定部分缺乏探究。

族群婚配，遭逢的就不僅止於省籍通婚的認同問題，還有族群身分認定與群體權益的問題，本研究即針對族群婚配，思考官方族群身分認定與個體族群認同的矛盾衝突。

本研究藉由出生於日治時期直至 60 年代的原客通婚者及其子女作為主要研究對象。所謂的原客通婚者，指婚姻關係中具有客家認同的男性以及「曾經」有原住民身分的女性。[2] 主要受訪者共有 24 位，男性 14 位，女性 10 位（見附錄 1）。以臺灣光復（1945 年）作為世代的區隔，61 歲以上者包含 61 歲為第一代，61 歲以下者則歸類為第二代。[3]

因為原住民與客家族群人口較少，且均具有聚居現象，使原客通婚有地域性限制。再者，原客通婚並非一普遍現象，基本上，要以一個村落作為研究的場域也很不容易。因此研究者以花蓮縣吉安鄉、鳳林鎮作為田野，將受訪對象控制在花蓮縣範圍內，更得以呈現花蓮特殊族群結構的特質。[4]

---

2 在研究對象的身分限制上，如果以官方的身分「認定」而非以個人的身分「認同」為準，應該會是較無爭議的作法，但因為客家人沒有官方的法定身分，又因為歷史性、社會性等因素，使閩客之間除了語言的不同外，在其他客觀文化特徵上沒有明顯的差異，陳信木（2003）只好採用「自我主觀認同」作為界定客家人身分的基礎，本研究沿襲之，並加入語言等文化特徵做為檢視。原住民因為有官方的身分認定，所以研究者採官方登記的法定身分為主，但因為 1980 年以前，嫁入漢人家庭者，原住民身分會自動取消，所以研究者以「曾經」有原住民身分的女性即可作為本研究原住民身分判定的標準（林修澈 1999：22）。

3 以光復前後出生作為世代區分的標準有以下用意。首先，不論在學校教育或是家庭教育，日治時期與國民政府時期有很大的差異，日治晚期出生的受訪者，雖不一定受過日治時期的學校教育，但所受到的家庭教育以及社會教育仍然有日本文化的殘餘，因為成長的時空背景不同，研究者即以光復前後做區隔；其次，受訪者 1M♂4、1M♀4 夫妻的年齡分別為 66 歲、61 歲，其下一代 2M♂4 年齡為 40 歲，受訪者 1M♂2 年齡為 64 歲，其子 2M♂1 的年齡為 42 歲，若直接考慮受訪者代間的年齡差距，以 61 歲作為底線，與光復為界線也剛好可以符合（見附錄 2）；最後，以學歷作為參考依據，61 歲以上的受訪者，所受到的教育大部分是小學程度，61 歲以下的受訪者受到的教育多為高職以上程度，亦很符合分界的意義。因此，研究者決定以 1945 年出生作為代間的區隔。

4 以吉安鄉、鳳林鎮兩個地區作為研究場域有以下考量：第一、因為研究的對象限定在

二、文獻回顧

（一）族群認同與身分認定

　　將族群視為一種人群區別的方式，繁衍出族群界定的兩大派別：客觀論與主觀論。「客觀特徵論」認為可依照體質與文化等客觀特徵來區分人群，其基本假設為：每一位族群成員均有相同的體質、語言、服飾、宗教、風俗習慣以及族群性等客觀特質，因此，族群有它一定的歷史起源與地域範疇，並以靜態不變的共同體形式維持其客觀的特徵（王明珂 1997：25）。但這種傳統人類學對異文化所作出來的族群定義，被英國人類學家 Leach（1977：285-6）對緬甸北部的卡欽族（Kachin）研究之後顛覆。因為 Leach 發現在體質與文化方面根本找不出差異的兩個族群卡欽族和撣族（Shan），主要的區別關鍵在於族群自我的主觀認定，Leach 打破既往的族群客觀特徵論的假設，於是自我認定的主觀劃分方式也在往後的族群理論中被提出。

　　主觀論在西方發展為兩大類，原生論／根基論（primordialism）以及工具論（instrumentalism）／情境論（circumstantialim），必須注意的是，雖然兩大派別均強調族群定義的「主觀性質」，但它們並非對體質、語言、服飾、宗教、風俗習慣以及族群性等「客觀特質」的否定，因為族群的主觀定義必須先有基本的客觀事實作為主觀認同的依據（施正鋒 1998：10）。

客家男性與原住民女性通婚，而臺灣的通婚型態多為從夫居，所以訪談的地點以客家家庭為主；第二、因為客家人與閩南或外省在外觀上並未有明顯之區別，以客家人較為密集的地區做調查，可以降低研究對象搜尋不易之困擾；第三、這兩個地區的人口結構有明顯的相異性，鳳林鎮的客家人占約六、七成，且集中性高，而吉安客家人口僅佔二、三成，以致出現較多原客混雜的居住型態（劉還月 1998；黃河、陳信木 2002），讓研究者能夠藉此比較族群居住型態與族群通婚的關連性。所以本研究將地域分為兩類。一為「混居型」，即在一地域內原客交互混雜的居住型態；一為「聚居型」，即原客各自群居。兩種不同的居住型態，呈現不同的族群地位及距離，也影響族群認同的流動方式。

　　根基論者認為個人的族群認同主要是由親屬那裡所得來的既定賦予（givens）。例如一個人會由他出生的群體中學習到既定的血緣、語言、宗教、風俗習慣等傳統，並與這些群體成員產生出一種共同的「原生附著的情感（primordial attachments）」（Geertz 1973）。但是根基論並非強調族群是由生物性的相似所造成，也不是由客觀特徵論來界定，而是 Keyes（1981：5）所認為：「個體的族群認同感來自於生來既定的文化傳承」。

　　同樣為主觀論的還有另一派說法，被稱為工具論或情境論。即在不同的情境之下，個體或群體對族群有不同的選擇，族群可以再度被建構，而非客觀的血緣或是先天文化傳承所賦予，因此，族群認同具備多重性以及隨情境可做適當變化的特質（王明珂 1997：39）。Okamura（1981：453-5）將情境性的族群認同又再分為結構與認知兩方面，所謂結構面向是指整個社會結構如族群的社經地位、族群關係如何對個體的族群認同帶來影響，而認知面向較偏向於個體置身的情境以及個體對情境的詮釋所做出有利自我的族群認同。

　　所以族群成員間的系譜認定方式，不一定要有「實際的」血緣關係，但一定會有「想像的」血緣關係，這樣的血緣關係多少含有一些虛構的性質，透過虛構來凝聚族群成員的共同性質，拉大與族群外成員的差異。王甫昌（2003）認為族群的分類方式，是人類因為需求而主動尋找過去相似的文化特質以及共通歷史，某種程度上，族群與文化的關係可能是顛倒的，因為先有族群的需求人們才又回過頭去解釋過去的歷史文化，只有選擇、扭曲或忽視過去發生過的某些歷史，才有辦法排除與凝聚需要的成員，組成一個具有區別性的封閉系統。 王明珂（1997）就將族群與血緣的關係作過很生動的描述，他認為家庭與族群在同一條線的兩端，靠家庭的一端，生物的親親性越強，用來凝聚成員向心力的共同記憶也越狹隘及明確，很難更改，越向族群的一端靠攏，「文化親親性」（culture nepotism）就越強，可以在較為寬廣的過去中選取共同的群

體記憶。所以族群是具有變動性質的群體，它可以依情況的不同而對過去的記憶做有目的的選取，但過去的記憶依舊是以原生論作為基礎。

　　族群認同則是個體對族群做出的選擇，每一個個體都會根據自我客觀的文化特徵做出族群身分的選擇。但是對自我具備哪些文化特徵卻具選擇的彈性，它涉及個體對自我、個體對他者如何看待自我以及當時社會情境等因素影響。因此，「客觀」的文化特徵是由個體主觀詮釋的，認同本身就不是一種固定的思考方式，它可能隨著社會情境與個體遭遇不停地轉變與重新建構，而非固定不變的身分歸屬（Handler 1994：27；Lowenthal 1994：41-54）。

　　至於族群接觸對族群認同帶來的影響，大致上又可以分為同化論（assimilation theories）、多元論（pluralism）兩派立場。[5] 同化論者認為，當一個族群原來特有的文化在與主流文化接觸之後，通常均無法維持其原來相異於主流群體的文化特徵，例如語言、體質、生活習慣等客觀特徵都會被主流群體所涵化，而漸漸消失其文化特徵，所以基本上，同化論者是以客觀特徵作為族群認同的指標。

　　多元論的立場則認為，族群在血緣或是文化特質上雖然被涵化，但這不代表同化，因為族群在主觀群體的自我認定上，仍然保持我群意識以及自我認同（王甫昌 1993a：234-5）。Greeley（引述自 Alba and Chamlin 1983：241）就認為，族群通婚並不代表族群的同化，以通婚的下一代而言，下一代身上雖然有不同的血液，但是他們不一定會同時對兩邊做認同以消弭族群間的界線，甚至不認為自己是混血兒，那麼族群雙方的邊界在未來也就不一定會因通婚而模糊。

---

5 同化論主導 1960 年代以前的族群論述，多元論則在 1960-1980 年代盛行（王甫昌 2002：241-3）。

　　王雯君（2005：34）在對閩客通婚作族群的邊界性流動研究就發現，族群認同的研究不應該假設人們只能有單一的族群認同，應該針對與族群認同相關的主觀性、情境性與互動性層面做更精細的分析，因為族群認同有不同的程度以及不同的形式表現之差異。Alba and Chamlin（1983：242-6）也主張文化要素、族群大小、生物上的繼承以及父母親的教養等因素，都會影響一個人的族群認同。Stephan and Stephan（1989）在美國對雙族裔的大學生做族群認同的研究，也發現族群通婚下的子女會有多重認同（multiple identity）的現象，我們不應該認為一個人只能有一個「族群身分」，因為官方單一的族群身分認定與個體多重的族群認同是相互矛盾的。所以多重族群身分之間並不是互斥或是矛盾的，在每一個情境之下，每個身分的選擇都會有他的意義，人們可以在各種情境之下自由地選擇自己認為適當的族群身分（王甫昌 2003）。筆者也同意，族群身分的認定在實際的運用上，並不完全符合官方對族群身分的單一認定。

　　研究者認為同化論與多元論其實各有偏重，前者偏向「客觀特徵論」，後者偏向「主觀論」。因為兩者都可以舉出事實來印證，兩者的爭議，不是誰對誰錯的問題，而是隨歷史時空的不同，弱勢族群會有不同的處境。如近代族群意識的高漲，就會偏向多元論發展，且兩理論都忽略的第三種可能，即彼此的涵化，創造出第三族群，例如加拿大政府基於集體特殊性，而承認歐洲白人與北美原住民女子混血下一代 Metis 為原住民，但又有別於一般第一民族（First Nation）之原住民族（謝若蘭 2006）。基本上，官方會以血緣、語言與習俗等客觀特徵作為族群「認定」的標準，因為認定本身就具單一性的目的，個體則可能隨血緣的混雜性而具有族群「認同」的多重性。

（二）原客族群的族群認同與身分認定

　　陳板（2000）對客家人的族群認同研究發現，很多客家人因為處在漢人文

化的邊緣位置，為了方便生存會不斷地往閩南為主流的語言文化接近，久而久之就改變了原先的客家族群認同。陳信木（2003）在做臺灣地區客家人口的調查時，就遭遇到客家族群身分認定的種種困難，因為客家人不僅沒有官方的法定身分，日常生活中的外在表現與閩南人也沒有明顯的差異，造成客家族群身分的隱匿性，陳信木只好採用「自我主觀認同」作為界定客家人身分認定的「基礎」。高怡萍（2000：53）研究也指出，過去客家研究用來界定族群範圍的指標，例如客家話、土樓、三山國王、祭拜阿公婆等，在現今客家族群在地化、分殊化的情況之下，這些客觀的文化指標已經無法有效地劃分客家族群的範圍，所以應該藉由檢視族群關係的演變過程以及族群意識的形成過程等動態層次去做客家族群身分的認定。

因為客家族群的體質特徵具有隱匿於大社會的保護色彩，所以在族群自我認同並無法帶來利益的時候，客家人可以選擇在大社會中做個閩南人或隱形的客家人，當族群意識高漲的時候，客家人遭遇到的問題反而是「被認識的渴望」。王甫昌（2003：63）觀察 80 年代末期以來興起的客家運動，認為客家作為一種族群認同主要是相對於閩南族群而建構的，因為在族群文化邊界模糊之際，弱勢族群會因為族群認同與語言傳承的危機意識而刻意製造出一些文化上的差異與他族群做出區隔。我們可以發現客家文化運動的建構過程充滿著人工化的性質，否則在表面上根本很難與閩南族群有所區辨，所以客家族群必定要「製造」出一些較容易表達與記憶的象徵性族群認同感（symbolic ethnicity），例如以原本非客家專屬的油桐花以及陸豐客家才有的擂茶文化作為客家全體的象徵媒介，以加強群體內部的凝聚力量，並刻意去忽略內部成員的差異性。

與客家族群相反的，原住民的體質特徵與漢人有明顯的差異，在族群認同方面遭遇到的問題，也就跟客家族群有很大的差異。謝世忠（1987：29）在對

臺灣原住民所做的認同研究發現，原住民普遍都有污名之感，其對污名化作如下的定義：

> *一個族群，特別是少數民族，具有某種確實的和虛構的或想像出來*
> *的特質，而這種特質不僅是與該族相接觸之他族所敬而遠之的，同*
> *時也是他本身所厭惡的。這特質常常就是該族群本身。*[6]

所以原住民在漢族中心主義以及自我傳統失能的處境之下，有深以為恥的污名感，自我族群的認同變成一種羞恥的負擔，但因為體質特徵與漢人有明顯的差異，原住民很難如客家族群隱匿於漢人為主體的社會，以致許多原住民對自我的族群認同處在兩種不同文化價值間徘徊擺盪狀態。隨著族群關係的演變，原住民在今日遇到的族群認同問題，已經不完全是認同污名化及如何隱匿族群身分的問題，反而是如何找回自我的主體性，即「正名運動」的興起，跟客家運動那種企圖打隱形、無聲的客家形象，強調著一股期待被認識的渴望是很不同的（鍾肇政 1998）。此外，不論在體質以及文化層面，原漢的差異性均大於客閩的差異性，原住民在人口數以及社經地位又低於漢人，因此，原住民運動較客家運動就更具迫切性，除了是對殖民者的反動之外，也具有改善生活經濟的實質意涵，施正鋒則以「客家人的不滿」、「原住民的吶喊」區分兩者在性質上的差異（施正鋒 2000：214；2003：24；王甫昌 2002：265）。

三、研究發現

族群通婚造成族群界線的模糊，族群成員得以在兩邊來回穿梭，呈現出流

---

6 黑體斜字由研究者為加強語調而加上。

動的、多重的、複雜的族群本質。以下針對原客通婚的女性、男性以及下一代族群認同與身分認定的移動過程，對族群認定的僵化提出省思。

（一）原住民女性

原客通婚中，原住民女性的身分認定與認同，與身分認定辦法、優惠政策及全球原住民運動息息相關。研究者將「身分認定法」作為族群身分轉換的關鍵點，來探究族群認定的轉換過程以及族群認定與認同的關連性。

1. 從夫認定與原住民認同

1991 年以前，原住民女性嫁入漢人父系社會後，採取家族主義，即喪失原住民身分，但漢人女性嫁入原住民家庭，卻採取血緣主義維持漢人身分（林修澈 1997：97）。與客家人通婚的原住民婦女在身分認定方面等於被漢化，如本研究第一代所有的原住民婦女與客家人通婚後均喪失原住民之身分：

> 我爸爸他把她寫「自願拋棄」，自願拋棄原住民身分，他在鄉公所
> 那邊這樣寫「自願拋棄」，就是說不要原住民，我二嫂（1M♀3
> 魏女士）沒有，我二嫂她那時候，只有去辦戶口而已，去辦客家這
> 樣。（1M♂4柯先生）

表面上看來，這似乎只是父系社會裡理所當然的從夫認同，但與漢人女性嫁入原住民家庭不須歸為原住民身分相較，原住民女性的從夫認同必定還有另一層的意涵，即從「漢」認同。尤其在原住民運動以前，臺灣社會對原住民的歧視較為嚴重，所以對這些原住民女性來說，拿掉身分證上原住民的註記，或許是族群位階的一種提升方式：

> 那時候她原住民改成臺灣人，她也很喜歡，她說：「好啊！」我身
> 分證拿出來，我不是原住民，那時候社會會歧視原住民，所以改掉
> 比較好。（1M ♂ 4 柯先生）

但它很可能僅是「心理」上的提升，而「非實質」上的提高。因為原住民的臉孔與說話的語調，加上在封閉性的社會裡頭，夫妻雙邊的親屬以及左右鄰舍對原住民婦女原來「番」的身分更是瞭若指掌，所以被看待的眼光及被對待的方式，並不會因為身分證上族群身分的更改，致使族群位階有所改變。在實際生活中，代表身分的是原住民婦女呈現於外的身體特徵，而非收藏於抽屜或皮夾內的身分證。像 1G ♀ 2 李女士就很直接地說：

> 改來改去無所謂，沒有感覺，你是怎麼樣的人（指族群）大家一定
> 都知道。

如 Lieberson（1980）認為弱勢族群選擇隱藏或強調自己的身分會受到族群間差異的可見性或隱藏成功的可能性影響。因此，不論原住民婦女在通婚後是否擁有原住民身分，社會對她們的對待方式，並不會有所差異，那麼身分的更改對原住民婦女而言，除了「心理」上族群位階的提升之外，是否還有其他特別的意涵呢？

研究者發現，第一代原住民婦女，婚後的原住民身分雖然均已喪失，但對於自我的族群認同依舊是原住民。例如 1M ♀ 2 詹女士：「你說種族通通都中國化，不可能，就是臺灣化也不可能，本身就是原住民。」所以婚後原住民身分的喪失或漢人身分的獲得，對她們而言，的確沒有太大的意義。1G ♀ 1 周女士可以作為典型：

> 我嫁過來就一直認為自己是原住民，我就是這樣一直都認為，我到
> 現在還是，我先生的舅舅是跟我說嫁給客家人就把身分改掉，我是
> 覺得「改就改」沒關係啦！

「心理」上族群位階的提升感受主要是因為污名感的反作用力。早期這樣
的心理現象不僅出現在與非原住民通婚的原住民婦女，因社會的污名壓力而自
動拋棄或不承認原住民身分者也不乏其人（施正鋒 1997：77）。原住民身分
的遺失沒有改變她們對自我的認同。而且這樣的認同在第一代是愛恨交雜的，
「恨」是因為大眾對原住民的污名化，使原住民婦女對自己的身分有一種揮之
不去的陰影：

> 我跟孩子說：「媽媽本身是原住民啦，」好像說大概原住民有時候
> 也不是說自卑感啦，就是說有差一些啦，我就是怕小我會覺得，唉
> 唷，我是原住民跟客家人混合的，這樣你們心裡會有好像是不愉快，
> 但是小孩說沒有啊！（1M♀2詹女士）

「愛」是因為原住民的血緣、語言以及文化實踐一再地喚起共有的群體記
憶，對這些原住民婦女而言，原住民式的生活方式仍是無法割捨的記憶。婚後
對原住民傳統的眷戀，除了上述 1M♀2詹女士與 1G♀1周女士提到血緣的
因素外，我們還能夠由原住民語言的使用及傳統儀式的參與來觀察原住民婦女
的族群認同。

第一代原住民女性雖然在夫家都說客家話，但一旦遇到原住民均以母語交
談，並認為以母語交談或與原住民做朋友較有親切感。其中嫁入聚居型客家庄
婦女，與嫁入原客混居型部落的婦女有所不同。嫁入客家庄使用原住民語交談

的機會自然減少。例如周女士自己也說到：「有時候講一講阿美語，客家話就
跑出來。」但是 1G ♀ 1 周女士仍然認為阿美語以及阿美族身分對她來說是更
親切的。所以語言雖然是一個族群情感的象徵，但它不一定會是每一位具備族
群認同的個體最熟悉的語言，這很接近多元論者 Albam 與 Chamlin（1983）所
認為：「族群通婚雖然可能造成文化的同化，但不一定會造成認同上的轉變。」

　　另外傳統儀式的參與也是族群認同的有效性指標。李廣均（1999：77）
認為儀式性活動的參與，是對族群身分的再一次地表達與確認。研究者也認
為豐年祭中長老的訓話，以及對舞蹈、儀式等要求，在某種程度上其實就是
Foucault（1977：152-3）提出的規訓（discipline），即儀式規範對身體所做的
強制，使族群一體感藉由身體的實踐，內化到意識成為族群認同感。第一代的
原住民婦女，不論是嫁入原客混居型的部落或是客家人為主的客家庄，每年的
豐年祭，她們仍舊穿著阿美族傳統服飾繼續參與：

> 跳舞用的原住民傳統的服飾，當然還有，因為豐年祭每年都要去跳，
> 現在都去參加鳳林鎮的，他們不會分，19、20 歲嫁過來這邊，不然
> 太巴塑的太遠了。（1G ♀ 2 李女士）

　　因此，我們發現族群認定與族群認同不一定能重疊。就如這些嫁給客家人
的原住民婦女的族群認同仍舊是原住民，官方強制喪失原住民身分的認定辦法
與真實的生活似乎毫不相干。在原住民身分的認定辦法，對這些原住民婦女無
實質影響的情況下，原住民婦女多半採取配合政府政策的態度，不過其族群認
同的依據，基本上仍是以血緣為主，並呈現在語言溝通或儀式參與。

2. 族群優惠政策

族群認定與認同的議題若再牽涉到制度法令及權力義務等考量將使其更顯

複雜（謝若蘭 2003：220）。近年臺灣原住民人口比例明顯地增加，[7]與一些新的原住民政策有很大的關連性，其中最重要的是原住民老人津貼。[8]第一代的原住民婦女，大多數均在近幾年回復原住民身分：

> 我嫁過來就改客家人，現在改回來原住民，因為現在有優待，前年我又改回去原住民，差 10 歲啊，因為阿扁當總統後開始優待 55 歲就可以領老人津貼。（1G♀2 李女士）

客家丈夫對配偶回復原住民身分多半持支持的態度。包括對原住民有負面意象的 1M♂3 柯先生也很贊成 1M♀3 魏女士回復原住民身分，1M♂4 柯先生更主動去市公所替 1M♀4 曾女士辦理回復原住民身分，不過出發點都是基於可以提早領到老人年金的補償。若無利基的考量，不論是原住民婦女或客家丈夫多認為去回復身分是多此一舉，因為身分證上的族群註記對原住民婦女而言沒有太大的意義：

> 以前那時候，沒有什麼原住民有什麼優待，有什麼好康那些啊，那時候都沒有，那時候要改也是應該可以改回來啦，那時候沒有什麼，

---

7 2005 年臺閩地區原住民人口有 46 萬 5 千人，占總人口之 2.04%；原住民人口 10 年來增加 25.8%，遠較總人口之增加 6.6% 為高。（資料來源：內政統計資訊服務網《九十五年第五週內爭統計通報（通報 94 年底原住民人口結構概況）》http://www.moi.gov.tw/stst/index.asp 2006/3/5）

8 我國已邁入高齡化社會，為照顧老人經濟生活，增進老人福祉並落實總統社會福利政策「333 安家方案」之主張，制定《原住民敬老福利生活津貼暫行餘例》，發放原住民敬老福利生活津貼，讓年滿 55 歲至未滿 65 歲之原住民得領取敬老福利生活津貼，上開法案於 2002 年 5 月 10 日經立法院三讀通過，經總統於 2002 年 5 月 22 日令頒實施。（資料來源：勞工保險局全球資訊網 http://lwww.bli.gov.tw/sub.asp?a=0004353 上網日期 2006/4/2）

> 改幹什麼，多麻煩的，現在原住民有優待是這幾年才有，之前是沒
> 有餒，後來我才去鄉去所幫她改回來。（1M ♂ 4 柯先生）

　　但因為族群優惠政策的關係，實質的利益遠勝於從夫認定，再度顯示出以往沒有利基的官方認定對族群的影響性不大。由客家男性願意讓配偶回復原住民身分更可以證明利益考量對族群認定的直接影響，也顯現出認定與認同在本質上的差異，畢竟這些鼓勵原住民婦女回復原住民身分的客家先生，有些在認同上卻是排斥原住民的。

　　必須注意的是，優惠政策它也許是個必要條件，卻不一定是個充分條件，我們必須將它與大社會對原住民身分認定的影響做連結。就如李慶均（1999：85）所謂的：「族群身分可能成為某些人在印象經營中急於迴避的污名身分，但也會在很短的時間內影響著許多人的身分自覺。」那麼在短時間之內影響許多原住民身分自覺的契機究竟是什麼？研究者認為應該與原住民運動有關，才能使原住民身分認定再度被翻案。[9]

　　隨著全球化原住民運動之興起，原住民族的族群識別及身分認同一直是世界各地原住民政策中最為重要的議題，並顯現出以往執政者制定的政策與原住民運動者對此政策合法性及合理性的看法出現鴻溝（謝若蘭 2003：215）。研究者認為，不僅是優惠政策使許多原住民重新認定自我的族群身分，更重要的是促使政策發生改變的氛圍。如 1980 年代在臺灣內部興起的「泛原住民運動」，至 1990 年代更與全球化原住民運動的風潮接軌，伴隨而來的是全球性

---

[9] 如1991發布的《原住民身分認定標準》第三條規定：「原住民女子嫁與非原住民男子，其原住民身分不喪失」，已突破1980年版「山胞女子與平地男子結婚，其山胞身分喪失」的規定。

原住民身分認同的熱潮，使原住民開始接納自己的族群身分（謝若蘭 2003：230；施正鋒 2005：94-5）。

因此，原住民族群認同除了與優惠政策相關，還牽涉原住民正名運動對抗污名化的努力。此舉不僅促使第一代原住民婦女身分的回復，更有助於第二代原住民婦女身分的維持及對原住民身分的認同，所以第二代的原住民婦女在身分認定與認同上是較為一致的。在第二代，嫁給非平地人而自願拋棄原住民身分的情形已經消失，我們看到的反而是對原住民族群身分的堅持：[10]

> 那時候嫁給客家人的時候，我不要改身分，可以不要改，我還是留山地山胞，我也沒有想說要改，我先生沒有叫我改，他隨便我，我不要改，我不想改，還好我們有改。雖然我們嫁給平地人，回到部落她們會講說不要嫁給平地人就忘了我們是太魯閣人。（2G ♀ 2 潘大嫂）

總之，藉由對族群意象、族群運動以及族群政策等方向切入，更能彰顯族群認同與認定彼此錯綜複雜的關係。

（二）客家男性的族群認同

由家務分工的「重」女「輕」男，不難發現客家族群是一個高度父權的「重男輕女」社會，加上客家族群的封閉傾向，不易接受其他族群的文化習俗（劉還月 1991：81-85；羅香林 1992：242），我們可以預測客家男性（不包含原客雙族裔的受訪者）很難對妻方（原住民）的族群產生認同。反而會感受到他

---

10 當然，研究者對於原住民汙名化的處境也沒有抱持過於樂觀的看法，全球原住民運動僅使臺灣原住民所受污名化現象改善，而非根除。

人對原客通婚的污名化。如 1M ♂ 4 柯先生說過:「在當時娶原住民是很丟臉的一件事」,它會被人認為沒有能力娶老婆,才會去娶「番」當老婆,這樣的污名化感受。第二代 2G ♂ 1 汪大哥的有類似經驗:

> 剛結婚的時候會比較在意太太是原住民別人會歧視,現在不會啦,
> 那時候大家講的普遍都是歧視原住民,也不是有壓力啦,只是不喜
> 歡聽這樣子的話,我姐姐也會,只是說現在也都是很好了,不會啦!
> 還是要因人而異啦!也不是原住民都不好啦!家裡有尿騷味,不一
> 定啦。(2G ♂ 1 汪大哥)

所以一般來說,客家家庭多少會覺得與原住民結婚不是一件很光彩的事情。尤其是對低就婚姻持反對意見的客家母親,更不會去主動承認媳婦是原住民,原住民媳婦對這樣處境也有自覺。因此,在原客通婚家庭,不主動去強調「家有番妻」似乎是家庭成員的共識,在一個充斥對原住民污名化的社會情境裡頭,原客通婚家庭的所有成員都會出現自動對此一事實隱藏的集體無意識。例如 2G ♀ 3 李大嫂提到:「我婆婆對外面都不希望人家知道我是原住民,她都會說我不是原住民,都說我是閩南人,所以我也不會跟人家強調我是原住民。」

客家男性並不會因與原住民女性通婚而產生原客雙重認同,客家族群的界線被完整地維持著。但隨近年大社會對原住民族群意象轉變的影響,部分客家男性面對原住民的污名感也不再那麼沉重,當他入調侃自己的行為很像原住民的時候,有些客家男性甚至開始將身分的變換視為一種樂趣。例如 1M ♂ 4 柯先生與 2G ♂ 1 汪大哥因為有吃檳榔的習慣,常被誤認為原住民,他們卻不再會因而感到羞恥:

　　我現在出去很多人講說我是原住民，我就說：「對啊！我是原住民，哈哈哈哈！」他們認為我臉比較黑嘛，又吃檳榔啊，他說：「你是原住民？」我說：「是啊！我是原住民。」哈哈哈哈！很好玩，那都無所謂了。（1M ♂ 4 柯先生）

　　總而言之，在族群通婚中，優勢族群的界線通常會較難以鬆動，因為誰也不願意降低自己的族群位階。此與客家人娶閩南媳婦後發生的福佬化現象相較，原客通婚後客家族群界線的固守就更明顯了。但我們別忘了，族群界線的鬆動卻可能出現在下一代身上，以下由原客雙族裔對族群認同與認定的選擇過程，觀察原客族群邊界的流動現象。

（三）原客雙族裔（biracial／biethnic）

　　本部分將原客雙族裔分客家籍原客雙族裔、原住民籍原客雙族裔兩部分探討。前者呈現出客籍原客雙族裔在身分認同上的多重性；後者呈現出原住民籍原客雙族裔在認同上的污名感。

　　因為本研究中有部分的原客通婚者，如 2M ♂ 1 鄭大哥、2M ♂ 2 柯大哥、2M ♂ 4 柯大哥屬於原客通婚的下一代，即原客雙族裔者，[11] 為了將下一代的血緣作出區辨，研究者將 2M ♂ 1 鄭大哥、2M ♂ 2 柯大哥、2M ♂ 4 柯大哥的下一代列為第二代原客雙族裔（有 3/4 原住民血統），而 2M ♂ 1 鄭大哥、2M ♂ 2 柯大哥、2M ♂ 4 柯大哥與其他原客通婚者的下一代列為第一代原客雙族裔（有 1/2 原住民血統）。

---

11 參附錄 2。

1. 從父認定與多重認同

　　客家族群是個高度父權的社會，由氏族對祠堂的重視，可窺知祖先對客家族群的重要性，對新丁的重視，亦顯示出客家強調香火傳承的觀念（江運貴1996：200）。對祖先與後代的重視不僅有助於一個家族的延續，更可以保持族群邊界的完整。因為原客通婚的下一代必定從父姓，而《原住民身分法》規定，必須改從母姓才得以擁有原住民身分，但改姓關乎一個客家家族香火的延續，對客家族群來說是一件大事，所以改從母姓與客家傳統具有絕對的衝突。

　　我們以搞不清楚原住民身分認定辦法的 1M♂2 鄭先生為例可以發現，許多客家人反對改從原住民「母」姓，不是針對「原住民」族群認定的問題，而是因為「從母姓」代表父系家族香火的斷絕：

1M♂2 鄭先生：小孫女（她是鄭先生唯一的孫輩）要改原住民的話，
　　　　　　　也可以啊！

研究者：那就不姓鄭了耶！

1M♂2 鄭先生：怎麼可以不姓鄭，我們鄭家怎麼可以不姓鄭，你
　　　　　　　要他姓余（太魯閣族媳婦）不可能啦，臺灣人也
　　　　　　　可以原住民啊，你去鄉公所編列說我要原住民就
　　　　　　　可以原住民，還是姓鄭啊，因為我們姓鄭的，不
　　　　　　　可能改姓啦。

　　所以一般來說，下一代的族群認定多從客家父系，除非小孩子的人口數較多者，且改母姓無損於家族傳承的情況下，下一代從母姓取得原住民認定的情形就稍加普遍。1M♂4 柯先生的大兒子（1/2 原住民血統）與阿美族婦女生了 4 位男孩（3/4 原住民血統），就將其中 2 位改從母姓，以減輕讀書的負擔：

他有生四個，最小的兩個改姓魏，因為我們祖先，柯家下來的，不
可能通過改別的，如果是文化上認同原住民可以，姓不行，說自己
是原住民不是客家人都可以，可是要姓柯就好，我們祖先下來這個，
那一定要保存啦，不能通過改姓，語言也沒關係，你可以聽講什麼
語言都很棒。（1M ♂ 4 柯先生）

李慶均（1999：76）對族群身分做出的「初級身分」、「次級身分」兩種
區別作為探討脈絡。所謂「初級身分」指帶給個人情感上的滿足以及社會生活
的歸屬感，通常表現在儀式性活動的參與；「次級身分」則是一種涉及個人因
果得失以及社會規範的遵守的工具，主要表現在印象的經營。

研究者認為「初級身分」可以是多重的，且「初級身分」與「次級身分」
可能是重疊的。例如客家籍原客雙族裔具備的原住民認同，不僅是「初級身分」
也是「次級身分」，代表「初級身分」的原客雙重性，以及初、次級身分的重
疊性。以下分別探討原住民認同的「初級身分」與「次級身分」之意涵。

2M ♂ 1、2M ♂ 2 及 2M ♂ 4 在身分認定與認同上雖然是客家，但藉由對
年齡階層或豐年祭的參與行為，以及「一半一半」的自稱，都很清楚地傳達出
參與儀式對其情感滿足與身分歸屬的影響力，這就是根基論主張的「原生附著
的情感」（primordial attachments）（Geertz 1973），即個體的族群同感來自
於生來既定的文化傳承，因為族群的認同主來自於從「親屬」那裡得到的既定
賦予。

更有趣的現象是，既定賦予可能因為污名作用而被掩蓋，但在需要的時候
可以隨時被喚回。如 2M ♂ 1、2M ♂ 4 是藉由母方親屬以及部落得到文化傳承，
但 2M ♂ 2 卻是婚後岳父的緣故，而重新參與阿美族的傳統儀式，以喚回既定
賦予：

豐年祭唷，我不會要去，媽媽也沒有帶我去，只有說我現在娶老婆
之後，我岳父那邊會一直要我去，我是還好啦，可以接受，因為我
都聽得懂他們在講什麼，所以相處方面沒有什麼困難，岳父那邊也
把我當阿美族啊，因為我一半一半，從我娶我老婆開始，就一直去
豐年祭了。（2M ♂ 2 柯大哥）

李廣均（1999：78）認為在次級關係中，身分的表達是一種手段，不是
目的，個人在此情境上，刻意經營的印象，是為了目標的完成，而非情感的滿
足。這其實就是工具論的說法，即族群是由情境所建構。

Okamura（1981：453-5）將情境區分為認知與結構兩面向，認知面向比較
偏向於個體置身的情境以及個體對情境的詮釋而做出對自我有利的認同；而結
構面向主要指整個社會結構對個體的族群認同帶來的影響。李廣均提出的「次
級身分」應該屬於 Okamura（1981：453-5）談的認知面向。[12] 例如 2M ♂ 2 柯
大哥去提親的時候，刻意讓親家以為他是純粹的阿美族，而不主動說明父親是
客家人；在工作的時候，也刻意隱藏自己的客家身分，一方面可以藉由竊聽客
家族群對他的看法得到樂趣，一方面可以拉近與阿美族的距離：

在做工的時候，那個客家人不知道我是客家人，他還以為我是阿美
族，我在做工的時候，我做一做，他們在那裡說：「后！死番仔，
在那邊吃檳榔，那個檳榔又給我吐到滿地這樣子。」哈哈哈哈！我
故意都不講，在外面原住民看到我都一定會打招呼，因為我在做工，
他們看到我都以為我是阿美族，原住民看到原住民都會打招呼，你

---

12 關於結構面向留待後面「從母認定與污名化處境」再談。

做鐵工啦、做水電的啦！他們都會打招呼，他們會覺得比較親切，
我也會跟他們打招呼！我出去外面做工我都不會跟人家講我是客家
人啦！他們有時候會偷罵人啊。（2M& ♂ 2 柯大哥）

　　所以說，原客雙族群的原住民認同不僅帶有根基論的情感成分，在某些情
境下，它又會是被刻意利用的手段。研究者甚至懷疑，這些年紀較長的客籍原
客雙族裔在 55 歲是否會改為原住民，因為老婆是原住民，媽媽是原住民，孩
子又有 3/4 的原住民血統，如果最後先生又改從母姓成為原住民，這其實會是
從前由族群位階從優認定的思考模式下，很難預料到的原客通婚家庭的「原化
現象」。

　　因此，研究者發現的問題是，「初級身分」有可能是多重的，官方對族群
身分卻僅採單一認定，這樣的認定方式尤其對第二代雙族裔者（3/4 原住民血
統）不公平。因為他們在認同或血緣上有可能原住民大過於客家，但在親屬繼
承方面得礙於父系傳統而無法改母姓，以致於無法獲得應有的原住民身分，再
說從父姓很可能僅是香火傳承的考量而無關乎族群，但卻礙於法令限制，無法
在香火繼承與族群認定間取得平衡，這有損雙族裔傳承與認同的權利。[13] 以上
主要還是針對客家籍的原客雙族裔的多重認同做探討，接下來研究者將探討原
住民籍原客雙族裔的部分。

　　2. 從母認定與污名化處境

　　由 Okamura （1981：453-5）結構情境面向的工具論觀點來看，將身分認
定由漢人改為原住民的原客雙族裔者，很容易聯想到原住民優惠政策。誠如

---

13 假設將改從母姓視為是取得原住民身分必須要有的犧牲，其實是落入了中國式父權
　　制度及思考邏輯，況且從母姓也不是每個原住民族所習慣的傳統（謝若蘭 2003：
　　247）。

2M ♂ 1鄭大哥敘述的,很多朋友的小孩都因為讀書減免、升學加分等誘因將孩子改為母姓以取得原住民身分。[14] 族群認同一旦與制度法令及權利義務有所牽扯,會變得更為複雜,如臺灣目前對於雙族裔從原住民母姓一事,就衍生出現兩種不同的污名化處境:第一種為資源競爭型,第二種為污名認同型。

所謂「資源競爭型」是指,原客雙族裔者由漢人身分改為原住民身分,此一行動被認為是在與真正弱勢者競爭資源,有些人會因此選擇放棄從母姓。如2G ♂ 2江大哥因為有在家扶中心工作的經驗,他覺得自己經濟能力若許可並不會去跟真正弱勢者爭奪有限的資源:

> 我的想法是想說,小孩子改母姓變原住民,浪費國家資源,不要去跟人家搶資源,我老婆也很贊成,可以的話,就盡量不要啦,因為你那些錢還可以給下面的人,還有比我們更差的啊,孩子能讀就讀,也不要說為了加分去改,我的想法是,你自己有辦法讀你就給我讀,有的你加分進去跟不上的很累,你知道嗎!像我這個老大一直怪我,我講你自己沒辦法讀,你不要怪我小孩子都沒有改從母姓,可以挑得起來,就不要浪費國家資源。(2G ♂ 2江大哥)

研究顯示原住民贊成嫁給漢人的原住民女性,其子女具有原住民身分者約六至七成,漢人真正贊成者僅有一成,反對的考量不外乎原住民女性嫁給漢人等於進入漢人社會其子女不應享有原住民的利益,[15] 原住民贊成的原因則有血

---

14 2001 年通過的《原住民身分法》第四條規定:「原住民與非原住民結婚所生子女,從具原住民身分之父或母之姓或原住民傳統名字者,取得原住民身分。」與 1991 年《原住民身分認定標準》第三條現定:「原住民女子嫁與非原住民男子,其原住民身分不喪失,其所生子女不取得原住民身分。」相較,原漢雙族裔的認定條件漸趨寬鬆。

統與原住民面臨人口數不足的考量，如人口數較少者如達悟、賽夏、鄒族等多
持贊成（林修澈 1999：135-141）。於是族裔的變更亦必須面臨原住民與漢人
對其動機的質疑，這也構成了某種污名化。研究者就發現，由客家人改為原住
民身分者會企圖讓自己更符合原住民身分，倒如學習原住民語：

> 以前沒有想過用泰雅語和小孩講耶，現在好像比較不一樣，因為她
> 們轉到我的山地山胞，不會講母語不行，那時候還沒有注重文化，
> 我們那時候離婚後，老大（高中）就一直說要學母語，所以離婚以
> 後小孩比較有機會接觸太魯閣文化，離婚以後我時常帶去那邊（西
> 林部落）。（2G♀2潘大嫂）

因此，對雙族裔者本身，身分的變更連帶地會影響認同的「有意識」[16] 轉
變，使自己更符合自己所扮演的族群角色。對認同僅能單一化的孩童而言，族
群認定的更改，對認同帶來的變化會較認知發展完成者更全面。如 1M♂4 柯
先生其中的兩位讀國小孫子，在改從母姓之後，族群認同馬上做一百八十度的
轉變：

> 研究者：你現在是什麼人？
> 柯孫：我是原住民。

---

15 親近原住民的漢人反對原住民優惠政策的原因，多少也夾雜著不願受到原住民優惠
　政策的污名化波及（傅仰止 2001：86），所以不贊成讓與原住民通婚的下一代原住
　民福利，這就是研究者提出的「污名認同型」。
16 所謂的「有意識」是指刻意的，因為有些在客家庄成長的原客雙族裔，其成長過程
　接受到的完全是客家文化所提供的原生情感，客家的認同已經根深柢固，但因認定
　的改變而去做「認同」的轉移，這其實是非常「有意識」的。

研究者：那你以前是什麼人？

柯孫：我以前是客家人。

研究者：那你是原住民也是客家人嗎？

柯孫：不是，我現在跟媽媽一樣是原住民，我不是客家人。

　　客家籍原客雙族裔與原住民籍原客雙族裔除了在族群身分認定上的差異外，族群認同的型態也有些許的差異，前者的認同可以較為多重，但後者似乎比較單一化、這或許跟原住民身分有特別註記，且可享受某些特有的優惠福利，讓這些原客雙族裔者似乎認為當一個「真正」的原住民變成一種相應的義務，否則是容易被族人或他者質疑的。[17]我們可以發現「認定」會影響「認同」，而認定是「單一」的，認同在受認定的影響之後，有可能由原來的「無認定多重認同」[18]的狀態轉向「單一認定與認同」的狀態。

　　第二種污名化處境為「污名認同型」，即當原客雙族裔者面臨身分認定要被改為原住民，他會擔心這樣的身分會被污名化，而選擇拒絕更改身分認定者：

　　小孩不願意改為原住民，我有問過她，我才跟她提，她就掉眼淚，

　　她是說不喜歡這個身分，她說她班上有一個原住民就被同學笑，

　　我想說一個小孩不想改，那就都不要改。（2M ♀1傅大嫂）

---

17 類似的情形經常發生在族群身分「由漢轉原」的原漢雙族裔身上。因為「由漢轉原」，在漢人眼裡，代表著對漢的背叛；在原住民眼裡，卻又未必得到認同，往往被以資源競爭者視之。

18 所謂「無認定」是指漢人的身分相對於原住民無特別之註記，在認定上其實是以不作認定為認定，所以客家籍原客雙族裔沒有受到認定的限制，認同會較為多元，但是當一旦改從母姓，原住民的「認定」可能會影響認同，使認同符合認定的單一性。

　　但是這不代表認同的單一性，因為 2M♀1 傅大嫂女兒的認同可能是多重的，她不希望在身分上被認定是原住民，多少受到結構面的影響，如同儕對原住民的訕笑。但在認同層次她又會利用認知面向選擇有利於她的情境，例如演講比賽的參與，她可以選擇參加比賽，又不需揹上原住民污名化的身分：

　　　　我女兒之前在讀海星的時候，她去報山地人的演講，她說班上都沒
　　　　山地人，老師說要挑幾個，她說跟老師說我媽媽會講，她要請我打
　　　　注音，她承認我是原住民，但不承認她自己，因為她會跟老師說我
　　　　媽媽是原住民。（2M♀1 傅大嫂）

　　因此，我們可以確信族群身分認定與認同受到 Okamµra（1981：453-5）提出的結構性及認知性面向所影響，它是根基性情感與工具性目的並存的複雜主觀意識，隨情境而變化。我們看到的其實不僅是統計數字上的族群身分認定，在隱微不察的多重的、複雜的族群認同下，亦呈現了更豐富的族群邊界游動歷程。誠如 Barth（1969：15）強調：「族群邊界不僅是地理的，更是社會的；不是固定的，而是流動的。」

四、結論

　　邊界的流動顯現在族群身分認定與認同的轉變，但認定與認同不是等同的概念。認定是指「官方」對個體所做的單一族群別認定，認同是指「個體」對族群的情感歸屬，可以是多重的也可以是單一的，前者以客觀特質為依據，後者以主觀情感為核心。因為通婚者及其下一代的主客觀成分有所差異，研究者必須將原住民女性、客家男性以及原客雙族裔的特質做再次的說明。

　　原住民身分認定辦法與優惠政策的轉變，對第一代的原住民婦女造成的影

響最大。其身分雖「由原轉漢」再「由漢回原」，但這些原住民婦女的族群認同並未隨「由原轉漢」而改變，所以在「由原轉漢」時期，呈現出認定與認同上的矛盾，而在「由漢回原」的階段，認定與認同則是相契合的。因此在「由原轉漢」時期，原漢人口比例的統計資料與社會事實不符，原住民婦女在臺灣「社會」的人口比例應該比統計資料還高，雖然原住民婦女很可能因為嫁入都市或其他個人因素失去或拋棄原住民認同，但在東部原鄉與異族通婚的原住民婦女，有很高的比例依舊以原住民為族群認同，且母語的使用及節慶參與度都非常高，所以她們其實是客家族群統計資料的幽靈人口。

90 年代之後原住民女子嫁給非原住民男子的族群身分不再喪失，加上2002 年開始，原住民領取老人津貼的年齡限制較漢人放寬 10 年，使得這些在統計資料上消失的原住民回流。所以族群人口的增減，不全然與出生率或死亡率有關，可能是族群認定的流動現象造成。由這些原客通婚婦女族群別的再度變更，也印驗了族群「邊界」的流動非常值得注意。研究者認為「邊界」除了有 Barth（1969）所區別的「地理的」與「社會的」邊界，其實在加入官方政策因素後，還可以區別「官方的」與「民間的」邊界兩種：前者偏向認定，後者偏向認同。如本研究的原住民婦女的「由原轉漢」、「由漢回原」均只是統計的「官方邊界」，對於「民間邊界」卻毫無影響。

至於與原住民婦女通婚的客家男性，因為在族群認定上無法取得原住民身分，所以客家族群在官方層次得以固守「漢」[19]族邊界。在民間層次，較為優勢的客家男性普遍未有原住民認同，這與閩客通婚造成的福佬客現象極為不同。因此，族群位階差序對族群認同有很強大的作用力，甚至可以與父權相抗衡。但大體上而言，藉由原客通婚者對原生族群認同的執著看來，族群邊界的

---

19 無論客家、閩南或外省，均無特別的官方族群註記，族群身分幾乎必須依賴主觀「認同」。

移動在「根基」[20] 已經發展成熟的成年人身上，很難因為通婚而帶來認同上的改變。雖然族群通婚使彼此的地理、社會距離更加接近，但彼此的區隔仍清晰可辨。

相對的，族群邊界的移動很容易發生在根基尚未發展成熟的原客雙族裔身上，下一代族群認同的彈性與可塑性的確較高。例如原客混居型部落能提供原客雙重原生情感，在這些年齡較長的原客雙族裔身上可以看到，他們的族群認定雖然是單一的漢人，但在民間的認同上他們又是「一半一半」。至於聚居型客家庄提供的原生情感則較為單一，所以這些原客雙族裔不論在官方的認定或民間的認同均朝向單一性。

因為近年來原漢雙族裔身分認定辦法的改變，原客雙族裔在從母姓以後同樣可以取得原住民身分，所以「由漢到原」的身分認定現象也在原客雙族裔身上發生，這樣的變化是否對原客雙族裔原來的認同發生影響？答案是肯定的。在原客混居型部落成長的原客雙族裔，族群身分認同較為多重，在客家庄成長者族群認同較為單一。[21] 所以在改從母姓之後，年齡較長的客家單一認同者必須隨身分認定的改變，去做認同的改變，為了使自己更有資格作為「名副其實」的原住民，必須開始學習原住民的語言、文化，否則會遭到他人對身分認定更改的質疑。但原來就是雙重認同者，通常對原住民的語言、文化不陌生，就比較能夠適應身分認定的改變。

---

20 「根基論」者認為個人的族群認同主要是由親屬那裡所得來的既定賦予（givens），例如一個人會由他出生的群體中學習到既定的血緣、語言、宗教、風俗習慣等傳統，並與這些群體成員產生出一種共同的「原生附著的情感」（primordial attachments）（Geertz 1973）。

21 與上述相異之處在於，從母姓者多為年齡較幼的原客雙族裔，這或許與就學、升學的優惠有關，因為沒有利基考量，年齡較長者通常不會多此一舉去做姓氏與身分的更改，所以多維持原來的漢人身分因為年齡較長的原客雙族裔多為3、40歲，除不須就學優惠外，老人津貼的誘因亦不適用。

　　整體而言，因為原住民語言文化的特殊性，加上有「特別」[22] 的待遇，使這些「一半一半」的原客雙族裔在面臨是否有原住民認同的時刻會被暗示做出表態，否則其改從母姓的動作將會落入與「弱勢族群」競爭資源的污名。所以本研究發現，原住民籍的原客雙族裔隨著身分認定的變更，認同也會轉為原住民單一認同。而就政策面向而言，雖然原住民身分認定辦法的放寬被視為美意，使原客雙族裔可由從母姓來認定其原住民身分，但是這樣的一種認定模式並未脫離單一面向的身分認同思維，且未考量姓氏對原漢族群原先所具有的不同意涵。畢竟，正如法學政治家 Young（1990）所說的，認同是個具政治意涵的正義問題。[23] 因此，在族群認同與身分認定的問題上，不僅學界應做出更深刻的省思，在政策制訂與施行上更應該謹慎評估思考。

---

22 指原住民優惠政策，研究者以「特別」一詞是為了突顯身分的特殊性，而非反對原住民優惠政策。

23 目前（2007）正值修憲，關於《民法》親屬篇與《原住民身分法》中不合宜的法令，如單一思考模式所加諸於每個人身分的身分認定，也已經被相關人士注意。畢竟，認同與政治法令是息息相關的。

附錄 1：本研究 24 位原客通婚受訪者相關資料對照表

世代	編號姓名	族群	年齡	地區	婚姻年數	婚姻狀況	教育程度	配偶語言	婚前信仰	婚後信仰
第一代混居型	1M ♂ 1 鄭先生	客家	77	東昌	51	持續	小學	略說	道教	道教
	1M ♂ 2 鄭先生	客家	64	東昌	38	喪偶	小學	流利	道教	道教
	1M ♂ 3 柯先生	客家	71	東昌	42	持續	小學	略聽	道教	道教
	1M ♂ 4 柯先生	客家	66	東昌	42	持續	小學	略說	道教	道教
	1M ♀ 1 黃女士	阿美	70	東昌	51	持續	小學	流利	傳統	道教
	1M ♀ 2 詹女士	阿美	81	仁里	59	喪偶	高中	流利	基督	道教
	1M ♀ 3 魏女士	阿美	62	東昌	42	持續	小學	流利	傳統	道教
	1M ♀ 4 曾女士	阿美	60	東昌	42	持續	小學	流利	傳統	道教
世代	編號姓名	族群	年齡	地區	婚姻年數	婚姻狀況	教育程度	配偶語言	婚前信仰	婚後信仰
第一代聚居型	1G ♂ 1 洪先生	客家	80	鳳信	54	持續	中學	略聽	道教	道教
	1G ♂ 2 王先生	客家	70	鳳信	45	持續	1 年	略聽	道教	道教
	1G ♂ 3 游先生	客家	69	鳳信	43	持續	小學	略聽	道教	道教
	1G ♀ 1 周女士	阿美	71	富田	54	持續	小學	流利	基督	道教
	1G ♀ 2 李女士	阿美	63	富田	45	持續	小學	流利	道教	道教

世代	編號姓名	族群	年齡	地區	婚姻年數	婚姻狀況	教育程度	配偶語言	婚前信仰	婚後信仰
第二代混居型	2M ♂ 1 鄭大哥	父客家 母阿美	42	東昌	13	持續	高職	流利	道教	道教
	2M ♂ 2 柯大哥	父客家 母阿美	36	東昌	7	持續	高職	略說	道教	道教
	2M ♂ 4 柯大哥	父客家 母阿美	40	東昌	18	分居	高職	略說	道教	道教
	2M ♂ 5 趙大哥	客家	51	仁里	7	離婚	高職	略聽	道教	道教
	2M ♀ 1 傅大嫂	太魯閣	35	富源	17	持續	高職	略聽	基督	道教

世代	編號姓名	族群	年齡	地區	婚姻年數	婚姻狀況	教育程度	配偶語言	婚前信仰	婚後信仰
第二代聚居型	2G ♂ 1 汪大哥	客家	38	大豐	17	持續	高職	不會	道教	道教
	2G ♂ 2 汪大哥	客家	42	永興	18	持續	大學	略聽	道教	道教
	2G ♂ 3 吳大哥	客家	56	稻香	24	持續	高職	略說	道教	道教
	2G ♀ 1 余大嫂	太魯閣	31	水源	13	持續	國中	略說	基督	道教
	2G ♀ 2 潘大嫂	太魯閣	51	西林	18	離婚	國小	流利	基督	道教
	2G ♀ 3 李大嫂	阿美	40	豐濱	10	離婚	大學	不會	道教	道教

小計：第一代男性 7 位、女性 6 位；第二代男性 7 位、女性 4 位。

總計：男性 14 位、女性 10 位，共 24 位。

表註：

第一個英文代表出生時代 1＝第一代（1945 年以前出生者）2＝第二代（1945 年以後出生者）；

第二個英文代表居住地區族群分布型態 M＝Mixed（原客混居型）G＝Group（原客各自聚居型）；第三的英文代表性別：♂＝男性 ♀＝女性；受訪者的姓為研究者隨意化名

附錄 2：受訪者關係圖

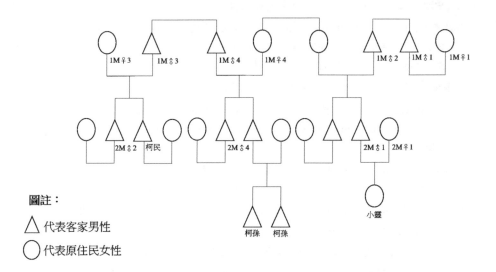

圖註：

△ 代表客家男性

○ 代表原住民女性

參考文獻

王明珂，《華夏邊緣：歷史記憶與族群認同》。臺北：允晨，1997。

王甫昌，〈族群通婚後果：省籍通婚對於族群同化的影響〉，《中央研究院人文及社會科學集刊》76: 231-67，1993a。

_____，〈省籍融合的本質：一個理論與經驗的探討〉。頁 53-100，收錄於張茂桂等著《族群關係與國家認同》。臺北：業強，1993b。

_____，〈光復後臺灣漢人族群通婚的原因與形成初探〉，《中央研究院民族研究所集刊》76: 43-96，1993c。

_____，〈臺灣族群關係研究〉。頁233-274，收錄於主振寰主編《臺灣社會》。臺北：巨流，2002。

_____，《當代臺灣社會的族群想像》。臺北：群學，2003。

王雯君，《閩客族群邊界的流動：通婚對女性族群記憶與認同的影響》。國立中央大學客家社會與文化研究所碩士論文，2005。

內政部統計處，《九十五年第五周內政部統計通報：94年底原住民人口結構概況》。網路資源，http://www.moi.gov.tw/stat/index.asp（內政部資訊服務網2006/2/3）（最近上網日2006/3/5）。

江運貴，《客家與臺灣》（徐漢彬譯）。臺北：常民文化，1996。

行政院勞工保險局全球資訊網，《原住民敬老福利生活津貼暫行條例》。網路資源，2005。http://www.bli.gov.tw/sub.asp?a=0004354（最近上網日期2006/4/2）

李廣均，〈什麼是族群身分？一三種不同取徑的提出和討論〉，《中大社會文化學報》9：67-94，1999。

邱莉雯，《東部原漢雙族裔成人認同研究》。國立花蓮師範學院多元文化教育研究所碩士論文，2004。

林修澈，《原住民身分認定的研究》。臺北：原民會，1999。

吳乃德，〈認同衝突與政治信任：現階段臺灣族群政治的核心難題〉，《臺灣社會學》4：75-118，2002。

施正鋒，〈臺灣的族群政治〉，收錄於施正鋒編《族群政治與政策》。臺北：前衛，1997。

_____，《少數族群與國家：概念架構的探索與建構》。臺北：前衛，1998。

_____，《臺灣人的民族認同》。臺北：前衛，2000。

_____，《臺灣民族主義》。臺北：前衛，2003。

_____，《臺灣原住民族政治與政策》。臺中：新新臺灣文化教育基金會，2005。

高怡萍，〈客家族群意識與歷史的文化建構：客家社區在原鄉與移民地之比較研究〉，收錄於《客家文化研究通訊》3：50-72，2000。

黃河、陳信木，《全國客家認同客家人口之抽樣調查研究》。臺北：客家委員會，2002。

陳信木，《臺灣地區客家人口之婚配模式：世代、地理區域、與社經地位比較分析》。行政院客委會獎助客家學術研究計畫研究成果報告，2003。

陳板，〈族群與地域：臺灣客家在地化的文化觀察〉，收錄於徐正光主編《第四屆國際客家學研討會論文集：聚落、宗族與族群關係》。臺北：中央研究院民族所，2000。

傅仰止，〈臺灣原住民優惠政策的支持與抗拒：比較原漢立場〉，《臺灣社會學刊》25：55-110，2001。

張福群，《族群通婚的婚姻適應：以阿美族和泰雅族女性為例》。國立政治大學民族學研究所碩士論文，2000。

賴錦慧，《族群通婚與族群觀：四季新村原住民婦女的經驗》。東華大學族群關係與文化研究所碩士論文，1998。

謝世忠，《認同的污名：臺灣原住民的族群變遷》。臺北：自立晚報，1987。

謝若蘭，〈原住民／族與認同政治〉。頁213-254，收錄於潘朝成等編《臺灣平埔族》。臺北：前衛，2003。

_____，〈國家認同之文化論述：平埔族觀點〉。收錄於「國家認同之文化論述座談會」與談稿件，臺北：臺灣國際研究學會，2006/3/10。

劉還月，〈臺灣的客家風俗〉，收錄於徐正光編《徘徊於族群和現實之間》。臺北：正中書局，1991。

_____，《處處為客處處家：花東縱谷中的客家文化與歷史》。花蓮：鳳林鎮公所，1998。

鍾肇政，〈硬頸子弟，邁步向前〉，收錄於臺灣客家公共事務協會主編《新的客家人》。臺北：臺原，1998。

羅香林，《客家研究導論》。臺北：南天書局，1992。

Alba, Richard D. and Michell B. Chamlin,"A Preliminary Examination of Ethnic Identification among Whites,"*American Sociological Review* 48(April): 240-47, 1983.

Barth, Fredrik (ed.), *Ethnic Groups and Boundaries*: The Social Organization of Cultural Difference. Boston: Little, Brown, 1969.

Foucault, Michel, *Discipline and Punish: The Birth of the Prison*. Translated from the French by Alan Sheridan. New York: Pantheon Books, 1977.

Geertz, Clifford, *The Interpretation of Culture*. New York: Basic Books, 1973.

Handler, Richard,"Is'Identity'a Useful Cross-Cultural Concept?"Pp.27-40 in John R. Gillis (ed.) *Commemorations: the Politics of National Identity*. Princeton: Princeton University Press, 1994.

Keyes, Charles,"The Dialectics of Ethnic Change." Pp.4-30.in Charles Keyes(ed.), Ethnic Change. Seattle: University of Washington Press, 1981.

Lieberson, Stanley, *A Piece of Pie:Blacks and White Immigrants Since 1880*. Berkeley: The University of California Press, 1980.

Lowenthal, David,"Identity, Heritage, and History,"Pp.41-54. in John R. Gillis (ed.) *Commemorations: the Politics of National Identity*. Princeton University Press, 1994.

Leach, Edmund Ronald, *Political Systems of Highland Burma: A Study of Kachin Social Structure*. Atlantic Highlands, N.J.: Athlone Press 1977.

Okamura, Jonathan Y.,"Situational ethnicity."*Ethnic and Racial Studies*. 4(4): 452-465, 1981.

Stephan, Cookie White & Walter G. Stephan,"After Intermarriage: Ethnic Identity among Mixed-Heritage Japanese-Americans and Hispanics," *Journal of marriage and the Family* 51(May): 507-519, 1989.

Young, Iris Marion, *Justice and the Politics of Difference*. New Jersey: Princeton University Press, 1990.

生活情境、歷史記憶與族群認同：
臺灣河婆客家移民的遊移身分 *

藍清水

一、前言

目前臺灣在族群的分類上，幾乎都接受閩南、客家、外省以及原住民四大族群的說法。雖然許多學者並不滿意這樣的分類，但是，一時之間也沒有能被大家所共同接受的分類，所以在尚未有新的分類出現之前，無論是官方、民間社會或學術團體，都還是以此作為討論族群問題的分類方式。這種分類方式最為人所詬病的就是均質化了族群中所存在的差異，其中外省人便是存有較多差異的族群。臺灣俗稱的「外省人」，係以民國 34 年（1945）以後由大陸各省市遷入者稱之。[1] 而來自大陸各省市的所謂外省人群中，有相當多是來自大陸的客家原鄉，[2] 若以四大族群的分類方式套在這群人身上，便會出現扞格的現

---

* 本文原刊登於《歷史人類學刊》，2012，10 卷 2 期，頁 129-158。因收錄於本專書，
 略做增刪，謹此說明。作者藍清水前桃園市中壢社區大學校長。

1 蔡淑鈴，〈社會地位取得：山地、閩客及外省之比較〉，載楊國樞、瞿海源主編，《變
 遷中的臺灣社會：第一次社會變遷基本調查資料的分析》，上冊（臺北：中央研究院
 民族學研究所，1988），頁 1-44；王甫昌，〈當代臺灣社會的族群想像〉（臺北：
 群學出版有限公司，2003），頁 65。

2 《客家雜誌》稱：隨國民政府來臺的外省人中，客家人佔 20%。詳見《客家雜誌》編
 輯部，〈被遺忘的客家人：外省客家人〉，《客家雜誌》，第 155 期（2003 年 5 月），
 頁 6。若以外省人有 100 萬人計，便有 20 萬人是客家人，然行政院客家委員會 2001
 年的調查，在單一認定時大陸客家人為 0.8%，是 18.4 萬人；2008 年的調查則只有

象，因為這群人既可被均質化地歸入外省族群，也可以是客家人，在這種具有雙重族群身分的情況下，他們被稱為「外省客家人」、「大陸客家人」、「唐山新客」。[3]

討論外省客家人之前必須先了解臺灣的外省人。臺灣的外省人可以說是歷史偶然下的產物。而外省人開始被關注與 20 世紀 70 年代初期臺灣興起的鄉土文學論戰有關。[4] 在這場論戰中外省人無端被捲入其中，成為論戰的對應對象，於是與外省人相關的研究才逐漸受到重視，但是，近三、五年漸趨沉寂，已鮮有研究外省人的新作問世，因此既是外省人又是客家人的「外省客家人」研究乏人問津也就不足為奇了。

外省客家人之所以特別，可由同一時期移民臺灣的人群中來自福建或廣東潮汕地區者在臺的族群身分認定上看出端倪。來自福建省或廣東潮汕地區的人群，由於使用的語言與臺灣福佬族群的閩南語系相同或相近，一般都被視為福佬人，[5] 若要進一步區別時則會加上他們的祖籍地，如他是詔安人或汕頭人。

0.4%，也就是 9.2 萬人。參見行政院客家委員會編《93 年度全國客家人口基礎資料調查研究報告》及《97 年度全國客家人口基礎資料調查研究報告》（臺北：行政院客家委員會，2004、2008）。《客家雜誌》的數字係臆測，行政院客家委員會則以現代統計學方式求得的，顯然較具科學性。行政院客家委員會已於民國 101 年（2012）1 月 1 日正式改制為客家委員會，成為部會級的行政組織。唯本文所引皆為改制前之資料，故仍沿用行政院客家委員會之舊名。

3 黃宣範，《語言、社會與族群意識：臺灣語言社會學的研究》（臺北：文鶴出版有限公司，1993）；邱彥貴、吳中杰，《臺灣客家地圖》（臺北：貓頭鷹出版社，2001），頁 87；行政院客家委員會編，《97 年度全國客家人口基礎資料調查研究報告》。

4 民國 60 年代初期，臺灣興起鄉土文學熱，主張文學應該要關注哺育生養的土地，從鄉土中找題材，呈現鄉土的真面貌，可說是臺灣本土化的文學表現，但民國 66 年（1977）4 月開始卻引起傳統以大陸為宗的傳統派批評，認為此舉將使文學失去滋養的土壤，且會使文學趨於鄙俗。本來是文學寫作方向的討論後來卻發展成意識形態的論戰。唯此一論戰雙方似乎有默契般地在論戰將近一年後嘎然而止。事後論者咸認為對臺灣日後的本土民主運動起了關鍵性的啟發作用。參見陳明成，《陳芳明現象及其國族認同研究》（臺南：國立成功大學歷史研究所未刊碩士學位論文，2002）。

至於屬於閩北語系的福州，雖然語言無法相通，亦只稱之為福州人，少有稱之為外省人，更未聞有外省潮汕人或外省福州人的稱謂。

　　外省客家人在臺灣所處的邊緣地位是顯而易見的。客家籍學者徐正光曾不避諱地直言：「面對鶴佬人的人口優勢時，客家人會把外省客算進來。」[6]換句話說，外省客家人只有在為了提高臺灣客家人口統計數字時，才會被臺灣客家人[7]當成客家人看待。專責制定臺灣客家政策與執行的行政院客家委員會則認為，「臺灣客家人與大陸客家人，由於歷史背景的差異，是否能視為一體眾說紛紜。」所以在歷次的《全國客家人口基礎資料調查研究報告》中，並未將大陸客家人納入臺灣客家人口的統計中。[8]試想連負責全臺客家政策制定與執行的行政院客家委員會，都不知如何為這群戰後客家移民做出定位，則不難理解何以外省客家人長期在學術研究的視野之外了。

　　如前所述，在臺灣，外省人指的是 1945 年之後來自大陸各省市的移民。絕大多數的外省人是隨國民政府遷臺的，其人數在 120 萬上下，數量如此龐大的移民在短短一年左右的時間內，湧入當時僅有 660 萬人口的臺灣島，[9]必然在各個方面都造成相當程度的衝擊，以致臺灣社會至今仍存在著某些難以抹滅的陰影，其影響至深且廣，族群的分類與競爭便是臺灣島內迄今爭論不休的問題。這群因戰爭與政治因素遷臺的人，被歸類為非自願性的政治難民，[10]而本

---

5 福佬人係指臺灣島內以閩南語為母語者。

6 徐正光，〈臺灣的族群關係：以客家人為主體的探討〉，載張炎憲、陳美蓉、黎中光編，《臺灣史與臺灣史料（二）》（臺北：吳三連臺灣史料基金會，1995），頁 265。

7 臺灣客家人是相對於大陸客家人的分類，指的是臺灣光復之前即已居住在臺灣，並以客語為母語且認同客家者。

8 政院客家委員會編，《97 年度全國客家人口基礎資料調查研究報告》。

9 黃宣範，《語言、社會與族群意識臺灣語言社會學的研究》，頁 25，林桶法，《1949 大撤退》（臺北：聯經出版事業股份有限公司，2009），頁 323-336。

10 施正鋒，〈臺灣人的民族認同〉（臺北：前衛出版社，2000），頁 10。

文研究的對象是來自廣東省揭陽縣河婆墟[11]的移民,則與俗稱的外省人在遷入的時間點和移民動機上有極大的差別。

　　河婆人移民臺灣的時間集中在 1945 年前後到 1949 年之前,也就是臺灣光復前後至國民政府遷臺之前,因原鄉地方動亂與遭逢大旱,迫於生計及為了尋求更好的出路而移民臺灣,是屬於自願的經濟性移民,與前述絕大部分的外省人在移民屬性上絕然不同。若以移民時段來看,河婆移民在臺灣目前的族群分類應該被歸類為外省族群,但是他們在現實生活中卻自認為是客家人。事實上外省人當中並不是只有河婆人才是自願性的經濟移民,日據時代有 3.17 萬華僑[12]常住臺灣,顯見縱使在日本殖民政府時代,兩岸民間的往來亦未嘗中斷過,而臺灣光復後,來臺手續較諸日據時期更加簡便的情況下,可以合理推測由大陸來臺者當較日據時期更多。但是,本文之所以選擇河婆移民為研究對象,除了其具有外省與客家的雙重的族群身分之外,他們集體遷臺後絕大多數聚居在屏東市與竹東鎮,一南一北相隔 300 公里。在南部主要聚居在福佬人佔絕對優勢的屏東市林仔內方圓一公里之內,北部則集中在純客語區的新竹縣竹東鎮東寧路附近。由於臺灣從清末開始,北部成為行政與商業的重心,因此南北的發展出現相當大的差異,特別是濁水溪以北的現代化程度高過溪南,又由於氣候與土地的利用條件,濁水溪以南多以農業為主,故其社會發展較緩慢,演變成南北的習俗與觀念也都不甚相同。因此,河婆移民在地理上一南一北的分布,可以觀察在空間的分隔下其發展的異同;其以弱勢群體卻長期居住在閩、

---

11 河婆人在臺灣光復前後移入臺灣時,河婆是廣東省揭陽縣轄下的河婆墟,1965 年改隸揭西縣,名為河婆鎮,是揭西縣邑之所在。本文後續的行文中會依不同時期河婆的隸屬以揭陽與揭西表述之。

12 日本稱日本殖民臺灣時期居留在臺灣的漢人為華僑。後來華僑被廣泛用來稱呼僑居之海外之華人。日據時期在臺灣的 3.17 萬華僑中大部分是「華工」。參見黃宣範,《語言、社會與族群意識:臺灣語言社會學的研究》,頁 22。

客族群強勢區內，在語言、飲食、習俗、信仰與族群認同上是否受到影響，都是值得探討的課題。

若用「1945 年臺灣光復後，自大陸各省市遷移到臺灣者，稱為外省人」，這種僅僅以時間先後與移出地作為依據的族群分類法來作為「外省人」的定義，則「1945 年」之後來自「廣東省揭陽縣」的河婆人絕對應該被歸類為「外省人」。但是，若因此而將河婆移民完全等同於「其他外省人」，進而認為「來自河婆的外省人」與「其他外省人」[13] 是「分享共同價值以及其有相當程度同質性的群體」，[14] 將模糊河婆移民的真實面貌。那麼到底移民臺灣的河婆移民該用何種族群歸類會是最符合他們的身分，而又是河婆移民最樂於接受的呢？若明白目前「外省人」的稱謂是臺灣的獨特政治環境造成的一種擬制用法，是「政治議題的族群化而被放大」，[15] 因此要呈現河婆客家移民的真實面貌，必須從他們移民的背景、動機以及過去 60 餘年在臺灣生活的歷程中去了解。

本研究在「河婆旅臺張姓宗親會」總幹事張武炮以及「河婆旅臺同鄉會」林建中總幹事的協助下，從 2008 年 2 月 19 日至 2009 年 3 月 20 日止共訪談了 39 位，目前定居於純客縣的新竹縣竹東鎮和閩南人佔絕對多數的屏東市林仔內，以及散居中壢市、平鎮市、新竹市與屏東縣內埔鄉、萬巒鄉及高雄市等地，二戰後來自廣東省揭陽縣河婆鎮的河婆客家移民。探討何以在語言相通的情況下，來自客家原鄉的移民卻被冠以外省、大陸、唐山等非祖籍地的稱謂？這樣的稱謂是否意味著這群移民有別於光復前已居住在臺灣的客家人？是什麼因素

---

13 「其他外省人」主要是強調，1945 年臺灣光復後移民臺灣的廣東省揭陽縣河婆墟外省客家人，與其他來自大陸各省市的「外省人」不能等同視之。

14 楊聰榮，〈移民與本土化：中國戰後移民在亞太各國的遭遇〉，載廖炳惠等編，《「重建想像共同體：國家、族群、敘述」國際學術研討會論文集》（臺北：行政院文化建設委員會，2004），頁 22。

15 楊聰榮，〈移民與本土化：中國戰後移民在亞太各國的遭遇〉，頁 22。

或特質讓他們被冠以外省、大陸、唐山客家人之名？而這群人自身的族群認同又如何呢？本文將透過河婆移民在臺灣生活情境，了解其語言的使用情形、飲食習慣的傳承、生活習俗的保留、宗教信仰的傾向，觀察歷史記憶如何保存並強化，以及歷史記憶所起的作用，最後檢視河婆移民自身主觀意識的族群認同取向，並與其他外省人[16]和臺灣客家人做比較。釐清這些或有助於還原臺灣族群的部分原貌。

二、河婆移民與其他外省人的比較

就筆者觀察所得，河婆移民與其他外省人之間，除了移民臺灣的時間都是在二戰結束、臺灣光復之後，以及同樣來自大陸兩項客觀因素，以及過去 60 多年來接受一樣的教育制度，在相同的政治體制下在臺灣生活之外，其他無論是移民之前的歷史記憶、移民的動機、謀生的方式，還是社會支持、在地化過程、族群認同等，都呈現極大的差異。過去的 60 多年，河婆移民人不但是被遺忘的外省人，也是被邊緣化的客家人。但是透過以下的討論，可以明白河婆移民與其他外省人之間的差異之所在，並突顯均質化族群分類的不合理性。以下分別就河婆移民與其他外省人的移民背景和動機、社經地位、社會支持、宗教信仰做一比較。

（一）移民的背景和動機

河婆鎮目前是廣東省揭西縣政府所在地。河婆鎮原先隸屬廣東省揭陽縣，1965 年劃揭陽縣西部和陸豐縣五雲、上沙另設揭西縣，因其在揭陽縣的西部所

---

16 本文將 1945 年至 1949 年因政治因素遷臺的外省人，概稱為其他外省人，以有別於自願性經濟移民的外省人，雖然這類移民不僅僅是河婆人，但是，卻都不像河婆移民聚居，且雖然南北分隔卻始終保持聯繫，自成一個群體。

以稱為揭西。揭西縣位在廣東省東北部是一個山多田少的地區，有「居地狹小，農產缺乏，故其人每至失業」、「粵東生齒過繁，久有人滿之患」的說法。據統計，同屬粵東的潮州在民國 20 年代每人平均分得的耕地僅有 0.6 畝，遠低於生存所需的四畝地；清末張振勛更直指，「民無生業，頻海各省之民，散出外洋各埠者，日多一日。……內地更有人滿之患，非真滿也，無生業也」。[17] 在耕地不足以仰給，又無其他生業足以維生的情況下，生活之艱困可想而知，豐順更有諺曰：「唔窮唔過番」，[18] 一語道盡粵東地區生計艱難的現實狀況。因此，本地區在歷史上盜匪層出不窮，造成地方社會的動盪，民眾生活不得安寧，加上天災頻仍，所以這個地方的人為了生存，不得不往外遷移。據云全球的河婆人有 30 萬人之眾，而現今的河婆鎮人口也不過 13 萬餘人，[19] 從其外移人口較原鄉多的事實，可以反見此地生活條件的惡劣情況。除了人口壓力是移民因素之外，社會的動盪也是不可輕忽的原因。

史載，粵東地區自明朝中葉嘉靖年間開始，長期有土匪與賊寇為亂，其中較著名且危害較大的有九軍之亂，[20] 另外明末清初本區域更是一個「不清不明」

17 參見羅香林，《客家研究導論》（臺北：南天書局有限公司，1992），頁 114；何如璋，〈復粵督張振軒制軍書〉，載溫廷敬輯，《茶陽三家文鈔》（臺北：文海出版社，1967），卷 3，頁 12；李道輯，《清末民初潮州人移殖暹邏之研究》（臺北：海華文教基金會，2001），頁 24-27。

18 廣東省地方史志編纂委員會編，《廣東省志‧華僑志》（廣州：廣東人民出版社，1996），頁 179。

19 30 萬之數為 2009 年第一屆世界河婆同鄉大會倡議書所載。另據宋明順的說法為：目前（1979）全球河婆人口不過 30 萬人，移居海外與原鄉人數差不多。參見蘇慶華，〈馬來西亞河婆客家學研究拓展史略：兼談二位河婆籍先驅學人劉伯奎、張肯堂〉，載丘昌泰、蕭新煌主編，《客家族群與在地社會：臺灣與全球的經驗》（臺北：中大出版中心、智勝文化事業有限公司，2007），頁 330。若此數可信，則海外河婆人有 15 萬之多，經過 20 年的生養，人數當在二十萬左右。然 2010 年河婆鎮總人口為 13 萬餘人，則與 1979 年宋氏統計之數有相當的大的差距。唯以大陸許多僑鄉人口數遠比海外移民人口少的現象，似可推斷海外河婆人口可能多於原鄉。

20 九軍之亂長達 13 年，其盜賊囂張程度到了官府不但不敢出剿，有司尚且「反或溫言

的地方,[21] 因為此區域內存在打著反清復明旗號的鄭氏政權勢力,又有南明小朝廷,還有奉明朝正朔的未降官員以及清朝的勢力都麇集於此,百姓必須周旋在不同武裝勢力與政權中討生活,無論是物質的貢賦或精神壓力都令百姓難以喘氣。清咸同年間太平天國的最後一股勢力也曾短暫佔有粵東地區;民國之後,國民黨的叛將陳炯明在惠州地區擁有強大的勢力,國民革命軍東征的主要戰場便在粵東地區的河婆、棉陽一帶。抗戰期間沿海港口汕頭為日軍佔據,河婆成為國民政府軍需運輸的重要孔道,曾經帶來短暫的繁榮,但是也因為戰爭財的過於輕易賺得,本地出現奢華之風,加上本地向為廣東著名的鴉片產區,國民政府嚴禁吸食鴉片,故屢次派軍隊到本地剷菸,然本地民性強悍,抗拒剷菸造成軍民衝突亦時有所聞。[22] 又,閩粵贛三省接壤之處,是共產黨的重要根據地,因此粵東地區也就成為國共兩黨勢力互有消長的區域,此地百姓再次陷入必須兩面討好、左右為難的窘境。但是真正促使河婆人採取移民行動的還是生業無著,加上民國 31 年(1942)秋至 32 年(1943)夏當地遭逢大旱,除了沒有收成之外,尚且造成大飢荒,據官方統計:1943 年全縣餓死的 68,366 人,逃荒 24, 215 人,少女、幼嬰拐賣 22, 333 人。[23] 戰爭向來促使人口移動,災荒是另一項重要因素,兩項因素同時出現,則大規模的移民便勢所難免。

以博其懽,厚賚以養其銳,拊循咻噢如奉驕子」的地步,其魚肉鄉民、危害地方社會的程度可想而知,而其主要活動地域便是在粵東地區的潮州府揭陽一帶。詳見乾隆《揭陽縣志》(臺北:成文出版社,1974 年影印)卷 7,〈兵燹〉。

21 詳見陳春聲,〈從「倭亂」到「遷海」明末清初潮州地方動亂與鄉村社會變遷〉,載朱誠如、王天有主編,《明清論叢》,第 2 輯(北京:紫禁城出版社,2001),頁 73-106。

22 詳見張肯堂編著,《風雨九十年:一個馬來西亞河婆老華人滄桑錄》(吉隆坡:智慧城有限公司,2008),頁 118-122;廣東省立中山圖書館編纂,《民國廣東大事記》(廣州:羊城晚報出版社,2002),頁 822-823。

23 揭西縣地方志編纂委員會編,《揭西縣志》(廣州:廣東人民出版社,1994),頁 21。

　　河婆移民是典型的鏈式移民（Chain Migration）模式。Peter Stalker 的研究指出：「移民對遷徙目的地的選擇，也受到移民網絡的強烈影響。移民多傾向於選擇那些較可能得到接納，而且有同胞及親朋好友幫助的地方，充分利用早期開路先鋒所建立的跨國聯繫和合適移民的聚落。」[24] 在報導人 A09、A11、A35、A29、A01 的訪談中，都提到在南洋或臺灣有親友與鄰舍，可見河婆移民網絡相當綿密。A12 報導人則稱：「他們回去說，臺灣河邊每天都有鴨蛋可以撿，很好賺食」，A31 報導人的說法更生動：「臺灣好賺食，豬肉 nut nut 動，白飯 tu 鼻孔」，意即臺灣容易賺錢謀生，吃飯有豬肉佐食，碗中的米飯則多到會堵到鼻子了。在親朋這般誘人的描述與勸說下，對於長期處於戰亂與剛歷經大旱的河婆人，毋寧是命運的轉機之地，故選擇走上移民臺灣似乎並非偶然。歷史上大陸對臺灣的移民活動從未停止過。[25] 從河婆與臺灣兩地之間未嘗停止過的聯繫與移民事實，我們也發現，除了 1949 年中共建政至 1988 年臺灣開放返鄉探親之前的這段期間之外，大陸對臺灣移民未曾間斷過。可見移民是一種動態且持續進行中的人類共有行為。

　　河婆人在臺灣和南洋都存在著千絲萬縷的關係，若以臺灣與南洋（特別是馬來西亞）相比較，南洋的河婆移民人數不但多於臺灣，其成就也遠遠勝過臺灣。換句話說，若是移民南洋所能獲得的社會支持應該會遠勝過移民臺灣，但是，為何河婆移民卻選擇遷移到臺灣呢？考其原因約有下列數端：

---

24 Peter Stalker 著，蔡繼光譯，《國際遷徙與移民：解讀「離國出走」》（臺北：書林出版有限公司，2002），頁 63。

25 彭文宇，〈清代閩臺家庭與家族交往〉，《福建論壇》（文史哲版），2000 年，第5 期，頁 76-79；彭文宇，〈臺灣移民社會的家庭形態〉，《中共福建省委黨校學報》，2000 年，第 7 期，頁 57-61；陳支平，〈從碑刻、民間文書等資料看福建與臺灣的鄉族關係〉，《臺灣研究集刊》，2004 年，第 1 期，頁 57-66；陳支平，〈福建向臺灣移民的家族外植與聯繫〉，《中國社會經濟史研究》，2004 年，第 2 期，頁 4-19。

1. 手續簡便：臺灣在 1945 年光復後，重回中華民國統轄，原先日本殖民政府對兩岸互渡的相關規定解除，兩岸隨及恢復了往昔往來對渡的辦法，手續簡便。2. 航程短風險小：臺灣與大陸僅一水之隔，無論是在航行風險、航程時間都比前往南洋安全和方便。3. 移民型態不同：早期的華人移民，大多是單身的男性，旅費的負擔較輕，航程上也較無家累的牽掛，1945 年前後遷移到臺灣的河婆移民，幾乎都是舉家移民，少則二人，多則一家十數口，不但拖家帶眷的相當不便，而且旅費負擔沉重。

基於上述因素，河婆移民因此選擇離開家園，以既有的社會網絡，奔向一個未可知卻充滿希望的新天地——臺灣，並從此展開有別於「其他外省人」與「臺灣客家人」的生命歷程。

從河婆客家移民採取移民行動的決定因素來看，應是迫於生活環境與謀生條件的惡化，而不得不以遷移來謀取機會。就此而論，似乎應歸類為非自願性的移民，但是，最終是否採取移民行動，以及移民地點的選擇、家庭移民人口等等的決策，卻是理性的抉擇，則歸類為經濟因素的自願性移民殆無疑義。至於為何沒有選擇前往河婆移民人口最多、成就最大的馬來西亞，報導人 A11 稱是「因為手續太麻煩」，A15 稱是「聯絡不到當地親人」，A35 稱「整個家族十幾口，船錢不夠」。若是船資足夠，或者是當地有親人可以依靠，顯然河婆移民會選擇移民到有足夠社會支持網絡的地區。

反觀其他外省人，除了少數人是個人的自願行為之外，其中大多數是公教人員，[26] 是在國民政府的安排下，不得不如此的決定；至若佔外省人數過半的 60 萬軍人 [27] 恐怕連考慮的機會都沒有，必須完全聽部隊命令撤退，就此而論，

---

26 張茂桂，〈省籍問題與民族主義〉，載《族群關係與國家認同》（臺北：業強出版社，1993），頁 233-278。

其他外省人可算是非「自願性的政治難民」性質的移民。

（二）社經地位

　　1945 年臺灣光復後大陸各省籍的人，有因經商、求學、旅遊、考察等不同的理由來到臺灣的，也有以公務人員或公營事業員工等身分，奉國民政府命令來臺灣辦理接收工作的，這群人最終都與 1949 年前後隨國民政府撤退來臺的大陸各省籍大約 120 萬左右的軍民，成為現在臺灣四大族群中的「外省人」。表面上看起來自願性經濟移民享有較大的自由度，得以隨個人所好發揮，應該會有較好的經濟條件，從而取得較優的社會地位；隨國民政府遷臺的非自願性的政治難民，應該是處於較劣勢的生活環境，或較差的經濟條件，甚至社會地位都可能會不如前者。事實上，在移民後的前十幾年期間內，自願性移民的生活條件與社會支持遠不如後者。

　　隨國民政府撤退來臺的 120 多萬人中，若非軍人便是公教人員以及眷屬。國民政府為了安置他們與眷屬，在幾年內興建了近千個眷村[28]和公教宿舍以安置他們與眷屬，另外也興建了榮民之家安頓年老傷殘的退役官兵。雖然現在看來眷村顯得簡陋、矮小、擁擠，公教宿舍也不是樣樣齊備，但是以國民政府倉皇遷臺，在既缺乏資源又朝不保夕的當時，總比初到臺灣或露宿街頭，或借宿學校、廟宇的狼狽狀要強得多，甚或後來陸續退役的單身外省籍軍人，政府在全省各地都興建可供頤養天年的榮民之家。除此之外，按月發餉並配糧，使

---

27 胡台麗，〈芋仔與番薯：臺灣「榮民」的族群關係與認同〉，《中央研究院民族學研究所集刊》，第 69 期（1990 年春季），頁 107-131。

28 眷村是國民政府為安置撤退來臺的軍人眷屬所興建的簡易狹窄的住房，眷村大小不一，少者幾十戶成一村，多者達千戶，對於遷臺初期的社會安定起了相當良好的作用。眷村中聚居者雖來自大江南北，但是基於都是天涯淪落人的同理心，村中不分省籍，發揮急難相助、有福同享的精神，幾十年下來，發展出臺灣特有的眷村文化。唯眷村在都市改造的計劃下，已經全部遷空改建大廈，僅保留有限的幾個眷村供人憑弔。

軍公教人員能維持基本的溫飽。研究指出：外省人在產業部門行業中以服務業居多，在公部門外省人佔 40.5%，且佔 10-14 職等高級文官的 57.8%，佔 6-9 職等中級文官的 39.1%；經濟地位外省人亦佔優勢，主觀階級認定上外省人也居於中、上階層。[29] 事實上，在公部門任職者在 120 多萬的外省人中究屬少數，絕大部分的外省人在軍中或公部門是屬於低階者，不過仍獲有國家機器庇護。

　　若林忠正與林鶴玲的研究反映了部分隨國民政府來臺的外省人情況，那麼自行來臺的河婆移民與這些外省人相比，河婆移民顯然沒有同樣的優勢社經地位。通常河婆移民必須靠自己賺取生活的所需，而且是以勞力者居多，因此就顯得更加地弱勢，其中的心酸苦楚可由下面的訪談記錄略窺一二：

　　我是（民國）37 年 4 月 4 日到高雄下船的，在高雄火車站住了大約十天，沒錢吃飯，媽媽就帶我們出去「分食」（筆者按：乞食），一位姓劉的鶴佬人給我們吃……我們又去縣政府取鍋巴吃……從高雄火車站走到高屏大橋，在橋下住了三、四晚，附近的人拿蕃薯教濟我們。（A30）

　　我爸爸根本沒有認識的人，只是在家鄉聽人說過很多河婆人在竹東……我們就到竹東高中神社，就住下來了……住了大概快兩年多才搬走了，白天我們都去問人家有沒有工作可以做，我哥哥就去幫人掌牛，我爸爸先是去做礦工，受不了，又去山上拉竹子，也是受不了，因為他在大陸是做文的，沒吃過苦，當然受不了；最後我

父親找了很久的工作都不適合，他就去補皮鞋，生意也是不好，那個時候很窮，哪有什麼人穿鞋子？以從就有什麼可以做，就去做，生活一直都很苦，現在這個房子原來是人家的菜園，我們就用竹子在旁邊隨便搭一搭，能住，不會漏水就好了，這樣可以省房租啊。（A14）

我們一家人七個人來臺灣，只有我媽媽是女的，我父母帶我們五個兄弟來，剛來的時候，人生地不熟，住也沒有地方住，在竹東火車站住了好幾天。每天都去問人家有沒有工作，後來就有同鄉說，要不要去山上砍竹子，一開始只有我父親去做，砍竹子當然很苦啦！要上山上去，要把竹仔砍好，從山上拉下來，很重，不是一根一根拉，是捆成一大把，很重，要從山上拉下來，在轉彎的地方很危險，不小心就會被拉下去！但是，能有工作就好啦！總比我們那裡好吧？工錢雖然不多，但是我們一家六個男的都做，加起來也不少錢，當時一天賺的錢，可以買一包米，很不錯的。（筆者問：那你們家一下子就發財啦！）……也沒有啦！不是天天都有工作的，有時候下雨，一下就好幾天，就沒有工作做了！可是比我們那邊好多了！（A11）

我是跟我媽媽一起過來的，也是坐船來的，不過我還小，我記不得怎麼坐船的，來到這裡，就是去做粗工嘛！我媽媽去做，我們孤兒寡母兩個人，一開始也是住在車站，神社那裡住了好幾個月，後來人家不給我們住了，趕我們走，我媽媽就學別人，也是在人家的菜園邊搭竹寮子住，很辛苦啦！工作很辛苦，也不是每天都有，來到臺灣，只要有工作就做。（A06）

　　我來臺灣的時候還很小，沒有什麼工作可以給我做，又沒有上學，可是家裡沒有錢，我父親也是到處給人家打零工。住，就住在前面那裡，那裡以前有日本人的宿舍，我們就去住，常常會有人來趕，零工也不是天天有，日子過得很辛苦，我就去戲班應頭路，他們就叫我舉旗子，我每天賺了錢就存起來，我每天有兩角銀。我是小孩子，比較不知道什麼事，大人比較苦啦！（A14）

　　我們可以從河婆移民的敘述中了解，他們的謀生方式都是自己主動去打聽或請鄉親介紹，沒有工作無以為生時靠的是乞食或他人救濟度日，縱使有了工作也以做粗工為多，而且不是很穩定，住的地方也是僅求能遮風避雨而已，間或有賣藥、做小生意的，初期也是走街串巷頗為辛苦；生活不但艱苦，還相當地不穩定，不像其他外省人至少不需要為吃、住等基本的民生問題發愁。柴雅珍的研究指出：「在財力拮据的情形下，軍方仍然從各方籌款以解決軍眷生活困苦的問題」。[30] 若是出現突發的狀況，其他外省人則有服務單位作為後盾，如眷村中房屋修繕、環境衛生、子女教育、糾紛調處等大大小小的事情都會有相應的單位負責或協助處理。[31] 而河婆移民雖然可以找移民同鄉幫忙，然而，在移民同鄉自身都難保的情況下，大多時候只能靠自己解決。但是，較弱的社會支持網絡，反使河婆移民與在地社會的互動關係上贏過其他外省人。

---

30 參見柴雅珍，《戰後臺灣「外省人」的塑造與變遷（1945-1987）》（東海大學歷史學研究所未刊碩士學位論文，1997），頁91。

31 參見劉益誠，《竹籬芭內外的老鄉們：外省人的兩個社區比較》（國立清華大學社會人類學研究所未刊碩士學位論文，1997），頁22-25；胡台麗，〈芋仔與番薯：臺灣「榮民」的族群關係與認同〉，載《族群關係與國家認同》頁295-296。

（三）移民在地化

在臺灣，上世紀 70 年代開始醞釀的政治與文化變遷，成為 80 年代政治上激變的重大因素。[32] 正是在這樣的政治氛圍下，許多原本存在忌諱的社會現象與問題，紛紛浮出檯面，關於外省人的討論也多了起來。有用小說表現的，如朱天心的《想我眷村的兄弟們》、苦苓的《外省故鄉》等；有用散文書寫的，如王大空等著的《離開大陸的那一天 》、齊邦媛的《霧漸漸散的時候——臺灣文學五十年》等；用電影表達的，則有《牯嶺街少年殺人事件》、《老莫的第二個春天》、《竹籬笆外的春天》等，主題圍繞在探討外省眷村、外省老兵、外省第二代的許許多多問題。[33]

眷村所衍生的問題，引起社會的關注，也成為學術界討論的議題，而眷村實體存在於全省各地，眷村和公教宿舍解決了遷臺之後外省人的居住問題，使外省軍民免於餐風露宿之苦，榮民之家則安頓了年老傷殘的退役官兵；雖然眷村、公教宿舍、榮民之家自成一個世界，免受遷臺初期與本省人接觸時可能因語言難以溝通或生活習慣不同所帶來的困擾以及繁華社會的干擾，卻也因為與眷村外面缺乏互動，而形成與地方社會嚴重的隔閡。柴雅珍、劉益誠在他們1997 年的碩士學位論文中提到，「眷村是一個與外界隔離的世界，與外界的互動比較弱」，而在文學作品裡也有眷村內與眷村外是兩個不同世界的描述。[34]

---

32 詳見蕭阿勤，《回歸現實：臺灣 1970 年代的戰後世代與文化政治變遷》（臺北：中央研究院社會學研究所，2008）。

33 詳見朱天心，《想我眷村的兄弟們》（臺北：麥田出版股份有限公司，1992）；苦苓，《外省故鄉》（臺北：希代書版有限公司，1988）王大空等著，《離開大陸的那一天》（臺北：久大文化股份有限公司，1987）齊邦媛，《霧漸漸散的時候：臺灣文學五十年》（臺北：九歌出版社，1998）。

34 同前注，並參見青夷選編，《我從眷村來》（臺北：希代書版有限公司，1986）李怡慧主編，楊放整理採訪，《落地生根：眷村人物與經驗》（臺北：允晨文化實業股份有限公司，1996）楊雨亭，《上校的兒子：外省人，你要去哪見？》（臺北：華岩出版有限公司，2008）。

眷村確實是許多外省人的集體記憶，是在那裡「出生與成長的第二代甚或第三代，真實的『家園』，以及懷舊的對象、堪可歸屬的『故鄉』」。[35] 前述的文學作品與電影，提供了關於外省軍民日常生活與社群互動的傳神描述與若干見解，間接印證了王偉忠的「小眷村是個大中國」的說法；[36] 但是，卻可能出現「人為地『創造』的「移民社區」，也許在當時可以達到穩定移民的目的，但從長遠來看，也造成了他們與地方社會的隔膜，不利於他們的共同發展」[37] 的結果。雖然眷村或公教宿舍的存在造成了外省人參與地方社會，相互認識、溝通與了解的障礙，卻另外發展出眷村特有的集體記憶以及強烈的認同感。[38] 相對而言，河婆移民在初履斯土時，不像其他外省人能有來自國家機器的照顧，[39] 除了各自分散居住，還必須與本地人處在相同的環境之下做生存的競爭，因此免不了要與外界做各式各樣的接觸，這便是「自發性的移民能較快地融入地方社會」[40] 的原因。語言是族群的外顯特徵，雙方能無礙地溝通便很容易取得認同，河婆移民初期確實起過積極作用。

---

35 張茂桂，〈序〉，載張茂桂主編，《國家與認同：一些外省人的觀點》（臺北：群學出版有限公司，2010），頁 v。

36 王偉忠是臺灣知名媒體製作人，因眷村拆遷而拍攝他所曾居住過的眷村紀錄片，因為一個眷村經常住看來自大陸各地的移民，所以說「小眷村是個大中國」的縮影。

37 劉朝暉，〈移民的地域認同與地方融入以：廈門松坪華僑農場為例〉，載周大鳴、柯群英主編，《僑鄉移民與地方社會》（北京：民族出版社，2003），頁 149-165。

38 見劉益誠，《竹籬笆內外的老鄉們：外省人的兩個社區比較》；柴雅珍，《戰後臺灣「外省人」的塑造與變遷（1945-1987）》；青夷選編，《我從眷村來》。

39 李亦園，《田野圖像：我的人類學研究生涯》（濟南：山東畫報出版社，1999），頁 261-264；劉大可，《閩臺地域社會與族群文化新探》（北京：方志出版社，2004），頁 32-34。

40 劉朝暉，〈移民的地域認同與地方融入：以廈門松坪華僑農場為例〉，頁 164。

二二八的時候，以前的頭家，叫我不要亂出去，叫我躲到他那裡去，我就住到他那裡去了！他知道我是外省人。後來有阿兵哥來搜查，我也叫他住到我那裡去躲一躲。大家都是客家人嘛！（A09）

本地人也是很好，大家都講客家話嘛！吃的習慣也差不多，這 裡的惠昌宮又有拜王爺，就是三山國王嘛！跟我們家鄉一樣。（A10）

顯然族群母語是他們輕易跨過移民初期障礙的有力工具，族群身分的優勢也適時地發揮社會支持的功能，祖籍地神明信仰使移民獲得更進一步的安慰與認同感，這些都是河婆移民於在地化過程中比其他外省人順利的原因。

（四）宗教信仰

宗教是人類為了尋求心靈慰藉所發明出來的。中國的民間宗教信仰極為發達，幾乎到了萬事萬物都有神靈的地步，所以歷朝歷代，無論是生活於鄉村或城市，日常生活幾乎都離不開民間信仰神明的照護。除了平日要祭祀，在神明誕辰或有特殊意義的日子，更會舉辦各式各樣、大小不一的祭祖儀式，而每個區域的地方神明更是當地民眾所最為虔誠信仰的對象。因此，移民在進行遷移時，一般都會攜帶家鄉神明的塑像或是香火袋來供奉祭祀，以作為在異鄉的心靈慰藉。移民初期神明的塑像或是香火袋都會供奉在私人家中，俟生活安定下來，經濟也較寬裕的時候，就會有建廟崇祀的舉動。建廟崇祀這樣的作法，在移民社群中起了很大的安定與凝聚以及聯絡情感的作用。[41] 而在現實社會裡，民間信仰往往成為祖籍原鄉的象徵，也確實發揮了族群認同與人群整合甚至跨族群交往的功能。[42]

---

41 李亦園，《田野圖像：我的人類學研究生涯》，頁 261-264。
42 劉大可，《閩臺地域社會與族群文化新探》，頁 32-34。

　　河婆移民在屏東市林仔內建有「三山古廟」崇祀三山國王，這是第一座由河婆移民自力興建的三山國王廟，也可能是外省人在臺灣獨力建立的第一座廟宇。這座廟宇的興建過程是因初代河婆移民韓毫光自揭陽縣河婆墟的「霖田祖廟」[43] 承領三山國王香火，帶到臺灣來，初期在自己家中祭拜，後來因為三山國王非常靈顯，河婆同鄉紛紛來祭拜，因地方狹窄，乃移到蔡姓同鄉家中供奉，之後又再恭塑三山國王金身，並覓得一空地搭建簡陋之棚子，並將三山國王金身移置其中，繼續供大家膜拜，後因棚子年久失修恐有傾圮之虞，第二代河婆移民韓秋近乃倡議重建，並與熱心同鄉奔波全省向河婆鄉親募款，終於在1988 年落成，即目前之「三山古廟」。

　　自廟建成後，全省各地鄉親便不遠千里地來參拜，並藉此聯誼。頭幾年竹東河婆同鄉們會在元宵節當日組團南下屏東三山古廟祭祀，隔年則改由屏東鄉親組團北上與竹東河婆同鄉共同到竹東惠昌宮祭祀三山國王，後來因為竹東河婆鄉親感覺接待工作負擔都相當沉重，乃停止互訪之舉。但到目前為止，每年元宵節當日，竹東河婆鄉親仍會組團南下，與其他分散在全省各地的河婆鄉親一起參與三山國王巡境以及「攑王爺」燃放竹竿砲的民俗儀式，會後則聚餐並選舉竹東地區次年爐主等相關輪值人員。住在新竹縣竹東鎮的河婆移民，在屏東市林仔內三山古廟未興建前，每年亦會醵資聘請戲班於竹東鎮內的惠昌宮演戲酬神，與在地居民同樂，並組舞獅團與國術表演藉以展示河婆移民的力量。[44] 三山國王信仰不但延續了原鄉的信仰傳統，也促進河婆移民之間的凝聚與認同以及與地方社會的互動關係。

---

43 臺灣的三山國王信仰源自大陸廣東省揭陽縣河婆墟，三山國王祖廟人稱「霖田祖廟」，當地人則稱為「大廟」。

44 屏東市林仔內三山古廟的興建過程係根據 2008 年 8 月 13 日韓秋近口述，再佐以廟內碑刻整理而成，竹東地區祭祖三山國王的儀式與作法則根據 2008 年 5 月 31 日張武炮的說明。

　　反觀其他外省人，在宗教信仰上就顯得與地方社會缺乏互動。換句話說，其他外省人可能是因為大部分住在與在地社會隔離的眷村、公教宿舍與榮民之家等較封閉的社區內，因此與外界少有往來，自然不會也沒機會接受傳統的民間宗教信仰；再加上傳統民間信仰的儀式繁複，必須經過長期的浸淫與學習才可能熟悉，而大部分的外省人要不是戎馬倥傯，就是在戰爭中流離失所，不容易有向長輩學習信仰祭祀儀式的機會，來到臺灣之後，因為初期都是過客心態，也就無心學習或追求信仰。[45] 因此，大部分的外省人少有祭拜神明的習慣。不過若是外省人的女性配偶是本省人時，比較容易接受臺灣傳統的民間信仰，也比較容易融入地方社會。[46] 但是眷村近乎封閉且自成一格的社會體系特性，使其他外省人的本省籍配偶也失去祭拜神明的氛圍，從而失去許多與在地人互動的機會。

　　檢視河婆客家移民在三山國王信仰上的積極作為，特別是在屏東市林仔內三山古廟在元宵節擇主爺的邊境與燃放竹竿砲的儀式中，極少數部分鄰近的商家或住戶會循禮祭拜，但是多數居民並不會設案祭拜。在筆者的田野調查中，當地未設案祭拜的居民回答說那是客家人才拜的，或說那是他們外省人才有拜。顯然屏東林仔內地區的河婆移民，在移民 60 餘年後仍然被當作外人看待，這或許與他們移民初期便集中居住，容易被貼上標籤有關，又或許與三山古廟的興建過程中沒有在地人參與有關。不過近幾年在河婆移民第二、三代後裔的積極推動下，已經使河婆移民與福佬人或是臺灣客家人的界線因傳統信仰的高同質性而變得模糊，甚至已經跨越族群界線由在地人擔任廟宇的主任委

---

45 黃克先，《原鄉、居地與天家：外省第一代的流亡經驗與改宗歷程》（臺北：稻鄉出版社，2007），頁 92-102。
46 陳杏枝，〈外省人宗教信仰變遷初探：1984 年至 2004 年臺灣地區社會變遷基本調查資料分析〉，《東吳社會學報》，第 23 期（2008 年 3 月），頁 124。

員；[47] 而其他外省人卻因為對傳統民間信仰的接受度低，顯得與本地人有較大的疏離感。唯外省人接受臺灣傳統信仰的情況，已因外省第二代甚至第三代與本省人之間的通婚，以及 20 世紀 80 年代之後臺灣社會趨於民主開放而逐漸普遍。[48]

三、河婆移民與臺灣客家人的異同

來自大陸廣東省揭陽縣河婆墟的客家移民，在過往幾次臺灣的外省人統計中似乎未曾被列入。而行政院客家委員會於 2004 年與 2008 年進行的兩次「全國客家人口基礎資料研究調查」中，並未將來自客家原鄉的移民列為臺灣客家人口，而另以大陸客家人口統計。顯然官方與主持調查的學者，也默認了外省客家人確實有別於 1945 年之前即已居住在臺灣的客家人，則河婆移民的身分便需要做另外的解讀。到底河婆客家移民與「臺灣客家人」有什麼區別呢？

1945 年以前居住在臺灣的客家人，幾乎都是在日據以前就移民到臺灣的，遠的可能已經在臺灣有三、四百年歷史，短的也可能有一百年左右。無論是李國祁以文化發展與傳承的觀點看臺灣的社會發展階段，認為 1860 年前後的一段時間，臺灣的發展已經從豪強社會進入到文治社會，且完成了內地化的過程，或者是陳其南用臺灣本土觀點，認為臺灣已經本土化了，並由移民社會（immigrant society）走向土著化（indigenization）變成土著社會（native society）的過程，兩者觀點雖有分歧，但是，對移民臺灣的閩粵兩籍移民後裔開始以臺灣為故鄉的看法卻是一致的。[49] 基於這種論點，居住在臺灣的移民後

---

47 2008 年三山古廟管理委員會林姓主任委員即非河婆移民，這項突破可看作林仔內河婆移民在地化的指標之一。

48 陳杏枝，〈外省人宗教信仰變遷初探：1984 年至 2004 年臺灣地區社會變遷基本調查資料分析〉，頁 107-138。

裔統稱為臺灣人應該是可以被接受的。

　　無論是臺灣客家人、外省客家人、大陸客家人、唐山新客或河婆客家移民，強調的是「客家人」的離散（diaspora）歷史記憶以及內在的文化特質構成客家認同，[50] 正如亞裔美國人（Asian-American）或是非裔美國人（Africa American），只是表明這些人的祖先來自何處，而美國才是被強調的重點與認同的元素。所以河婆移民與臺灣客家人都是生活在「臺灣」的客家人。但是，臺灣客家人是如何看待河婆移民的呢？

> 本地人也是很好，大家都講客家話嘛！吃的習慣也差不多，這裡的惠昌宮又有拜王爺，就是三山國王嘛！跟我們家鄉一樣。（A10）
>
> 我剛到臺灣時，那些本地人，看到我們連住的地方都沒有，又挑著大籮筐，像逃難的難民，對我們這些人很鄙視，就是很瞧不起的樣子，由於我們會說客家話，所以表面上對我們很客氣，背後就在罵我們，說我們是「長山人」或者是罵我們是「阿山」，很難聽的，你知道嗎？有時候還會罵我們是「豬」，說我們住的地方是「豬寮」，[51] 很難聽你知道嗎？（A12）

---

49 李國祁，〈清代臺灣社會的轉型〉，《中華學報》，第 5 卷，第 2 期（1978 年 7 月），頁 131-159；李國祁，〈清代臺灣社會的轉型：內地化的解釋〉，《歷史月刊》，第 107 期（1996 年 12 月），頁 58-66；陳其南，《臺灣的傳統中國社會》（臺北：允晨文化實業股份有限公司，1987），頁 92。

50 Nicole Constable, "History and the Construction of Hakka Identity," in Ethnicity in Taiwan: Social, Historical, and Cultural Perspectives, eds. Chen Chung- min, Chuang Ying-chang and Huang shu-min (Taipei: Institute of Ethnology, Academia Sinica, 1994) , 75-89.

51 「長山人」與「阿山」是臺灣福佬與客家人對於外省人的鄙稱。「豬嬤寮」意指豬圈，這些帶有鄙夷的稱謂與侮辱性批評在 20 世紀 70 年代以前的臺灣社會甚為普遍。

二二八的時候，以前的頭家，叫我不要亂出去，叫我躲到他那裡去，我就住到他那裡去了！他知道我是外省人。後來有阿兵哥來搜查，我也叫他住到我那裡去躲一躲。大家都是客家人嘛！（A09）

我來的時候已經十歲⋯⋯我覺得同學對我都很不好，常常欺負我⋯⋯有時候走在路上有小孩子會拿石頭丟我，有些大人還會説，「你看，那是長山仔」，我知道他們很瞧不起我們。（A25）

我八歲來臺灣，九歲上小學，從小就沒有被排斥過⋯⋯但是我婆婆排斥我，認為我是「長山嬤」。（A04）

從訪談中我們發現說法兩極化，可能與所處環境或者是與報導人本身的個性有關，不過在 20 世紀 70 年代之前的臺灣社會普遍存在對外省人的排斥感是一個事實。之所以會出現對外省人的惡感有其歷史因素，由於牽涉範圍極廣且原因複雜，非本文所能討論，故不再贅述。

第一個可以區別臺灣客家人與河婆移民的是來臺時間點的不同，又由於兩岸客家各自發展數百年後，雖然屏東市林仔內的河婆移民在語言用詞上有將「水粄」稱為「碗粄」，「面帕粄」稱為「水粄」等，或是腔調口音有些微的差異，在生活習慣、語言表達、飲食方式以及衣著等方面則大致相同；時至今日，居住在竹東鎮的河婆移民幾乎已完全「海陸化」[52] 了，特別是在臺灣出生的第二、第三代，因第一代河婆移民的凋零而逐漸失去學習河婆母語的機會，

---

52 臺灣目前通行的客家話主要分為四縣、海陸、大埔、饒平、詔安以及少部分的永定腔，新竹縣竹東鎮及鄰近鄉鎮是海陸話主要分布區，故該地區海陸客家話屬強勢，在原鄉河婆緊臨海豐、陸豐，其語言已極為相近，故移民臺灣新竹縣竹東鎮的河婆客家移民，其平日所講的客家話已聽不到河婆腔調，故筆者將之稱為「海陸化」。

能說河婆客家話的寥寥無幾之故，語言的轉化成強勢語言是融入在地社會的必經過程。

　　臺灣客家人與河婆移民最大的差異可能在於他們彼此有不同的歷史記憶與社會生活經驗。臺灣客家人有從祖先傳承下來的移民拓墾歷史記憶，其中有為了保鄉衛土對抗朱一貴、林爽文、戴潮春的義民歷史記憶，有乙未抗日的戰爭記憶，有日據時代被異族殖民的殖民地次等國民記憶，有關刀山大地震家園毀壞的記憶，有二二八事件所引起的創傷記憶；河婆客家移民則有海寇盜賊侵擾的記憶，有清初遷界復界、家園盡毀的記憶，到了近百年則有鴉片戰爭、民國建立、國民革命軍東征、對日抗戰、國共內戰等戰爭記憶，有種植鴉片販賣獲利以及軍隊剷菸的痛苦記憶，有大旱餓殍遍野逃荒的悲慘歷史記憶，有賣盡家產田園、籌錢渡臺的記憶以及對家園親族的記憶。不同的歷史記憶直接影響他們的凝聚，並形成不同的認同意識。

　　由於河婆移民大部分生活在社會的底層，當然不容易引起官方的關注，學術界對他們也不夠了解。但是，這一群已經在臺灣生活超過 60 年的人群，若準之以近年來所謂的新臺灣人[53]的論述，他們可謂當之無愧，但是，在言談中，這些移民既自認為是臺灣人，[54] 但卻具有強烈的祖籍地認同和大中國意識。[55]

---

53 徐博東指出，「新臺灣人」一詞最早由高希均、關中等所提出，另外在 1998 年臺北市長選舉時李登輝也曾提出「新臺灣人論」；但是徐博東認為「新臺灣人論」的源頭是蔣經國，因為蔣經國晚年曾公開表示像他這樣從大陸來的「外省人」已經在臺獨生活、工作幾十年，「吃臺灣米、喝臺灣水」，應該也是「臺灣人」，不能再被視為「外省人」，大家應該消除隔閡，不應該彼此再有矛盾。徐博東，〈新臺灣人不應是新臺獨主義：評李登輝的「新臺灣人主義」〉，《海峽評論》第 98 期（1999年 2 月），頁的 40-41。

54 本研究所指的「臺灣人」，是泛指長期居住在臺灣，工作、生活、求學於此且認同臺灣這片土地者。

55 研究所謂的「大中國意識」，是一種超越「中華民國」和「中華人民共和國」兩個政治實體，以華夏民族為依歸的中國意識，或者也可以「文化中國」視之。

河婆移民為何會自認為是臺灣人卻又有強烈的祖籍地認同？多重認同是否在生活上造成困擾？而他們又是如何去調適的？這些問題留待下節討論。

四、河婆移民的遊移認同

　　學術界對於族群認同，早期是以血緣、體質、語言、文化等原生條件作為客觀標準，雖然大部分的族群以根基論（primordialists）的原則即可簡單地作出識別，卻無法解釋事實存在看的許多以根基論的客觀法則無法涵蓋的現象，如愛爾蘭在受英國統治七百多年後，大多數人已經不會說蓋爾語（Gaelic）而以英語為母語，但是對於愛爾蘭的民族認同卻未曾消失；[56] 或如臺灣屏東縣納瑪夏鄉係原住民鄉，聚居一群有強烈客家認同，卻只會說布農族語的客家移民後裔。[57] 原生論的局限性到了 Fredrik Barth 提出族群邊界理論才獲得解決。Fredrik Barth 認為人群在互動過程中會出現一道存在於彼此意識中的無形社會邊界，而這道界線會隨情境改變，換句話說，族群除了原生條件的客觀認定之外，尚可以有主觀意識的選擇，於是發展出依情境或需求做出主觀選擇的情境論（circumstantialists）和工具論（instrumentalists），目前反成為討論族群認同的主要理論。[58] 但是單一個體對群體要做出認同選擇，除了原生條件之外，

---

56 著名愛爾蘭詩人葉慈（William Butler Yeats, 1865-1939），不認為蓋爾語是塑造民族意識的唯一基礎，而認為以英語為語言也能建立在精神上無損於愛爾蘭特色的民族文學。參見黃宣範，《語言、社會與族群意識：臺灣語言社會學的研究》，頁 173-174。

57 臺灣屏東縣那瑪夏鄉係一原住民鄉，其中達卡努瓦村、瑪雅村、南沙魯村三個村聚居著佔全鄉人口三分之一的客家移民後裔，這群人以布農語為母語，而遺忘了客語，但是卻仍遵循客家敬天祭祖的習俗，對於祖先的源流亦能歷歷細數，且強烈認同客家並以客家人自居。

58 Fredrik Barth,"Introduction," in Ethnic Groups and Boundaries: The Social Organization of Culture Difference, edited by Fredrik Barth (Boston: Little, Brown, 1969), 9-38.

所牽涉的因素既複雜且處於一種動態多變的狀態。其中存在於獨立個體記憶中而彼此產生交集的歷史記憶，便是促使個體凝聚成群並進而產生認同感的主要因素。研究指出，移民能迅速適應新環境，除了靠先期移民所提供的社會支持網絡之外，源於原鄉的個人生活經驗的歷史記憶，是使移民得以長期保存原鄉意識與習俗的關鍵，而歷史記憶恰是群體凝聚的最原始與自然的方式之一。歷史記憶透過紀念活動、宗教儀式等途徑而得以強化並長存。[59]

　　無論是國家、民族、宗族或是家庭的歷史，存在許多相關事件發生的過程，除了文本的紀錄之外，還有許多未被文字記載的事實在鄉野的故事中流傳著，在民間的戲曲中被搬演著，或呈現在祀典儀式中，或保留在庶民的生活中，這些始終存在的事實，填補了歷史的空白之處，而產生填補作用的正是歷史記憶。個體透過不同的話語或器物激發記憶進而產生聯想，但是個人的記憶在不同的群體中無從顯現共同的特質，若能透過共同的活動如運動會、音樂會、讀書會，甚至是共同的祭祀儀式，則個人記憶會與之產生彼此相關聯結的某種特質，這種聯結與特質的呈現，既顯現了個體在群體中存在的事實，同時群體的共同記憶也呈現出來，並且可以透過儀式或活動得到強化記憶的作用，進而促使群體產生認同意識。[60]

　　所以，無論是語言、飲食、儀式都起了強化歷史記憶的功能，也就達到建構認同的目的，但是經過 60 餘年的歲月，河婆移民因此產生哪些認同呢？在

---

59 莫旦斯・哈布瓦赫（Maurice Halbwachs）著，畢然、郭金華譯，《論集體記憶》（上海：上海人民出版社，2002）；保羅・康納頓（Paul Connerton）著，納日碧力戈譯，《社會如何記憶》（上海：上海人民出版社，2000），頁 1。

60 王明珂，〈集體歷史記憶與族群認同〉，《當代》，第 91 期（1993 年 11 月），頁 6-19；王汎森，〈歷史記憶與歷史：中國近世史事為例〉，《當代》，第 91 期，頁 40-49；莫旦斯・哈布瓦赫（Maurice Halbwachs）著，畢然、郭金華譯，《論集體記憶》。

竹東地區的河婆移民組織了「廣東河婆旅臺張姓宗親會」，作為張姓宗親的聯誼與互助之用；屏東地區的河婆鄉親則發起組織了「河婆旅臺同鄉會」聯絡全臺鄉親情感。1981 年版《辭海》對「旅」字的解釋是：寄客也，羈旅也。那麼是否可以從兩個組織中的「旅臺」兩字，看出張姓或者是分散在臺灣各地的河婆移民內在心理世界的認同趨向呢？河婆客家移民在臺灣已經 60 餘年了，是繼續羈旅當過客嗎？還是在「外省人」、「臺灣人」、「客家人」的認同紛擾中已經有了定見？

（一）大陸認同與臺灣認同

　　族群認同的理論，除了根基論者依據生物性特質與外顯的文化特徵作為族群標準的方式，而工具論者或情境論者，則用工具性的考量隨情境變化而主觀地認定來作族群的區別方式之外，Fredrik Barth 認為，人群的流動與隔絕、文化的接觸等，其實都會出現一種無形的社會邊界，而這邊界正是族群之所以區別的界線，但是這條界線會因著社會環境的變化而改變，而主觀的認同也會隨之改變。河婆移民在官方的分類上既然被排除在臺灣客家人之外，相對於「臺灣客家人」的是「大陸客家人」，而很長一段時間「臺灣」是「本省」的同義詞，「大陸」則對應於「外省」。那麼河婆移民的認同是什麼呢？

　　與 1949 年之前從大陸移居世界各地的大部分海外華人一樣，幾乎都存著一個衣錦還鄉的共同心願，在河婆移民心中同樣存著這個夢。當移民身在異鄉而心懷故土時，可以想見的是，移民必然對故鄉的人、景、事、物都日思夜想，為能讓這份魂牽夢縈的思念稍得抒解，移民便想方設法地將記憶中的家鄉景物在異鄉予以重現，採用保留原鄉的生活方式便是最根本的作法，再就是將原鄉的風俗、習慣照常搬演，最積極且帶有公共宣示的作法則是重現祭祀儀式，對於移民而言這是與原鄉最原始也是最便捷的聯結，然而所有這些作為，雖然強固了族群的認同意識，相對的就是與他人劃界。

　　1987 年開放兩岸探親之後，許多外省人迫不及待地返回魂牽夢縈的大陸故鄉，大部分的外省人並沒有選擇華人傳統的落葉歸根想法而留在大陸故鄉，反而是選擇返回自以為「客居」的臺灣；事實上是選擇了苦苓所謂的「外省故鄉」，一個在原鄉以外省份的故鄉。為何外省人在故鄉的認同上會出現這樣的現象？是「異己感」起了作用。當在臺灣被稱為外省人（大陸人）的大陸籍民返鄉探親或觀光後，發現在大陸又被當成臺灣同胞（外省人），才猛然省覺記憶中朝思暮想的故鄉，已經不再是當年的故鄉了，強烈的「異己感」讓他們又回到生活超過半個世紀的臺灣。[61] 這些少小離鄉、鬢毛已衰的大陸各省市人，回到家鄉見到至親的家人，本該有落葉歸根的感覺，本該與家人除親情的交流之外，應該要有強烈的認同感，卻發現被當成「熟悉的陌生人」看待，可見根基論對於族群認同的局限性，工具論者 Fredrik Barth 的族群邊界說法正好補其不足。在訪談中，除了體弱生病者，幾乎每位河婆移民都有返鄉探親或到大陸觀光的經驗，經濟條件佳、體力好的河婆移民甚至有一年回鄉兩次的，那麼他們對兩岸的認同又如何呢？

> 我是中國人，我不是臺灣人，想回大陸去住，但是，下一代不想，很無奈。（A15）
>
> 我不是臺灣人，我是大陸人，我要住在臺灣，臺灣很好。為什麼要分臺灣人和大陸人呢？都是中國人嘛。（A04）

---

61 柴雅珍，《戰後臺灣「外省人」的塑造與變遷（1945-1987）》，頁 128；王明珂，《華夏邊緣：歷史記憶與族群認同》（臺北：允晨文化實業股份有限公司，1997），頁387。

我在臺灣自認為是臺灣人，到了大陸，我自認為是大陸人……我完
全不會想大陸，我的家，房子、田啊，都沒有了，變成水庫了。
（A06）

回去河婆三、四次，年紀太大了，體力不好，還有在那邊生活不習
慣，不會回去住，所謂日久他鄉是故鄉。（筆者問：那你現在是什
麼人呢？）當然是大陸人，我不是臺灣人。（A24）

我是河婆人，我的胞衣跡（筆者按：埋胞胎之處，意即出生地）在
那裡，不是臺灣人，但是，日久便成臺灣人了。（A19）

我是大陸人，不是臺灣人，我死了要埋在臺灣！身體不好，但是很
想回大陸去看看，現在又沒錢，只有死在臺灣了。（A09）

　　河婆移民在訪談中技巧地避開敏感的兩岸認同問題，比較強調他們的出生
地和祖籍地認同。A15 的報導人在臺灣當過兩任八年的村長，也是附近寺廟的
主要管理者，有一個雙店面的房子，賣雜貨與建材，在地方上算得上是頭面人
物，強調他是大陸人，但是若論到居住則要住在臺灣。其他幾位河婆移民都表
示他不是臺灣人，是大陸人；其中一位自稱既是臺灣人也是大陸人，可以解釋
為：河婆移民為了取得個人最佳的適應策略，出現了遊移的認同的方式，這正
是工具性或情境論的典型。

　　目前仍強烈認同大陸的其他外省人或是河婆移民，都表示會在臺灣繼續居
住甚至終老，這是否是另一種的臺灣人認同意涵呢？誠如李廣均說的：「認同
形成需要時間，改變或忘掉一個認同也需要時間，所需的時間甚至更長，這是
外省人『認同經驗』不可承受之重。」[62] 所以，當故土的呼喚日漸遙遠，當「埋
骨何須歸故里」時，當先人廬墓在此，當家業根基都在此地，當兒孫後代以臺

灣為本時，[63] 河婆移民會繼續吟唱「講到割燒[64] 我又難，擔竿 tep tet（筆者按：丟掉）過臺灣。三年兩年我會回，騎馬坐轎轉唐山」（A01），或是繼續遊移在臺灣人與大陸人的認同之間？

（二）外省認同與客家認同

分居南北兩地的河婆移民，在民國 6、70 年代以前，透過每日傍晚集中在同鄉韓豪光與張重蒼住家門口習練武術，除了展現移民的團結與實力之外，同時將客家尚武的族群文化元素保留下來，在飲食習慣上幾乎每家都保留了「吃擂茶」的習慣，而且完全保留原鄉的作法和吃法，與我們目前在市面上看到與喝到的截然不同。[65]

> 每次吃擂茶，就會想起以前每天吃擂茶，我們河婆家鄉，每家每戶每天都有做擂茶來吃，像吃點心一樣，差不多早上十點多，下午兩三點，就要吃擂茶，有時候就當飯吃，假如有親戚或者是朋友來家裡，一定會請他們一起吃。（A17）

> 擂茶我們是每天都吃，我們河婆人在那邊，大陸那邊，以前每家每戶都吃，去人家家裡，他就請我們吃擂茶，別人來我們家裡也是吃擂茶，一天不知道吃幾次，都是請吃擂茶。（A28）

---

62 李廣均，〈透視三個世代外省人：臺灣和中國都是外省人的「母親」〉，《財訊》，第 266 期（2004 年 5 月），頁 86-88、90、92。

63 據《大清律例》，取得鄉貫必須至少在當地居住生活 20 年以上，必須在當地有家業，父母祖先盧墓在當地。若以此標準看河婆移民，絕對算是臺灣人。

64 河婆話「割燒」意指撿柴火。

65 對於市售的擂茶被改成甜的，A01、A05、A22、A33 等幾位報導人都不以為然，認為這是對正統擂茶的錯誤示範，言外之意是此舉甚至有污辱河婆人之意。

　　「吃擂茶」的習慣，可能是河婆移民唯一在過去的 60 餘年裡，隨時可以與原鄉產生聯結的一種生活方式，甚至可以看作一種紀念儀式，在第一代河婆移民之間最常進行的便是請吃「擂茶」，由於擂茶製作費工，現在已經不是天天吃了；住在竹東的河婆移民以「張姓娘媽生食會」[66] 的名義，甚至每年在惠昌宮請戲班演戲，便是對河婆原鄉記憶與紀念祖先的回應。

　　但是，河婆移民這些歷史、社會與文化記憶和其他外省人的抗戰、剿匪、眷村歷史記憶的差異，使他們連在事情的敘述上都用了不同的說法。譬如，其他外省人在自稱時會用「我這樣的……<u>外省青年</u>」、[67]「怎能怪我這個『<u>外省孩子</u>』不把臺灣當回事呢」；[68] 而河婆移民卻說：「二二八的時候……我也叫他住到我那裡去躲一躲。大家都是<u>客人</u>嘛」（A09）、「為了發展我們<u>客家</u>的觀光事業，這個擂茶變成甜的（A05）、「擂茶這個東西是我們<u>河婆人</u>帶來的」（A33）、「我是<u>河婆人</u>，我的胞衣跡在那裡」（A19）；[69] 很明顯的，其他外省人已經將「他稱」變成「自稱」表示已經完全接受「外省人」這樣的族群分類與身分，河婆移民卻是以祖籍地或以客家的身分表述。

　　由上可知，河婆移民在族群的認同上，比較傾向於認同客家而非認同外省人，且傾向於先做出大陸認同之後才會認同臺灣，這與其他外省人的認同研究如出一轍。[70]

---

66 據河婆張氏家族流傳的故事說，娘媽（即媽祖）曾顯靈拯救過張氏祖先，故將娘媽也放在祖先牌位上一起供奉。

67 柴雅珍，《戰後臺灣「外省人」的塑造與變遷（1945-1987）》，頁 61。

68 龍應台，《野火集外集》（臺北：圓神出版社，1987），頁 44-45。

69 文字底線係筆者所加。

70 胡台麗，〈芋仔與番薯：臺灣「榮民」的族群關係與認同〉，《中央研究院民族學研究所集刊》，第 69 期，頁 107-131。

（三）河婆移民的遊移認同

河婆移民具有客家人也是外省人的雙重身分。身分的揉雜（hybridity）形成了河婆移民自認為是客家人，不是外省人；自認為是大陸人，不是臺灣人，甚或自認為既是臺灣人也是大陸人的認同意識。從認同的遊移轉換，我們可以了解河婆移民在族群認同的心理狀態是隨情境轉換所作出的工具性選擇。但是當河婆移民說自己是臺灣人時，其涵意是對土地的認同，呼應了陳其南的土著化觀點：臺灣漢人移民社會經過相當的時間後，會逐漸拋棄祖籍觀念，以現居地作為其生活單位。[71] 這是移民從過客（sojourner）的變成本地人（native）的必經過程。以此而論，河婆移民似乎已經完成其本土化的過程，成為道地的臺灣人，也是臺灣客家人了。

五、結語

本研究發現：適應新的環境對於河婆移民來說是第一個必須打開的鎖，而在客家地區相同的語言與族群身分便成為河婆移民開鎖的鑰匙，卻也是河婆鄉音「海陸化」的推手；河婆移民在福佬地區因群聚的緣故，反而因此保有語言的純度；家鄉吃擂茶飲食習慣的延續，成為河婆移民在異鄉聯繫情感最佳的媒介；河婆移民擁有相對於其他外省人較弱的社會支持，反成為河婆移民得以加速融入在地社會的契機；崇祀三山國王不但撫慰移民在異鄉拚鬥時無助的心理，建廟過程也使分散臺灣各地的河婆移民得以交流與凝聚並強化認同意識；每年舉辦的擡王爺遶境與燃放竹竿砲的民俗宗教儀式，則成為河婆移民之間固定的交流聯誼機會；透過廟宇管理委員會的運作，使聚居閩南區的河婆移民得

---

71 陳其南，《臺灣的傳統中國社會》，頁 114。

以與在地社會有互動的管道；宗親會與同鄉會的組成則是河婆移民以常設組織，以達相互扶助的目的。移民們透過對原鄉飲食、習俗、信仰、祭祀儀式的歷史記憶的重現，不但成功地保存了自身的語言和文化，更成為移民之間凝聚的有效途徑，歷史記憶的不斷重現，不但強化了歷史記憶，更強固了記憶個體的認同意識，進而發展成族群認同意識。移民群體無論透過何種途徑或手段去完成任務，若加以仔細檢視，其所有的作為不外乎完成定居、適應與同化的移民三部曲，也就是人類為求生存與發展的不同型態的呈現。

本文記錄了一個兼具客家與外省族群身分的移民群體，過去 60 餘年在臺灣經歷了移民必經的定居、適應、同化的過程。呈現的結果至少可以看出外省客家人與外省人之間的異同，突顯了臺灣當今均質化族群分類的缺失以及其局限性。而臺灣客家人與大陸客家人之分，也反映出因為移民時段的不同，雖然係出同源卻又出現先來後到的主客意識，而這種主客意識正是歷史上客家形成的主因之一，恰可印證移民行為是萌生族群意識因子的說法。

族群認同的根基論、工具論、情境論三大理論，向為學界所採用，若將研究對象一視同仁地以均質看待，也頗能解決研究上的需要。但是，群體之內必然存在著差異，若這種差異是普遍的現象，如河婆移民這樣的群體，便顯現出與其他外省人和外省客家人的差異，以及與臺灣客家人不同的特質，這個時候若單以客觀的結構性因素，譬如用移民的教育程度、性別、經濟條件、通婚等去理解認同的選擇，便會出現顧此失彼、無法圓滿詮釋的現象。對於族群認同的探討，若能參考研究對象的生命經驗，或許能更宏觀卻又細緻地進行探索，對於研究有多重族群身分的外省客家人更是如此。

附錄 1：訪談大綱

一、受訪人基本資料：出生、學歷、目前職業、婚姻、宗教、家庭人口數；

二、來臺原因、過程、時間、家庭人口數、同行人數、原鄉職業、原鄉居地、社會網絡；

三、抵臺後的生活情況：謀生方式、居住情形、人際網絡、宗教信仰、飲食、習俗；

四、生活適應情況：與本地人的互動情形、與河婆客家移民之間的互動情形、開放大陸探親後的情形；

五、三山國王信仰：是否參與建廟活動？是否參加過元宵節擲主爺儀式？三山國王信仰對河婆人的意涵；

六、張姓媽娘會：是否有參加？對張氏宗親的意義；

七、認同問題：客家認同、外省認同、臺灣人認同、中國人認同。

附錄 2：報導人受訪時間地點簡表

編號	居住地	受訪地點	受訪時間	編號	居住地	受訪地點	受訪時間
A01	新竹縣竹東鎮	A12宅	2008/7/23	A18	屏東市	自宅	2008/8/10
A02	新竹縣竹東鎮	自宅	2008/6/24	A19	屏東市	自宅	2008/8/10
A03	新竹市	自宅	2008/6/19	A20	屏東市	自宅	2008/8/10
A04	新竹縣竹東鎮	自宅	2008/6/30	A21	屏東市	自宅	2008/8/10
A05	新竹縣竹東鎮	自宅	2008/5/31	A22	屏東市	自宅	2008/8/10
A06	新竹縣竹東鎮	自宅	200817/2	A23	屏東市	自宅	2008/8/12
A07	新竹縣竹東鎮	自宅	2008/6/15	A24	屏東市	自宅	2008/8/12
A08	新竹縣竹東鎮	自宅	2008/2/17	A25	屏東市	自宅	2008/8/12
A09	新竹縣竹東鎮	自宅	2008/6/30	A26	屏東市	自宅	2008/8/13
A10	新竹縣竹東鎮	A05宅	2008/7/2	A27	桃園縣平鎮市	自宅	2007/8127
A11	新竹縣竹東鎮	自宅	2008/7/2	A28	新竹縣竹東鎮	自宅	2008/6/12
A12	新竹縣竹東鎮	自宅	2008/6/25	A29	新竹縣竹東鎮	自宅	2008/6/26
A13	新竹縣竹東鎮	自宅	2008/6/26	A30	屏東縣內埔鄉	自宅	2008/8/11
A14	新竹市	自宅	2008/6/17	A31	屏東市	自宅	2008/8/10
A15	桃園縣平鎮市	自宅	2008/7/25	A32	屏東市	自宅	2008/8/11
A16	桃園縣中壢市	自宅	2008/8/15	A33	桃園縣平鎮市	自宅	2008/7/25

編號	居住地	受訪地點	受訪時間	編號	居住地	受訪地點	受訪時間
A17	屏東市	A21 宅	2008/8/10	A34	桃園縣中壢市	自宅	2008/815
A35	屏東縣內埔鄉	自宅	2008/8/11	A38	屏東縣內埔鄉	自宅	2008/8/11
A36	新竹縣竹東鎮	自宅	2008/6/26	A39	屏東市	A22 宅	2008/8/11
A37	桃園縣平鎮市	自宅	2007/8127				

國家圖書館出版品預行編目 (CIP) 資料

客家族群關係 / 謝世忠主編 .
-- 初版 . -- 新竹市 : 交大出版社 , 民 108.01
　　面 ;　　公分 . -- (臺灣客家研究論文選輯 ; 4)
ISBN 978-986-96220-9-7(平裝)

1. 客家 2. 族群問題 3. 文集

536.21107　　　　　　　107019943

臺灣客家研究論文選輯 4

客家族群關係

主　　　編：謝世忠
叢書總主編：張維安
執 行 編 輯：陳韻婷、程惠芳
封 面 設 計：萬亞雰
內 頁 美 編：黃春香

出 版 者：國立交通大學出版社
發 行 人：陳信宏
社　　 長：盧鴻興
執 行 長：陳永昇
執行主編：程惠芳
編務行政：陳建安、劉柏廷
製版印刷：中茂分色製版印刷事業股份有限公司
地　　 址：新竹市大學路 1001 號
讀者服務：03-5736308、03-5131542　（週一至週五上午 8:30 至下午 5:00）
傳　　 眞：03-5731764
網　　 址：http://press.nctu.edu.tw
e - m a i l：press@nctu.edu.tw
出版日期：108 年 1 月初版一刷、109 年 7 月二刷
定　　 價：350 元
I S B N：978-986-96220-9-7
G P N：1010800008

展售門市查詢：
　交通大學出版社 http://press.nctu.edu.tw
　三民書局（臺北市重慶南路一段 61 號）)
　網址：http://www.sanmin.com.tw　電話：02-23617511
或洽政府出版品集中展售門市：
　國家書店（臺北市松江路 209 號 1 樓）
　網址：http://www.govbooks.com.tw 電話：02-25180207
　五南文化廣場臺中總店（臺中市中山路 6 號）
　網址：http://www.wunanbooks.com.tw　電話：04-22260330

著作權所有　侵權必究
本書獲客家委員會補助出版